郭毅生著作选集

郭毅生 著

民族出版社

作者与夫人陈符庄

在广西桂平西山考察

在广西金田村考察

与罗尔纲先生合影
（左一赵至敏）

与同行专家在秦始皇兵马俑博物馆合影（右二陈宝辉、右三张一文、右五钟文典）

与同行专家在宝鸡钓鱼台（左三钟文典、左六张一文）

与历史系同事合影
（右一陈连开、右二赵秉崑、右五陈理、右六陈楠、右七陈梧桐、右八李德龙、右九定宜庄）

与历史系同事合影
（左一陈连开、左二胡绍华、左三邱久荣、左五陈燮章）

1991年第三批研究生论文答辩合影（第一排左起：谷谦、郭毅生、彭泽益、杨学森、吴绍华；第二排左起：张志军、杨刚基、张连国、杨胜勇、韩春香、吕家兴、马劲）

与硕士研究生合影于紫竹院（左起陈理、陈志楣、杨胜勇、张山、邱立、吴秀明、赵至敏）

与博士生合影（左起：刘惠君、樊瑞成、黄江华、石慧玺）

与博士生郭继武在中央民族大学礼堂前合影

在韩国新罗王殿前

与夫人在法国凡尔赛宫前广场

与夫人在美国国会大厦前

与夫人在美国
佛罗里达

在美国西点军校
旧炮台

参加中央民族学院历史系成立 30 周年庆祝活动期间与同事系友叙谈

与夫人参加母校 100 周年庆典

庆祝八十寿辰（第一排：左一荣红、左二李庚其、左五陈志楣、左六石亚洲、左七苍铭；第二排：左一赵文、左二赵至敏、左三吕宝财、左四刘慧君、左五红梅、左七赵芙茜）

全家福（摄于 2004 年夏）

前　言

郭毅生先生1926年2月生于四川省威远县，自幼失怙，聪颖好学。1948年考入北京大学，师从郑天挺、向达、雷海宗等名师。1952年推荐到中国人民大学研究生部深造，受到吴玉章校长、尚钺导师的栽培。1955年分配到中央民族学院，从事学术研究和教学科研。1992年从学校历史系退休，后又返聘培养博士生，承担国家重大学术项目。

先生矢志学术，涉猎广泛，勤于学而敏于思，重视实地调查研究，在东北历史地理和太平天国史上著述甚丰，颇多出类拔萃的学术见地，为史学界同仁所钦佩。先生教书育人半个多世纪，致力于各民族人才培养，学生遍及大江南北，为祖国建设和发展作出了积极贡献。

岁月荏苒，青丝白发。在先生九十华诞之际，我们编辑了《郭毅生著作选集》，作为生日礼物敬献先生，也方便读者更为直观全面地感受先生严谨的治学精神，丰硕的学术成果，可敬的人格魅力。

一

先生最为人所熟知的是太平天国史专家。然而，对东北历史地理研究付出的青春年华，取得的突出成果，世人却知之不多。

1961 年，先生参加由吴晗先生主持的重新改绘《杨图》（即后来的《中国历史地图集》，工作由谭其骧先生主持）工作。从编绘地图，撰写考订说明，参与审定图集，直至出版发行，前后达二十余年。先是进行隋唐时期“安东都护府”和“渤海国”五京十五府的考订和制图工作，完成了《渤海国历史地理》和《隋唐时期东北历史地理》。后是参加清代吉林、明代奴尔干都司图幅的考订制图，撰写《明代“海西东水陆城站”今地考》等多篇文章；修订完成金、元诸图幅的考证说明书，并和其它作者将历年撰写文章，结集为《中国历史地图集释文汇编》（东北卷），由中央民族大学出版社于 1988 年出版。先生在东北历史地理研究上取得的成就，仅举通州城的考订和永宁寺碑文的考释为例。

通州设置于辽景宗保宁七年，金以后皆废，不复设置，无沿革可寻，遗留资料很少，城址所在地难以指认。而此城关系到渤海国扶余府和汉魏扶余王城之所在，关系十分重要。先生锐意进取，另辟蹊径，将宋人笔记如许亢宗的《奉使行程录》、洪皓的《松漠纪闻》与赵彦卫的《御寨行程》等资料，采取“排比对勘”的方法，将所经地点和路线地名，对号入座，又搜求旁证，钩沉索隐，辅之以考古发现，终于将通州城址考实：一面城即辽代通州。谭其骧先生审读此文，十分高兴，称之为“凿空之功!”这些历经艰辛得来的成果，如同先生所言：“虽然反映在相应的图幅上，只是某些小圆圈似的定点，或几条红色的驿道交通线，但它却像一颗颗明珠或逶迤的游龙，闪烁在彩绘的历史地图之上。”《中国历史地图集》规模宏大，考订精详，图文并茂，荣获第一届国家图书奖荣誉奖。

20 世纪六七十年代，随着中苏关系的恶化，边境争端加剧。苏联学者在编纂出版的书籍中宣称：俄罗斯人首先发现和开发了黑龙江、乌苏里江流域的地方。1974 年，先生在《历史研究》上发表了《历史的见证——从明代奴尔干永宁寺碑文看中国东北的历史疆域》一文，用大量的史实证明：自两汉与隋唐以来，东北黑龙江流域的各族各部，岁时向中央政权纳赋朝贡，接受封赐官爵印信，远至北海和库页岛，出现了“九译来朝”的感人盛况，黑龙江流域是历代相沿的中国领土；耸立在黑龙江下游特林的明代奴尔干永宁寺碑文，无可辩驳地说明中国政府对该地区的实际管辖。文章史实充分，论证严谨，既体现了历史学者的求实学风，又将爱国之心“跃然纸上”。该文被日本、韩国、英国等国的媒体报导或转引，为正本清源、维护国家权益起到了良好作用。

二

先生在北大求学，先读的是工学院，后依兴趣爱好转到历史系。1951 年参加学校举办纪念太平天国起义 100 周年活动，被展出的《贼情汇纂》所吸引，后又阅读罗尔纲先生的《李秀成自传原稿笺证》，引发对太平天国史的兴趣，开始长达半个多世纪的研究工作。数十载的秋月春花，先生在阅读、考查和笔耕之中度过，著述三百余万言，取得了开创性的成果，成为公认的太平天国史专家。

从 20 世纪 50 年代初开始，对太平天国革命性质问题，史学界进行了大讨论，一种认为是“单纯农民战争”，另一种认为是“资产阶级性的农民战争”。1956 年，时年三十的先生，风华正茂，意气风发，在《历史研究》发表了《论新兴市民等级在太平天国革命中的作用》，从太平天国革命之际社会经济的发展、阶级关系的变化等方面着手，研究市民等级的兴起及其在太平天国革命中所起的作用，指出太平军领导集团和基层骨干大都由萌芽的无产阶级分子组成，因而使太平天国与历代农民战争相比有着鲜明的特色。

1957 年，先生在《教学与研究》发表《略论太平天国革命性质》，认为《天朝田亩制度》客观上为资本主义的发展开辟了道路，是一个彻底反封建的、资产阶级性的农民土地纲领，进步性和革命性是它的本质；由于市民等级是未来资产阶级革命的承担者，也由于分化的农民具有资产阶级民主派的性质，而这两种人都是太平天国革命的主力军和核心力量，因此就使太平天国革命具有了迥异于以往单纯农民战争的许多特点，带有较为鲜明的资产阶级性质。

先生文章引发史学界关于太平天国革命性质的大讨论，参与人数之多，讨论之激烈，为新中国成立以来所罕见，大大促进了太平天国史研究的深入，促进了学术争鸣和繁荣。先生亦由此崭露头角，受到邓拓、侯外庐、罗尔纲等前辈关注。先生在文中指出："天地会之所以广泛发展于南方而不发展于北方，盛行于清中叶以后，而不盛行于清中叶以前的任何历史时代，这不是偶然的。它与此时城市商品货币经济的发展、资本主义的萌芽、城市平民势力的发展，有着内在的联系。"罗尔纲先生读后，"心中便豁然开朗，20 多年来悬而未决的问题，由此解开了症结！"并由衷赞叹道："以青年人掌握马克思主义的理论，又博征群籍，竟能得心应手，到了如此地步，殊非寻常所能及！"

当年这场激烈的学术讨论，已经过去半个多世纪了，今天再读先生之雄文，深为其凌厉笔锋、独立见解和开拓精神所折服，亦为之神往！

1853 年初，太平军攻克南京时的人数，记载不一，许多人信从张德坚《贼情汇纂》所说的有众百万。1963 年，先生发表了《太平军克南京时人数考》，根据当时当事人的记载和奏报，条分缕析，得出太平军克南京时人数水陆两军共约 20 万有奇，而以 25 万人为大限的结论。长期以来，对太平天国攻克南京后应采取何种战略方针，是偏师北伐，还是全军北伐等争论颇多，并涉及对洪秀全、杨秀清的评价。通过太平军实有人数的考订，对太平军何以放弃已克武汉、九江、安庆等重镇而专意金陵，何以只派出林凤祥、李开芳等2万多人偏师北伐且缺乏后援，何以未能及时支持青浦、嘉定周立春和上海刘丽川小刀会起义等一系列问题都有很好的说明。先生从小见大，探微知著，给同仁印象深刻，结论亦为学界认可。

先生在太平天国政权性质的讨论中，敏锐地看到要从太平天国的经济纲领、经济政策和措施的实施入手，才能对政权性质得到清晰的透视和明白的解答。先生把研究重点放在经济上，首先从土地制度和政策的实施问题着手，多次前往太平天国管辖设治的地区，实地调查，访求资料，经过长期研究，撰写的《太平天国经济制度》《太平天国经济史》专著，发表的《“天朝田亩制度”的经济背景及其性质》《太平天国对地主阶级的沉重打击》《太平天国“着佃交粮”制考略》等论文，成为这一领域的代表性论著。

太平天国辖区土地关系复杂，是否实行“耕者有其田”，争论颇多。先生通过大量的具体分析，指出要实行地主收租完粮政策，必须具备三个条件：要有地主存在，才有征粮的对象；地主要能收到租，才有完粮的能力；地主收租所入必须大于纳粮所出，才会追租完粮。在太平天国地区，这三个条件往往不同程度地被农民革命所破坏，有些地区甚至完全被破坏。所以，“着佃交粮”的存在，是以太平天国农民革命为根本前提；没有太平天国政权，也就没有“着佃交粮”制。但“着佃交粮”不等于实行“耕者有其田”，它是过渡性质的。在实行“着佃交粮”的地区，通过颁发田凭，实现了土地所有权的转移，这虽然不是全面否定地主所有制，只是局部的质变，但在百多年前，这是难能可贵的历史业绩。

历史研究往往涉及人物评价，但做到客观公正却不容易，后人往往苛求前人。杨秀清作为太平天国重要人物，对他的评价争论很大。1978年，先生在《历史研究》上发表《如何评价杨秀清》，认为太平天国的政治观念、宗教观念和政治体制中，存在着“五主并立”“八位万岁”的理论和实践，杨秀清称主、称万岁并不悖于太平天国的制度。杨秀清称万岁后，天王仍是天王，没有出现杨秀清篡位和杀害洪秀全的事。先生明确指出：“杨秀清虽然犯了这样那样的错误，但他仍不失为彪炳史册的农民革命的卓越领袖之一。他是中国19世纪50年代的革命之鹰，他有时飞得低，但他始终是一只鹰。”罗尔纲先生接受这一评价，在新著《太平天国史》中，把杨秀清从此前的“逆臣传”中删去，重新排在洪秀全、冯云山下面。

三

先生著述三百多万言，既有太平天国革命性质这样的重大问题，又有克南京时人数的具体事项，不囿成说，多有创见，令人信服。人们不禁要问，先生何以能如此？我以为，主要得益于以下几方面。

（一）深厚的理论功底。历史现象纷繁复杂，相关记载歧异不一，扑朔迷离，让人无所适从，难得真相。先生以为，在广泛占有、谨慎甄别史料的基础上，理论的指导至关重要。先生酷嗜理论，在读研究生期间，即对马列原著，如《反杜林论》《费尔巴哈与德国古典哲学的终结》《德国农民战争》《帝国主义论》等勤加研阅，掌握了辩证法和历史唯物主义这个锐利武器，对许多复杂问题能够更深层次看问题，把握事物的关键和实质意义所在。比如，对《天朝田亩制度》性质的争论，先生从马克思主义原理出发，指出事物在特定的时间和空间，只具有一种性质或本质，《天朝田亩制度》在当时历史条件下，不可能“一方面具有巨大的革命性，另一方面在实质上又带有反动性”。戴逸先生称赞道：先生“既擅长理论分析，勤于思索，又博学多闻，重视史料考证，能把科学的历史观和具体的史事研究有机地结合起来，故而他的文章高屋建瓴，能开拓新境，发他人之所未发，而又丰满扎实，论证精详，极有说服力。”

（二）丰富的史料积累。史料是史学的基础，历史研究一定意义上是史料研究。先生对史料搜求之广泛，掌握之丰富，考订之精审，在太平天国史研究中是屈指可数的。为撰写《太平天国经济制度》，先生数访江南，在南京太平天国历史博物馆、浙江省博物馆、苏州市博物馆、常熟县图书馆等地查阅资料，发现了不少新史料。比如，在常熟发现了一张1862年忠王李秀成颁发给朱振声的“田凭”，从编号上可看出太平天国在常、昭等县分田到户的普遍性。面对复杂的土地关系，选取若干个县，按照时间顺序，将相关资料逐镇逐县排比考订，得出经得起检验的结论。《太平天国经济制度》获得北京市首届哲学社会科学优秀成果一等奖，也是实至名归。

（三）深入的实地调查。先生很欣赏司马迁游历各地、寻访史迹的治史态度，十分重视实地调查。为编绘东北历史地理图幅，先生踏遍白山黑水，在“柳条边”外访寻古长城，考古于渤海王城；多次前往桂平县金田村和南京天王府，到吴江同里镇调查监军钟志成事迹，在宜山白龙洞观看石达开题诗，在大渡河紫打地凭吊英雄末路。为编著好《太平天国历史地图集》，实地踏访全州蓑衣渡和水塘湾，九江、湖口战役中太平军的遗垒，张秀眉起义军黄飘大捷古战场，滇西杜文秀回民起义帅府遗址。正是这种实地踏查，不仅访求了史实，纠正了谬误，文章亦形象生动，富有感情。

（四）广博的文史学养。天府之国，人杰地灵。从李白、苏轼、司马相如到郭沫若、巴金、张大千，群星灿烂，绵延流长。先生自小浸润其中，游历名山大川，考察欧美诸国，故行文清淳，文词雅洁，真情投入，词微旨远，给人以纯美的享受和深远的意境。写桂林山水："那独秀峰，雄峙南山；那叠彩山，五色斑斓……那象鼻山和骆驼山，亦真亦幻，巧夺神工；那烟雨漓江，比之苏堤春晓，更添几分诗韵……船过杨堤村，翠竹蕉丛，迎风起舞，眼前是澄江如练，左右则碧屿如螺。"记干校值夜巡逻："夜深人静，栖鸟无声，风轻如浴，月泻如水。劳动了一整天的教师们进入梦乡了！我这时心中忽地得到一种悟解：人生坎坷路，苦乐方寸间耳！"观北美绿草："对绿草是否珍爱，是文明与文盲的分野。文盲多，荒原多；文明多，草坪多。"谈尊重知识："没有文化、没有知识的社会，只能是一片荒漠；没有知识分子的人群，就和野蛮时代的人们相去不远了。"古人所说的"文质彬彬，然后君子"，先生之谓也。

四

先生治学勤奋，做事认真。范文澜先生提倡"坐冷板凳"精神，胡适先生倡导"不苟且"态度，先生身体力行。检视先生学术成就，无不是勤奋的结果、认真的回报。在参与《中国历史地图集》编绘时，面对许多空白和错误，每日与冰冷的石碑与枯燥的史料打交道，心无旁骛，起早贪黑，不辞辛劳。在校释"永宁寺记"碑文时，把内藤虎次郎和鸟居龙藏所影印的照片放大，参阅各家录本，逐字逐句进行反复校订，对湮漶模糊之字，则配以6倍的放大镜，加上100瓦的灯光，有时还借助照射到办公桌的阳光进行辨认，重新辨识出54字，《重建永宁寺记》补证了20余字。此成果发表后深得学界好评。先生从1989年开始练习毛笔字，从此晨昏不辍，在公共汽车上，在医院病床上，读帖观赏不止，即使是探亲海外，没有墨汁，就用蓝墨水代替，也持之以恒，故有长足进步。先生说："不管一个人天分多高，然一旦缺乏勤奋，便一切都是枉然。"告诫年轻学子："人们的天赋是爹妈给的，但功夫是自己练成的，胜利只属于功夫深的人。”“在治学之路上要勇于坐冷凳，练硬功，切莫耍滑取巧。”

先生重视人才，爱护学生。先生认为：知识分子，特别是其中的专家、科学家、哲学家和经济学家，他们的学术见地，往往关乎国家和民族的命运、根本利益及存亡续绝问题，尊重他们，就是尊重国家和人民的根本利益。先生所在的中央民族学院（后改为中央民族大学），是培养少数民族人才的最高学府，汇聚来自各地的少数民族学子。先生漫游天山南北，踏访白山黑水，在四川凉山州搞过“四清”，在广西桂平县寻访史迹，深入苗疆腹地，游历苍山洱海，对少数民族有切身认识，高度评价少数民族对中国历史、中华文化作出的贡献，并以培养各民族人才为已任，言传身教，耳提面命，春风化雨，桃李遍及各地，深得各族学子敬仰。先生重视知识的传授，更重视品德的培养、创新性思维和独立研究问题能力的提高，鼓励学生有独立见解，敢于坚持真理。“如果思想囿于某种先入为主之见，或拘泥于固定的框架，不能跳出其藩篱，岂不是死海无波、浊水一潭么!”言简意赅，令人深思。

先生尊重师友，珍视友谊。先生认为，人才的成长，总需良师益友的指导。先生与罗尔纲先生的交往，是学界的一段佳话。1962 年春，先生就太平军克江南人数问题致信罗先生，先生善于发现问题，锲而不舍，深入探讨的精神，给罗先生留下难忘印象，从此开始近四十年的交往。先生对罗先生执弟子礼，虚心求教，嘘寒问暖，时常过往问安。外地寄来特产，不忘送去品尝；到郊外垂钓，得几尾鲜鱼，也派学生送达；罗先生住院治疗，熬好鸡汤亲自送去。罗先生深情地说：“我和他是忘年之交，是真实的朋友。”先生性情平和，待人宽厚，对友真挚，深得师友信赖。在本选集中，我们选取了先生怀念师友罗尔纲先生、傅乐焕先生、宋蜀华先生、裴家麟先生等人的文章，从中可见先生的尊师重友、珍惜友谊。正是先生的学识、人品，故在发起成立北京太平天国史研究会，主编《太平天国历史地图集》《太平天国大词典》时，得到大家积极响应，共襄盛举，数载寒暑，经之营之，成就了众多佳话，取得了丰硕成果。以《太平天国历史地图集》为例，该书共有27家单位、40多位教授学者参与，经过7年努力始得完成，集地图、照片、图说为一体，内容翔实，考证精审，制图精美，成为太平天国史学习和研究的重要工具书，荣获北京市哲学社会科学成果一等奖。

1982年，我从云南边陲农村到京华求学，得以认识先生，受教于先生，这是一生之幸事！几十年来，先生对我爱护有加，悉心指导，然我资质平平，勤奋不够，有负先生厚望。高山仰止，景行行止；虽不能至，心向往之！谨以此浅陋之文敬祝先生健康长寿！

学生　赵至敏

2015年9月

年谱简编

1926 年　2 月 18 日出生于四川省威远县，自幼失怙，家贫而好学。

1941 年　夏，考入国立东北中山中学。两年后升入武汉大学附属高中。

1946 年　转学成都蜀华中学。

1948 年　考入北京大学，受教于郑天挺、向达、雷海宗诸先生。

1951 年　夏，派往江西泰和县参加土地改革。次年春回京。

1952 年　夏，本科毕业，被推荐入中国人民大学研究生部深造，师从尚钺诸先生。

1954 年　夏，与陈符庄女士结婚。

1955 年　6 月，女儿郭玲诞生。7 月，以全优成绩毕业，分配到中央民族学院研究部工作。

1956 年　在《历史研究》发表《论新兴市民等级在太平天国革命中的作用》。9 月，儿子郭明诞生。

1957 年　春，在《教学与研究》发表《略论太平天国革命性质》，引发关于太平天国性质问题大讨论。夏，发表《论黄海大战与中国北洋海军》，为北洋水师辩诬。9 月，在反右中被错划。

1958 年　6 月，下放北京四季青公社劳动，学习钻研蔬菜栽培技术。

1959 年　被放置北京西郊黑山扈，刨坑植树，执鞭牧羊。

1960 年　秋，从西郊调到京东大厂农场，挖沟引水，浇园种菜。

1961 年　10 月，错划右派得到改正，仍调回原单位。受命参加《中国历史地图集》编绘工作。

1962 年　完成《渤海国历史地理》与《隋唐时期东北历史地理》的撰著。

1963 年　完成《两汉、魏、晋时期东北历史地理》的撰著。是年，发表《太平军克南京时人数考》，纠正《贼情汇纂》错载。

1964 年　10 月，派往四川凉山彝族自治州喜德县搞“四清”运动。

1965 年　8 月，派往广西柳州专区三江侗族自治县搞“四清”运动。

1966 年　“文化大革命”开始后回京。投闲置散，读书自得。

1968 年　秋，参加《中国历史地图集》清代吉林、明代奴儿干都司图幅的考证制图，撰著《明代“海西东水陆城站”今地考》等篇。

1969 年　11 月，全家下放湖北潜江沙洋干校劳动，挖井建房，种植棉花。

1971 年　8 月，调回北京，仍从事《中国历史地图集》编绘工作。10 月，赴东北作历史地理考察。撰《辽代通州与安州城址考实》等篇。

1972 年　修订完成金、元诸图幅的考证说明书，并将历年所著与同仁所撰诸篇，结集为《中国历史地图集释文汇编》（东北卷），1988 年由中央民族学院出版社出版。

1973 年　参加《中国历史地图集》定稿与历代边界审定会议，始终其事。

1974 年　在《历史研究》发表《历史的见证》，正本清源，维护国家权益。同年，校勘“奴儿干永宁寺碑记”。

1975 年　与北师大、山东大学等五校发起编著《中国近代史》。沿黑龙江东下考察，直抵中苏边城伯力附近。

1976 年　在济南参加《中国近代史》编写。同年，撰作《慈禧与辛酉政变》，对《热河密札》有新疏释。

1977 年　在山东师范学院参加《中国近代史》定稿会。此书由中华书局出版，荣获国家教委优秀教材奖。秋，致函黎澍提议成立北京太平天国史研究会。

1978 年　获聘为历史学副教授。5 月，北京太平天国史研究会成立。同年，在《历史研究》发表《如何评价杨秀清》。

1979 年　3 月，在成都参加中国历史学规划会议。5 月，在南京与戴逸等主持太平天国史国际学术讨论会。12 月赴广西金田村、紫荆山考察。

1980 年　将研究重点放在太平天国经济方面。6 月，参加“太平天国苏福省建立 100 周年学术讨论会”。9 月，为北京大学历史系讲授太平天国史专题。

1981 年　3 月，参加两广举办的“纪念太平天国革命 130 周年国际学术会议”，考察太平天国史迹。讲学复旦大学历史系。在浙江、江苏等地搜访太平天国文物资料，实地考察“着佃交粮”的历史。是年，撰著《太平天国经济制度》。

1982 年　夏，负责主编《太平天国历史地图集》，约请关专家学者分幅进行编绘。9 月，为西北大学历史系开学术讲座。

1983 年　2 月，撰写《建都金陵与东征苏常论》。3 月，赴南京参加太平天国建都南京 130 周年学术讨论会，并召开《太平天国历史地图集》编委会议。9 月，在广西宜山参加“太平天国史学术讨论会与起义史迹考察”。10 月，在北京参加《中国大百科全书军事卷》审稿会。

1984 年　上半年，为研究生开设太平天国史专门课。6 月初，在北京召开《太平天国历史地图集》审稿会。9月，为新疆大学历史系授课。本年，专著《太平天国经济制度》由中国社会科学出版社出版，后获北京市首届哲学社会科学优秀著作一等奖。

1985年 9月，率研究生赴云南大理州、贵州黔东南州考察各族反清起义遗迹。

1986年 获聘为历史学教授。4月，赴苏、皖、赣等省考察太平天国史迹。5月，参加两广“纪念太平天国起义135周年学术讨论会”。6月，招收的首批硕士研究生毕业。发起编辑《罗尔纲与太平天国史》，纪念罗尔纲先生从事学术研究60周年。

1987年 2月，赴四川自贡市参加首届盐业史国际会议。9月，承担《太平天国大辞典》主编任务。10月，为山东大学历史系讲授专题课。11月，在重庆召开《太平天国大辞典》编委会。

1988年 是年，主持《太平天国历史地图集》清绘诸事宜，完成此书与《太平天国历史与地理》之清样。6月，在陕西宝鸡市召开《太平天国大辞典》审稿会。10月，讲学于苏州大学。11月，参加中国民主促进会第六次全国代表大会。

1989年 6月，招收的第二批硕士研究生毕业。是年，《太平天国历史地图集》与《太平天国历史与地理》由中国地图出版社出版，后荣获北京市第二届哲学社会科学优秀成果一等奖。

1990年 是年，着力编撰《太平天国大辞典》。5月，在南京召开中国太平天国史研究会成立大会。6月，在扬州召开《太平天国大辞典》定稿会。10月，在济南参加义和团史国际学术会议，为郑州大学历史系讲课。

1991 年　6月，《太平天国经济史》由广西人民出版社出版。11月，赴广东茂名参加太平天国史国际学术讨论会。6月，招收的第三批硕士研究生毕业。

1992 年　获国务院颁发的“政府特殊津贴”证书。是年退休。

1993 年　与夫人访问加拿大，探亲于温哥华。

1994 年　讲学于韩国汉城，游历大田、庆州与釜山等地。参加“纪念翁同龢逝世90周年”学术讨论会。

1995 年　5月，《太平天国大辞典》由中国社会科学出版社出版。6月，与夫人赴美国游览，北至千岛湖，南抵佛罗里达，观感见闻，著为《北美散记》。

1996 年　3月，返回北京，将历年所撰文章，选编为《山海集》，罗尔纲先生作序，中国地图出版社出版。

1998 年　5月，回母校北京大学参加建校100周年庆典。

2003 年　9月，与夫人游览法国、奥地利、荷兰、比利时、意大利等欧洲多国。

2004 年　12月，参与《清史》编纂，作为《通纪·考异（下）》项目主持人，组织编撰考异条目。此后七年，撰写、审定条目，参与相关会议。

2005 年　9月，应学校返聘，出任博士生导师，招收第一批博士生。年内，撰写《平步留痕》一书，分赠亲友，以作纪念。

2006 年　2月，八十寿辰，戴逸、王汝丰等好友、学生及亲戚前来祝贺。9月，招收第二批博士生。

2007 年　9月，招收第三批博士生。

2008 年　1月，应“二十世纪中国著名科学家书系”编委会邀请，撰写《罗尔纲》一书，由金城出版社出版。7月，第一批博士毕业。

2009 年　1月，将凝聚平生授课心得的讲义，编辑为《天国洪杨——太平天国史讲义》，由中央民族大学出版社出版。7月，第二批博士生毕业。

2010年　7月，第三批博士生毕业。

2011年　11月，向清史编委会提交《通纪·考异（下）》成果数十万字。

2012年　至今，安享晚晴岁月。

目　录

一、白山黑水篇

二、太平天国篇

三、随想叙往篇

四、师友隆谊篇

五、海外掠影篇

一、白山黑水篇

历史地理半生缘

在人生之旅的途程中，名师益友的启迪和帮助是至关重要的。我与历史与地理的结缘便是如此。记得在念中学的时候，给我们教历史与地理课的那位老师给我非常深刻的记忆。他身材不高，却举止风雅，谈吐幽默。一次，他在讲述江苏、浙江地理时，在黑板上写了一副对联，上联是“无锡锡山山无锡”，下联是“平湖湖水水平湖”。然后再介绍苏杭的风土人文和这副对联的典故。这幅绝佳对联，给我的印象特别深刻，迄今犹未忘。

后来，我家兄竺群买得一本中央大学美术系教授某人手绘编印的“长恨歌”分幅画册。其中有唐玄宗西行入蜀孤寂落寞的图幅：“行宫见月伤心色，夜雨闻铃肠断声。”图中冷月霜铃，尽显萧瑟之气。我是蜀中子弟，阅后倍有感触，也加深了我对历史的缅怀。

1948 年我报考大学，适逢北京大学、清华大学联合招生。那时“工业救国”是时尚，我便报名工学院，被录取入北京大学。那是在校本部的沙滩红楼念一年级时，常去孑民堂旁的图书阅览厅做机械制图课的演算数据，觉得十分枯燥。于是顺便从文科参考书中借到一本严景耀教授写的关于北平城著名大盗“草上飞”的调查报告。这是社会学著作的名篇。我读后深受启发，觉得文科也大有用武之地，自己原有些功底，未必不能有所展布。北大文学院名师如云，我素所景慕。于是决定转到历史系就学，师从向达、郑天挺诸先生。这个转轨在当时可称为逆时尚而动，为众所不取。但我尊重了自己的旨趣，乐于在史学园地里耕耘，经数十年寒暑，终有所开拓，有所收获。然而在知识分子过炼狱的年代里，我也被打入另册，多次被放逐僻野山乡，或执鞭牧羊，或扛锄垦荒。正是壮岁有为之际，却蹉跎于荒烟蔓草之间，命也夫！

严冬过后，七九河开，燕语春归，大地复延。八十年代初，我应邀赴新疆讲学。在库尔班节的晚宴上，当地的一位学者颇有感慨地说："我们得争取时间呀！只剩下半辈子啦！"我听了深深地被打动。我们同是一代人，前半生已然消磨过去了，来者犹可追。我爱好历史与地理，此后凡四赴江浙，五次去广西考查，又西行去昆明、大理，搜访杜文秀遗迹；在东北地区，我踏勘过"黄龙府"故城，也对牡丹江的"渤海王城"故址发掘拍摄。然而，俱晚矣，只落得半生缘！

一、关于博学与专精

从美学的视角来看，"池塘水清浅"、"竹外桃花三两枝"是一种意境，是一种美。但从人生哲学和学术的角度看，却切忌"浅"和"薄"，而讲究涵蕴富厚，追求博雅宏通。人们无论对物质财富或精神财富，都在无休止地发掘和求索，追求着富厚。中国学者以"博学鸿词"为尚，以"一专多能"相期勉，便是一种标准。这标准虽非奢求，但却不是容易达到的。章学诚在《文史通义》中说："学、才、识，得一不易，兼三尤难。"这话说得很真切，也很慨叹！譬如曾国藩，学富当时，但自知才与识皆未及胡林翼与江忠源。又如王闿运，人称湘中才子，但识量未广。自来高明的人，知所不足，常常黾勉自励，以求得一而兼三。这是应该嘉许称道的。然而环顾上下古今，"浅"和"薄"居多数，许多人浅尝辄止，自矜于一得之功或一孔之见，很少或很难于潜心治学，更难于见识高远。

在社会科学领域中，文、史、哲是分科并列的，但分科并不意味着分家，为的是便于深入研究。古来经史一家，文史不分家。这就是说，文史哲是互相联系、关系密切、相辅相通的。这种情况便要求学者们：在专攻一门学科时，要兼及或兼擅有关的领域。换言之，史学家不仅要长于史学，而且在文学和哲学方面也应有所涉猎和具备较深的涵养。

我自己是研究历史的，从事中国近代史、太平天国史和东北历史地理的研究近60年。在这些领域有所耕耘，有些收获；有所钻研，也有所开发。史学作为自己的专业，当然是用功最勤、着力最多的。然而我也很爱好古典文学，在撰写文章中，以精炼、畅达要求自己，笔端也不掩饰自己的感情。记得在《如何评价杨秀清》的论文中，我在结论中写道："杨秀清虽然有这样那样的错误，但他仍不失为彪炳史册的卓越农民领袖之一。他是19世纪50年代的革命之鹰，他有时飞得低，但他始终是一只鹰。"史学要求客观地论人论事，但褒贬臧否也是史家的神圣职责，所以《史记》有赞，《资治通鉴》有论。这些论赞，往往都是笔饱墨酣，充分显示著者的文学修养。我在少年时，曾习诵"四书"，对《孟子》的气势浩瀚、《论语》的简炼精辟，颇受感染。后来喜读朱自清的散文，觉得他文章真挚，词语雅洁，清淳无虚语，便引以为楷模。在我发表的《北美的绿草》一文中，凝炼出"草根千眼井，树梢百重泉"的联语，并明快地指出来，"对绿草的是否珍爱，是文明与文盲的分野。文盲多，荒原多；文明多，草坪多"。文章虽出我之手，但却拜赐于前人的熏陶。又如在拙著《太平天国经济史》一书中，对"着佃交粮"制的定性分析和历史评价，是很考量人的。我反复思维，终于落笔写道："太平天国在它所治辖的苏福省和浙江天省，通过'着佃交粮'制的实施，局部地在部分地区实现了'耕者有其田'，满足了贫苦农民的要求，获得了他们的支持。”

这结论是较为审慎的，为众多同仁学者所共鸣和共识。我在另一节中，则放开手笔宣称：“着佃交粮制是太平天国历史性的创造，是对封建地主土地所有制的突破和否定。如果没有太平天国政权，便没有‘着佃交粮制’。”

这两段话，罗尔纲先生将它引入了他的巨著《太平天国史》，并加以发挥。作为罗老的学生，对这荣宠确乎是愧不敢当的。我也深知，在科学领域能有突破和前进是很艰辛的，这不仅要求掌握充分的资料和数据，而且要具备独立的研究能力和高屋建瓴的识别与判断。这里，哲学修养和理性思维就起到了无可代替的作用。50年代初，宣传反对农民平均主义，于是有位权威专家撰文称：太平天国的《天朝田亩制度》虽然具有巨大的革命性，但它实质上是反动的。这论点多少含有借历史为现实服务的旨趣，唱和的人颇不少。我酷嗜理论的学习，对经典著作孜孜钻研，颇有所颖悟。我觉察出来对《天朝田亩制度》实质上是反动的这说法，有违于事物的主要矛盾决定事物性质这一定律。换言之，《天朝田亩制度》的性质，不可能既是革命性的，又本质上是反动的。农民平均主义对反封建地主所有制，完全是革命的，但那是百年前的历史时代。百年之后的社会主义时期，农民平均主义就质变了，变成实质是反动的了！这里需要严格分清不同历史时期它性质的演变。当年我毅然地撰文，提出商榷。其所以敢于奋笔冒犯权威，所恃无它，哲学和理论武器而已！多少年来，我深切地体会到：社会科学工作者，就文、史、哲三门而言，精其一而兼其二，这样，庶几乎博学而有所专精了！

二、发现问题锲而不舍

在1979年的一次国际学术会议期间，一位剑桥大学的博士和我交谈，要我说说是如何治学的。这是个一言难尽的话题，而且见仁见智，各个人的甘苦有所不同。我当时回答道：就个人的体验而言，做学问在善于发现问题、分析问题和最终善于解决问题。我想起顾炎武的《日知录》和其中的名篇《论苏松五府田赋之重》。他发现了江、浙一带，苏、松、嘉、湖、杭五个府的钱粮负担为全国之最。于是深入研究历史资料，旁征博引，反复推求，终于揭明了原委。这篇宏文为二百年后太平天国洪秀全在苏福省“减免钱粮”和李鸿章奏请在苏、常各属减赋，提供了有力的历史论断。王国维曾是早年清华大学的三大导师之一，他在《观堂集林》书中，有《度量衡考》。其所以要去考求，就是历代的度量衡存在不一致的问题。他文中提出了这问题，研究分析了这问题，然后作出结论加以解决。罗尔纲先生讲述他研究太平天国史的缘起，首先是考证张嘉祥。他发现《清史稿》的张嘉祥本传把其人写得轰轰烈烈，但《贵县志》中的张嘉祥，却蛮不是那回事，而是个江洋大盗。罗先生发现了两书存在的矛盾，也发现了张嘉祥本人的重大问题。罗先生从这里开始做考证，开始了太平天国史的研究。又如他发现洪大全供状中所言，有好些与太平天国情况不相符。他对这个问题在脑海中明确起来，然后才去做考证和研究。如果不能发现问题和提出问题，便谈不到去研究，也不可能在科学和学术上有所创新和进展。

见识高明的学者多不愿谈自己，因为“生也有涯，知也无涯”，在知识的长河中，无论你拾贝采珠，总是有限的。然而编辑要求撰稿人把自己摆进去，我只好告一声惭愧，说一点在研究过程中经历的某些点滴。

我所参加过的大型著作《中国历史地图集》，是一项经营廿载的学术工程。吴晗同志让傅乐焕教授和我承担东北地区的图幅编绘和考证。我曾碰到许多的困难和问题，在艰苦寂寞的考证和发掘中，也得到些收获和经验。至今仍记忆犹新的，是对明代东北奴儿干都司治所的定位考证。明代的"都指挥使司"，是相当于省级的行政和军事建置。"奴儿干都司"所辖治的地区，是包括东北边疆黑龙江流域和今俄罗斯东西伯利亚及库页岛等地。它事关中、俄两国历史疆域的所辖所领，十分重要。以往前代的中国、日本和俄国的学者，曾对明代奴儿干都司及其所属的184卫所作过许多研究，他们研究的一致结论，是肯定明朝政府在黑龙江流域设立了"奴儿干都司"，进行管辖和治理。都司城设在黑龙江下游，但具体位置何处？故城址何在？却莫可追寻。日人著《满洲历史地理》，其"明代之东北"图幅，考出了不少卫所的地点，但对至关重要的都司治所城址，却留下了空白。鸟居龙藏教授曾撰专论《奴儿干都司考》，考据颇详，但仍未能找到该都司的所在。我便按照自己的思路和方法，先考其地望和方舆里距，再从考古资料和文物碑记中去求证。

经搜集和扒梳有关史料证明：奴儿干都司城设在"使犬部"所在的黑龙江下游、恒滚河与黑龙江会口的"道路险阻，崖石错立"的特林地方。据"永宁寺碑"中碑文说："卜奴儿干西，山高而秀丽，造寺塑佛，柔化斯民"，可知奴儿干都司城在永宁寺东面不远。我不惮麻烦地从北京图书馆柏林寺书库里找到了百年前曹廷杰考查手绘的特林永宁寺地图。有了这地图，心中便踏实了一半。因为奴儿干城必然在它的东面附近之处，所不知的就是里距为多少？

故城址是否有遗迹存在？我以一种渴求精神，晨昏不息地翻阅着中国和外国典籍中有关记载，想从拉文斯坦的《俄国人在黑龙江上》、巴迪里的《俄国、蒙古、中国》（第二卷）与柯林斯的《阿穆尔河顺航记》等记述中找到材料。但结果很令人失望。我又重阅了间宫林藏的《东鞑纪行》和杨宾的《柳边纪略》，但对奴儿干城址仍茫无线索。不言而喻，这是很令人感到迷惘和失落的。过了些天，我忽地又想起曹廷杰来，于是捡出《东三省舆地图说》

《西伯利亚东偏纪要》来仔细阅读。从后一书中，我终于找到了以往各书中都没有的新资料、新发现！他记载道：从永宁寺东面下山，沿江行里余，在一个丘陵台地的荆莽丛中，“有古城基，周约二三里，街道形迹宛然，瓦砾亦多”。对地图学来说，找到故城基才是定点定位的铁证。曹廷杰发现了，也记录了这古城，它正符合文献和碑记中奴儿干城的位置。这时我顿有“漫卷诗书喜欲狂”之感，颇为豪迈地挥笔在地图上绘出了“奴儿干都司”城的省级城市的定点注记符号。这个符号表明了明朝管辖的疆域，包括整个黑龙江流域和库页岛。

孟子说：“尽信书不如无书。”我在大学里讲授中国近代史，常常碰到史料的歧异和名家的论断有疏误。例如甲午中日战争中，有的书就把北洋海军一笔抹煞，说它腐败不堪，“战无不败”。其材料依据主要是英籍洋员泰莱的《甲午中日海战见闻记》。我阅后蓄疑在胸，许久难释。我对自己问道：甲午中国对日本的战争，是反侵略的卫国战争，是正义的自卫之战，清政府的腐败，并不等于广大官兵不爱国、不敢抗敌应战。况且北洋海军将领，留学英、德多年，刘步蟾、邓世昌、林永升和严复辈，皆有志图强，岂肯在敌寇来犯时不与之一决雄雌？俄国军人在旅顺口，尚与日军血战不屈，何况中国是堂堂正义之师？我产生了研究的渴望，于是着力搜集资料，果然发现了美籍洋员马吉芬写的《黄海海战评述》。这是一篇资料性很详，对北洋海军的英勇和战术持正面评价的文章，可以和泰莱对勘比较的。此文被淹没了多年，为名家所未及知，故而片面信实了泰莱的曲笔。泰莱在北洋海军中供职，很想逐取刘步蟾而代之，故对他大肆攻击中伤，兼涉夸大北洋海军的负面。我和一位海军的同志合作，考证史事，写成《甲午黄海大战与中国北洋海军》的论文发表，为北洋海军辩诬，为刘步蟾昭雪。当时正是人民海军建设之初，引起了他们的重视；文艺界也以此为题材，相继有《黄海风云》的话剧和电影；历史学界对此问题继续展开了研究，宏篇巨制的论文和专著，对北洋海军和人物的评价，已达成了共识。这是我当年所未敢奢望的！

事物发展的无限性，决定了知识的无限性。由于事物发展进程往往很复杂，而且各个侧面展开得不充分，故而人们的认识往往带有很大的片面性。这就是说：前人未必尽知，一书本未必尽对。聪明的人在于肯提出疑问，敢于“不唯上，不唯书，但唯实”。存疑而好问，是开启知识之门的钥匙。至于解决疑问，从来没有捷径可求，它需要锲而不舍、艰苦奋斗的精神，所谓“腊梅香自苦寒来”，譬喻得很富于韵味！

三、调查研究　历览山川

记得还在50年代中，史学界讨论中国资本主义的萌芽问题，邓拓同志发表了《从万历到乾隆》的学术论文。文章中引证资料之丰富，论点之独到和精审，至今都令人雅佩心仪！一次，我请教他资料的来源为何，他笑答道；还不是迈开双腿，下到京西门头沟矿山中，在当地干部和职工支持下，从档案和碑碣中采撷来的。这篇论文和这段对话，给我的震动不小。我也曾参观过门头沟矿，而且下到深井中访问。作为青年史学工作者，我为何不曾想到从这具体的矿业发展中，去考察资本主义的萌芽？我此前为何没有想到去探索和搜集这近在咫尺的资料源泉？从此之后，开始意识到调查研究对治学和治事的重要性。我在《人民日报》发表的一篇文章中，简述罗尔纲先生治学，对资料的搜访不畏艰苦。他为了彻底摸清太平天国史料的情况，曾经带着人亲自深入南京图书馆的几个书库中，逐卷逐册地查阅太平天国材料。如此数年，无分寒暑，终于整理出1200余万字的太平天国资料，其中有很珍贵的孤本秘籍，在库里被蛛网尘封了近百年，这才公之于世。罗先生这种甘心坐冷板凳的精神是值得尊敬和效法的。

历来的大学问家，都十分重视调查研究和历览山川。司马迁撰著《史记》，神笔飞扬，出语掷地有声，这与他南浮江淮，东登泰山，既考察大梁，又北出云中的履历是分不开的。宋代的赵明诚，搜访古碑刻器物，足迹遍于黄淮，所获超乎前人，故辑为有名的《金石录》。杨守敬是清末的著名舆地学家，他访问日本，留心搜集散失在东瀛的典籍，取得瞩目的成果。他们的事例，对后学是个很好的启发。这是中国学者的一个优良传统。受这种好风尚的影响，我在研究太平天国史和东北历史地理的过程中，曾三次赴黑龙江，四访苏浙，五次踏查紫荆山区和金田村。这不仅收获良多，而且对自己的心胸和气魄，也是一种洗炼和陶冶！

白山黑水是辽、金的家乡和清朝的“龙兴之地”。辽代在东北广置州府，其中有个“通州”。这通州仅见于辽代，后废，故资料奇缺，中外研究者如日人津田、箭内亘与著名的和田清，皆以为不可考。但它关系到渤海国的扶余府和汉、魏时期的扶余国王城之所在，十分重要。我在东北考察时对此常记挂在心中，注意搜求有关史料和相应的古城古迹。我很高兴地访求到一册金人王寂的行程录手抄珍本，便漏夜过录下来。我于是联想到：通州虽沿革无考，但它是辽、金、宋往来的使者所行走的驿站，为何不从使臣们的“行程录”去考求？我便沿此蹊径，锐意探索，经过一番钩沉索隐，排比对勘，终于考明它位在今四平市西的“一面城”古城址。

江苏、浙江等省是太平天国设官置守有年的地方，史料和史迹很丰富。我每次去考察，都有所收获，得到些尚未刊布的资料，例如浙江石门县的“田凭”，苏州东山村发现的“预知由单”等。这对研究太平天国的经济均是无价之宝！

为了解决元、明时期在东北所设的“站赤”和驿站的具体所在，我便沿着古驿站的路线，从开原、铁岭迄北而行，辗转水陆，沿松花江而下，直到中俄交界的伯力附近。江上清风明月虽富有诗情画意，但旅次的辛劳却是历久难忘。我还饶有兴致地踏查牡丹江附近的渤海国王城，惊讶盛唐文化在此边疆地区留下如此生动的样板。经过对东北方舆道里作过实地考察后，我在编绘《中国历史地图集》有关图幅时，便有成竹在胸，落笔不虚，定点免于盲目了。

我曾经造访伊阙与龙门，瞻仰奉先寺石佛之慈颜。又漫步于伊、洛二水之间，远眺秋山黄栌，枫林如醉。遥想曹子建赋洛神于此，距今已1500年矣！我也曾专程去绍兴山阴县，拜访兰亭，王羲之所称“茂林修竹”“曲水流觞”，确非虚语。由此知诗人之灵感非独钟于才情，山川之灵秀，乃是启发之源泉耳！由此使我想起西北之行来。我是沿着当年丘处机、左宗棠所经路线，入流沙，横大漠，过米泉，经大坂而到吐鲁番与火焰山。新疆天山之雄奇，塔克拉玛干沙漠之浩瀚，令人心旷神怡！友人诗云：“马登大坂称神骏，人到天山气自雄。”信不诬也！

在拙著《山海集》中，选载了些我在北美所写的散文，其中有《千岛湖掠影》和《尼亚加拉大瀑布的联想》，亲友们读后，尚称意境不俗。这使自己回想起来，文章虽然写的仅是一处瀑布和一个湖，但我心中却蕴蓄着黄果树、三迭泉等等许多瀑布和曾经游览过的许多美丽的湖泊。杜甫所谓读万卷书、行万里路，学问与人生的高尚境界或当求之于此！

历史的见证

——从明代奴尔干永宁寺碑文看中国东北的历史疆域

世界著名的黑龙江，波浪翻滚，宛如游龙，奔驰入海。它所流经的广阔原野，自古以来就是我国东北各族人民辛勤劳动所开发，早已载入了中国的版图。有史可证，中外所共知。

沙俄侵占我国黑龙江以北乌苏里江东大片土地，不过是19世纪中期的事。正如1857年马克思所指出："俄国……它占领当今中国统治民族的故乡——黑龙江两岸地方，才只有几年的时间"。①马克思这段话肯定了黑龙江地区是中国固有的领土，沙俄的侵占才只有几年的光景！

可是，近年来有说什么"在俄罗斯人出现以前，阿穆尔地区和乌苏里边区不属于中国"②；什么在俄国人到来以前，黑龙江两岸"既无满洲人，更无中国人居住过"③。言外之意，黑龙江地区是"无主"的，沙俄侵占是"合法"的。

但是，历史的客观存在是无法改变的。黑龙江地区"在俄罗斯人出现以前"，"在遥远的过去"就属于中国的领土。耸立在黑龙江下游特林地方的明代奴儿干永宁寺碑，便是历史的见证。

---

① 马克思：《俄国的对华贸易》。

② 纳罗格尼次基：《远东国际关系》，18页，莫斯科版，1973。

③ 别斯克罗内夫、谢·齐赫文斯基、弗·赫沃斯托夫：《论俄中边界形成史》，见苏联《国际生活》，1972（6）。

永宁寺碑存留下两块：一是明永乐十一年（1413年）的“永宁寺记”，一是明宣德八年（1433年）的“重建永宁寺记”。两块碑记中记载了明朝永乐年间创立奴儿干都指挥使司的经过情况，叙述了钦差亦失哈和都指挥康旺等人20年间“宣谕镇抚”奴儿干的简要过程。其碑文不仅告诉人们明朝在奴儿干设官分职，屯兵戍守，而且还向黑龙江流域各族首领“赐爵给赏”，于是“其民悦服”，“遂捕海青方物朝贡”，承担作为明朝臣民所应负的义务。碑文的内容是多方面的，从碑记后面题名的百余人中，有官吏也有平民，有汉族也有少数民族。这说明奴儿干都司是明朝这个多民族国家的地方政权，管辖是强大而巩固的。碑文记载当地各族的话说：“吾子子孙孙，世世臣服，永无异意矣。”

明朝建立的永宁寺虽久已堙废，但寺前所立的这两块碑，则一直屹立在原址上达500年之久，在中外文献中对此有不少的记载。清朝初年，保卫黑龙江下游的八旗官兵对永宁寺碑是很熟知的。他们在恒滚河口、永宁寺一带打败了入侵的哥萨克匪军，当凯旋回宁古塔时，便将所见的碑文传布于世。杨宾当时流寓宁古塔，便在他写的《柳边纪略》书中说：在“二冈（奴儿干）国”地方，有“飞牙喀一碑，本属汉文”，其中载“有都指挥同知官名”①。这是关于奴儿干永宁寺碑传世最早的记载之一，其后荷兰的维岑（N. Witseh）、俄国的尼·斯帕法里（H. C. Пacphh）、日本的间宫林藏等人都有记载，但都是语焉未详，甚至有的人歪曲附会为马其顿·亚历山大东征的碑碣②。只有到清光绪年间（1885年）经曹廷杰从特林拓回原碑文，考订著录于《吉林通志》以后，明代东北疆域直抵“奴儿干、北海”这一事实始为世所昭知。至

① 杨宾：《柳边纪略》，卷4。

② 费多罗夫：《古代文化考据》，228~231页，“马其顿·亚历山大的钟”。

于俄国，直到1896年瓦西列夫才第一次将碑文弄明白，知道明朝在黑龙江流域“创设了地方行政机构，把奴儿干改为省级的都司”①。

下面我们就奴儿干永宁寺碑文中几个方面进行考证，来证明黑龙江流域历史的真实。

一、黑龙江流域是历代相沿的中国领土

奴儿干永宁寺的两个碑记——《敕修奴儿干永宁寺碑记》和《重建永宁寺记》简明扼要地记载了明代设置奴儿干都司的史实，并且特别指明：奴儿干都司的开设，使“辽金……故业……今日复见”。碑文这句话明确地指出：不仅在明代，而且在辽金和辽金以前奴儿干地区也是属于中国管辖的。历史事实正是这样。远的暂且不说，8世纪初年唐朝就在黑龙江流域设置行政机构，行使主权。公元722年（唐开元十年）唐朝在“黑水靺鞨”地区设勃利州，任命其首领倪属利稽为刺史，统辖现在伯力等地区。公元726年（开元十四年），唐朝在黑龙江中下游地区设置“黑水都督府”，“仍以其首领为都督，诸部刺史隶属焉。中国置长史，就其部落监领之”②。当时，黑水靺鞨分为十六部，各部受封的“刺史”，都“隶属”于黑水都督府的管辖。而黑水都督府则归幽州都督府、平卢军节度使所管辖。除了这种逐级隶属关系外，唐朝还对黑水都督府派出了从三品官“长史”。他们代表唐朝中央政权对都督、刺史行使监督领导。黑水十六部中，“思慕部”即萨马儿古人，位于黑龙江下游，今萨尔古湖到孔东村（今俄罗斯称阿穆尔共青城）一带地方；“郡利部”即吉列迷人（今俄罗斯称尼夫赫），居住在

① 巴迪里：《俄国、蒙古、中国》，第二卷，229页，伦敦版，1919。

② 《旧唐书》，卷199下，《靺鞨》。

奇集湖以下沿江地区；“窟说（同悦）部”即苦夷（今俄罗斯称阿伊努人），居住在黑龙江口外的库页岛。① 唐书说：黑水靺鞨，“其地南距渤海，北东际于海”②，也同样说明黑水都督府辖地包括了黑龙江下游和库页岛。

黑龙江流域在辽时划入东京道的政区内，辽在东京道下面设五国部节度使管辖黑龙江中下游。金时则辖于上京路。金朝的上京路所辖地区“东极吉里迷、兀的改诸野人之境”③，也直抵黑龙江下游。而两代的《地理志》都载明辖区“东极于海”。《元一统志》说：奴儿干（黑龙江下游东岸的特林）、哈州（黑龙江下游东岸阿纽依河口附近）等域“皆辽金之旧”④。指明元代所辖这些地区是对辽金故土的合法继承。明朝政府设奴儿干都司，同样确认它是继承辽金的版图，使“辽金……故业”，“今日复见”。另外，从历史文物来看，奴儿干永宁寺前的砖塔建造于辽金时期，其形制与砖瓦和辽宁、吉林所存辽金砖塔相同，“确为辽金时代之砖塔形式”⑤。永乐碑的女真文碑文和永宁寺附近出土的辽金时期的钱币和瓷器，都有力地证明了黑龙江下游不仅在行政上而且在经济文化上也存在着中国辽金两朝的遗物。

元代金兴，继承了对黑龙江流域的统治权。元朝在辽阳行省下设“开元路”和“水达达路”，管辖黑龙江下游和乌苏里江两岸地区。元世祖时，建立“东征元帅府”于奴儿干，统领黑龙江下游军政事宜和招抚骨嵬（即今库页岛）。其后又在黑龙江中游的哈

---

① ［日］和田清：《唐代东北亚细亚诸国》，见《东亚史研究·满洲篇》。

② 《新唐书》，卷219，《黑水靺鞨》。

③ 《金史》，卷24，《地理志上》。

④ 《元一统志》（辑本），《辽阳等处行中书省》。

⑤ 鸟居龙藏：《奴儿干都司考》，见《燕京学报》，第33期。

州设“吾者吉列迷万户府”①。元政府又在黑龙江沿线设立“站赤”数十处，直达奴儿干城。元世祖从至元十年（1273年）招抚骨嵬，到武宗至大元年（1308年），骨嵬首领“玉善奴、瓦英等乞降”，“每年贡其皮”②。

由此可见，某些学者所谓“不受任何人管辖的阿穆尔河沿岸和滨海地区”，历来是中国历代政府和人民开发、经营和管理的，历史上是中国的版图。唐朝的都督、长史，辽金的节度使，元代东征元帅……他们都在黑龙江地区留下了不可磨灭的历史证据。元代以前如此，明代的奴儿干都司和永宁寺碑，更无可辩驳地证明了黑龙江流域是明朝的版图。

二、奴儿干都司是明朝行使国家权力的地方机关

公元1368年（明洪武元年），以朱元璋为首的明朝建立。公元1371年（洪武四年）派都指挥马云、叶旺进驻辽阳，设定辽都卫，接管东北地区。以后不断加强对东北的经营管理，并积极派员对黑龙江下游吉列迷等族“累加招谕”。但由于那时东北地区故元残余势力没有肃清，条件不成熟，所以“洪武间，遣使至其国而未通”。

明成祖朱棣即位的当年（1403年），即派邢枢③偕同知县张斌

---

① 按《元史》，卷44，“顺帝纪”载：“至正十五年（1366年）八月，立吾者野人乞列迷等处诸军万户府于哈儿分之地。”但《元文类》引《经世大典》“招捕总录”中，记载大德元年（1297年）事时已见“兀者吉列迷万户府”的名称，可见该万户府设立于大德以前，或元世祖至元年间。

② 见《元文类》，卷41，所引《经世大典》“叙录政典招捕总录辽阳骨嵬项下”。

③ （明）严从简：《使职文献通编》，卷39，载：“邢枢字九成，畿内长垣人……洪武初，以明经任行人，前后三使奴儿干。”邢枢在永乐元年、十一年两往奴儿干，另一次前往可能在洪武后期，详情待考。

等人前往奴儿干，“至吉列迷诸部落，招抚之”①，取得了重大的成果。永乐二年（1404 年）邢枢返回时，各首领多相率入京。于是颁给印信，建立奴儿干、建州等九卫②，这是明朝政府在黑龙江中下游建置的开始。

奴儿干都指挥使司建立于永乐七年（1409 年）。先是，明朝政府经过几年中的经营已在黑龙江流域等地区设置了 115 个卫。形势发展提出了设立高一级的“都指挥使司”的要求。永乐七年（1409 年）夏初，奴儿干地方首领忽剌冬奴等 65 人进京，奏请在奴儿干设立“元帅府”。这个要求得到批准。于是在这年闰四月“设奴儿干都指挥使司”。简派康旺、王肇舟、佟答剌哈为都指挥同知（从二品）、都指挥签事（正三品）等官③，由钦差内官亦失哈率同前往奴儿干就任。与时同时，沿江设立驿站以通文报和运输物资。同年六月又设立奴儿干都司的隶属机构——经历司，派刘兴为“经历”官④（正六品）。这些都雄辩地说明奴儿干都司无疑是创立于永乐七年（1409 年）。可是，《永宁寺碑记》中却有“永乐九年春，特遣内官亦失哈等……开设奴儿干都司”的话，有的史料也记载该都司建立于永乐九年⑤。这是为什么呢?

按照碑记所载，永乐九年之行是亦失哈和康旺等人第二次率众前往奴儿干（“复至其国”），则前此已去过一次。按《明实录》所述，当是永乐七年——即都司创立这年。既然七年时钦差、都

---

① 严从简：《殊域周咨录》，卷 24，《女直》。

② 《明太宗实录》，卷 26，“永乐元年二月癸酉”条；又见《明一统志》，卷 89。

③ 《明太宗实录》，卷 62，“永乐七年闰四月己酉”条。

④ 《明太宗实录》，卷 64，“永乐七年己未”条；刘兴名见《敕修永宁寺碑记》。

⑤ 奴儿干都司的建置年代，记载有二：《明太宗实录》《明一统志》《读史方舆纪要》（日本存本）及《柳边纪略》等书记为永乐七年；《明会典》《辽东志》《山幌闻录》《东夷考略》等书则作永乐九年。

指挥等都已亲临奴儿干建政视事，当然是都司业已建立。问题是对碑文中“开设”二字的含义有误解，把“开设”等同于“创立”。但从《明实录》和有关史料来看，开设并非指创立而言。《辽东志》记载，奴儿干都司的官吏是“间岁相沿领军”①，士兵是“逾二年遣还”，都是二年为一期。他们每去一次，便“开设”一次都司，或用“建都司”②、“设都司”③ 的字眼以表示另一届都司的开设。所以，“开设”都司是指康旺等每次返任时，都司衙门开设办事而言。永乐九年（1411 年）之“开设奴儿干都司”并不否定永乐七年（1409 年）创立该都司，而是指都司的第二次“开设”。

奴儿干都司设立后，促进了政治形势的发展。卫所更为充实增加，到正统十二年（1447 年）共计有 184 卫、所 20。④ 及至万历年间（1573—1620 年）增加到 384 卫，所 24。⑤ 统治的范围，西起斡难河，北至外兴安岭，东抵大海，南接图们江，东北越海而有库页岛。⑥ 这些地区经济发展和内地不同，卫所也有其特点，但它们都属于明王朝所统治，“咸属统内”这点都是完全相同的⑦。

---

① 《辽东志》，卷 9，《外志》谓：“奴儿干都司……设都指挥三员：康旺、佟答剌哈、王肇舟以镇抚之，间岁相沿领军。比（受）朝贡，往返护送，率以为常。”

② 《明宣宗实录》，卷 35，“宣德三年正月戊申”条。

③ 《明宣宗实录》，卷 84，“宣德六年冬十月乙未”条。

④ 《明一统志》，卷 89；叶向高：《四夷考》，卷 2，《女直考》；魏焕：《皇明九边考》，卷 2，《辽东镇边夷考》；等等。

⑤ 万历时修《明会典》，卷 128，《兵部八》；《明史》，卷 90，《兵志二》；等等。

⑥ 参考《寰宇通志》，卷 116，《女直》；（明）《皇舆考》，卷 10，《女直诸部》。

⑦ 明人毕恭《辽东志》序文中说：明成祖以来，在奴儿干女直地区，“分设卫所若干，以其酋长统率之，听其种牧，飞放畋猎，俾各安生，咸属统内”。

明朝在奴儿干不仅设都司以辖诸卫所，而且屯驻军队以固边防。军队戍期规定为“逾二年遣还”的轮换制。去时发给每人“行粮七石”①，期满归还颁赐优厚奖励②。军队的数量，碑文已见二千和千余人，但多时达三千人，最少也不减于五百人。列宁指出：“常备军和警察是国家权力的主要强力工具。”③ 奴儿干地区的常备戍军，正是明朝政府对黑龙江流域行使国家权力的有力证据。

三、都司治所沿袭前代

奴儿干都司的治所设在黑龙江下游东岸的特林地方，特林下距江口约150公里，上距吉林船厂约2500公里。

明代人记载奴儿干都司在“松花江东北一月之程”④。按道里方位是在黑龙江下游。元代人说：奴儿干城位于黑龙江畔一个“道路险阻，崖石错立”⑤ 的地方。永宁寺的所在，“石硷壁立”，“山高而秀丽”。可见都司的治所和建寺地点，正是沿袭了元代奴儿干城的所在。

永宁寺在黑龙江下游东岸，当特林村以北约2.4公里的江岸石崖上。该处危岩耸立，高约30米，顶端平旷。就在这突入江面的西

① 《明宣宗实录》，卷31，“宣德二年乙已”条载：“差往奴儿干官兵三千人，人给行粮七石，总为二万一千石，宜循例于辽东都司支给之。”

② 《明宣宗实录》，卷31，“宣德二年九月壬寅”条载：“赐往奴儿干及招谕回还官军钞：千户一百锭；百户八十锭；旗手四十锭，命辽东都司给之。”

③ 列宁：《国家与革命》，10页，北京，人民出版社。

④ （明）马文升：《抚安东夷记》说：“松花江东北一月之程，所谓黑龙江之地，则又立奴儿干都司。”

⑤ 黄缙：《黄文献公集》，卷10，《札剌尔公神道碑》。

端悬崖顶上，立有永乐、宣德二碑，其间是一个八角陀罗尼幢的残座。① 在这东面约350米地方还有一座八角大石经幢，它位于南面临江的更高的崖壁上面。② 在永乐、宣德两碑东北约30米便是永宁寺基址。寺前有辽金时砖塔一座。③ 由永宁寺西北循径下山，沿江下行约500米，在一个有数丈高的平坦丘陵上，“有古城基，周约二三里，街道形迹宛然，瓦砾亦多”④。这座古城基的西面稍偏南里许，便是永宁寺，与碑文中所记“卜奴儿干西……造寺塑佛”的方位正相符合。则此城址当是奴儿干都司的设治地点，亦即元代的东征元帅府的故址（见图1、图2）。明朝选择这个地点，绝不是偶然的，它既然沿袭了前代的版图，自然就沿袭了前代的旧治。

---

① 拉文斯坦因：《俄国人在黑龙江上》，193~195页，1861。

② 柯林斯：《阿穆尔河顺航记》，286~293页，“古老的碑碣”，1862。

③ 1855年俄人帕米金到特林时，曾将此塔形式绘在一块木板上，后收藏于伯力博物馆。图绘的是座八面五层砖塔，其第二层刻有佛像。此塔经日人鸟居龙藏考证为辽金时期的砖塔。

④ 曹廷杰：《西伯利亚东偏纪要》，见《辽海丛书》，23页。

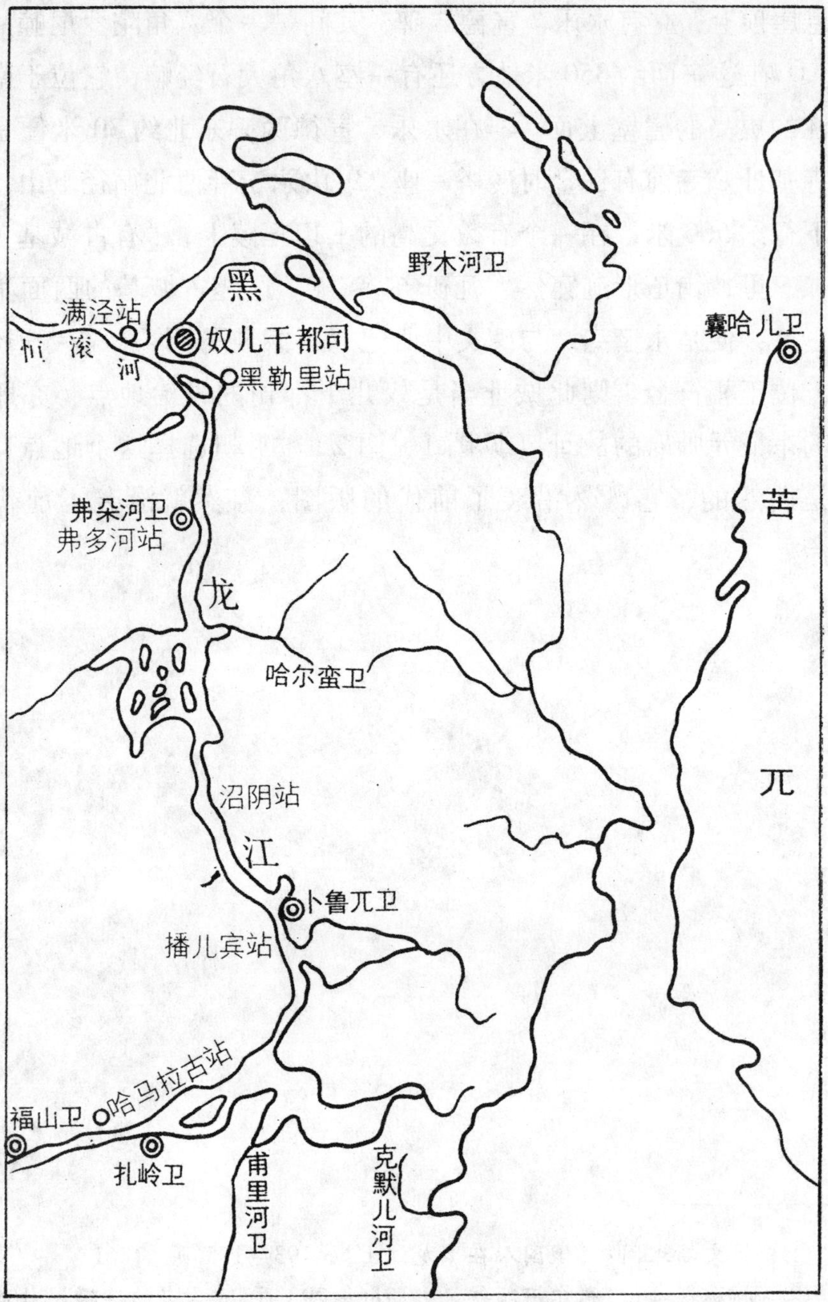

图 1　奴儿干都司附近卫所形势图

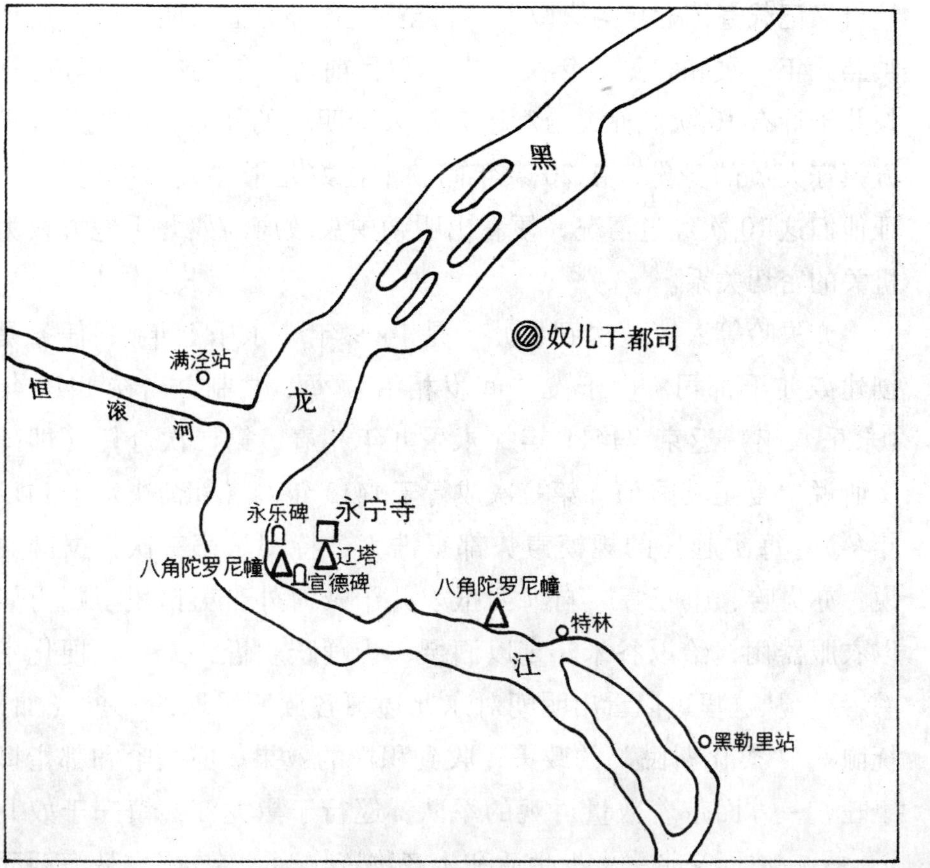

图2　明代奴儿干永宁寺附近形势图

奴儿干都司和永宁寺的所在，形势险要，它背负群山层峦，俯视危崖绝壁，北控黑龙江恒滚河口，南连海西而接辽东，确实是黑龙江下游的锁钥枢纽之区。无怪乎永乐七年忽刺冬奴等上奏说："其地冲要，宜立元帅府"。

四、亦失哈十次巡视奴儿干

《重建永宁寺记》中说："永乐中，上命亦失哈等，□锐驾大航，五至其国。"又说："宣德初，复遣太监亦失哈，部众再至。"

接着又记载宣德七年与康政等“再至”。再补充上《明实录》所记洪熙元年一次和宣德五年又一次，则目前可考知的亦失哈等巡视奴儿干计有10次。亦失哈和康旺等人受明朝的任命，以钦差或地方镇守大员的身份，在20余年间，十往奴儿干“宣谕镇抚”。考证他们这10次经过情况，便看出明朝中央政府与奴儿干地方权力机关的密切关系。

亦失哈等人第一次到奴儿干是1409年（永乐七年），任务是创建奴儿干都司。由于按“间岁相沿领军”之制，当在1410年（永乐八年）返京。1411年（永乐九年）春，第二次赴任（即碑文所说“复至其国”）。第三次成行于1413年春（朝命决定于1412年冬）。每次赴任的规模声势都很浩大，特别是第三次，据碑文说：亦失哈、康旺等“自海西抵奴儿干及海外苦夷诸民。赐男妇以衣服器用，给以谷米，宴以酒馔，皆踊跃欢忻，无一人梗化不率者”。从这里可以看出明朝对东北边疆各族所采取的“愈（加）抚恤”、“柔化斯民”的政策，收到积极的效果。亦失哈和都指挥康旺，一方面带着数量可观的军队，巡行于黑龙江，镇守于奴儿干；另一方面又带去大批生活和生产物资作为“赏资”，从海西而下进行“宣谕抚慰”。特别是亦失哈和康旺以钦差和都司大员的显要身份，抵达“海外苦夷”岛上进行巡视，接见了“苦夷诸民”。这时正是苦夷岛上设立囊哈儿卫后约半年间的事。亦失哈的前往，无疑地证实了库页岛属明朝管辖，是当时中国的东北边疆。

亦失哈等第四、第五次到奴儿干当在1415年以后，其中有一次当是在1420年（永乐十八年），这从吉林阿什哈达摩崖文字中可以推定（详后文）。第六次为1425年（洪熙元年）①。第七次为

---

① 《明仁宗实录》未载亦失哈去奴儿干的事，但返回后，于洪熙元年十一月乙卯“敕辽东都司赐随内官亦失哈等往奴尔干官军一千五百人钞有差”。见《明宣宗实录》，卷11。

1426年（宣德元年）①。这两次是破例的每年一往返，很显然这是代表新即位的皇帝前往奴儿干“宣谕镇抚”，这如同永乐元年派邢枢前去的意义一样，反映出明朝政府对东北地区的极大重视。

第八次是1428年（宣德三年）春，碑记中说：“复遣太监亦失哈部众再至。”《明实录》中只记：“命都指挥康旺、王肇舟、佟答剌哈往奴儿干之地，建奴儿干都指挥使司。”② 1429年冬，实录中有“召内官亦失哈等还京”的记载。③ 从这两条史料中，可以看出“建都司”的含义并不是指创立都司，也可以看出奴儿干都司的官员和士兵都是以两年为一期的。

第九次是1430年（宣德五年）秋，这次敕谕中说：命康旺等“仍往奴儿干抚恤军民”④。同时又下了一道“敕谕”给奴儿干、海东囊阿里（库页岛上的囊哈儿卫）、吉列迷、根古河（恒滚河）、黑龙江、松华江（松花江）、阿速江（乌苏里江）等处的各卫指军：“令皆受节制。”这可见明朝对黑龙江流域的统治不断在加强。他们于1431年返回。康旺告老辞疾，命以康福袭都指挥职。⑤

第十次是1432年（宣德七年）夏。这次是康福首次上任，准备时间充分，规模庞大。碑文说：亦失哈等“率官军二千，巨舡五十再至”。抵达后见“民皆如故，独永宁寺破毁”。亦失哈等对“吉列迷毁寺者”没有采取惩罚手段，而是用笼络的办法“特加（宽）恕，斯民谒者，仍宴以酒，给以布物，愈（加）抚恤”。这样，就安定了人心，起到了增加边疆和内地团结的作用。

---

① 实录未载。据辽阳出土的“崔源墓志铭”说，崔源于“宣德元年同太监亦信（即亦失哈）下奴儿干等处招谕，进指挥佥事”。见《满洲金石志稿》，第二册。

② 《明宣宗实录》，卷35，“宣德三年正月戊申”条。

③ 《明宣宗实录》，卷60，“宣德四年十二月壬辰”条。

④ 《明宣宗实录》，卷69，“宣德五年八为庚午”条。

⑤ 《明宣宗实录》，卷84，“宣德六年冬十月乙未”条。

此后，明朝仍继续派员驻镇管理奴儿干，卫所的设置不断增加和充实。我们从上述亦失哈等十次派到奴儿干的事实看，明朝政府对黑龙江流域的统治是不断加强的。亦失哈、康旺等受命边疆二十余年，间岁往返，风雪长行，在加强奴儿干都司的建设和巩固上，作出了历史的贡献。

五、奴儿干驿站相联　通向北京

《永宁寺碑记》中说："奴儿干西，有站满泾。"满泾站是明朝政府所设的从海西通往奴儿干城的"驿站"中最末一个站。东距都司约5里，在恒滚河口的"莽阿臣"屯。

明承元代的"站赤"制，在全国各地都遍设驿站。奴儿干都司辖境内就设有四条驿站线，其中最主要的是通往奴儿干的"海西东水陆城站"。这条线路设站45处、经10城，共计55城站。驿站的主要任务是传递文报、运送贡赋、赏赐诸物。

"海西东水陆城站"的起点是海西底失卜站（今黑龙江双城县西，拉林河畔花园屯古城）①，终点是满泾站。它南接辽东，直联北京，北抵奴儿干城，是奴儿干都司与内地联系的一条主要交通干线。这55个城站的地点基本上皆可指出方位。就其中"狗站"来说：莽吉塔城药乞站设在今黑瞎子岛上的暖街附近；奴合温站设在伯力附近；古伐替站设在伯力下面黑龙江南岸的古伐庭屯；野马儿站设在伊儿库鲁屯附近；哈儿分站即元代哈州的合理宾驿，位于今阿纽依河口附近；撒鲁温站位于其下黑龙江东岸撒尔古

---

① 底失铺站在《经世大典》中作"第四铺站"，《析津志·天下站名》中作"韦口铺"（第四铺之误），也就是《松漠纪闻》中从上京（会宁府，今阿城南白城）出发后的第四铺—"来流河站"。它当位于今拉林河畔，日人和田清《海西东水陆城站的研究》（见《东亚史研究》）一文中订为珠尔山附近，不确。我们考订后改正。

（sargu）湖畔的萨尔布屯；伏答林站即富打里屯，位于今帕达利湖畔；马勒亨古站即漠儿乞屯，在孔东屯（今俄罗斯阿穆尔共青城）右侧的梅勒奇屯；忽林站在格林河口的忽林屯；五速站即库穆苏穆，也就是日人间宫林藏在《东鞑纪行》中所说的五如吉（uruge）屯；沼阴站即今卡达湖畔的沙文斯克；黑勒里站在特林南面的穆和勒屯。① 其下便抵满泾站。

上述各站仅是“海西东水陆城站”中“狗站”以下的一部分。其地理位置载于明清的图籍，好些地名现在依然相沿袭用，这是不可能抹煞的历史事实。

明朝政府为经营建设奴儿干都司除设置驿站外，又在今吉林市附近开设船厂，制造“巨舡”，“乘流至海西，装载赏赉，浮江而下，直抵其地”②。《重建永宁寺记》说：宣德七年（1432 年）亦失哈等“率官军二千，巨舡五十再至”。同年，明廷“令都指挥刘清领军松花江，造船运粮”③。可见松花江造船的任务是给奴儿干都司提供载军、运粮、转输赏赉和贡赋的船只。现在，吉林市东南的阿什哈达屯江岸岩上，还保存着两件有镌刻的摩崖文字，记载永乐十八年（1420 年）、洪熙元年（1425 年）、宣德七年（1432）刘清领军至此。洪熙元年、宣德七年都是亦失哈等前往奴儿干的年份之一，永乐十八年也当是亦失哈等第四或第五次往奴儿干之年。因此，可以推断刘清是领军去督造或催调船只，以供亦失哈等行程的需要。

任何国家都只能在自己的领土与内河上设立驿站、自由航行的，封建国家也是如此。奴儿干沿途的驿站和阿什哈达摩崖，有力地证明了黑龙江流域是明代中国的领土。

---

① 以上诸屯名俱载于康熙《皇舆全览图》或乾隆《皇舆全图》（即十三排图）。

② 《辽东志》，卷 9，《外志》。

③ 《明宣宗实录》，卷 90，“宣德七年五月丙寅”条。

六、明朝政府对奴干都司东北部少数民族的政策

碑文中说，奴儿干地区的民族“其民曰吉列迷及诸种野人杂居焉”，以及“海外苦夷”，并简述了他们生产和生活的概况。这和别的文献记载是可以互相印证的。

吉列迷人主要居住在黑龙江下游，鄂霍次克海沿岸和库页岛部分地区，据考证他们的先世汉代时便是《淮南子》等书中据说的“劳民”①。唐代是“郡利部”，为黑水靺鞨十六部之一，辖于黑水都督府。金代称为“吉里迷”，是金“壤地封疆”之内东部居民。元代又称“吉列灭”等，属东征元帅府，又划归“吾者野人乞列迷等处诸军万户府”。明代授吉列迷诸首领为卫所官职，属奴儿干都司。《重建永宁寺记》中清楚的记载，他们“遂捕海青方物朝贡”，这对某些学者所散布的“尼夫赫（吉列迷）没有向中国纳贡”② 的说法无疑是有力的反驳。

“海外苦夷”是指库页岛上的阿依努人。苦夷的先人，在《山海经》中称为“毛民”（苦夷“人身多毛”）。唐代为“窟说部”，辖于黑水都督府。《元史》称“骨嵬”，直隶于东征元帅府。明朝政府在苦夷的大岛上设置了囊哈儿、兀列河等好些卫所。苦夷的氏族首领，不畏风涛之险，“梯山航海”，“道万余里”来北京多次觐见入贡。主管奴儿干事务的钦差内官亦失哈和都指挥康旺等人，在永乐十年（1412 年）还亲自到库贡岛上，代表明王朝进行“宣谕抚慰”。

碑文中的所谓“女直（诸）野人”，在明代书籍中称“野人女真”，居住在松花江下游沿黑龙江直到奇集湖一带。他们的先世

---

① 《淮南子》，卷 4，《坠形训》。

② 《西伯利亚民族志·尼夫赫》。

是汉代东北地区的“玄股民”。① 唐代则是黑水靺鞨中铁利、越熹、思慕等部，皆辖于黑水都督、长史。辽代称为“兀若”“乌惹”等，是五国部节度使统辖的部民。金代又称“乌的改”。元代称“吾者”等名字，是归哈州“吾者野人乞列迷等处诸军万户府”管辖。明代在“女直（诸）野人”地区设置喜申卫、哈儿分卫、撒儿忽卫、友帖卫等大批卫所。

根据碑文的记载，明朝对奴儿干地区的管理，是“依土立兴卫所”，以“诰敕”形式任命各族的首领为卫所的指挥、千百户等官，使他们既是各族的酋长或族长，又是明朝的地方官吏。这些人手里拿着明王朝委任状性质的“诰命”和“印信”，穿着明王朝赐给的官服（“袭衣”），行使职权，“收集旧部人民，使之自相统属”，并定期向明朝政府交纳贡赋。他们虽然没有固定的俸禄，但从“赏赐甚厚”中获得了供职的报酬。

奴儿干各卫的贡赋，按例是“一岁一贡”，所缴纳的“方物”，由驿站递送。据记载：“各卫酋每入贡，赏赐甚厚，有所征调，闻命即从，无敢违期。”② 违则有罪。《明一统志》等书都记载了明朝规定黑龙江流域和库页岛各族缴纳的土特产品有：海青、大鹰、皂雕、白兔、黑狐、貂鼠、阿胶、海豹皮、海灌皮、海骡皮、殳角（即海象牙）、鲸须、好刺（即各色鹿）等。这些都是内地所无的珍贵物品，明王朝统治者把它看得比交纳钱粮还要贵重。

“驿站”的劳役和畜力，也是由当地各族人民负担。明朝在奴儿干地区设了四条驿站线，各站的站丁、站狗、车船等供需频繁。各族人民为此付出了很大的人力物力。

---

① 据《山海经》第九《海外东经》载：“元股之国在其北，其为人衣鱼（原注：以鱼皮为衣）食鸥”。东北各族以鱼皮为衣的是今赫哲等族，俗称“鱼皮鞑子”。明代就是“女直（诸）野人”。

② 严从简：《殊域周咨录》，卷24，《女真》。

马克思说："捐税体现着表现在经济上的国家存在。"① 明朝政府在奴儿干都司辖区内设官置守，收贡纳赋的大量事实和永宁寺碑文互相印证，无可辩驳地说明了黑龙江流域和库页岛是历史上中国的领土。

七、永宁寺碑——历史的见证

中国自古以来就是一个多民族的国家，边疆各民族地区和中原地区，都是历代中国的组成部分。在统治阶级的政权机构中，不论最高统治者是汉族或是少数民族，它的政府成员都是各民族成分兼有的，以明朝来看，奴儿干永宁寺碑便充分说明了这点。永宁寺碑文之末题名的一百多人中，有汉族，也有各少数民族；有代表明王朝的达官显宦，也有泥瓦匠、妆塑匠等各业劳动人民。分析各个人的民族成分和在奴儿干的作用，无疑就可确认明朝政府是个多民族国家的政权，奴儿干都司所管辖的黑龙江流域是明代疆域不可分割的一部分。

就奴儿干都司的统治阶层来看：代表明朝皇帝、以钦差身份管理东北地区的内官亦失哈，他并非汉族而是海西人②。奴儿干都

---

① 马克思：《道德化的批评和批评化的道德》，见《马克思全集》，第四卷，342 页。

② 亦失哈：《辽东志》卷五作亦什哈，《崔源墓志铭》作亦信。事迹附见《明史》曹吉祥传。《明英宗实录》载："亦失哈本海西人"（见"正统十四年十二月壬子"条）。明人王世贞《弇州史料前集》卷 12 称："亦失哈本广西人。"两相对勘，显然广西为海西之误。海西：在明前期多蒙古族（鞑靼），后期乃海西女真。又从亦失哈与脱脱不花关系密切来看，他当是蒙古族（鞑靼）。

司的都指挥康旺、康福是蒙古族（鞑靼）。① 另外两个都司大员王肇舟、佟答剌哈则是辽东的女真人。② 先后同亦失哈等派往奴儿干去的钦差张童儿、张定安、内官范桂、潘昂等则当是汉族。官为“行人”的碑记作者邢枢，是今河北省长垣县人，汉族。屡次派往奴儿干的辽东都司指挥崔源，是今辽宁省沈阳人，汉族。先后领军前往奴儿干镇守的弗提卫指挥佥事秃称哈、海西口城等卫指挥弗家奴、安乐州千户木答兀、百户赵锁古奴、阿卜哈和书女真字的康安等人都是女真人。书蒙古字的阿鲁不花和所镇抚宋不花③等人则当是蒙古族（鞑靼）。到奴儿干去的军政官员虽然族别各不相同，但都是奉行明廷“敕谕”对奴儿干进行统治的三至六品官员。他们基于统治阶级的共同利益，汉官同民族官员配合，流官与土官协调。奴儿干都司所辖的黑龙江流域由他们共同统治这一事实，从永宁寺碑的题名中耀然醒目地看得清清楚楚。

再从各族人民之间的关系来看：内地汉族人民将大批的布帛、谷米、器物等生活和生产物资输送给“女直（诸）野人、吉列迷、苦夷”，这些边疆少数民族又将方物土产供应内地，促进了经济的交流。修建永宁寺的烧砖匠熊阎、泥水匠王六十、妆塑匠方善庆、画匠孙义、铁匠雷遇春……把他们精湛的技艺传到了奴儿干地区，

---

① 《明宣宗实录》，卷48，“宣德六年冬十月乙未”条载：“（康）旺本鞑靼人，洪武间，以父荫为三万卫千户，自永乐以来，频使奴儿干之地，累升至都指挥使。”

② 据《八旗满洲氏族通谱》卷20云：“佟养正，镶黄旗人，世居佟佳地方，其祖达尔汉图墨图（达尔汉即答剌哈的异译）于明时同东旺（即康旺之误）、王肇舟、索胜格等，往来近边贸易，遂寓居开原，继迁抚顺。”可见佟答剌哈是女真人，王肇舟也当是女真人。

③ 记中题名的“宋不花”，据1972年辽阳出土的“宋国忠墓志铭”中说：宋国忠的高祖宋卜花随太监亦失哈“招谕奴儿干”。考铭中所述先世人名为蒙古族姓名，后改汉姓，故宋不（卜）花当是蒙古族（鞑靼）。原碑藏辽宁博物馆，拓片存中国历史博物馆。

促进了各族间的文化技术交流。“粲然可观”的永宁寺，使吉列迷族“老幼远近，济济争趋”。20 年后重建的永宁寺更“华丽典雅，优胜于先”，使“远近皆来顿首”。

史料还记载：黑龙江下游各族首领不远万里到北京接受“敕谕”，然后捧着“诰命”，穿着“袭衣”回去，当上明朝任命的三品指挥官进行统治，他们的上司——都指挥就常年驻在黑龙江下游的奴儿干城代表明朝皇帝进行统治，这是千真万确的事，岂能是名义上的！明朝的兵部派出两三千常备军屯戍于奴儿干，巡弋于黑龙江，这些军队有汉人，也有女真人，他们两年换防一次，这也是班班可考，信实无疑的。黑龙江下游的居民每年要向明政府缴纳贡赋，这就如同内地汉族要每年缴纳钱粮一样，只不过形式上有其特点罢了。“贡赋”就是纳税，这是黑龙江下游居民对明政府的实际负担，这也不是名义上的……凡此等等永宁寺的两个碑文中都有记载，永宁寺碑是中国明朝政府实际管辖黑龙江流域的历史的见证。

明代奴儿干永宁寺碑碑文校释

黑龙江流域自古就是中国的土地，是我国各族人民生息和经营开发的地方。公元8世纪上半叶，中国唐朝政府就在黑龙江流域广大地区内设置了行政机构。① 以后，又一直在历代中国政府的管辖之下，明代奴儿干永宁寺碑记便是有力的历史见证。

永乐十一年（1413年），中国明朝政府遣官在奴儿干都司所在地（特林）修建永宁寺，刻石立碑，曰《永宁寺记》。宣德八年（1433年）重建永宁寺时，又镌刻《重建永宁寺记》。谁也不能否认，这寺是中国的寺，这碑是中国的碑。

《永宁寺记》上清清楚楚地写道："昔辽、金畴民安故业，皆相庆曰：□□今日复见而服矣。"辽代，黑龙江流域隶属于东京道，下设五国部节度使负责军政事宜。金代划入上京道，下设蒲与路、胡里改路和恤品路，管辖黑龙江流域和乌苏里江以东地区。②《元一统志》说，奴儿干、哈州（阿纽依河口附近）等城"皆辽金之旧"，与"碑记"两相印证，完全符合。元灭金后，出兵黑龙江下游，直至海外库页岛，在奴儿干设"东征元帅府"。据《元史·地理志》："元初设军民万户府五，抚镇北边"，"各有司

---

① 参见《旧唐书》，《靺鞨传》《渤海靺鞨传》；《新唐书·地理志》；《新唐书》，《黑水靺鞨传》。

② 参见《辽史·营卫志下》，《金史·地理志序》，《金史·地理志·上京路》。

存，分领混同江南北之地”。明代继承辽金在我国东北的统治权。碑文载明，永乐七年（1409 年）明政府在黑龙江下游“开设奴儿干都司”，管辖西起鄂嫩河，东至库页岛，北达乌第河，南濒日本海的广大区域。在这里“依土立兴卫、所”，对各部族酋长“授以官爵、印信”，“收集旧部人民，使之自相统属”。由于当地各族人民“以捕鱼为业，食肉而衣皮”，“诸般衣食之艰，不胜为言”，故明政府遣官“自海西抵奴儿干及海外苦夷诸民，赐男妇以衣服、器用，给以谷米”，使之“不饥不寒”，“莫不朝贡内属”。有关奴儿干都司的设立，除《永宁寺记》所载之外，尚有大量的文献资料和考古资料与它相印证。

永宁寺虽早已废圮，而两块明碑，巍然耸立于黑龙江下游的特林崖上近 500 年，久为中外人士所共知。

俄国人尼·哥·斯帕法里于 1675—1677 年在中国旅行期间就提到这些石碑。他说：“20 年前，在黑龙江上和黑龙江口同中国人打仗过的我们的哥萨克人告诉我们：沿河上溯两天路程有一个悬崖上平整出来的地方，他们在那里发现了一个重逾 20 普特的中国吊钟；在那里，他们还有三个地方发现带有汉文铭刻的石碑。当地居民告诉他们，古时候有一个中国皇帝从海路到了黑龙江，并且在那里留下了这个铭刻和钟作为纪念和标志。”① 虽然，斯帕法里对碑文的内容并无所知，但他承认这个地区自古以来属于中国领土，有中国吊钟和石碑这一历史事实。

最早把永宁寺碑的内容传播开来的是清代康熙年间的浙江山阴人杨宾。他去奴儿干省亲归来后著《柳边纪略》一书，书中有下列一段记述：“己巳年，人传飞牙喀一碑，本属汉文而译为满，不能录大要。其地为二岗国。十年教养之后，立此碑版。后书东

① 尼·哥·斯帕法里：《到中国的路线》，转引自巴迪里：《俄国、蒙古、中国》，第二卷，224 页。

唐国镇守满种山，将军马元亮。又有都指挥同知官名。”①

杨宾文中所说的己巳年，即康熙二十八年（1689年）。“飞牙喀”② 是清代满族对黑龙江奇集以下以特林为中心的吉列迷人的称呼。所谓“飞牙喀一碑”即指此碑建于“飞牙喀”人居住的地方。“二岗国”显然是《永宁寺记》中“奴儿干国”的异译，只是把入声字“奴”省略了。“其地为二岗国”，这就进一步明确指出此碑立于奴儿干。明代于其地设置奴儿干都指挥使司，并建寺立碑，所以才有石碑留存下来。杨宾所记之碑既然在飞牙喀地区，又称“其地为二岗国”，则其为奴儿干永宁寺碑是毫无疑问的。③

再从杨宾所记碑文的内容来看，与《永宁寺记》也是一致的。“十年教养之后，立此碑版”一语，当即《永宁寺记》中所说的，“十年冬，天子复命内官亦失哈等载至其国……故为文以记”的主要内容。至于“都指挥同知”的官名，正是指的《永宁寺记》最后一行“奴儿干都司都指挥同知康旺”。

由此可见，杨宾《柳边纪略》中所记的“飞牙喀”或“二岗国”一碑，无论从碑的所在地或碑的内容来考证，指的正是明代奴儿干《永宁寺记》。杨宾是永宁寺碑记内容的最早传播者。麦利霍夫说：“发现和首先研究该碑的荣誉属于俄国的研究人员。”④这是缺乏谦虚的说法，如果不是出于浅薄，便是出于故意。

清嘉庆十三年（1808年），日本人间宫林藏受幕府之命进入我国黑龙江下游“探险”，行经特林崖下，还看到这两块碑耸立在岸

① 《柳边纪略》，卷4，国学文库据《鹤斋丛书》本重印本，1936。

② 飞牙喀：是满族对“吉列迷”“吉里亚克”或“尼夫赫”的称呼。据故宫博物院藏满文《黑龙江流域图》奇集嘎山下注：“奇集嘎山是费雅喀部这边的界线。”故“飞牙喀”是在奇集以下以特林为中心的地方。

③ 参考鸟居龙藏：《奴儿干都司考》，载《燕京学报》，1947（33）。

④ 麦利霍夫：《明朝对女真的政策》，引自《中国与邻国》，268页。

上。① 50年后，美国人柯林斯登临永宁寺故址，曾对这些“古老的碑碣”作过记录和描绘。② 清光绪十一年（1885年），清朝官员曹廷杰奉命到被沙俄侵占的黑龙江和乌苏里江地区进行调查，在行抵特林时，对永宁寺附近作了详细记载，并将碑文拓回。他写道：特林山上“有明碑二：一刻敕建永宁寺记，一刻宣德六（八）年重建永宁寺记，皆述太监亦失哈征服奴儿干及海中苦夷事”。他又写道：“敕建永宁寺碑阴有二体字碑文（即蒙古文和女真文）。其碑两旁有四体碑文（即汉、蒙古、藏、女真），惟‘唵嘛呢叭咪吽’六字汉文可识，余五（三）体俱不能辨。”③ 曹氏拓本刊载于光绪十七年（1891年）编纂的《吉林通志·金石志》中。随着碑文的流传，明代东北疆域直抵“奴儿干、北海”这一史实，更是昭然于世了。俄国人瓦西列夫在译释永宁寺碑记之后，于1896年的报告中如实地承认了这一点。他说，中国的明朝在黑龙江流域“创设了行政机构，把奴儿干改为相当于省的都司”。④

日本人内藤虎次郎曾致力于永宁寺碑记的研究工作。他在1900年发表的《明东北疆域辨误》一文中，得出公正的结论：“奴儿干之地，不可以说在明疆域之外”。⑤ 1929年，内藤虎次郎参阅几种照片和拓本，增补了《吉林通志》所未录出的永宁寺二碑记的文字。其后，我国罗福颐和日人园田一龟各对碑文进行了一番校录，增补若干文字，并将他们的录文分别收入《满洲金石志》和《满洲金石志稿》中。

此次，我们在前人研究的基础上，以内藤虎次郎、鸟居龙藏的碑文照片，参阅其他的照片和录文，以及蒙古文和女真文碑记

---

① 间宫林藏：《东鞑纪行》，50页，东京，1942。

② 柯林斯：《阿穆尔河纪行》，第五十六章，纽约，1860。

③ 曹廷杰：《西伯利亚东偏纪要》，见《辽海丛书》，22页。

④ 巴迪里：《俄国、蒙古、中国》，第二卷，229页。

⑤ 内藤虎次郎：《读史丛录》，87页。

的汉译文，逐字逐句进行反复校订，识出一些前人未识出的字，并订正若干字。凡对以往录文更易之字，酌加注释，说明原因。经过校订后，《永宁寺记》补正50余字，《重建永宁寺记》补正20余字。这次整理出来的录文，《永宁寺记》正文只缺40个字，《重建永宁寺记》正文有19个字待识补。蒙古文碑文的译释是那森柏，女真文碑文的译释是金启孮，他们各增补订正了多处前人的伪误。由于碑记照片不清，有些字难以识出，尚待今后识补。我们殷切希望同仁们共同努力，使永宁寺碑记的补订工作臻于完善。

一、《永宁寺记》校释

《永宁寺记》撰刻于明永乐十一年（1413年）。碑高179厘米、宽83厘米，碑侧广42厘米。正面额题“永宁寺记”，横写，大字正书。碑文竖刻，凡30行，正书，行62字，6、7、12行抬高2格，11行、15行抬高1格。20行至30行载职官姓名，比正文低19格起书，字体较小。

碑文尽可能用今体字排印，另加标点、分段。缺文以方框为记；可以补出的，外加方括号；字数不明的，以删节号为记。

敕修奴儿干永宁寺记

伏闻天之德高明，故能覆帱；地之德博厚，故能持载；圣人之德神圣，故能悦近而服远，博施而济众。洪惟我朝统一以来，天下太平五十年矣。九夷八蛮，[梯]① 山航海，骈肩接踵，稽颡于阙廷之下者，民莫枚举。惟东北奴儿干国，道在三译之表，其民曰吉列迷及诸种野人杂居焉。皆闻风慕化，未能自至。况其地不生五谷，不产布帛，畜养惟狗。或野人养□驾②□，运③□□□物，或以捕鱼为业，食肉而衣皮，好弓矢。诸般衣食之艰，不胜为言。是以皇帝敕使三至其国④，招安抚慰，□□安矣。圣心⑤以民安而未善，永乐九年春，特遣内官亦失哈等，率官军一千余人，巨船二十五艘，复至其国，开设奴儿干都司。昔辽金畴⑥民安故业，皆相庆

---

① 诸录本皆未录此字，唯园田一龟《满洲金石志稿》（以下简称《志稿》）于□上方注“梯”字。今核对诸拓片影本，该字尚存“梯”的左旁右上残笔。

② 诸录本或缺此字，或作“利”。今细审照片，尚能看出“驾”的上部笔画。

③ 诸录本或缺此字，或作“辽”。但细加识别，实为“运”字。

④ “皇帝敕使三至其国”句，罗福颐《满洲金石志》（以下简称《志》）作“□□俛法女真国”，《志稿》作“□□□至其国”，二书皆漏录顶头一格，故字数与原碑不符。《志》将碑面破折纹误作笔画，故把“三”字看作“法”字，“使”字看作“俛”字。今细核碑拓，证以蒙古文相应处为“皇帝敕三次遣使”，女真文亦为“皇帝敕三次遣使”，汉文碑文第六行顶二格起书为“皇帝敕使三至其国”。

⑤ “圣心”二字在第七行顶二格处，十分清楚，诸本皆漏录。蒙古文作“君之圣心”，女真文作“君心”，可与汉文碑文相印证。

⑥ “畴”字《志》作“时”，《志稿》作“俦”，据鸟居龙藏影本，该字左旁清晰可辨。按“畴”字一作“前”解，“畴民”即前代之人；一作“世代相沿”解；如“畴人”，指世代相袭的历算家。此处“辽金畴民”，意思是辽金所辖的奴儿干地方人民的后裔。

曰：□□今日复见而服矣。① 遂上□朝□□□都司，而余人上授以官爵印信，赐以衣服，［赏］以布钞，大赉而还。依土立兴卫所，收集旧部人民，使之自相统属。

十年冬，天子复命内官②亦失哈等载至其国。自海西抵奴儿干及海外苦夷诸民，赐男妇以衣服器用，给以谷米，宴以酒馔③，皆踊跃欢忻，无一人梗化不率者。上［复以］金［银］等物［为］④ 择地而建寺，柔化斯民，使之敬顺太祖以圣□为相之［瑞］。十一年秋，卜奴儿干西，有站满泾，站之左，山高而秀丽。先是，已建观音堂于其上，今造寺塑佛，形势优雅，粲然可观。国之老幼，远近济济争趋□□高□□□□□威灵，永无厉疫而安宁矣。既而曰："亘古以来，未闻若斯。圣朝天□民之□□□上忻下至，吾子子孙孙，世世臣服，永无异意矣。"以斯观之，万方之外，率土之民，不饥不寒，欢忻

---

① "皆相庆曰：□□今日复见而服矣"句，《志》作"皆相□□□□今日复见而□矣"，《志稿》作"皆为尧舜之风，今日复见而服矣"。《志稿》误。经放大细辨，第三字实为"庆"字无疑，其前一字为"相"，清楚可辨，《志》已录，其后一字为"曰"，排除碑面裂纹，亦可看清。

② "内官"二字，《志》《志稿》误作"中官"。按碑文 7 行、19 行皆作"内官"。宣德碑 7 行亦作"内官"，9、12、17 等行作"太监"，无有作"中官"之处。详核碑文照片，此处实为"内官"。

③ 馔，《志》《志稿》作"食"，从放大的碑片来看，食之右旁尚存"巽"字残笔。

④ "上复以金银等物为"数字，诸本皆未录出。详辨识之，"上""金""等""物"四字，字迹犹清楚，按碑文第十行，未满格即提行，可知第十一行首字必抬格。蒙古文、女真文碑文与此相当的为第十行，皆抬格。蒙古文为"君复以金银诸物建寺"，女真文为"［皇帝］以金银财物建寺"。可见"上复以金银等物为择地而建寺"是不错的。

感戴难矣。尧舜之治，天［率蒸民］①，不过九州之内，今我□□□□□□□□□□□，蛮夷戎狄，不假兵威，莫不朝贡内属。《中庸》曰："天之所覆，地之所载，日月所照，霜露所坠，凡有血气者，莫不尊亲，故曰配天。"正谓我［朝盛］德无极，至诚无息，与天同体。斯无尚也！无盛也！故为文以记，庶万年不朽云尔。

永乐十一年九月廿二日立②

钦差内官：亦失哈③、［成］□胜④、张童儿、张定安

镇国将军都指挥同知：张旺

抚总正千户：王迷失帖、王木哈里　玄城⑤卫指挥：

---

① "天率蒸民"句，《志》《志稿》皆作"大□□□"。"大"是"天"漏一横，"率""蒸"二字犹存残笔，"民"字已不可辨"。按《诗》有"天生蒸民"句，邢枢当是引用此句。

② 诸录本皆未录日期，今细辨该处，"廿二"二字隐约可识。按蒙古文碑文之末，所署日期为"二十二日"。汉文该处只合两格，则为"廿二"无疑。

③ "钦差内官亦失哈"，《志》作"钦差　亦□□"，《志稿》作"钦差□□□□□□"。但从放大碑拓照片看，实为7个字，其中"钦差""亦"三字最清楚；"内官""哈"三字，虽碑面漫漶，但轮廓笔画完整无缺；唯"失"字剥蚀，仅能看出"夫"的痕迹。

④ 诸录本于"亦失哈"后，便录"张童儿"，实则其间尚有7格的距离，当系漏录一人名。今核出为"［成］□胜"，按《朝鲜实录》"世宗十三年八月"条载："内官昌盛、张童儿、张定安尝一同奉命往东北。""成"□胜可能即"昌盛"。蒙古文碑文译名是"gidaq－a"，女真文碑文译名疑作"扎答申"，与"［成］□胜"音相近。

⑤ "玄城"二字字迹较易辨识，然诸录本皆付阙如。考"玄城卫"始载于《明实录》永乐十二年，较碑文晚见一年，诸家故存疑不录。近年研究者，亦有指出该处为"玄城"二字。又考《明实录》"正统元年二月"条载："玄城卫同知秃路苦子朵儿哈，兀者卫指挥同知萨哈连子托因帖木儿，俱袭职。"其"秃路苦"即碑中"失秃鲁苦"的另译。他的玄城卫指挥之职，二十四年后已由其子荫袭。可见此二字确为"玄城"。

失秃鲁苦、弟秃花、妻叭麻

指挥：哈彻里、□蓝、王谨　弗提卫指挥签事：秃称哈、母小彦　男弗提卫千户：纳蓝

千户：吴者因帖木儿、宁城、马兀良哈、朱诚、王五十六、□□、黄武、王□君、□□□……

百户：高中、刘官永奴、孙□、□得试奴、李政、李敬、刘赛因不花、傅同、王□里帖木、韩□、张甫、金卫、□原、高迁、叶胜、□□……赵锁古奴、王官音保、王阿哈纳、崔源①、里三②、□□□、□［栻］、康速合、阿卜哈、哈赤白、李道安、□道、阎威□

总旗：李速右

所镇抚：王溥、戴得贤、宋不花、王速不哈、李海赤、高歹都、李均美　都事：席□　医士：陈恭、郭奴　□总吏：黄显、费□

监造：千户金双项　撰碑记：行人铜台邢枢　书丹：宁宪　书蒙古字：阿鲁不花　书女真字：康安

钻字匠：罗泰安

来降快活城安乐州千户：王儿卜、木答兀　卜里阿卫镇抚：阿可里、阿剌卜　百户：阿剌帖木、□纳

所镇抚：赛因塔、把秃不花、付里住、火罗孙

自在州千户：□剌□、哈弗□的、阿里哥出　百

---

① “崔源”诸录本作“崔□”。“源”字笔画未缺损，排除斑痕，可见其原貌。据碑文，崔源时为“百户”，宣德八年时升为“指挥”，景泰元年卒时官至“辽东都指挥”。据《崔源墓志铭》，崔源生于洪武二十五年（1392 年），则永乐十一年（1413 年）时为 21 岁，其以“百户”应征往奴儿干，甚合。

② “里三”，诸本录作“鬼三”，误将碑面折裂痕视作笔画所致，今改正。

户：满秃□

木匠作头：石不哥儿、金卯白、揭英　　妆塑匠：方善庆、宋福　　漆匠：李八回……□匠：□□、黄三儿、史信郎　　烧砖瓦窑匠：总旗熊闰　　军人张猪弟

泥水匠：王六十、张察罕帖木

奴儿［干］都司①都指挥同知：康旺　　都指挥签事：王肇洲、佟答剌哈　　经历：刘兴　　吏：刘妙胜

二、《重建永宁寺记》校释

《重建永宁寺记》撰刻于明宣德八年（1433年），碑高207厘米、宽122厘米。正面额题汉文“重建永宁寺记”，碑文竖刻，凡30行，正书，行44字。一行低一格，4、7、8、10、11、12、14、15、17行顶一格。22行至30行载职官姓名，字体较小。碑阴和碑侧没有镌刻他种文字。

重建永宁寺“碑记”

惟天之高覆，四时行，万物生焉；地之厚载，二气合，万物育焉；圣人之至德，五常明，万姓归焉。故尧舜仁昭而□□□□所化□，无为而治，后世□闻□者，

① “奴儿［干］都司”：此五字，诸本皆未录出。今据诸拓片影本放大细核，“奴”字犹可辨识，下四字尚存残迹，联系下文，当为“奴儿干都司”无疑。

恭惟我圣朝布德施惠□①，□而愈明，天下归服，隆盛久矣。是以蛮夷戎狄，闻风向化，而朝□贡者，络绎不绝。惟奴儿干国远□□之表，道万余里，人有女直或②野人、吉列迷、苦夷。非重译莫晓其言，非威武莫服其心，非乘舟难至其地，非□□难处其居。风俗之异，弗能备举。洪武间，遣使至其国而未通。永乐中，上命内官亦失哈等，□锐驾大航，五至其国，抚谕慰安，设奴儿干都司，其官僚抚恤，斯民归化，遂捕海青方物朝贡。上嘉其来，赐爵给赏，劳慰还之。朝廷尤③虑未善，更命造寺，使柔化之。十一年秋，择地满泾之左，创寺塑佛，曰永宁寺。国民仰观，忻然皆曰："我地亘古以来，未□有此□□也！"宣德初，复遣太监亦失哈部众再至。以当念圣天子与天同体，明如日月，仁德之大，恩泽之渥，谕抚之其民悦服。且整饰佛寺，大会而还。

七年，上命太监亦失哈同都指挥康政，率官军二千，巨舡五十再至。民皆如故，独永宁寺破毁，基址存焉。究□之，其□人吉列迷毁寺者，皆悚惧战栗，忧之以戮。而太监亦失哈等体皇上好生柔远之意，特加宽恕。斯民谒者，仍宴以酒，给以布物，愈抚恤。于是人民老少，踊跃欢忻，咸啧啧曰："天朝有仁德之君，乃有贤良之

---

① "圣朝布德施惠□"句，《志》在"朝"字上空两格，《志稿》不留空格，俱与原碑款式不符。按本碑凡遇"圣朝""皇上"等字，皆提行写，并高出一格（永乐碑则高出两格）。此行顶头一字为"圣"，尚可辨识。"惠"字亦清晰，诸本未录，今补入。

② "女真或"三字，诸录本皆缺。经放大细核，此三字碑面处斑剥较甚，然字迹犹存。

③ "尤"字疑系"犹"字之误刻，或与"犹"字通。

佐，我属无患矣。”时众议西郭［仍］建原寺①，敢不复治。遂委官重造，命工塑佛，不劳而毕。华丽典雅，优胜于先。国人无远近，皆来顿首，谢曰：“我等臣服，永无疑矣。”以斯观之，此我圣朝聪明德博，道高尧舜，存心于天下，加惠于穷民，使八方四裔，多士万姓，无一饥寒者。其太监亦失哈、都指挥康政尤能宽仁厚恕，政治普化，服安蛮夷。［懿欤］尚矣！伟欤懋哉！正谓圣主布德施惠，非求报于百姓也。郊望禘尝，非求报于鬼神也。山致其高，云雨起焉；水致其深，蛟龙生焉；君子致其道德，而福禄归焉。是故有阴德必有阳报，有隐行必有昭名，此之谓也。故为文记万世不朽云

大明宣德八年癸丑岁季春朔日立

钦差都知监太监：亦失哈　御马监左少监：白金

内官：范桂、潘昂、阮落、阮蓝、阮通　给事中：□昂

辽东都司都指挥：康政　指挥：高勖、崔源、高□、李□、杨龙、王□、王□……康福、徐监……金宝、金振、崔越、刘三、□□、□□、丁振、杨越、刘□、王□……王胜、王宣……高□、□□、马旺、黄督、马□……徐□、王达　太医院医士：吕谦……

□□等卫指挥：蒋旺、王□、□□、杨春、陆兴……

海西□城等卫指挥：木塔兀哈、弗家奴、李希塔、木刀兀、李□马刺、□□木儿哈……

……周美、□□、金海、王全……□英、□□

通事：百户康安　书丹：鄎人张粃　吏：王□、□□□、□□、□成

---

① “时众议西郭［仍］建原寺”句，诸录本于“西”以下作“□□建□□”。今细核之，“郭”“原”“寺”字迹犹可辨识，“仍”字依文意补入。

画匠：□升、孙义　　木匠：□成　　石匠：□□、余海　　泥水匠：□□　　铁匠：雷遇春……

［奴儿干］都指挥：康福、王肇舟、佟胜　　经历：孙□　　吏：刘观

中国历代对黑龙江流域的开发

20世纪70年代，苏联有些著作和文章中，把自古以来属于中国领土的黑龙江以北、乌苏里江以东广大地区，说成是“历史就属于俄罗斯的土地”，是由“俄国人居住并已开发的领土”。① 他们把19世纪下半叶沙俄鲸吞中国黑龙江以北、乌苏里江以东100多万平方公里土地，说成只是“部分地收回了”清朝通过《尼布楚条约》“从俄国夺去的土地”。他们还说，在俄国吞并这些土地以前，“阿穆尔河沿岸和滨海地区整个是荒漠”，“不仅没有进行经济开发，甚至也没有清帝国的臣民去居住”，而“俄国人愈来愈多地在东西伯利亚定居，并从事开发”，于是霸占这些土地就成为“迫切需要”。② 这样，在他们的笔下，沙俄对中国的赤裸裸的侵略，应不仅“有理”，而且还“有功”了。

但是，任凭他们如何摇弄如簧之舌，也绝对改变不了铁的历史事实。黑龙江流域、乌苏里江流域自古以来是中国的领土。17世纪中叶沙俄侵略者闯入这里时，中国的清朝政府早已统一了西起贝加尔湖，北到外兴安岭，南至日本海，东达鄂霍次克海包括库页岛在内地广大地区。1689年（康熙二十八年）的《尼布楚条

① 齐赫文斯基：《中国近代史》，57页，莫斯科科学出版社，1972。

② 别斯克罗夫内等：《论俄中边界形成史》，载苏联《国际生活》，1972（6）；齐赫文斯基：《中国近代史》，60页、176页。

约》是双方平等协商的结果，清朝方面还作了让步，把原属于中国尼布楚一带土地让给了沙俄。1858 年（咸丰八年）、1860 年（咸丰十年），俄国通过强迫签订《瑷珲条约》和《中俄北京条约》侵占中国的大片领土，不仅是举世皆知的事实，而且也早已被马克思主义的经典著作所确认。至于说到 1689 年以后到 1860 年以前黑龙江以北、乌苏里江以东广大地区的经济开发，那末，首先这里本是中国的土地，这里的经济开发情况如何，完全是中国的内政。同时，这些地区经济发展的实际情况，也完全揭穿了什么“荒漠”啦，什么“没有清帝国的臣民去居住”啦的无稽之谈。

中国的东北各族人民世世代代生活、劳动在黑龙江流域和乌苏里江流域的广大土地上。在 17 世纪中叶沙俄侵略者闯入以前，这里的农业、畜牧业的发展已相当可观。波雅科夫、哈巴罗夫等侵略匪帮大肆烧杀劫掠的兽行，使当地“居民受到残酷的毁灭和土地遭到蹂躏。原来的城市变成废墟，耕地荒芜”①。但从 1689 年订立《尼布楚条约》沙俄侵略军队撤出黑龙江地区以后，直到 1860 年的一百多年间，中国的各族人民在自己的国土上，在黑龙江以北和乌苏里江以东的广大地区，依靠辛勤的劳动重建家园，无论农业、渔猎业、药材、海产和工商业，都得到了恢复和发展。本文下面就这些方面提供一些事例，来说明历史的真实。

一

先看农业：黑龙江左岸支流精奇里江（今俄罗斯结雅河）流域，曾遭受到沙俄侵略匪帮严重蹂躏。自康熙二十一年（1682 年）重建江东瑷珲城以后，就着手进行恢复和建设。在交通方面上，陆路从吉林城设 15 个驿站抵达瑷珲城，水路由三姓乘巨舡输送人

① 《苏联大百科全书》，59 卷，373 页，俄文版，1935。

员和物资，到这里进行屯垦开发。满、汉、达斡尔、回等民族人民在被沙俄焚毁的废墟上重新建设起家园。据记载，在1858年沙俄逼签《瑷珲条约》以前，这里的居民村落和农业生产已有了很大的发展："精奇里江两岸，清朝帝国的村屯，掩映在挡着北风的白杨树和杉树林之间，比比皆是。村屯的四周尽是精耕细作的田园"①。如博和里屯、郭博勒屯、噶勒达逊屯、额苏里、海兰泡等，便是其中最著名的。特别是精奇里江口以南地区，发展更突出，由少数几个屯发展为六十四屯，人口也由几百人增加到一万五千余人②，其中汉族居半数，满族约占十分之三，达斡尔族约占十分之二。由于中国各族人民在这里辛勤开垦，加以"土地膏腴，无旱干水溢之虞"，因此，"每垧年终获粮，较之江右各田，浮收一倍有奇"③，成为瑷珲将军辖境内最富庶的一个地区。其他如牛满河、毕瞻河一带，凡是达斡尔族及杜切尔人（满族的一支）居住的地区，都有农牧业的村庄。

在乌苏里江以东地区，由于气候和土壤条件比黑龙江左岸更适合于农业耕种，所以，自伯力往南的河谷平原，在1860年《中俄北京条约》以前已早被中国人民广为开垦，且不说和罗河（霍尔河）、毕歆河（比金河）、尼满河（伊曼河）等大河两岸，中国居民众多，耕地相连，就连乌苏里江上游的三道沟、能图河（貉头河）、伏锦河等被俄国文人称为"人烟稀少的、布满原始森林的遥远的边疆"地方，也是阡陌交通，鸡犬相闻。1858年夏天，沙俄特务分子维纽科夫窜到乌苏里江上游，他在一本写沿途见闻的书中说："从伏锦河源到它与三道河合流处，凡七十五英里，沿河

① 拉文斯坦：《俄国人在黑龙江上》，175～176页，伦敦版，1861。

② 增雄忠雄：《黑河盆地村落的发展》，载《满洲史学》，第一卷第三号，32页。

③ 同上书②。

④《瑷珲县志》，卷8，11页。

两岸有许许多多中国人从事农业生产。他们种植小米、大麦、小麦、燕麦、大麻、马铃薯、黄瓜、南瓜和各种蔬菜。产品完全足够他们自己和采人参者的需要。天朝（按：中国）人民以他们特有的勤劳从事这些田地的经营……差不多每家都有一个磨坊，石磨用马匹拉着转动，磨好的面粉就贮藏在仓里。有的中国人家还设有小型的酿酒坊，坊里装制铜蒸馏釜。"① 这种农业生产的规模和农作物品种之多样化，已经和当时我国华北地区很相近。值得注意的是，维纽科夫所描写的村庄，是坐落在锡赫特大山之间，在乌苏里江上游的一条不大的支流——伏锦河谷的情况。其他如绥芬河、苏昌河等以农业著称的大河流域，更是早就为中国各族人民所开发了。

继维纽科夫之后，不少沙俄侵略分子深入乌苏里江地区和东海滨进行"考查"，他们看到尼满河、乌拉河、多毕河、貉头河、大独树河、大克马河等河谷有众多的农业村屯，其中好些是五六十户至百来户的大村。如石门湾附近的大独树河，"河谷人烟稠密，都是汉人和鞑子（按：指乌德盖族），这里盛产黑貂"②。各个村落从事农耕、采药等，因地制宜，发展生产。这虽然已是俄国侵占乌苏里江以东地区后不久的记载，但"人烟稠密"的村落是不可能在几年之中形成的，很明显，中国各族人民在这里生聚劳动，已经有了悠久的历史。

二

渔猎是黑龙江中下游、乌苏里江一带中国赫哲、费雅喀、乌

---

① 维纽科夫：《阿穆尔河、中国和日本游记》，151 ~152 页，远东出版社，1952。

② 普尔热瓦尔斯基：《 1867—1869 年乌苏里边区旅行记》，"1867 年 12 月 18 日记事"，圣彼得堡出版，1870。

德盖等少数民族的传统生业。汉族在冬季农闲时也以渔猎作为副业之一。据记载，在1858年之前，黑龙江将军辖境每岁征收的貂皮共4497张，① 主要皆产自黑龙江北。宁古塔将军每岁向赫哲、费雅喀、乌德盖等族征收貂皮共2600余张②。现在故宫博物馆还保存着一些1860年以前黑龙江北、乌苏里江东各族人民进贡的貂皮。其中有为康熙东巡而制作的黑貂皮褂，也有黑龙江将军、吉林将军向乾隆贡呈的珍异的白色全貂。每年五月贡貂时，例由宁古塔将军代表户部设宴慰劳进貂人，并"颁赐进貂人袍帽、靴袜、挺带、汗巾、扇子等物"③。除了这种贡赋外，自康熙年间起，赫哲人每年拿到宁古塔进行交易的貂皮数额达2万余张之多。④ 貂皮是一种珍贵毛皮，这个贸易额显然是很可观的了。其他还有狐皮、水獭皮、灰鼠、狍皮等大宗皮货。赫哲等族猎人们"满载丰富的貂皮、狐狸皮及其他兽皮由格林河谷归来。带着各色货物的满族商人也云集格林河口，向土人交换珍贵的毛皮"⑤。从貂皮等的贡纳和市场交换数量之大，便可概见黑龙江中下游狩猎业的发展。江上的渔业生产也十分兴旺。所捕获的大马哈鱼、鲟鳇等鱼，除了供食用外，还以之进行交换。他们把大批的鱼干、一大捆一大捆的鳇鱼筋和鱼骨，装船上溯到内地出售，这成为赫哲族、费雅喀族和满族、汉族之间进行贸易交换的主要产品之一。

种参、采参以及其他药材采集业在乌苏里江以东地区被沙俄侵占前，也早已成为重要的生业。吉林地区在清嘉庆年间以前，每年前发放参票一千多张，每票"带领十余人为一棚"，前往乌苏

---

① 拉文斯坦：《俄国人在黑龙江上》，75页，伦敦版，1861。
② 萨英额：《吉林外记》，卷8，《黑斤》。
③ 吴振臣：《宁古塔纪略》。
④ 杨宾：《柳边纪略》，卷3，见《辽海丛书》，8页。
⑤ 马克：《黑龙江旅游行记》，203页，圣彼得堡版，1859。

里江以东采参。① 在政府登记的“参丁”有一万余人。嘉庆年间民间组织的“棒椎营”发展也很快，“十百成群，驮负粮食”。在乌苏里江以东地区“搭盖窝棚，招集黑斤（赫哲）丁勇，与之衣食，令其认采参枝”②。可见采参既有汉人，也有很多赫哲人和乌德盖人。这些采参人在1858—1860年间为了反抗沙俄侵占我国乌苏里江以东海滨地区领土，在刨夫③徐得林和揽头④张登瀛的率领下组成抗俄武装，南起玛延河，北抵苏城沟，千里之间，“设营一百五十余座，约不下万数人”⑤。这就证明：苏昌河以南地区采参人等至少有万余人，而乌苏里江流域诸山中采参人数尚不计在内。除了刨采天然参之外，“棒椎营”还种植园参。参园选择在林深菁密的锡赫特大山中，参丁们辟草莱，立棚架，开畦播种，莳苗耘锄，先后经过七八年辛勤劳动，方能收获。1858年，维纽科夫经过翁古河⑥附近山中时，对这里的人参园曾有详细的调查，他说：“这个人参园共有人手二十，都是中国人，他们属于住在北京的一个富商……这参园有三十多个参床（按：即畦）。每个参床约35码长，4英尺宽……我听说附近还有很多这样的参园……向导告诉我：人参收获后，运到珲春出售给商人，再转卖到内地或国外”⑦。这些深山的人参园，表现了中国劳动人民的勤劳和智慧，成功地创造了种参技术的经验。

另外，早在千百年以前，中国人民就已在东海地区发展了海

① 萨英额：《吉林外记》，卷8，“领票交参”条。

② 同上书①，《查山》。

③ 刨夫：即挖参的人。

④ 揽头：即认领参票的负责人。

⑤ 《筹办夷务始末》“咸丰朝”，卷50，12页。

⑥ 翁古河：是乌苏里江上游的一条小支流，位于多比河与能图河之间。它附近都是深山，适于种参。

⑦ 维纽科夫：《阿穆尔河、中国和日本游记》，155~156页，远东出版社，1952。

产业。《唐书》中记载的“昆布”就出产在珲春以东的海滨，元、明时期每岁向政府交纳的海豹皮、海骡皮、海狗皮、殳角（即海象牙)、鲸睛之类，都是出产在鄂霍次克海和东海地区。① 到清代，海产业更为发展，被誉为美肴的海参、海红和海茄，其著名产区就在珲春以东的海上。② 海参崴（沙俄改名符拉迪沃斯托克）这个名称，这是因中国人在该地采海参而得名。

三

随着农业、渔猎、林牧业、药材、海产等业的发展，城镇的商业也日益繁荣。在黑龙江上游，江右的呼玛和江左的海兰泡先后成为著名的商业中心。江下游的格林河口、阿集、台伦、普禄都是重要的贸易聚散地。据在1855年游历了黑龙江地区的马克所亲见，每年十二月，黑龙江北的鄂伦春、鄂温克等族人，便相率来到呼玛，向清政府缴纳实物税，同时携来各种物资，与达斡尔、满、汉商人进行交换。“达斡尔商人运来中国布匹、盐、茶叶、米、黍、烟叶、酒、铅、砂、火药，用这些货物向玛涅格尔人（按：鄂伦春族的一支）交换毛皮，以及用鹿皮、狍子皮缝制的各种衣物，冬天穿的靴子、手套等等。”③ 另外，在每年春三月，呼玛还有一次大的集市，“到这里赴集的也是从牛满河（按：今俄罗斯境内的布列亚河）归来的捕貂猎人”④。海兰泡则是江东的一个经常性的商业市镇，而且日益发展。在黑龙江下游，台伦和普禄是中外皆知的由三姓副都统派员征收贡赋和赏赐“乌绫”的所在，同时也是商业贸易场所。嘉庆十三年（1808年）日人间宫林藏到

---

① （明）《皇舆考》，卷10，《女真诸部》。

② 萨英额：《吉林外记》，卷7，《物产》。

③ 马克：《黑龙江旅行记》，79页，圣彼得堡版，1859。

④ 同上书③，80页。

台伦时，曾拜会了正在当地征贡收税和主持地方贸易的清朝官吏托精阿等人，他亲眼看见黑龙江下游络绎不断的船只来此进贡和交易，“林藏至此地时，犹有五六百人逗留”。各族人民携来黑龙江下游和库页岛上的土特产，到此“换取自己所需之物品，如酒、烟、布匹、铁器等”，“每日几百人集聚于行署中进行交易，其喧哗景象，无法形容”。① 这种生动活跃的场面，在奇集地方林藏也看见了，并有所描述。其后约50年，马克写道：每年夏秋两季，从三姓和吉林其他城市来到黑龙江下游的汉族和满族商人，“运来中国工业商品和松花江沿岸地区的某些商品……这些数量相当多的商人船队，满载货物往来行驶于阿穆尔河中游和部分下游地区”②。所以，内地的商品一直深入黑龙江下游各支流，直到费雅喀族居住的海滨。东北边境的各种土特产品，也经由三姓、吉林和盛京转销北京和各省。乌苏里江以东地区的产品，一是经由尼满镇转运到宁古塔，一是经由葫芦崴、石门镇、海参崴等处转运在珲春聚散。海参崴甚至在沙俄入侵后20年，还有中国商民2.8万人，占该埠人口的70%，其中有广东巨贾，也有大批从山东、天津来此开业的商人。其他各城如双城子有8000余人，伯力有4000人，海兰泡有千余人。③ 据曹廷杰的统计，海参崴、伯力、双城子、红土岩（在兴凯湖西岸，今俄罗斯辖境内）、彦楚河（珲春东南，今俄罗斯内）五处，华商“大小肆店三百余家，各立门市，坐贾营生”。另外，沿黑龙江到海口，沿乌苏里江各口岸，有“商铺店肆二百余家”，“皆于沿江盖有房舍，以货物易各处貂皮、鹿茸、鱼骨、狐、貉、水獭、海豹、灰鼠、黄鼠等，分售伯力、三姓等处”④。应该指出的是：由于沙俄殖民主义的压迫，对华商

---

① 间宫林藏：《东鞑纪行》，卷中，《满洲行署》。

② 同上书①，137页。

③ 曹廷杰：《西伯利亚东偏纪要》，见《辽海丛书》，7页。

④ 同上书③，37页。

“欺凌日甚”，“诛求苛索，驱逐侵侮”①，使中国商人多破产停业，因此曹氏所统计各城镇中国商铺数目和人口数字，已较沙俄侵占前大为减少了！例如外富津河口的石门镇，在沙俄侵占之前，“是中国在乌苏里地区重要的商业点，每年总有数百只载满货物的驳船，从珲春开到这儿来”②，进行交换貂皮、人参、鹿茸和海产的贸易。但是，沙俄侵占后50年间，石门镇衰落了，只剩下“那作为货物和各种原料仓库的一长排木棚，可以判断出中国人在奥尔加湾贸易周转的规模”③。

由上可见，在行政管辖上历来是中国领土的黑龙江以北、乌苏里江以东广大地区，在1858年、1860年被俄国侵占以前，完全是由包括汉、满各族在内的中国人民开发的。在这广袤的土地上，凡是适于农耕的平原或河谷，都有着中国人民广为开辟的阡陌田园；黑龙江、乌苏里江中的鲟鳇鱼、大马哈鱼和其支流所产的“东珠”，都是由每年向清朝缴纳实物税的边疆人民捕捞；外兴安岭以南和锡赫特大山中盛产的兽类毛皮和人参、药材等，也是由不畏艰辛的中国人民猎取和培植。在黑龙江、乌苏里江沿岸和东海滨的港湾码头，城镇和商业集市日益兴旺，满载各种商货的船只，往来于三姓与伯力、阿集……或珲春与石门、海参崴等地之间，促进了物资交流，加速了边疆地区经济的发展。这些生动的事实，不仅载于中国文献，而且也见于沙俄殖民侵略者所写的“旅行记”。有的人不承认铁的历史事实，却说什么《尼布楚条约》后一个半世纪中，这些地区“不仅没有进行经济开发，甚至也没有清帝国的臣民去居住”，这真是对历史科学的大不尊敬！

① 曹廷杰：《西伯利亚东偏纪要》，《辽海丛书》，38页。

② 阿尔谢尼耶夫：《乌苏里游记》，第十四章“奥尔加海湾”。

③ 同上书①。

辽代通州与安州城址考实

通州与安州都是辽代东京道所属的州名。前者设置于辽景宗保宁七年（975年），后者设置年代未详。金灭辽，通州与安州皆废，后亦不复置。这两个州的设置时间虽然很短，但它们、特别是通州，在东北历史地理上却为人所瞩目。据《辽史》称："通州安远军节度，本扶余国王城，渤海号扶余城，太祖改龙州，圣宗（按：当作景宗）更今名。保宁七年以黄龙府叛人燕颇余党千余户置，升节度。"① 这里说通州是古代的"扶余国王城"和"渤海扶余城"，而这两个东北历史上的名城正是需要考定的，所以通州城址在何处，一直为研究者所关心。但由于资料缺乏，长期未能得到满意的答案。为了解决通州的问题，又牵连着安州的位置问题。因此，有必要将二者一并加以考察，方有助于妥善的解决。

《辽史》地理志在东京道的龙州黄龙府条记载说："（黄龙府）本渤海扶余府。太祖平渤海还，至此崩。有黄龙见，更名。保宁七年将军燕颇叛，府废。开泰九年（1020年）迁城于东北，以宗州、檀州汉户一千复置。"这就是说：复置的龙州黄龙府，在原治所的东北方。黄龙府金代改为济州利涉军，即今吉林省农安县城。金毓黻先生据此推定说："通州当在农安城西南百里外求之，则今长春县之西南隅，怀德、梨树县等地庶有当耳。"② 其后，王树枬

---

① 《辽史》，卷38，《地理志东京道》。

② 金毓黻：《渤海国志长编》，卷40，19～20页。

等修《奉天通志》，进而引宋人许亢宗《奉使行程录》所记："咸州四十里至肃州，又五十里至同州"，认为此"同州"即通州的异译，于是按此里程订通州为今辽宁省昌图县的四面城古城。

《奉使行程录》关于咸州北至信州这一段里程的记载，舛误殊甚（详见后文与附表）。因此，《奉天通志》据以考订通州城地址便是不可靠的。而且，四面城古城已可确证为辽代的安州城址所在。既然是安州，则两州不同城，通州当不在此。

为什么说四面城古城是辽代的安州呢？有证如下：

辽代的安州，金代熙宗皇统三年（1143 年）改为归仁县，元、明两代皆废，变为"开原北陆路"驿站的一个站名。《元一统志》记载："归仁故城在咸平府北，归安州。金皇统三年改为县。后废。城址犹存。"① 安州与咸平府的里距，张棣《金图经》记载说："咸州南铺至宿州北铺四十里，宿州北铺至安州南铺四十里。"② 咸平府、咸州即今辽宁省开原县的老城镇。宿州即肃州。为今昌图县昌图镇古城。③ 故可知安州当在今开原老城镇北 80 里，又在昌图镇之北 40 里。元志说"城址犹存"，则安州当可求之于昌图镇北 40 里的古城址。

这座古城址的城北有一条小河，史称"细河"。《金史·地理志》载："归仁县北有细河"即此。《元史》耶律留哥传称：金末，耶律留哥举兵叛，金主"遣宣抚（蒲宣）万奴领军四十万攻之，留哥逆战于县北河上"。④ 此河在屠寄《蒙兀儿史记》中明白记为：战于"归仁县北细河上"。

细河的地理位置，据明人毕恭记载说："细河（在开原）城北

① 《元一统志》（辑本），《辽阳行省》。

② 《三朝北盟会编》，卷 244，引《金图经》。

③ 肃州城址所在，有的同志订为开原北仲马河车站的古城，我们按道里方位订为昌图镇古城，说详拙著《东北民族与历史地理论集》。

④ 《元史》，卷 149，《耶律留哥传》。

八十里，源出那木川西石岭山，西流循归仁县北，入小创忽儿河。”① 这个材料，既与《金图经》中所载安州在咸州北80里相呼应，又与《金史》《元史》所记归仁县北有细河相印证。可见辽代的安州（金代为归仁县）当求于开原北80里，“细河”南岸的某个古城址。按《辽东志》的“开原山川地理图”的方位与今二十万分之一地图勘合，其大创忽儿河为今招苏台河，小创忽儿河为今二道河，细河则当是二道河的南支流。此河流经四面城北，西入二道河。（见图3）

图3 辽、金时期咸州至信州路线与通州位置示意图

① 《辽东志》，卷1，《开原山川》。

“四面城”是座辽、金时期的古城，周围10里。遗址尚在，出土辽、金时期文物颇多。① 它南至昌图镇40里，在开原老城镇北80里，又当二道河支流“细河”的南岸，与有关安州、归仁县的方位道里的历史记载悉相符合。故四面城古城当即辽代的安州故城无疑。

四面城既然是辽代安州所在，则辽代通州当不在此，而应另行考察。

许亢宗的《奉使行程录》中，由咸州至信州的里程记谓：“第二十九程，自咸州九十里至同州。第三十程自同州三十里至信州。”② 他这段记载与《松漠纪闻》《御寨行程》关于咸州至信州的里程相比较，脱漏了5站，少记了约200里路程（请看后表）。信州置于辽代，为东京道所属州名。金代信州隶上京路，元、明州废，设有驿站。信州城址为今吉林省怀德县秦家屯古城。③ 据《辽东志》记载：“开原北至信州三百一十里”，以今里核对两地距离，亦相符合。而《奉使行程录》却云120里，差谬殊甚。因此，要考辽代通州的方位道里和城址，便不能不另求别的可信资料。

在东北地区的州郡沿革史中，通州之名仅见于辽代，金、元、明、清皆废而不存。正是因为它设置的时间很短，所以有关的记载便很少，考察时就得探微索隐，细心厘订。据《辽史·地理志》记载：通州辖有通远、安远二县，其通远为依廓县。如能考知通远县所在，通州即迎刃而解。

如前所述，通州当位于咸州与信州之间，约为今梨树、四平市等地。宋人洪皓《松漠纪闻》与张棣《金图经》记载，咸州与信州之间所行经的地名谓：“（信州南）五十里至木阿铺，五十里

---

① 参阅辽宁博物馆编印：《辽宁史迹资料》。

② 《大金国志》，卷40；《三朝北盟会编》，卷20。

③ 参考曹廷杰《东三省舆地图说》“怀德县即信州考”；陈相伟《秦家屯古城调查记》（见《考古》1964年第二期）；著者于1971年亦曾踏查此古城，从文物与史料记载结合来考证，秦家屯古城即辽、金信州无疑。

至没瓦铺，五十里至奚营西，四十五里至杨柏店，四十五里至夹道店，五十里至安州南铺，四十里至宿州北铺，四十里至咸州南铺”。① 可见此两地之间，中经7站，凡300余里。其中宿州即肃州，为今昌图镇古城；安州如上考，为四面城古城；夹道店亦作贾道铺，为今昌图镇北90里此路镇西侧的四合屯古城；奚营他书或称“九百奚营”，金代韩州移治于此，为今招苏台河北岸，黎树县属的偏脸城古城；没瓦铺在偏脸城北50里，在今泉眼岭附近；木阿铺在秦家屯古城南50里，当是东辽河南的小城子古城。这7站中只有“杨柏店”是唯一的疑案。既不知它是否为前代何州县？也不知其相当于今地何古城遗址？唯知它当位于偏脸城南40余里。

再考赵彦卫《御寨行程》记咸州往北的途程，其谓：“（自咸州咸平馆）三十里至宿州宿宁馆，八十里至贾道铺怀方馆，四十里至杨八寨通远馆，五十里至合叔孛堇同风馆，三十里至义和馆，五十里至如归馆，四十里至信州彰信馆。”② 赵彦卫所记的地点与洪皓大体相同，只是由肃州往北时，不绕道安州，而取直线径投贾道铺。(请看附图)，为了便于考察和验对，我们列表如下：

---

① 洪皓：《松漠纪闻》，见《辽海丛书》，卷下。

② 《云麓漫钞》，卷8，见《涉闻梓旧》，第17册。

辽、金咸州至信州古今地名对照表

资料	《松漠纪闻》（《金图经》同）		《御寨行程》		《奉使行程录》		1：20 万地图
地名、里至	地　名	里至	地　名	里至	地　名	里至	今　地
	咸州南铺		咸州咸平馆		咸　州		辽宁开原县老城镇
	宿州北铺	四十里	宿州宿宁馆	三十里	肃　州	四十里	辽宁昌图县昌图镇古城
	安州南铺	四十里					辽宁昌图县西面城古城
	夹道店	五十里	贾道铺怀方馆	八十里		五十里	辽宁昌图县此路镇四合屯古城
	杨伯店	四十五里	杨八寨通远馆	四十里	同（通）州		吉林四平市西一面城古城
	奚营西	四十五里	合叔勃堇铺	五十里			吉林梨树县偏脸城古城
	没瓦铺	五十里	义和馆	三十里		三十里	吉林梨树县小城子古城
	木阿铺	五十里	如归馆	五十里			吉林梨树县泉眼岭附近
	信州北	五十里	信州彰信馆	四十里	信　州		吉林怀德县秦家屯古城
合计	凡 9 站	计 370 里	凡 9 站	计 320 里	凡 4 站	计 120 里	凡古城八，计 310 里

从上表可以看出：《松漠纪闻》（《金图经》同）中的“奚营”，即《御寨行程》中的“合叔孛堇”①；“杨柏店”即“杨八寨”的同名异译；“夹道店”即“贾道铺”无疑。这里，“杨八寨通远馆”一地名是值得引起注意的。考《辽史·地理志》，通州附廓为通远县。金灭辽，通州、通远县皆废，其地并入归仁县。洪皓等宋、金使节经过其地时，通州之名已不存，但馆驿犹设以待客。“杨八寨通远馆”者，当即原通州通远县的驿馆。这种以州县的名称冠于驿馆之前的例子，在当时是常见的。“沈州乐郊馆”是以沈州附廓乐郊县为馆驿名称的；“咸州咸平馆”是以咸州附廓咸平县而得名的；等等。“杨八寨通远馆”其所以不称“通州通远馆”者，是因为金代已废去通州的建制，而通州、通远县所在地为杨柏寨，故洪皓、赵彦卫经其地时，金人称此地为“杨八寨”，而不言其为“通州”。

由此可知，辽代的通州设在金人称为“杨柏寨”的地点。据上引《松漠纪闻》和《御寨行程》所记的里数，“杨柏寨”北距“奚营”五十里许，南至“贾道铺”四十余里，适在二者的中途。证以今地，当在吉林省梨树县偏脸城古城（奚营、金韩州）与辽宁省昌图县此路镇的四合屯古城（贾道铺）两地之间，亦即为今吉林省四平市附近某古城。考旧四平街西侧有一古城，因三面湮毁，只余一面，昔称“一面城”。据《梨树县志》载：“一面城，在（梨树）县南四平街新市场。为四面，各约一里余，高有三尺，宽约丈余，西面入租界地，东则跨新市场，形迹已平，故址不复存矣。”② 数年前，笔者为寻觅此古城遗迹，曾两度在四平市下车访问，但见层楼栉比，市街繁荣，已不知此通州故城址为何处。

---

① 合叔孛堇：“孛堇”，女真语，营寨之意；“合叔”即“奚”之异译。故“合叔孛堇”即是“奚营”也。

② 《梨树县志》甲编地理卷四“祠庙古迹”项。

果如《辽史》所述，通州原为夫余国王城，渤海为扶余府，则通州尚有可供发掘并值得考古工作者重视的价值。

通州是否为古夫余王城或渤海扶余府，研究东北历史地理者容或有疑问。但通州故城当在四平市附近，笔者认为可无疑义。一面城周长五六里，为一中型古城，此与通州建制情况，颇相符合。故一面城即辽代通州，当不为谬。

明代建州卫新探

建州卫设置于明成祖永乐元年（1403年）。它是明初经营东北地区建立较早、影响较大的一个重要的卫所。关于建州卫的创设过程、卫址的所在地点和该卫的迁徙情况，过去中外研究者论述颇多，曾取得了可贵的进展。但也还有一些疑难问题，有待于进一步解决。笔者因从事东北地区历史地理的考订工作，对建州卫研究中存在的几个问题，作了些探索，现分述如下，请有关学者指正。

明初经营东北地区的概略与建州卫的设置过程

明朝的初期，中央政权是很注意边疆地区的经营建设的。

公元1368年，朱元璋推翻了元朝统治，建立了明朝政权。此后，明朝政府命将遣使四出，征抚故元所辖边疆四境地区。明洪武四年（1371年），派遣都指挥使马云、叶旺率师进驻辽东，接受故元辽阳行省平章刘益纳降，设置了定辽都卫，由此就从法权上正式接收和承袭了元朝对包括整个黑龙江流域在内的辽阳行中书省的统治权。洪武八年（1375年），明朝改定辽都卫为辽东都指挥使司，其下先后共设置了定辽（前、后、左、右、中五卫）、广宁、义州、金、复、海、盖、宁远、沈阳、铁岭、三万、辽海等

25卫，“塞冲据险，且守且耕”①。在永乐七年（1409年）奴儿干都司设立以前，辽东都司是明朝管辖整个东北地区的最高军政机构。

由于故元残余势力在黑龙江、松花江流域还有待扫除，明朝政府采取了两项积极步骤：一是派遣大军征讨盘踞在黑龙江上游和松花江流域的元将割据；一是派遣官员深入东北各民族地区，宣谕明朝政策，对各族首领进行招抚。这两项布置在洪武、永乐年间中取得了全面胜利，明代奴儿干都司和所辖几百个卫所的建立，便是其成功的明证。

在进行军事征讨方面，洪武二十年（1387年）明政府派遣大将军冯胜率师出松亭关进击元将纳哈出。六月，胜军逾金山，直指纳哈出盘踞的农安和松花江流域，纳哈出请降。② 洪武二十一年（1388年）五月，遣大将军蓝玉、王弼率马步兵十余万进击元残部脱古思帖木儿。明年，军行所至，今黑龙江、吉林西部与元东部朵颜元帅等“表附来朝，愿服藩职”。明朝政府在此地区设置了福余、泰宁、朵颜等“兀良哈”三卫。这便是见于《明一统志》的奴儿干都司所辖西边三大卫。洪武二十五年（1392年），遣北平都指挥使周兴率大军出居庸关，进击元残部也速迭儿，深入“元太祖始兴之地”的斡难河（鄂嫩河），“追至彻彻儿山，大破之”，“自是不敢近边者十余年”③，于是斡难河流域归入明朝版图，永乐四年（1406年）在该地正式设立了斡难河卫。其后，永乐八年（1410年）明成祖又亲征元残部本雅失里。四月军次阔滦海，五月扬兵斡难河，勒铭刻石于山湖之上，这表明了黑龙江上游整个地

① 毕恭：《辽东志》，卷1，《建置》。

② 《明史·太祖本纪》；方孔绍：《全边记略》，卷1《蓟门略》，卷10《辽东略》。

③ 据《明太祖实录》，卷220；参见（日）和田清：《东亚史研究》，《明初之蒙古经营》。

区已为明所有。洪武二十八年（1395 年），遣总兵官周兴率师出开原，进击割据海西地区的女直酋长西阳哈，自脑温江（今嫩江）下忽刺温江（今呼兰河），陆师追进硕罗口（今通河）、俄多里（今依兰县），自是松花江南北哈尔滨、呼兰、依兰至与黑龙江交汇之处皆入明朝版图，为明朝经营黑龙江中下游、接收元朝所辖奴儿干、骨嵬地区奠定了基础。永乐元年（1403 年），西阳哈等进京朝贡，明朝授为兀者卫指挥使，又设兀者左、右、后等卫，在松花江南北正式建立了统治机构。

在进行招抚方面，明朝政府采取了积极的态度，取得了重大的成果。

明初对黑龙江流域女真人地区，除了对西阳哈用兵外，主要是采取招抚政策，派遣官员深入黑龙江中、下游和建州、毛怜地区，宣谕政策，使各部酋长到京纳贡赋，受敕封，成为明王朝统辖下的臣民。洪武十五年（1382 年），故元鲸海千户速哥帖木儿等自女真人地区来归，其谓“自佛出浑至乞列怜（今抚远县古城）皆旧所部之地，愿往谕其民，使之来归”①，明太祖遂逐步对女真各部地区进行招抚。如对黑龙江下游的奴儿干，在“国初屡加招谕”②。《重建永宁寺记》中也说，“洪武间，遣使至其国而未通”。降至永乐元年（1403 年），朱棣加强了对东北地区的经营，派遣邢枢偕同知县张斌等人跋涉万里，前往奴儿干，“至吉列迷诸部落，招抚之”③，吉列迷首领归服，次年入朝，明政府设置奴儿干卫。在永乐七年（1409 年）以前，明朝“皇帝敕使三至其国（指奴儿干）”④，这反映明王朝政府对黑龙江下游的经营是十分重视的。永乐七年（1409 年）四月奴儿干都司的建立，正是对黑龙江流域

① 《明太祖实录》，卷 142。
② 毕恭：《辽东志》，卷 9。
③ 严从简：《殊域周咨录》，卷 24。
④ 钟民岩等：《明代永宁寺碑记校释》，载《考古学报》，1975（2）。

广大地区军政建设的重大措施。在对黑龙江下游各部进行招抚同时，朱棣于永乐元年也遣人对海西兀者首领西阳哈、建州女真首领阿哈出进行招抚。同年授为兀者卫与建州卫指挥使，又于永乐二、三年间派人到毛怜、吾都里，招抚女真首领把儿逊、猛哥帖木儿，二人率所辖各头领入京朝贡，受封为毛怜卫、建州左卫等指挥使。上述经营的结果，黑龙江南北与东海之滨，各女真族首领陆续进京来朝。史载“于是海西女直、建州女直、野人女直诸酋长，悉境来附”，明政府“量授以官、任其耕猎……俾仍旧俗，各统其属，以时朝贡”①。

永乐七年（1409 年）奴儿干都司建立前，明朝在黑龙江流域已设立了卫 115 个。这年夏初，奴儿干首领忽刺冬奴等来朝，奏请在奴儿干设“元帅府”。明政府顺应形势的发展，于是年闰四月设立奴儿干都指挥使司，简派康旺、王肇舟、佟答刺哈为都指挥同知、指挥签事等官，由钦差内官亦失哈率同前往奴儿干就任。与此同时，沿江设立驿站以通文报和运递物资。同年六月，又在都司下置经历司，派刘兴为“经历”官。自奴儿干都司建立后，明政府派官驻军于奴儿干，驻军多时达 3000 人，最少亦不减于 500 人，轮番戍守，“逾二年遣还”。钦差内官亦失哈与都指挥康旺等人在永乐、宣德年间的二十余年中凡 10 次往返奴儿干，“镇抚慰安”各族边疆人民，为明朝统辖黑龙江沿岸地区作出了巨大的贡献。②

奴儿干都司的建立推动了明政府对东北黑龙江流域等处的经营和建政。自永乐七年（1409 年）到正统十二年（1447 年）这 38 年中，新设卫 69 个，与前置之 115 卫，共为 184 卫。还有所 20 个，地面、城、站 58 个。总称 184 卫。从景泰到嘉靖年间

---

① 毕恭：《辽东志》，卷 9。

② 参见拙著：《历史的见证》，载《历史研究》，1974（4）。

（1450—1566年）百余年间，为顺应东北各族的发展与各部首领的申请，明政府继又增加和改置了若干卫所。据《明实录》成化十四年（1478年）记载，仅海西部的卫所，就达200多个。到万历年间时，奴儿干所属卫所，包括兀良哈三卫在内，共有卫384、所24、地面7、站7、寨1，通常简称384卫。明代东北奴儿干都司所辖卫所，记载于《明一统志》《寰宇通志》《辽东志》《明会典》等中央和地方官书中，均为具有法定意义的中国明代政权机构。

在奴儿干都司所辖的384卫中，建州卫是设置最早、历时最久的卫所之一，也是力量最雄厚、迁徙最复杂的卫所之一。明代女真族分为海西、建州、野人三大部分。“建州女真”便是由建州卫的女真人发展壮大起来。16世纪末，他们在其杰出首领努尔哈赤的领导下，统一了东北地区女真各部，成为后来统一全国的清王朝的始祖。

因此，建州卫的历史地理的发展变化是一个值得研究的问题。

明永乐年间建州卫治所考

如前所述，建州卫设立于明成祖永乐元年（1403年）的十一月。据《明实录》记载：“十一月辛丑，女真野人头目阿哈出等来朝，设建州卫军民指挥使司，以阿哈出为指挥使。余为千百户所镇抚，赐诰印、冠带、袭衣及钞币有差。”①

阿哈出，在朝鲜史籍中或写作“于虚出”，他是明王朝政府所敕封的第一任建州卫指挥使。他领奉朝廷颁赐的“诰印”，穿戴着朱明皇帝赏给的“冠带、袭衣”，是作为明朝政府的地方官员，回到被委派的地区行使统治权力。

建州卫的设治地点在哪里呢？这是近代研究明清史者都很注

① 《明太宗实录》，卷24，“永乐元年十一月辛丑”条。

意的。几十年来中外学者写过不少专论，探讨过以下的问题：建州卫是否设在元代地志中所称的“建州”？经过考订，这种说法被否定了。史料证明：建州卫是设在“开元”城。然而，“开元”是指明代的开原，还是指元代的开元呢？在元代，今东北地区属“辽阳等处行中书省”管辖，其下划分为七路，其中开元路的治所即“开元”城。明代地志称此城为“旧开原”，以示与辽东的开原（今辽宁开原县）相区别。研究结果表明：建州卫设在“开元”城，亦即明人所称之“旧开原”。这个“旧开原”的位置，各家的考订却大有分歧。有说是在今农安县城；有说是在双城子（俄罗斯改名乌苏里斯克）；有说是在今黑龙江省的东宁县境内。究竟卫设治在何处？是值得进一步明确证示的。

建州卫设在建州的说法，现已为各家所否定。考建州之名始于渤海（唐代东北地区的地方性政权），为渤海率宾府所辖三州（华州、建州、益州）之一。辽代亦相沿为率宾府，金代称恤品路，但地理志皆未载所属之州。《元一统志》所载“建州故城”，指的是今吉林省吉林市北的经朱村，并非建州女真始兴之地。因此各家考明代建州卫，都不认为它会设在吉林市附近，亦即都不认为会设在旧建州。渤海率宾府在今绥芬河流域，我们考订其府治为今绥芬河中游的双城子（附郭华州亦在此）。绥芬河上游，今东宁县有“大城子”古城，可能即建州所在。绥芬河口东南的海参崴，也发现渤海时大型城址，可能即益州所在。如果渤海建州设在东宁县的大城子古城，明代建州卫最初也设在这里，则建州卫的名称确乎是有历史根源的。

建州卫始设于开元，即见于明代史籍的“旧开原”。孟森在《建州卫地址变迁考》一文中指出：“明人纪述言建州始设卫之地者，就予所见，只有马文升之安抚东夷记，记仅言‘建州女直先处开原'，以故欲考建州，当先考开元。"① 当时对"旧开原"的所在尚不一其说，日人箭内亘在《满洲历史地理》一书中称，元代开元自创置以来治黄龙府，即今吉林农安县，至元世祖时始移于今辽宁之开原。其后日人池内宏在《元代开元之沿革》一文中称：开元创置之初，即治三姓（今依兰县）附近，及至元末，乃移治于今之开原。② 孟森在文中认为：元代开元路治在今绥芬河流域，为金代恤品路，即珲春以东之地。徐中舒引申其说，在所撰《明初建州女真居地迁徙考》文中言及："明代所谓开原，皆指元史地理志之咸平府治而言，即今之开原，其旧开元则在今俄属东海滨省之双城子，俄人谓之尼古里司克，朝鲜实录称为东开原，其地理志及东国舆地胜览则称为巨阳城或开阳城。"③ 日人和田清著文称：开原即朝鲜史籍中的开阳（巨阳），亦即元代站赤中的"开元站"。明代驿站中"纳丹府东北陆路"的第六站"旧开原"，其地在绥芬河流域东宁县镜。④ 上述诸说互相探讨，对建州卫的地望和卫址，考证越来越明确。笔者在研究《经世大典》"站赤"和《析津志》"天下站名"关于开元站的位置后，得出的结论是：元代的开元站和开元路的开元城，既非今农安城，亦非今乌苏里斯克（双城子），而是设在今黑龙江省东宁县的大城子古城。有证如下：

明代地志中所称旧开原是与明洪武二十五年新设于辽东的开原城相对而言的，指元代的开元路治所开元城。《元史》地理志称："金末，其将蒲鲜万奴据辽东，元初，乙未岁，出师伐之，生擒万奴。师至开元、恤品，东土悉平，开元之名始见于此。"蒲鲜万奴建立的"东真国"，都于南京，即今吉林省东南延吉市附近。

---

① 载《国学季刊》，第3卷第4号，543页。

② 载《东洋学报》，第13卷第1号。

③ 载《历史语言研究所集刊》，第六册，第一分册，173页。

④ ［日］和田清：《东亚史研究·满洲篇》，"开原、古州与毛怜"。

元初遣军攻南京，又攻开元、恤品，克其地后，东已至海，故谓“东土悉平”。元代的“恤品”，即金代的“恤品路”（又称“速频路”），以速频水（今绥芬河）而得名，路治设在今双城子（乌苏里斯克），这是没有疑义的。“恤品”既然在今黑龙江省东南绥芬河流域，“开元”与“恤品”和“南京”互相弥连，自当求之于延吉、双城子之间某地。故元代的“开元路”和开元城，不可能是今农安地区。箭内亘所称开元即今农安是不足为信的。

《元一统志》辽阳行省下记载：“开元城西南曰宁远县，又西南曰南京……正西曰谷州（今牡丹江市、宁安县境），西北曰上京（今黑龙江省阿城县），即金之会宁府。”由此可见，开元不在今之开原或农安，而是在宁安县的正东，延吉市东北，阿城县的东南方向。又据《析津志》“天下站名”记载，开元站距东祥州（今宁安县境）370里，东距海滨的永明城尚有5站，就方位言，当位于绥芬河流域上游。

据朝鲜史籍的记载，开元城也是位于绥芬河流域。在朝鲜的历史文献中，开元城被称为“巨阳城”，或称“东开原”。《东国舆地胜览》载：“巨阳城，一作开阳城，在江北约二（?）百五十里，西距先春岭六十里许。”① 这里说“巨阳城，一作开阳城”，也就是元史中的“开元城”。“巨”与“开”朝鲜语读为Ke和Ke，其音切近；“阳”与“元”，朝鲜人声读相同，故开阳是开元之异译。据此记载，开元城在“先春岭”之东六十里，而“先春岭，在豆满江（今图们江）北七百里”②，则开元城亦当距今图们江七百里上下，故上引文载开阳城“在江北二百五十里”有误。有人认为：开元城既然“在江北约二百五十里”，按里程当在珲春河上游。但朝鲜地志否定了这点。其谓：“愁滨江……北流为苏下江，

① 《东国舆地胜览》，卷50，“庆源府：古迹”。

② 同上书①，“会宁省：古迹”。

一作速平江，历公崄镇，先春岭，至巨阳，东流一百二十里，至阿敏入于海。”① 这里说的愁滨江、速平江，即金史中的恤品水，清代为绥芬河。朝鲜有关资料皆证示：公崄镇、先春岭和开阳城皆濒临速平江，这是开元城在今绥芬河流域的重要证据。又从元、明时期“站赤”排列来看，“开元”（“旧开原”）在东祥州（明代称“古州”，今宁安县境）之东，它是通往“永明城”（今海参崴）的中途站，就山川道里来看，也当是在绥芬河流域，而不会是在珲春河流域。

绥芬河中游的双城子，辽代为率宾府，金代为恤品路的路治所在。《元史》称：“师至开元、恤品，东土悉平。”可知开元、恤品是两个地方，恤品在双城子，开元当求之于绥芬河上游，这是没有疑义的。

今绥芬河上游，黑龙江省的东宁县的境有大城子古城。此古城在东宁县之东5里，当绥芬河南岸之冲积盆地上，城墙为夯土筑成，呈长方形，城周长共3570米，为一中型古城。据近年考古调查：大城子古城内外发现丰富的渤海与辽、金时期的遗物和遗迹，如渤海时的铜佛，金代的童子铜佩饰等物。凡此皆证明：大城子古城是渤海以来历代沿用的一座古城址。我们认为它是渤海率宾所属的建州，元代的开元城、明代的“旧开原”和建州卫的治所也在这里。

明代马文升谓：“建州女直先处开元。”则阿哈出受明敕封为建州卫指挥使，他的辖地初即在绥芬河流域，其所设治的开元城，当是今黑龙江省的东宁县的大城子古城。

---

① 《东国舆地胜览》，卷50，“庆源府：山川”。

建州卫迁徙考略

建州女真的发展过程中，曾几度迁徙其住地，因之，建州卫的治所也随部族而变迁。笔者研究有关材料后认为：建州女真部在元代居于牡丹江下游。约在元末或明初徙居东南之绥芬河流域，即上述开元城左右地。明永乐末年，西迁到佟佳江流域。后至正统初年，又移居辽宁苏子河上游。这段迁徙的过程、时间和地点，各家考证分歧。特别是有很多人认为建州卫在永乐初年就由开元迁到凤州或奉州，从而比定凤州（奉州）为今辉发河流域的山城镇。这个判断是有错误的，应该根据可靠史料，重新加以厘订。

据《朝鲜实录》“太祖四年（明洪武二十八年，1395 年）十二月癸卯”条记载：“如女真，即斡朵里豆漫猛哥帖木儿，火儿哈豆漫古论阿哈出。”阿哈出即建州卫第一个指挥使阿哈出，“古论”其姓，即“金”；“豆漫”是官名，即“万户”；“火儿哈”，江名，即今牡丹江。这句话是说，呼儿哈（胡里改）江的万户官金阿哈出。火儿哈河，唐代称忽汗河，元代译作胡里改河，并在此河下游设胡里改军民万户府，辖于开元路。“斡朵里豆漫” 即元代“斡朵怜军民万户府”的朝鲜译名。府址据中外考订也是在今牡丹江下游依兰县对岸的马大屯。由此可见，女真建州部的先世是居住在今牡丹江下游一带地方。

明初洪武中，阿哈出率领部人南徙，居于开元城左右之地，永乐元年设建州卫即在此处。这问题在孟森、徐中舒、和田清文中论述颇详，《朝鲜实录》太宗初年的记载也足资佐证，即今朝鲜东北境外，中国绥芬河上游的东宁县境。

建州卫女真人迁徙中的一个重大的疑案，就是所谓在建州卫设立不久又迁到辉发河上游的山城镇，亦即所谓在永乐二年至三年间移居凤州（奉州）的问题。持此说者有日人稻叶岩吉等，其在《建州女真之原住地及迁往地》篇中谓：建州女直原居开元，旋即迁往奉州，奉州即坊州，为开原东陆路至朝鲜后门第一站，当是辉发河北岸之胖色城（今称山城镇）。① 我国徐中舒先生亦著文谓："建州卫既设之后，阿哈出部旋即迁居于辽东开原近境之凤州。"② 徐文亦认为凤州、奉州即坊州，当是辉发河上游北岸之山城镇。至于迁徙的时间，徐氏称当在永乐三年（1405 年）或稍后："建州设卫在永乐元年十一月，至次年十二月及三年正月，明廷使臣奉帝敕谕及马赐阿哈出者，仍由朝鲜东北面前往，是则阿哈出之西迁，或即受赐以后之事"③。此说的根据是什么呢？

考这种说法的来源，是出于对一条朝鲜史料的误解。该材料称：朝鲜世宗六年（明永乐二十二年，1424 年），"今（年）四月十七日……兀良哈（按：指建州卫）沈指挥，率军人十三名，将牛马并十三头匹来说：吾等在前于建州卫奉州古城内居住二十余年，因鞑靼军去（年）二月十七日入侵，都司李满柱率管下指挥沈时里哈……等一千余户到婆猪江居住，去癸卯年蒙圣旨，许于婆猪江多回坪等处居住。"④ 此处说"奉州"即是凤州，但是否等于"坊州"却并无明证。这条记载说"去（年）癸卯年蒙圣旨，许于婆猪江多回坪等处居住"，即迁往浑江（婆猪江）的时间是明永乐二十一年（癸卯年，1423 年）。前面既在"建州卫奉州古城内居住二十余年"，则从"奉州古城"迁出的时间，至少应是永乐元年或洪武二十七年（1394 年）稍后。这时建州卫还没有设立，至多是建州卫设立之年就西迁了。这显然与永乐三年前建州卫是设在开元这确凿的事实牴牾。反之，如果凤州是开元的异名的话，这条材料倒正好证明建州女真是在洪武末年由胡里改迁到开元居

① 《满洲历史地理》，卷 2，576 页。

② 《历史语言研究所集刊》，第六册，第一分册。

③ 同上书②，182 页。

④ 《李朝实录》，"世宗六年四月辛未" 条。

住。曾经担任明成化年间辽东总兵、对边情熟悉的韩斌有记载说："建州虏营昔居房州，去边月余程"①。"房州""凤州""奉州"皆同名的异译，如果说"房州"即"坊州"，则因坊州距辽东边墙只300里，房州亦当是此里距。以韩斌身为边将多年，绝不致于把"去边月余程"（约2500里许）与300里混为一谈。因此，可以判断：建州卫昔时所居的"房州"，不是开原边外300里的"坊州"，而是远在两千余里的"奉州"或"凤州"。以地望来推算，当在今黑龙江省东南境，亦即今绥芬河等地。其实，"房州""凤州"即建州卫初时所在地的"开元"，这个问题，只要细读朝鲜史料并不难抉出。如李朝太宗十一年四月丙申条记载："东北面吾音会童猛哥帖木儿徙于开元路……猛哥帖木儿尝侵庆源，畏其见伐，徙于凤州。凤州即开元。金于虚出所居。于虚出即帝三后父也"②。于虚出即建州卫指挥阿哈出的朝鲜译名，是明成祖一个妃子的父亲。猛哥帖木儿因前曾与毛怜卫侵庆源，朝鲜杀毛怜卫指挥把儿逊等，猛哥帖木儿居于江南的吾音会（今会宁），势孤自危，遂徙江北，往依开元的阿哈出。此条说得很明白："凤州即开元"，它在绥芬河上游，显然不是辉发河上游的坊州城，《朝鲜实录》在他处也谈到凤州，指的是开元城（巨阳城）。明永乐二十一年（1423年）建州卫经明政府批准，由凤州（奉州、房州）西迁到婆猪江（佟佳江）流域居住，前此它一直是居于"凤州即开元"。所谓永乐初建卫不久即迁往"坊州"之说，是未曾详审史料造成的误断。

如果细检史实，很多资料证明，永乐中期建州卫仍在开元一带（明人称为"旧开原"或作"东开源"）。例如：永乐八年春，建州与毛怜卫擅自出兵侵江南庆源，后朝鲜派军复攻入毛怜卫地。据孟森考证："其时毛怜卫地在图门江北，后至宣德后，皆在鸭绿

---

① 《辽东志》，卷7，《韩斌传》。

② 《李朝实录》，"太宗十一年四月丙申"条。

江西”①。如果是时建州卫已迁到辉发江畔坊州，欲与远在千里外之毛怜合兵侵庆源，纵非不可能，亦是无益之举。次年，依《明实录》记载，“永乐九年九月辛酉，命建州卫指挥佥事猛哥不花等十八人为毛怜等卫指挥使……盖从建州卫都指挥李显忠所举也”②。李显忠即阿哈出长子金释家奴的赐名，猛哥不花为其胞弟，建州卫首领兼辖毛怜卫，也证明两卫并在图们江北而未西迁。《明实录》“永乐十年六月辛酉”条记载：“李显忠奏，塔温新附人民缺食，乞赈贷之。”③ 塔温即图们江南朝鲜稳城的古名，新附于建州卫，故李显忠为之奏请，此事证明建州卫仍在图们江北而未西迁，故就近为之乞赈。又如《明实录》“永乐十五年十二月戊申”条记载：“建州卫指挥李显忠奏，颜春地面月儿速哥愿率家属归附居建州，从之”④。颜春地面即今珲春以东滨海的颜楚河地方，其距建州卫开元不远，故往归附，若在坊州，地隔2000余里，相从谈何易？史料中可证明永乐二十一年以前建州卫并未西迁之事甚多，兹不详引。

永乐二十一年（1423年）李满柱率部人移至婆猪江居住后，十余年间屡与朝鲜相攻杀，朝鲜军马曾两度大举入婆猪江。李满柱多次请求内徙，于明英宗正统三年（1438年）获准迁到辽宁苏子河上游居住。《明实录》“英宗朝”卷43记载：正统三年六月，李满柱奏，“旧住婆猪江，屡被朝鲜国军马枪杀，不得安稳，今移住灶突山东南浑河上”。灶突山，清图称“呼兰哈达”，在苏子河上游南岸，赫图阿拉旁，即今新宾老城镇，清代称为兴京即其地。由此可见，正统三年（1438年）后建州卫的卫治设在今新宾县老城镇，亦即清代的兴京。

① 孟森：《明、元清系通纪》正编，卷1，39页。
② 《明太宗实录》，卷78，“永乐九年九月辛酉”条。
③ 同上书②，“永乐十年六月辛酉”条。
④ 《明太宗实录》，卷108，“永乐十五年十二月戊申”条。

总的来看，建州女真在元末明初先居于牡丹江下游（史称“胡里改”河），继而东南徙绥芬河上游等地。明永乐元年敕封阿哈出为建州卫指挥使，其卫治设在开元城，开元即凤州（亦作“奉州”“房州”），即今黑龙江省东宁县的大城子古城。旧说所谓建州卫于永乐初即西迁于辉发河流域的山城镇，这是未细审史料的误断，应该予以纠正。建州卫之西迁浑江流域，是在永乐二十一年。其后，在明英宗正统初年又移居辽宁省东南苏子河上游，其卫治所在即“赫图阿拉”，清代称为兴京者，建州卫最后的所在地。

元代辽阳行省驿站考略

一、引　言

元朝一代在我国历史上，幅员之广袤，逾于汉、唐；民族之荟萃，亦有盛于前代。元朝政府划分全国为行省十一，各行省下划为若干路，其下设府、州、县，逐级管辖。为了加强统治，贯彻政令及沟通边境，元朝在历代驿传制度的基础上，广设“站赤”。各站交通，成为驿道，自大都直抵边区，南逾岭表，西南达纳里速古儿孙（今西藏阿里地区），北抵岭北行省之吉利吉思等地（今叶尼塞河上游），东北则贯通辽阳行省，直到黑龙江口附近之奴儿干城。故有谓：元代驿道分布之广，站赤设置之多，远非前代所能及。

元代的“站赤”，即驿站的译名。考驿站之始设，当早在春秋战国之世。《孟子》谓：“速于置邮而传命。”此处“邮”即指“驿”；《左传》载：“楚子乘驿会师。”可见先秦之世即有驿传之制。其后两汉迄于隋唐，各代皆设置驿站，自长安而达边郡。史载汉以枸酱天马而征西羌，唐以荔枝而通岭海之贡。当是时，驿传车马，迅若流星，表明汉唐国势之鼎盛。元世祖统一中国，深以为驿传制度对于国家统治之重大作用，遂颁行“站赤”制度，遍于全国十一行省。《元史·兵制志》对“站赤”的性质和作用有一段话加以概括，其谓："站赤者，驿传之译名也，盖以通达边情，布宣号令，古人所谓置邮而传命，未有重于此者也。凡站，陆则以马以牛，或以驴，或以车，而水则以舟……其官有驿令，有提领，又置脱脱禾孙于关会之地以司辨诘，皆总之于通政院及中书兵部……于是四方往来之使，止则有馆舍，顿则有供帐，饥渴则有饮食，而梯航毕达，海宇会同，元之天下视前代所以为极盛也"①。从这里明白地表述出来站赤是元朝政府统治机构的组成部分。它担负"通达边情，布宣号令"的重要职责。其所以由中书省兵部管辖，原因即在于此。举凡站赤所设之地，驿道所通之处，即元朝政府权力所达的版图。因此，对元代辽阳行省所设驿道和各站地址的考查，对了解元代东北地区边疆设施和政令所抵达的范围是并非无意义的。

辽阳行省是元朝派设于辽阳，代行大都中书省职权，统治整个东北地区的政权机构。辽阳行省下分为七路，即：辽阳路、沈阳路、大宁路、广宁府路、开元路（原为辽东路）、女直水达达路、东宁路。这七路中，东宁路设置时间较短；女直水达达路出现较晚，13世纪初方由开元路析置。不过，这七路所辖领土范围，广阔逾数千里，它"南镇长白之山，北浸鲸川之海"②。西跨辽河抵山海关，东逾锡赫特山脉而达于海。凡黑龙江、松花江、辽河等诸水所经，皆统属辽阳行省治辖。对这样广袤的地区，如果没有完善的驿传——站赤机构，是很难声气相通，指臂自如的。我们经过考订可以看到：元朝政府在东北开辟驿道十数条，设立站赤百有余所。这些驿道和驿站，宛若游龙，丽如明珠。有它串缀在东北江山之间，便使千里冰封的版图显得生机活跃。《元史》"兵制"和"地理志"都记载：辽阳行省所辖站赤"总计一百二十

① 《元史》，卷101，《兵制四》，《站赤》。

② 《元一统志》辑本，《辽阳等处行中书省》。

处……狗站十五处”，总数为135处。但《元史》却没有载录这135个站赤的名称、方位和相互间里距。因此，读之茫然，莫能稽考。所幸明初编《永乐大典》时，将元代《经世大典》“站赤”部分和《析津志》“天下站名”部分著录下来，从而弥补了这个缺陷。对这两书“站赤”部分进行考订，我们可以将元代东北地区驿站交通线的基本面貌和各站方位或地址得到近实的答案。

二、元辽阳行省站赤的概貌

《经世大典》是元代中期编纂的一部百科全书，《析津志》则为元末熊自得所撰。两书现均已失传。但两书有关站赤的资料，明成祖修《永乐大典》时，都转载入该书蘸字韵下，得以保存下来。《经世大典》的站赤部分，详细地载录了各站的名称，每站各自掌握的站户、马匹、牛只和车辆的数目，并分别载明辽阳行省七路各辖有哪些站赤。这些站赤的总数共为120个，与《元史》所载站赤数目正相符合，可见其资料较完整，眉目也很清楚。《析津志》的“天下站名”篇，则不仅列举了各站名称，并且载明站赤的路线、方向和相邻两站间的距离里数。这就使站赤各点相连成线，而且方位明确，脉络清晰。这两书的记载也各有其错讹之处，但经过考核厘订，我们还是可以比较如实地了解元代东北地区驿站交通的基本面貌。

就《经世大典》所载内容和时间来看，它成书时间当在元文宗至顺年间（1330—1332年）。《析津志》成书时间约为元顺帝至正二十四年到二十八年之间①（1364—1368 年），约后于《经世大典》三十余年。由于两书编纂时间相距不远，故所记载的站赤名称基本上是一致的。我们将这两书有关站赤的记载对照互勘，发现在一些地方也还略有分歧。分歧的出现可以有两种情况：其一是站名不尽相同，这主要是译音同用字不统一，或是彼此各有错漏字，或是有的采用本名、有的从俗称这样三方面原因造成的；其二是某些驿道设站的数目，两书所记有出入。这主要是一书有脱漏，或是时隔三十多年，站赤有所增省。这些问题在后文的考述中，将予以指出。

由于《析津志》"天下站名"是按驿道线路对站名加以秩序排列，而且载明方向和里距，这就使它在考订站赤时具有重要价值。不过，它仍然有某些错讹，需要加以订正。下面我们引录《析津志》"天下站名"辽阳行省部分的原文，校正其讹误。并加以分段，使驿道线路清楚，以便于解读。我们在每段站名之前加了个小标题，用方括号把小标题括着，表明这是外加的，以示与原文区别。如果去掉方括号与其中的标题文字，把各段连接起来，便是《析津志》"天下站名"辽阳行省部分的原文。

---

① 1956 年 1 月号《北京大学学报》刊载宿白：《大金西京武州重修大石窟寺碑校注》一文，原碑文系据《析津志》转录。碑文末有云："癸卯年腊月廿四日予自东胜来，是日宿于寺之方丈，受清供。次日达西江，次年二月八日始录草本于何尚书思诚东斋。"据宿白考证：此为熊自得自述旅程的记录，癸卯应是元顺帝至正二十三年，第二年即至正二十四年，自得始抄录碑文，则《析津志》成书当更在其后。此后四年为至正二十八年（即洪武元年，1368 年），元朝亡，书成必在此前。可知《析津志》成书当在 1364—1368 年之间。

《析津志》"天下站名"①

辽阳省省所辖站赤：

〔一、由大都至北京，分两路〕

大都西（正）东四十里至通州六十里夏店一百蓟［原误作苏］州一百二十里，至此分两路（原误作四）；一路正东至遵化，转东北至北京；一路东南至玉田，东北行至永平，正北至北京。

〔蓟州〕一路东北行八十里，遵化九十里东北滦阳六十里富民百二十里宽河一百里神山一百里富峪，北京今大宁。

〔蓟州东南一百二十里〕玉田正东八十里丰闰［　　］七个岭八十里永平正北五十里建昌四十上滦八十里大姑九十新店七十木思六十里甜水六十里（信）家店七十里城子八十里大部落。北京。至北（当作此）分二路：一路正北至阿木哥大王府；一路东行至驿安。

〔二、北京分二路：一路正北至阿木哥大王府；一路东行至驿安〕

大宁北京八十里正北恩州八十里花道八十里狗群东北三十里高州正北阿木哥大王府。

〔大宁北京〕正东一百里义（岔）道一百十里西部落七十里桥子站东南七十里鹿窖一百二十里柳树部落一百二十里驿安。至此分二路：一路东北行至西洋（当作祥）州；一路南行转东至沈州。

〔三、驿安分两路：一路东北行至西祥州；一路南行转东至沈州〕

驿安东北百五十里洪州百二十五里宁昌一百二十里庆云正东偏南（脱里数）咸（原误作成）平府大安正北一百十里贯道铺正东微北（当作正北微东）一百一十里韩州（脱里数）信州（脱里数）大水

---

① 转引《永乐大典》，卷1942，第175册，北京，中华书局，1959。下同

泺正东百二十里十八里九十胡里出东北百二十里至西，一路东行至塔海万户，神州至北分三路（按：《永乐大典》在著录原注文时，串写错行并讹误。应是：东北一百二十里西祥州，至此分三路：一路东行至塔海万户）；一路正北（至）肇州转东北至吉答；一路北（当作南）行转东至唆吉。

〔四、西祥州分三路：一路东行至塔海万户；一路正北至肇州转东北至吉答；一路南行转东至唆吉。〕

〔Ⅰ〕西祥州正北斡母百三十肇州正东北三十塔鲁东北百四十泰州百二十离帕合一百迪失吉正北一百吉答至北（此）分二路：一路东行至失宝赤万户；一路西行至吾失温，其西接阿木哥。

吉答正东牙剌百二十捻站百二十苦怜八十奴迷百二十失怜百四十和伦百一十海里捏来一百阿余站失宝赤万户。

〔Ⅱ〕西祥州正东宾州一百一十韦口（第四）铺百二十斡木火百一十上京、海哥七十鹿鲁八十捻站七十不牙迷一百捻站百八十哈散百七十吾纳苦百三十忽帖罕、塔海万户。

〔Ⅲ〕西洋州正南八十特甫建州东南一百（按：当作“特甫东南一百建州”）石敦一百散迭正东一百阿忽一百禅春一百阿母一百二十阿剌一百二十唆吉。至此分二路：一路正东微北至永明城；一路正东南至合懒丹（府）。

唆吉正东微北百二十石迪正东北五十甫丹百一十东洋州百二十土罗火百三十希田百二十开元正东孛迷。梁母。孛吾。阿失吉。舍站。永明城其东海。

唆吉东南百一十谋丹百一十南京百一十蛮出海（温）七十蓬苦百三十毛连苦百二十木吉百一十迭甫百四十阿剌可失列百四十瑞州百二十青州百一十洪宽百二十合懒府高丽后门，其东海。

〔自驿安分两路：一路东北行至西祥州（如上）；一路南行转东至沈州（如下）〕

驿安正南百二十懿州熊山百一十驿昌一百崖头正东百二十彰义自北（此）分二路：一路正东至沈州；一路正东偏南（当是“正南偏东”）至洞仙。

〔五、彰义分两路：一路正东至沈州；一路正南偏东至洞仙〕彰义正东沈州。

〔彰义〕正南百二十东京南（?）东六十头馆正东六十五甜水正东微南六十五连山七十龙凤七十斜烈七十开州。六十阳（当作汤）站四十驿昌站〔　　〕谊州六十灵州九十五宣州九十云兴百二十安信九十都获（当作墁）九十肃州八十五安定六十五东宁六十生阳。其东海，其北接合懒府。

经过如上的分段和标注，再就各站间方位和里数，对照今地详加厘订，并以《经世大典》中关于辽阳行省的站赤的记载勘考，可以将元代东北地区的驿道交通路线和各驿站的方位、地点，大体考求出来。

首先我们可以看到，辽阳行省驿道十数条，条条都通向京师大都城。大都的政令经由各驿道的站赤，涉山川，历险阻，传达到海隅边疆。据上引《析津志》的记载，自大都（今北京）往辽阳行省，是东行经今蓟县分为两道：一出喜峰口，一出冷口而会于大宁路治所的北京城（今内蒙古宁城县的大名城）。

又自大宁出发，分两路：一路北行至高州，一路东行至位于今辽宁省阜新县北境的驿安。

驿安是辽阳行省南北诸驿道的交会点，从驿安出发，分南北两大线。北线是贯通开元路和女直水达达路干线，它经咸平府（今开原县），北行至位于农安县境的“西祥州”。农安县是元代开元路治所，为镇守东北边的重镇，因之，其附近的西祥州便成为北线诸驿道的枢纽。故从西祥州出发，驿道分为东路、东南路、北路三支。

东路　经原来金代的尚京会宁府（今黑龙江省阿城县白城），迤东北沿松花江而下，经胡里改万户府（今伊兰县），又东入黑龙江，沿江设狗站15处而抵奴儿干城。

东南路　经建州石敦站（今吉林省延吉市境）而东至唆吉（今吉林省敦化县境），又分为二：其一路是东南行经南京（今吉林省延吉市境）而抵达合懒府（今朝鲜咸镜南道咸兴）和双城总管府（今永兴）；另一路是稍东北行经东祥州（今黑龙江省宁安县境），又东经开元（今黑龙江省东宁县境）而抵滨海的永明城（今俄罗斯境海参崴）。

北路　经肇州（今肇源县境茂兴站）抵吉答（今龙江县境），又北经嫩江县而抵今瑷珲县附近的“失宝赤万户府”。又自吉答而西，有一路至吾失温，约在今内蒙古北部，不属于辽阳行省。

从驿安出发的南线，主要是联系辽阳路、沈阳路和东宁路。它南行到彰义（今彰义站）分为两路：一路东行到沈阳路治所沈州（今沈阳）；一路南行经辽阳府（今辽阳老城）而东渡鸭绿江，又南抵东宁路治所西京（平壤）的洞仙驿。

以上便是元代东北地区驿站交通线的基本面貌。不过，《析津志》“天下站名”和《经世大典》“站赤”部分，并没有把辽阳行省所设过的驿道和站名包括完全。例如以下几处地方所设的站赤，因为某些原因没有著录进去。

第一，自西祥州而东至黑龙江上游奴儿干这一条驿道的中段，即“胡贴罕”站与狗站的第一站“末鲁孙”站之间，千有余里站名失载。元代从元世祖至元二十九年（1292年）十月咨准，在“庆云站至哈里宾地面安立二十八个站”①。哈里宾站下面紧接着就是末鲁孙站。我们知道从庆云至胡帖罕共为19站，以下尚有9站，方能连接末鲁孙站，但这9个站名里距，无论《经世大典》或《析津志》都没有载录。明代也在黑龙江沿岸设驿站，而且基本上是沿袭元代的站赤。对比明代《辽东志》所载“海西东水陆城站”来看，它与元代在这一条驿道上的站名基本一致，元代资

① 《永乐大典》，卷19423，第17册。

料中所缺的这9个站的站名，《辽东志》相应有19个城站，这对考证元代通奴儿干的交通线，正好弥补了这一重大的缺陷。

第二，至元二十七年（1290年）咨准“咸平府至宋瓦江酌安立五个站”①。这条站线是辽东宣慰使塔海“领军迤东出征”阇里贴木耳和哈丹而设，塔海时在咸平（今开原县）迤东的“瓦法”（今辉发河流域）作战，此线当为走递军情而设。这条站路即后来明代“开原东陆路”中的坊州、纳丹府等站。这条站线的开辟，免于绕道西祥州，大为缩短了辽阳府到开元路东部滨海区路程。但这条路线所设五个站的站名，元代典籍未见直接记载。

第三，至元二十七年（1290年），“于双城、西京两其中，三百里地内，设立三站走递使客……”②。这是一条把东宁路的西京（平壤）与开元路的双城总管府（朝鲜永兴城）之间联接起来的驿道，但站名末见记载。

还有如至元三十年（1293年）咨准“从不答迷至赵州（肇州）交立三个站”③。不答迷城为今黑龙江省宾县北乌河口古城，肇州为今肇东县八里城古城，其间立3个站，便把从西祥州出发的东路与北路驿站之间就近串联起来。但这3个站名也不见记载。

虽然有这么些条驿道和站名被漏列或失载了，不过，辽阳行省几条主要的站赤线记载是清楚的，以下我们将择要加以考查。

三、辽阳行省诸驿道干线考略

从上引《析津志》的资料可知，元代东北地区的驿站线路可分为南、北两大支。而以今阜新市境的驿安站为联接点。南支自

① 《永乐大典》，卷19423，第17册。

② 同上书①。

③ 同上书①。

驿安而南，经彰义站分为二：一通沈阳，一通辽阳又东逾鸭绿江而达东宁路治。南线所经各站名称古今多相同，不难指证。故本文略而不考。北线则分道歧出，不仅山遥水远长达数千里，而且穿行于各民族地区间，地名译音不同，图籍资料缺乏，颇不易勘考。本文仅就北支的几条主要线路作一些探讨。

（一）驿安—（西）祥州线

驿安至西祥州是元代东北驿站北支的总干线。这条站路的咸平府站以北，基本上是原金代通上京会宁府的官道，而且后代都沿用它。好些地段、甬道痕迹宛然，至今犹可辨认。惟历经兵燹，故城湮灭，各代设站地点多不一致，站名也不尽相同。兹将几种有关材料排比事如下。

（宋）赵彦卫的《御寨行程》记载：“（银州）银铜馆，九十里至咸州咸平馆，三十里至宿州宿宁馆，八十里至贾道铺怀方馆，四十里至杨八寨通远馆，五十里至合叔孛堇铺同风馆，三十六里至义和馆，五十里至如归馆，四十里至信州彰信馆，七十里至胜州来德馆，五十里至山寺铺会方馆，五十里至威州威德馆，五十里至（隆州）龙骧馆，六十里至详（祥）州常平馆，六十里至滨州混同馆。”①

另外，宋人洪皓撰《松漠纪闻》中也记载了这段驿道、地名和里距基本相符，只有个别不同，故不赘引。

《经世大典》“站赤”部分记载这一段驿道，有以下各站：“庆云站、夹道站、韩州站、信州站、大水泊站、十八里、忽烈出站、祥州站、滨州站。”②

（明）毕恭的《辽东志》记载“开原北陆路”驿站为：“（开

① 引自《云麓漫钞》，卷8，见《涉闻梓旧》，第17册。

② 《永乐大典》，卷19422，第17册。

原)、贾道站、汉州站、归仁县、韩州、信州城、斡木城、海西宾州站、龙安站、弗颜站。”①

《辽东志》还载了“开原西陆路”驿站为：“庆云站、熊山站、洪州站、懿州。”对比元代亦设4站为：庆云、宁昌、洪州、驿安。如果联系驿安就在懿州境来看，可看出明代的开原以西、以北的驿站，基本上是沿袭了元代的站赤线。

据考：元、明时期在这一条线上所设驿站，较金代减少了6站。元、明每站间相距皆100里左右，而金代的驿站距离短些。如咸平府至与贾道铺间，相距110里，而金代因绕道安州（今昌图四面城），却多设了2站。又如韩州与信州间计程130里，金代亦多出2站。不过，几处重要的驿站，辽、金而迄元、明，都相沿未改。这些站是：咸平府大安站、夹道站、韩州站、信州站、祥州站、滨州站。此6站今址为：

咸平府大安站　咸平辽代为咸州，金升为府，元代隶于开元路，元末开元路治所移设于此，故咸平又称开元。明代因避明太祖朱元璋的名讳，改为开原，即今辽宁省开原县的老城镇。银州为今铁岭，铜州为开原县南中固镇。

夹道站　《析津志》称“贾道铺”。并载明“咸平府大安站正北百一十里贾道铺”。《御寨行程》所记两地间距离亦为百一十里。《松漠纪闻》所载里距，因绕道安州，故为百三十里。就《析津志》里程考之，夹道站当在今昌图县此路镇附近。此路镇有四合屯古城，里距相合，故夹道站当是此城。

韩州站　辽代设韩州，“城在辽水之侧，常苦风沙。移于白塔寨，后为辽水所浸，移于今柳河县。又以州非冲要，即徙于旧九百奚营，即今所置是也”②。可见韩州曾三迁其治所，白塔寨已不

① 毕恭：《辽东志》，卷9，“外志”引。

② 王寂：《辽东行部志》，见《辽海丛书》，10页。

可考。柳河据日人简明内亘等考订为今开原县北条子河。① 附近八面城大古城，曾出土铜镜，镌“韩州刺史”四字②。1958 年，八面城深翻土地，又发现“柳河县印”四字铜印，益证明八面城即旧韩州。金代中期韩州又迁徙于“九百奚营”（简称“奚营”），元、明驿站所设的韩州，即奚营所在。

奚营的位置，据《松漠纪闻》记载，它南至“杨伯店四十五里”，在夹道站北 90 里。杨柏店即见于《御寨行程》中的“杨八寨通远馆”，为辽代通州通远县所在地，现经考订为吉林省四平市西郊的一面城古城，于是可知韩州应在今四平市北 45 里处。又韩州倚郭县名为临津县，故州城当在河畔。《辽东志》的“开原控带外夷山川图”著绘韩州于开原北大创忽儿河北岸。大创忽儿河即今招苏太河，故韩州、临津县当求之于招苏太河北岸。据《梨树县志》谓：“古昭苏城，俗名偏脸城……其城倚招苏河之阳，周围八里……城为正方形，每面二里……土人耕凿，每见断剑折戟及赵宋古钱。”③ 解放后，考古工作者曾对偏脸城进行复查，断定此城即金韩州与元、明韩州站的所在。④

信州站　此站以辽、金信州城而得名。《辽东志》记载：“开原北至信州三百一十里。”宋、金使节往还所记行程中，皆称自咸平府至黄龙府途经信州城，方向里程与《辽东志》符合。按道里计之，信州当在今吉林省怀德县境内。曹廷杰撰《怀德县即信州考》一文，即引证史籍而论述。怀德县属境古城甚多，今怀德镇西南 30 里秦家屯公社迤东有辽、金时期大古城一座，俗称“新集城”，实则为信州城之音讹。此城位于东辽河中游北岸，为正南北向的矩形城，东西宽约 670 米，南北长约 1000 米，有四门，各有

---

① 简明内亘等：《满洲历史地理》，第二卷，200 页。

② 曹廷杰：《韩州即八面城考》，见《辽海丛书·东三省舆地图说》。

③ 《梨树县志》，卷 4，《祠庙古迹》。

④ 陈相伟：《偏脸城复查记》，载《考古》，1963（11）。

瓮城，马面。城由夯土筑成，残高三数米不等。城中心较高于他处，琉璃碎瓦散乱其间，想见金代盛时州城之瑰丽壮观。1958 年，农民在此废城中深翻地，发现北宋铜钱及金代“大定通宝”不少。笔者亦曾亲自踏查此城，不仅所见城中多辽、金时残砖旧瓦，城之形制亦明显是辽、金时期所建。结合里距来看，怀德县秦家屯古城即信州城站无疑。

大水泊、八十里、忽烈出　此三站位于今吉林省怀德县与农安县两地之间。惟以其名称不见于前后代记载，迄今犹待实地调查，故难以指实。

祥州站（西祥州）　祥州为辽代所置，隶黄龙府，可知其距今农安不甚远。《御寨行程》载：“龙骧馆（农安）六十里至详（祥）州常平馆，六十里至宾州混同馆。”则祥州站适位于农安城与宾州城的中途。《元一统志》记载：“废祥州，在宾州西南。”宾州今考订为农安县东北靠山屯以东、松花江畔的红石垒村，则祥州当在其西南伊通河北岸某古城。另据《松漠纪闻》载：宾州“七十里至北易（益）州，五十里至济州东铺，二十里至济州（今农安）”。则益州城亦在农安与红石垒村之间，与祥州相距很近。清人曹廷杰曾有调查记载说：“自（农安）万金塔东行二十余里，道旁有古城基二，相距数里，曰西小城子、东小城子。”① 从里距来推考，东小城子当即是祥州城站的所在。

以（西）祥州站为出发点，分作三路，以下我们作些考订。

（二）西祥州至失宝赤万户府驿道

这是从祥州往北通往水达达路北部的站赤线。它经过现在的扶余县，渡松花江、洮儿河，北经泰来县的塔子城，又经齐齐哈尔而北达嫩江县，折而东行抵瑷珲城附近的失宝赤万户府。这条

① 《东三省舆地图说》，见《辽海丛书》，9 页。

路线《析津志》记载了16个站名，《经世大典》所载站名基本相同，并表明祥州至迪石吉等6站隶开元路，以下吉答至失宝赤万户府间10站隶女直水达达路。明、清两代也在此地区设立驿站。明代的“海西西陆路”各站为：（1）肇州，（2）龙头山，（3）哈剌场，（4）洮儿河，（5）台州，（6）尚山，（7）札里麻，（8）寒寒寨，（9）哈塔山，（10）兀良河。

这10站中的肇州、洮儿河、台州即元代祥州北路站赤中的肇州、塔鲁、泰州。以下自尚山至兀良河是往西行，而元代的驿道则转而东北行，故名不相同。令人感兴趣的是：清代齐齐哈尔至瑷珲城所设驿站基本上是沿袭元朝之旧，站名多相沿未改。

元代的“吉答站”当是清代“齐齐哈尔站”的省译；元代的“碾站”（捻站），清代则称作“安年站”；其下元代设三站，清代则增为四站，故地名不同；又下元代的“呆（果）木鲁”站即清代的“库穆榜站”；元代的“阿余站”清代则称“额叶尔站”。《析津志》在阿余站下注“失宝赤万户”，《清一统志》则记载“额叶尔站又七十八里至黑龙江站”①，则失宝赤万户府当即黑龙江城（今瑷珲旧城）地方。所以说元代吉答站至失宝赤万户这一段驿道，其路线与清代所设齐齐哈尔至黑龙江域的驿站线基本相同，设站地名亦颇相沿袭。

关于祥州至吉答之间的七站，元、清设站路线不同，难以勘合。元、明两代亦只有肇州、塔鲁（洮儿河）、泰州（台州）三站相合。兹就此三站考订于下：

肇州　《金史》地理志云，肇州本辽代出河店，“以（金）太祖起兵胜辽，肇王绩于此，遂建为州”。又据《金史》“太祖本纪”载：萧嗣先率辽军屯出河店，阿骨达率众乘夜潜渡混同江掩击之，嗣先兵溃。故知肇州在今松花江北岸附近。近代考订肇州

---

① （清嘉庆）《清一统志》，卷71，《黑龙江》，13页。

城址有两说：王国维、金毓黻置肇州于嫩江口以东之古城（即今肇源县茂兴站南的三家子古城）；屠寄《黑龙江舆地图》及图说则在肇源县茂兴站之地注明：“即元肇州故城”。如此则金、元肇州并非一地。但据《元一统志》“废肇州”条称：“上京之北曰肇州。”① 八里城位于阿城（上京）之北，茂兴三家子古城则在西，故八里城亦当是金之肇州。又据近年考古材料证明：八里城为金代所筑的大型州城，城中发现铁器、货币、瓷器等物亦证明为金代遗物②，也提供人们考虑八里城曾为金肇州的问题。金、元之际肇州毁于兵燹，元代立肇州屯田万户府，是否即金肇州故城，看来答案是否定的。《元一统志》既然称“废肇州”，则元肇州非金代之旧。《析津志》载：“肇州正东（西）北三十（里至）塔鲁。”塔鲁即明代洮儿河站，在嫩江口西、洮儿河附近，其距茂兴三家子古城 30 里。由此可见，元代的肇州站当是今肇源县茂兴站南的三家子古城。

塔鲁　塔鲁站即明代的洮儿河站，位于洮儿河附近，东距肇州站 30 里，详址待考。

泰州　《析津志》载：“塔鲁东（西）北百四十里（至）泰州”，则泰州在今黑龙江省泰来县境。泰州本辽代所置，为辽上京道属州，是东北统军司所在的重镇。在泰来县西北 90 里的塔子城古城中，1956 年发现辽代大安七年残刻一方。据考，塔子城是辽代所建的泰州，元代沿用过。③ 泰州站即设于此。

（三）祥州东南至永明城、合兰府驿道

这条驿站线是从今农安东小城子古城（祥州）出发，东南行

---

① 《元一统志》，卷 2，《开元路 · 古迹》。

② 参见《八里城出土的金代铁器》，《黑龙江省博物馆资料汇编》。

③ 孙秀仁：《塔子城古城和辽代大安七年刻石》，载《黑龙江古代文物》，56 页。

抵今吉林市境（建州石敦），折而东到达今敦化县（唆吉站）。自此分为两路：一路正东偏北经黑龙江宁安县（东祥州）、东宁县（开元站），沿绥芬河而至海口；一路东南行经吉林省延吉市（南京站）而入朝鲜境。这条驿道线路，由于明、清两代多不相沿袭，兼以文献不足，有待进一步详考。兹简述于下：

按《析津志》载："西祥州正南八十（里）特甫，东南一百（里）建州石敦。"今农安东小城子正南80里为九台县附近，特甫站当在其地。自九台县东南100里，属吉林市境。据《元一统志》载："混同江……源出长白山，北流经旧建州西五十里，会诸水东北流，至故上京，下达五国头城北，又东北注于海。"① 同书"古迹"项又谓：金上京故城，古肃慎民地。按图册所载："京之南曰建州"②。结合《析津志》记载来看，"建州石敦（站）"当在今吉林市东北，松花江之东50里的地方。据《析津志》：由建州石敦站100里至散迭，转而正东行200里达禅春站。禅春即明代东北地区驿站"纳丹府东北陆路"中的"善出"站，此站日人简明内亘订为吉林色出窝集一带。色出窝集即今张广财岭。就方位道里判断，禅春站当在今蛟河县东三道河子附近。又自禅春经阿母、阿剌两站而达唆吉站。阿母当为清代额穆站。阿剌即明代"阿速那合"站的省译，当在额穆之南，唆吉站在其后，则当是敦化县境。

自唆吉"正东微北"经石迪、甫丹而达东祥州，是沿牡丹江上游而下。此三站当在江之左右。东祥州距唆吉280里，正是今敦化县至黑龙江省宁安县东京城古城的距离，故东祥州当是宁安县的东京城。

又自东祥州经土罗火、希田而达开元站，按《析津志》所载

---

① 《元一统志》（辑本）上册，卷2，《辽阳行省开元路》。

② 同上书①。

里程为370里。我们考订开元站为今黑龙江省东安县附近的大城子古城。

又自开元正东行经孛迷、梁母、孛吾、阿失吉、舍站、永明城而东至海。这五站一城间，《析津志》失载里距，其路线当沿绥芬河而下，达于海参崴。故海参崴当是永明城之所在。

从唆吉分道东南行的一条驿站线是经谋丹而达南京。

此南京是金末东夏政权蒲鲜万奴所置。元太宗于1233年征东夏，破南京，设南京万户府。《元史》载：元将查剌“从国王军征万奴，围南京，城坚立如铁”①。可知南京是个石筑山城，不易攻拔。明《辽东志》所载“开原东陆路至朝鲜后门”的驿站中，其第六站即南京，第七站为随州。随州即朝鲜咸镜北道的钟城，近图们江。则南京当在图们江北，与钟城相距一站的里程，约为今延吉市境。又据《东国舆地胜览》载：“自潼关渡豆满江，经甫青浦，渡舍青川，有古城号南京”②。潼关在钟城北15里，为豆满江（即图们江）渡口，甫青浦为江北平野某地，舍青川为今海兰河。以记载对照今地，则元代南京站亦当求之于延吉市附近。在延吉市东15里有城子山山城，此山城陡峭壁立，与“城坚立如铁”正相符，城中出土“天泰八年……”题识的铜印函及户部残“开元路退毁昏钞印”，又出土大量宋、金铜钱。③ 考古工作者判断，此城当即南京所在。

自南京以下，这条驿道经蛮出温等9站凡1040里而达合懒府。这些站亦设在朝鲜咸镜南、北道沿海各郡，《东国舆地胜览》多载其沿革。如合懒（兰）府即今咸镜南道咸兴城南五里的古城④，

① 《元史》，卷152，《石抹阿辛传》。

② 《东国舆地胜览》，卷50，“钟城都护府南京”条。

③ ［日］岛山喜一等编：《间岛省古迹调查报告》，载《考古学杂志》，27卷8号；又金毓黻：《东北通史》，第三册。

④ 《东国舆地胜览》，卷48，《咸兴府·古迹》。

端州即今端川郡西十三里的旧城①，青州即今北青郡等。

（四）祥州东北经哈里宾至奴儿干驿道

这条驿道是从今农安东北经阿城县沿松花江而东，顺黑龙江而下直抵特林附近的奴儿干城。这些站赤之中，《析津志》与《经世大典》都载录了“第四铺”至“胡帖干”之间的10站。这10站的站名是：第四铺、斡木火、上京海哥、鹿鲁吉、甫丹迷、孛牙迷、捻站、哈散、吾纳忽、胡贴干。《经世大典》又载录了末鲁孙以下15个“狗站”的名称，即：末鲁孙、撒鲁温、甫打怜、末里合温、胡怜、胡鲁八兴、斡孙、别烈可、哈剌马苦、拨儿滨、赵斤、佛朵火、卑里真、可列儿、末末吉②。两个记载的站名共计25个。但是它并不是这条驿道中站赤名称的全部。就明代《辽东志》所载“海西东水陆城站”对比来看，从斡朵里到哈儿分之间千余里的站名《经世大典》诸书均失载。因之它是不完备的。为了使人们了解这条站赤线的全貌，我们可以从明代“海西东水陆城站”去进行考查。

---

① 《东国舆地胜览》，卷49，《建制沿革》。

② 《永乐大典》，卷19422，《站赤七》，引《经世大典》。

明代“海西东水陆城站”今地考

明太祖朱元璋在1368年推翻了元朝，接管了它对全国的统治，在东北地区先设立辽东都指挥使司，继而在明成祖永乐七年(1409年) 设立奴儿干都指挥使司，管辖整个黑龙江流域广大地区。奴儿干都司城位于黑龙江下游距海不远的特林地方。为了沟通边疆和内地的联系，明政府在奴儿干都司辖境开设了四条驿站线。其中最主要的一条便是自农安迤东，沿松花江直抵黑龙江下游奴儿干都司城的“海西东水陆城站”。

明代对东北女真族按其住地分别称为“海西女真”“建州女真”“东海（野人）女真”。“海西女真”即今吉林省北流松花江—吉林市至农安等地的女真族。“海西东水陆城站”即指今农安迤东沿江所经的城和驿站。这条驿站线是与奴儿干都司同时设立的。《明实录》载：永乐七年闰四月己酉“设奴儿干都指挥使司……岁贡海青等物，仍设狗站递送”①。这即明令恢复元代通往奴儿干的站赤。随着经营的加强，往来愈益频繁，驿站也得到充实，永乐十年又重申敕令：置辽东境外满泾等四十五站。敕其提领那可孟常等曰：“朝廷设奴儿干都司并各卫，凡使命往来所经之地，旧有站赤者复设，各站头目悉恭听勿怠。”② 驿站的任务这里也说得很

① 《明实录·太宗朝》，卷62，“永乐七年闰四月己酉” 条。

② 《明实录·太宗朝》，卷85，“永乐十年十月丁卯” 条。

清楚，即：一是为“使命往来”之所需，一是转输奴儿干各卫缴纳的“岁贡”。可见驿站是进行国家管辖的机构。

明代《辽东志》卷九“海西东水陆城站”记载的站名凡45站，沿驿站线经过10城，共计55城站。这条驿道是元代旧有站赤的“复设”。其中自农安迤东的“底失卜站”至“克脱亨站”（元“胡帖干站”）见于《经世大典》与《析津志》“天下站名”。其下“斡朵里站”至“哈儿分站”凡18个城站，元志失载。自哈儿分以下15个“狗站”，《经世大典》保存了记载。故以上三个史料是我们考订通往奴儿干驿站线的依据。近代中外学者对这条驿站曾作过些研究，如我国曹廷杰所著《东三省舆地图说》《西伯利亚东偏纪要》以及日人箭内亘著《元明时期之满洲交通》、和田清之《海西东水陆城站之研究》等，都曾取得一定成果。近年，笔者从事东北历史地理考订，在吸收前人成果的基础上，搜集文献、图籍和考古资料，进行了一些探索，对“海西东水陆城站”的今地有所厘订。兹分述于后，以供参考。

（1）底失卜站——今黑龙江省双城县西73里花园屯大半拉子古城。

底失卜站在《经世大典》中作第四铺，即洪皓《松漠纪闻》所载由会宁府而西之第四站（铺）。《析津志》作“韦口铺”，乃抄录之误。对照宋人诸行程录，此站距涞流河5里，名“矩古贝勒寨”。清人曹廷杰曾踏查金上京至涞流河（阿城西至拉林河）之地，在《东三省舆地图说》中称，此段路程“约百四十里，路皆平坦，犹见甬道形迹，知花园地方即矩古贝勒寨”。《双城县志》卷2“舆地”古迹项载，“城西南七十三里，花儿园地方西北十里，拉林河畔有古城，周六里许，俗名大半拉子城，又五里有古城周四里许，俗名小半拉子城，均半坍于河内也，实即金矩古贝勒寨之遗墟”。以里距考之，大半拉子古城当即底失卜站所在。

（2）阿木河站——今黑龙江省双城县双城子古城。

阿木河站在《经世大典》与《析津志》作“斡木火”。此站介于底失卜站与尚京城之间，相当于许亢宗《奉使行程录》中的第三十八程达河寨与布达寨。①《双城县志》卷2载：“城东南六十里，三合店东，有古城二，南城周三里，北城周里许，俗呼双城子，双城即由是得名，实为金达河寨及布达寨故址”。据1/20万地图，此二古城在车家崴子之东，拉林多欢站之西北约15里。日人和田清亦称，“阿木河站在拉林镇附近，当在车家崴之东，双城子古城等地”。

（3）尚京城、海胡站——今黑龙江省阿城县白城与海沟镇。

尚京城即金代上京城，从而有“金人故居”之称。《金史·地理志》云，“上京路即海古之地，金之旧土也。国言金曰按出虎，以按出虎水源于此”。所谓“海古之地”即海胡之地，《经世大典》作“海吴”，《析津志》又作“海哥”，即今黑龙江省阿城县东北海沟镇。“按出虎水”明代称“金水河”②，清代称“阿勒楚克河”，即今阿什河。尚京城为今阿城县南四里的“白城”。清人曹廷杰在《东三省舆地图说》“金会宁府考”一文中，首次论证白城即金代上京城，纠正了前此以渤海上京城（今宁安县东京城）为金上京之误。其后日人鸟居龙藏踏查其地，复阐扬曹说。继又在白城发现金大定二十八年（1188年）“上京宝胜寺前管内都僧录宝严大师塔铭志”，白城之为上京会宁府故址，遂得实证。

（4）鲁路吉站——今黑龙江省宾县西蜚克图附近。

鲁路吉站《经世大典》作“鹿鲁吉站”。《析津志》载：“上京海哥七十〔里至〕鹿鲁〔吉站〕。”由今海沟镇东北行70里便至蜚克图河流域。又清《嘉庆一统志》卷68载，吉林至三姓诸驿站

① 《三朝北盟会编》，卷20；《大金国志》，卷40。

② 《辽东志》，卷1。

中，于白城附近设萨库里站，又东北65里至费克图站，这也说明鲁路吉站在蜚克图附近。

（5）伏答迷城站——今黑龙江省宾县西北乌尔河口西岸古城。

《明实录·太祖朝》卷239载：洪武二十八年（1395年）六月，遣总兵官周兴率刘真等部征讨西阳哈，“真等率兵由斡朵里追至甫答迷旧城，适天雨昼晦，不及而还”，甫答迷即伏答迷城。

据和田清考证，蜚克图之东，乌尔河西岸有古城址，当即甫答迷城，伏答迷站亦设于此。又据《宾县县志》卷3“古迹略”载：“城西北四十五里，乌尔河西岸距江二里，有古城一，宽长各里许，南有城门一，墙高丈余，厚二丈。”此古城当即伏答迷城站。

（6）海留站——今黑龙江省宾县东北40里海狸红河口。

和田清考，乌尔河之东，宾县东北40里，有海狸红河，河口之地即海留站所在。

（7）扎不剌站——今黑龙江省宾县东北枷板河之枷板站。

乾隆《盛京等处标注战迹图》于阿勒楚克之东，今宾县东北，绘有“扎不剌河”与“塞勒福特库站”。验之今图，宾县东北有枷板河，河之西安宾镇，即枷板站所在。扎不剌站即枷板站。

（8）伯颜迷站——今黑龙江省木兰县以东五站屯。

据乾隆《盛京等处标注战迹图》，沿扎不剌河北行，过松花江，江北一水名布雅密河，此河今名白杨木河，河口为今木兰县城。城东13里为清代佛斯亨站，今名五站。日人和田清认为伯颜迷站当在白杨木河口。但考清代前期诸舆图，布雅密河口尚无村屯，按之道里与驿站的历史沿革，伯颜迷站当与清佛斯亨站为一地，即今五站屯。

《辽东志》误将伯颜迷站列于哈三城哈思罕站之后，今依《经世大典》所列站赤顺序改正。

（9）能站——今黑龙江省木兰县东浓浓河口浓河镇。

能站，《经世大典》与《析津志》作捻站。今木兰县东有浓浓河，南入松花江，河口有镇名浓河，能站当即位于浓浓河口之站。

（10）哈三城哈思罕站——今黑龙江省通河县附近。

《经世大典》与《析津志》皆列“哈散站”于“捻站”与“吾纳忽站”之间，而《辽东志》有关这方面的记载不确。今以实际地理位置勘考，当以《经世大典》《析津志》所载为正确。

《析津志》记载：“捻站八十里（至）哈散（站）。”按里数求之，当为今黑龙江通河县附近。

（11）兀剌忽站——今黑龙江省通河县东大富拉珲河口富乡屯。

兀剌忽站在《经世大典》作“吾纳忽”，《析津志》作“吾纳苦”。明永乐十二年九月设兀剌忽卫管辖此地区。

考康熙《皇舆全图》、乾隆十三排图于松花江北岸皆绘出“大付拉荤必拉”，《盛京等处标注战迹图》在“谙巴富拉珲河”（即“大付拉荤必拉”）与松花江合流处西岸，著录有“富拉珲站”。此即明代兀剌忽站、兀剌忽卫所在。据核对今1/20万地图，富拉珲站、兀剌忽站即通河县东大富拉珲河口西侧的富乡屯。

（12）克脱亨站——今黑龙江省通河县东大古洞河口大古洞村。

克脱亨站，《经世大典》作“胡帖干站”，《析津志》作“忽帖罕站”。

据乾隆十三排图与同治《清一统舆图》等图籍，有大、小胡特亨河南流入松花江。河口有大、小胡特亨噶珊。克脱亨、胡帖干皆胡特亨之异译。大、小胡特亨河即今图大、小古洞河。兹定克脱亨站于大古洞河口之大古洞村。

（13）斡朵里站——今黑龙江省伊兰县马大屯。

斡朵里在元代称“斡朵怜”，为斡朵怜军民万户府所在地。明永乐十一年十月设斡朵伦（里）卫于此。史载："自佛出浑至斡朵怜一千里，斡朵怜至托温万户府一百八十里。"① 托温即桃温，为今汤原县固木纳古城，斡朵里在其上180里，当为今伊兰县。又据史载："忽儿海河……北流经谷州城东，经斡朵里城北，流入松花江。"② 则斡朵里在今牡丹江口（牡丹江古称忽汗河、忽儿海河），亦正是伊兰县地。朝鲜《龙飞御天歌》注云："斡朵里，地名，在海西江之东，火儿阿江之西。"③ 可知斡朵里城在呼儿海河，即今牡丹江之西岸。日人和田清等著文考订伊兰县牡丹江口西岸的马大屯为斡朵里所在，是可信的。

（14）一半山站——今黑龙江省汤原县西南舒乐河镇附近。

《辽东志》卷首《开原控带外夷图》绘一半山站于斡朵里之后，松花江之北。此站顾名思义当设于半山之地。据1/20万地图，今汤原县西南50里，松花江北岸，有舒乐河镇，背负山丘，前为平原，当是一半山站所在之地。

（15）托温城、满赤奚站——今黑龙江省汤原县郊外固木纳城。

托温即桃温，元代设桃温军民万户府，西距斡朵怜万户府180里，当为今汤原县近郊之地。《吉林通志》卷24载，"〔三姓〕城东北百二十余里，松花江北岸，〔有城〕，周围五里，地名公木纳，俗因曰公木纳城"。此城适在桃温江（今汤旺河）畔，当即桃温万户府、托温城与满赤奚站所在地。

（16）阿陵站——今黑龙江省佳木斯市西傲其屯附近。

阿陵站介于托温城满赤奚站（汤原县固木纳城）与弗思木城古佛陵站（桦川宛里城）之间，则其位置当在今佳木斯市境。和

① 《明实录·太祖朝》，卷142，"洪武十五年二月壬戌"条。

② 《辽东志》，卷1，《山川》。

③ 《龙飞御天歌》，卷7，第二章。

田清《海西东水陆城站之研究》推定阿陵站在佳木斯西傲其屯附近，今采其说。

(17) 柱邦站——今黑龙江省佳木斯市推峰屯。

和田清考柱邦站为佳木斯市东之推峰屯，兹采其说。

(18) 弗思木城、古佛陵站——今黑龙江省桦川县东北宛里城。

弗思木城《明实录》中又作“佛思木隘口”，并称“托温至佛思木隘口一百八十里”。以里程计之，当在今桦川县东北境。曹廷杰《东三省舆地图说》“五国城考”称：“三姓下三百五十余里南岸瓦里和屯，即通志宛里城。”笔者曾行经宛里城，但见此城扼江而立，城踞山临水，为松花江下游锁钥，为军事要隘，故称“弗思木隘口”。

(19) 奥里米站——今黑龙江省绥滨县西奥里米古城。

奥里米在辽代为五国部之一①，位在五国头城越里吉部之东，即今黑龙江伊兰县以东，松花江沿岸之地。《辽东志》置奥里米站于弗踢奚城之前，则此站又当在今富锦县以西，即绥滨县附近。清代诸皇舆全图与《盛京等处标注战迹图》皆绘出奥里米屯、鄂里米噶珊，位于松花江下游北岸。屠寄《黑龙江舆图》与《黑龙江舆图说》中对此记载颇详。民国初，绥滨设县治时仍称敖来米。今绥滨县西9公里，敖来河北岸有古城，即清代舆图所载的奥里米城。此城南距松花江一公里余，约为正方形夯筑城墙，北墙全长912米，南墙已被敖来河浸毁。城之形制与出土文物皆证明是辽金时代所建,② 元、明在此设驿站。

(20) 弗踢奚城、弗能都鲁站——今黑龙江省富锦县西古城。

---

① 《辽史》，卷33，《营卫志》。

② 参阅黑龙江文物考古工作队：《松花江下游奥里米古城及其周围的金代墓群》，载《文物》，1977 (4)。

明永乐七年设弗提卫，此卫在奴儿干都司居于重要地位，是明代经营黑龙江下游的据点，故为驿站所必经之地。明成祖经营东北，“闻弗提斤六城肥饶，命指挥塔失往治弗提斤城池，令军民咸居城中，畋猎孳蓄从其便”①。可见明代对弗踢奚的重视。努尔哈赤兴起时，命扈尔汉、弗扬古东征萨哈连部，驻营松花江南岸之佛多罗衮寨。② 佛多罗衮又译作“佛多落坤寨”。此寨位于福题希屯附近。可知福题希屯佛多罗衮寨即弗踢奚城弗能都鲁站的异译，亦即今富锦县的西古城。富锦县境土地肥饶，与明实录记载相合。

（21）考郎古城 、可木站——今黑龙江省同江县额图古城与科木。

明永乐年间中，考郎兀与可木皆设卫治。此城站排列弗踢奚以下，故当在今富锦县以东同江县境。明《寰宇通志》谓：“可木以下，沿江皆榛莽，人无常处，以桦皮为屋，行则驮载，止则张架以居，少事耕种，养马弋猎为主，以独木刳舟。”③ 这说明可木位于沿江之地，就当地生活状况看，当是同江、抚远县境赫哲族人地区。今同江县东，黑龙江右岸有科木地名，即明代可木站所在。科木以下江沿，又有额图古城，屹立江岸石山之上。此额图古城经清人曹廷杰考订为考郎古城、考郎兀卫所在,④ 这是可信的。

（22）乞列迷城、乞勒伊站——今黑龙江省抚远县西喜鲁林古城。

《明实录》太祖朝卷 142 载：“乐浪古隘口至乞列怜一百九十里。”乐浪古即考郎兀，乞列怜即乞列迷，可见乞列迷城上距今同

---

① 《明实录·太宗朝》，卷 93，“永乐十二年九月戊子” 条。

② 《开国方略》，“天命元年八月丁巳” 条。

③ 《寰宇通志》，卷 116，《女直志》。

④ 曹廷杰：《东三省舆地图说》。

江县额图古城约190里。自额图下行40里至勤得利，有古城与额图同为黑龙江中游险要。又下行百余里，今抚远县西下八岔地方，迹有古城，当即明代乞列迷城。此城在《寰宇通志》卷116中作“喜楼里城”，清代舆图在此标注“喜鲁林噶山”。其下不远又有“克勒母噶山”（今抚远城址），克勒母当即乞勒伊站之所在。

（23）莽吉塔城、药乞站——今黑龙江省抚远县东黑瞎子岛上木克得赫屯。

《明会典》卷125所载，奴儿干“站七”中，列有“黑龙江地方莽亦帖站”。今黑龙江与乌苏里江合流处黑瞎子岛上，前在明清时村屯颇多。其一即康熙、乾隆诸代舆图所载之“木（模）克得赫噶山”，木克得赫即莽吉塔所在之地。药乞站当在木克得赫屯附近。

（24）奴合温站——今俄罗斯境伯力附近。

《辽东志》载，自药乞站以下为“狗站”，注云：“〔又〕名水狗站，夏月乘船，小可乘载。冬月乘扒犁，乘二三人行冰上，以狗驾拽，疾如马”。黑龙江中、下游赫哲、费雅克人地区，“蓄养惟狗”，以拽扒犁。元、明时驿站中之狗站即以狗驾扒，传递文报。

奴合温站当在今伯力（沙俄改名哈巴罗夫斯克）附近。伯力，康熙《皇舆全图》作“赫真噶山”；乾隆十三排图作“喜占噶珊”，亦作“希禅屯”。奴合温、赫真、希禅皆同名之音转。

（25）乞里吉站——今俄罗斯境库尔河口南侧这乞林屯。

据康熙《皇舆全图》赫真噶山之下，枯鲁河南侧有“这乞林噶珊”；乾隆十三排图作“这齐林噶珊”。这齐林当即明代乞里吉站之所在。

（26）哈剌丁站——今俄罗斯境库尔河下活隆屯。

据康熙《皇舆全图》在枯鲁河下黑龙江左侧有活隆噶山，乾隆十三排图作“和隆噶珊”。活隆当即哈剌丁之省译。

（27）伐兴站——今地待考。

（28）古伐替站——今俄罗斯境伯力以东古发潭屯。

古伐替，清代名古发潭①，亦作“古发廷”或“古法坛”。清顺治十七年（1660年）七月，沙俄侵略军斯捷潘诺夫部沿黑龙江杀掠，清镇守宁古塔总管“巴海大败之古法坛村，我兵追袭，贼弃舟登岸败走，斩首六十余级，淹死者甚众”②。此古法坛，即明代古伐替站所在之地。

（29）野马儿站——今俄罗斯境伯力东北伊斯克里附近。

据康熙《皇舆全图》，黑龙江古发潭以下，有“衣勒枯鲁噶山”，此屯今名伊斯克里，野马儿站当在其附近。

（30）哈儿分站——今俄罗斯境阿纽伊河口北岸。

哈儿分之名见于《元史》“顺帝纪”，元代亦称“哈里宾”。《经世大典》称“庆云站至哈里宾地面安立二十八个站”即此处。明永乐十二年九月设哈尔分卫于此。

和田清《明初之满洲经略》考订哈儿分位于敦敦河口（今阿纽依河入黑龙江处）附近。康熙《皇舆全图》在敦敦河口绘有“敦敦噶山”，哈儿分卫（站）当在其地。

（31）莫鲁孙站——今俄罗斯境库契河口。

莫鲁孙在《经世大典》作“末鲁孙”，为元代女直水达达路所辖的15个“狗站”的第一站③。此站当在阿纽依河口以下，黑龙江沿岸之地，约为今库契河口之地，详址仍待考。

（32）撒鲁温站——今俄罗斯境萨尔布湖畔，原萨拉库屯。

《辽东志》置此站于马勒亨古站之后，误。《经世大典》列为狗站之第二站作“拨鲁温”。“拨”乃“撒”之误写。

---

① （清康熙）《皇舆全图》。

② 《清实录·顺治朝》，卷138。

③ 《辽东志》“海西东水陆城站”所载的“狗站”开始于“莽吉塔城、药乞站”，即今伯力（哈巴罗夫斯克）以下皆属狗站。两书记载有所不同。

据1/100万图，今黑龙江下游右侧，洪加里河口有湖名萨尔布湖，湖口有屯，康熙《皇舆全图》作“萨拉库噶山”，乾隆十三排图作“萨尔布噶珊”。日人和田清考订撒鲁温站于此，甚是。

（33）伏答林站——今俄罗斯境帕达利湖畔之帕达勒屯。

据康熙《皇舆全图》，在黑龙江下游左侧富打礼河口有富打礼噶山，乾隆十三排图与同治一统舆图亦绘出付达河与付达里屯。考今1/100万图，在洪加里河口以下，黑龙江左侧有帕达利湖，湖口有帕达利屯。洪钧编《中俄交界图》作“帕达勒屯”。富打礼、帕达勒、伏答林皆同一地名之异译。

（34）马勒亨古站——今俄罗斯境阿穆尔共青城附近的梅勒奇屯。

《辽东志》列此站于撒鲁温与伏答林之前，误。今据《经世大典》改正。《经世大典》此站作“末里合温”，《寰宇通志》《明一统志》《名山藏》则作“黑勒亨右”。“黑”与“默”，“右”与“古”均因形近致误。

据1/100万图，黑龙江左侧，共青城南有湖，湖附近有屯名梅勒奇。康熙《皇舆全图》在相应位置有“漠儿乞噶山”，洪钧编《中俄交界图》作“梅勒奇”。漠儿乞、梅勒奇即“末里”“马勒”之异译。“合温”又作“侯温”，为赫哲语“湖”。“马勒亨古”“末里合温”站即末里湖站。今地为阿穆尔共青城南，黑龙江左侧之梅勒奇屯。

（35）忽林站——今俄罗斯境格林河口之忽林屯。

忽林站《经世大典》作“胡怜站”。据康熙《皇舆全图》，黑龙江下游格林河口北侧有“福禄马噶山”，即忽林站之所在。

（36）虎把希站——今俄罗斯境格林河口以下某地。

虎把希站《经世大典》作“胡鲁八兴站”。《明会典》所载“站七”中作“亦罕河卫忽把希站”。此站当在今格林河以下黑龙江沿岸介于格林河口与库穆苏两地之间。参见下文“五速站”条。

(37) 五速站——今俄罗斯境五如吉屯。

五速站《经世大典》作“斡孙站”。

日人间宫林藏《东鞑纪行》记载：7月8日自奇吉沿黑龙江逆水上行，因风雨迟滞，10日抵五如吉。11日自五如吉出发，逆航（日里）4里余（合华里30里许），抵特楞赏乌绫木城。① 特楞又作台伦，为清代三姓副都统行署所在之地，位于格林河口下黑龙江右侧卡尔吉。则五如吉屯在卡尔吉下方30华里之处。洪钧《中俄交界图》在此段黑龙江左侧标出“库穆苏”屯。“库穆苏”即“五速”“斡孙”之异译。

(38) 卜勒克站——今俄罗斯境库穆苏之下别勒尔屯。

《辽东志》列此站于哈剌马古站之后，今据《经世大典》改正。《经世大典》此站作“别烈可”站。

洪钧编《中俄交界图》在库穆苏以下黑龙江右侧，有别列尔屯，当即卜勒克、别烈可之异译。

(39) 哈剌马古站——今俄罗斯境奇吉湖对岸哈兰屯。

据康熙《皇舆全图》，乞儿湖东北，黑龙江左岸有“喀剌而噶山”，乾隆十三排图作“喀拉尔噶珊”，洪钧《中俄交界图》作“哈兰”屯。“喀剌而”“哈兰”当即“哈剌马古”之异译。

(40) 播儿宾站——今俄罗斯境沙文斯克之某地。

此站当在黑龙江下游，介于奇吉湖与沙文斯克之间，详址待考。

(41) 沼阴站——今俄罗斯境沙文斯克附近。

此站《经世大典》作“赵斤站”。今黑龙江下游右侧，卡达湖东北，有沙文斯克。“沙文”当即“沼阴”之音转。沼阴站当在沙文斯克之地。

---

① 参阅［日］间宫林藏：《东鞑纪行》，卷上，10页，北京，商务印书馆，1974。

（42）弗朵河站——今俄罗斯境付答哈河口。

据康熙《皇舆全图》，黑龙江下游左侧有付打哈河，乾隆十三排图作富打哈河。弗朵河即富打哈河。明永乐七年四月置敷答河千户所，后又置弗朵河卫，皆在富打哈河流域。弗朵河站当设在河口附近。

（43）别儿真站——今俄罗斯境某地。

此站《经世大典》作“卑里真”站，当在黑龙江下游某地。

（44）黑勒里站——今俄罗斯境特林南赫勒里河口。

此站《经世大典》作“可列儿”站。据《盛京通志》及《满洲源流考》，黑勒里站在宁古塔东北黑勒里河。康熙《皇舆全图》注记黑勒里河于黑龙江下游右侧，即今特林以南苏散伊诺附近。

（45）满泾站——今俄罗斯境阿穆贡河口莽阿臣屯。

此站《经世大典》作“末末吉”站，为元代莫鲁孙站以下狗站的终点。《辽东志》却列之于奴儿干之后，误。

据康熙《皇舆全图》与乾隆十三排图，在黑龙江与亨滚河合流处之北岸，有“莽阿臣噶山”。“满泾”“末末吉”即“莽阿臣”之同名异译。明永乐十年八月设满泾卫于此。明《永宁寺记》碑文中称：“（永乐）十一年（1413年）秋，卜奴儿干西，有站满泾，站之左，山高而秀丽，先是已建观音堂于其上，今造寺塑佛，形势优雅，粲然可观。”奴儿干都司城址，为黑龙江与亨滚河合流处南岸特林附近的古城。按《永宁寺记》所载，满泾站在都司城的西边，站的左方即永宁寺所在。“莽阿臣”屯正符合这情况，故满泾站即“莽阿臣”屯无疑。

自满泾站横渡黑龙江，凡5里抵奴儿干都司城。明代这道驿站线长达2500公里，从农安北直抵黑龙江口附近，是明朝东北地区驿站中最长的一条交通线。它反映了明朝政府对边疆开发的积极态度和经营管辖的客观实际。

以上是元明两代东北地区站赤中几条重要驿道的基本面貌和

明代奴儿干都司“海西东水陆城站”设站地点的考查。对这些历史上的地名钩沉索隐，逐次进行考订，也许是枯燥而费力的，但从这里可以看到元、明时期前人经营开发黑龙江流域诸地区留下的不可磨灭的足迹和反映出来的生动场面。由于文献和考古资料有待于进一步发掘，也由于笔者水平的限制，这些驿道中好些站名的今地未能确证其所在，甚而有错漏之处。凡此皆热望中外学人不吝指教为幸。

率宾府、恤品路和开元城

渤海的率宾府和金代的恤品路，近世治东北历史地理者，除个别人认为当在鸭绿江流域外①，大都考订为在今之绥芬河流域，这无疑是正确的。至于府址（或路治）的所在，一直都定为双城子（今俄罗斯境乌苏里斯克），但所证不详，未能深入。1972年，黑龙江考古队在绥芬河上游东宁县境调查了大城子古城。调查资料证明，大城子古城是个周长七里的中型渤海古城。其后黑龙江考古队的张泰湘同志等来京，承惠示有关资料，并谓此城当是率宾府的府治所在。闻听之下，兴味盎然。笔者因历年参加《中国历史地图集》东北地区的编修，前此对这问题曾作过些考查，遂不免检索有关材料，重新加以探求。近又获读张君所著《唐代渤海率宾府辨》一文，本知无不言，互相切磋之旨，愿将一己之见，写出来供参考。

为要确定率宾府的所在，笔者认为目前还有三个问题需得联系起来加以解决：

其一，张文认为：东宁县大城子古城是绥芬河流域规模最大的渤海古城。而双城子古城的型制比它小得多，所以率宾府治应

① 丁镛：《大韩疆域考》，卷3，《卒本考》记载："率宾即卒本之转音也……即今奉天东南之地"；李慎儒：《辽史地理志考》，《东京道》谓："率宾府地当在今宁古塔之西南，鸭绿江口之西北"。实则鸭绿江流域为渤海西京鸭绿府，并非率宾府所在。

当是前者而不是后者。这是张文的主要论点。但是情况是否如此呢？据考古发现，除东宁县境大城子古城之外，在双城子地方和绥芬河口左境、阿穆尔湾旁边，各有一座渤海时期的大型古城遗址，其规模型制都超过东宁大城子古城，因此，在没有其他有力佐证时，未可断言渤海率宾府就是设在大城子古城。

其二，将历史沿革与出土文物结合起来考查，是确定古城址的重要方法，渤海率宾府和金代恤品路是相沿袭的，如果知金恤品路所在，则渤海率宾府当不难解决。联系历史文献与考古遗迹来看，金代恤品路的治所不在东宁大城子古城，而是设置在双城子地方，而大城子古城则当是金末东夏国的开元路的治所。

其三，就金、元、明历代的史料来研究，开元与恤品两城分别设在绥芬河流域两个不同的地方，如果大城子古城是开元路的治所所在，则恤品城—率宾府当不在此，反之亦然。开元城明代称“旧开原”，是明初建州卫的治所，如果上溯此城的渊源，则它可能是渤海率宾府的建州所在，而不是华州的所在。

下面笔者按顺序将以上问题加以证述。

大城子古城是否是唯一可供选择的率宾府址呢？这却不然。在今绥芬河流域，属于渤海时期的古城遗址有多处，中型以上的城址已发现三个：一是此河上游东宁县的大城子古城；二是此河中游双城子附近的克拉斯诺雅尔古城；三是绥芬河口阿穆尔湾的渤海古城。

东宁县大城子古城，在方志和较详的图册中以前曾有著录，但中外学者却往往忽视，还是黑龙江考古队在1972年作了较详细的考查，取得可喜的收获。该城位于黑龙江省东宁县城东5里，绥芬河南岸的冲积盆地上。城的北墙与南墙各长约2里有半，东墙与西墙皆稍小于1里（各为460米），全城周长7里有奇（3570米），为一座长方形的中型古城。此城的型制属于渤海类型，其出土的铜佛、波浪式花边板瓦、莲花瓦当、鎏金舍利铜函等都见于上京龙泉府遗址中，故可断定这是座渤海古城而为后代沿用过。①

双城子是位于绥芬河与付尔丹河会合处的两个小型古城。东城周三里（面积约67.5公顷），西城周二里余（约61公顷）。这里地当绥芬河的转折之处，左受付尔丹河，豁然南泻而入开阔之地，堪称是绥芬河流域的富饶之地。在河的右岸山冈之上，坐落着一个宏大的山城。城北为临江悬崖，其他三面依山随势而筑，周长16里，面积在200公顷以上，为一大型古城。至今城堞犹存，高处尚有5米。自城中心向东南部筑有内城，城中相当于州府衙署的建筑基址，遗迹宛然。曾经在内城发掘过一座可能是重檐的大型建筑，石柱石础布局规整，还发现完整的筒瓦顶。城中古道依稀，蓄水池的遗迹可辨。② 在这里还出土过唐代开元通宝和大量的宋、金古钱。这一带出土的圆瓦、鸱吻和烧成植物花纹的瓦当，都和渤海上京龙泉府一致。③ 可见双城子附近这座大型古城，至晚是建筑于渤海时期，为后来辽、金继续经营和沿用。

在绥芬河下游河口之东还有一座渤海时期的大古城。据俄罗斯科学院西伯利亚总分院考古队的勘查报道："在俄罗斯海参崴附近的波谢特湾（按：当指阿穆尔湾）沿岸，发现了古渤海国海港遗址。他们在古海港区发现了一座古代大城的遗址。许多瓦片、陶瓷器皿残片和属于渤海王国时代的其他一些文物。"④ 这个报道是很简单的，由于周知的原因，以后再没有提供有关的详细资料。

---

① 详见黑龙江省文物考古工作队：《东宁大城子古城调查记》（油印本）。

② 资料根据A.з.费多罗夫：《尼古尔斯克——乌苏里斯克城及其郊区的古代遗迹》"前言"及第七章；A.П.奥克拉德尼可夫：《滨海遥远的过去》，277~281页，海参崴版，1959；奥克拉德尼可夫：《1956年的远东工作》，载《物质文化史研究报告和田野发掘简报》，第73期；等等。

③ 鸟居龙藏：《东北亚搜访记》，第十三章，198~201页。

④ 见《海参崴附近的渤海遗址的发现》，载《人民日报》，1961年1月13日，第6版。

虽然如此，它总还是说明了绥芬河口某处，有渤海国海港和一座大古城的遗址。

以上是坐落在绥芬河流域上、中、下游的三个大、中型的渤海古城遗址。这三座城是渤海何府何州所在呢？这却不好随意比定，而是要根据历史文献和考古文物结合起来加以勘考。

渤海盛时，设5京15府62州。其中以“率宾故地为率宾府，领华、建、益三州”①。公元926年，契丹灭渤海，仍以其地置率宾府刺史。金代改为恤品路，《金史》谓：“恤品路节度使。辽时为率宾府，置刺史。本率宾故地，太宗天会二年以耶懒路都孛堇所居地瘠，遂迁于此。以海陵例罢万户，置节度使，因名速频路节度使”②。《新唐书·渤海传》与《辽史》说率宾府设在率宾故地，而“率宾”与今“绥芬”河为一音之转，启示了率宾故地在绥芬河流域的可能。《金史·地理志》叙述恤品路的沿革时，明确说明它沿袭渤海与辽的率宾府而不言府治有迁徙，可见是在同一地方。《金史》还很清楚地记载了恤品路是设在苏滨水。③ 即今绥芬河，所以，渤海的率宾府在金代为恤品路治的所在，那么，渤海率宾府的府址也就不难解决了。

近世诸家考证金代恤品路的治所，比较一致地认为是设在双城子地方。不过，他们所举的证据颇嫌薄弱。笔者认为有两个新证是具有说服力的，这是林沄同志的《完颜忠墓神道碑与金代的

---

① 《新唐书》，卷140，《渤海传》。

② 《金史》，卷24，《地理志上》。

③ 《金史·太宗本纪》：天会二年二月，“丁酉，命徙移耶懒路都孛堇完颜忠于苏濒水”；《金史·完颜忠传》称：完颜忠代石土门为耶懒路都部长，以耶懒路“地薄斥卤”，贫瘠特甚，遂于天会二年“迁其部于苏滨水”，后乃设恤品路，置刺使。故可肯定恤品路即在苏滨水。苏滨、速频、率宾、恤品皆同名异译，即今之绥芬河。

恤品路》① 文中所证述的。证之一是恤品路的创始人金源郡王完颜忠的墓葬就在双城子。在双城子东古城以北约三里处平台上，原建有一座“大金开府仪同三司金源郡明毅王完颜公神道碑”。这座神道碑近世遭到破坏，碑座的龟趺仍在原地，而碑身、碑额皆易置他处，碑文已湮漶难识，所幸碑额文字得因著录而保存。经考证，这个金源郡王完颜氏就是金代开国功臣完颜忠。他本是东海滨耶懒路完颜部人。金太祖起兵伐辽，完颜忠为之持筹运计，卓著功勋。金太宗天会二年（1124 年）完颜忠以“都部长”身份，率所部由贫瘠的耶懒河谷，行千里之远，迁徙到富饶的苏滨水，这就是恤品路建置的由起。完颜忠死后，于金世宗大定初年被追封为金源郡王。双城子这座神道碑则当建在大定中。② 既然恤品路的创始人完颜忠之墓在双城子，由此可以推定，移治后的耶懒路亦即恤品路的中心和首府正是在双城子地区。

证之二是双城子地方有一座渤海、辽金的大型古城。双城子的东西两古城，虽然都有渤海辽金的文物出土，但三里、二里之城，无论规模型制，作为府治与路治颇不相合。那么，恤品路、率宾府的治所在哪里呢？如我们前面所说，在双城子之南，绥芬河右岸有一座周凡 16 里，内外双重的大型古城，这座古城远超过东宁县的大城子古城，城子内发现大型建筑物的遗址，在这里“发掘出许多豪华的宫殿式建筑遗迹。门前立有刻着图案的石碑。在一座宫殿里约有一百个柱础，仍然完好无损。宫殿是瓦顶，饰有龙头，吐着舌头，露着牙齿，用以避邪”③。此“豪华的宫殿式

① 林沄：《完颜忠墓神道碑与金代的恤品路》，载《文物》，1976（4）。

② 参见《金史》，卷 70，《完颜忠传》；《金史》，卷 3，《太宗本记》；《金史》，卷 70，《习不失传》；等等。

③ A. Π. 奥克拉特尼可夫：《苏联科学院西伯利亚的历史研究》，载苏联《历史问题》，1975（1）。

建筑”，在东北地区的建筑史上，最盛于渤海和金代，辽代无可称美，元初又毁坏多于兴建。故这座大型的建筑物当是渤海率宾府、金代恤品路的所在。金代的府治往往因其地富饶而建筑华丽，如信州等城，不仅规模宏阔，府衙甚广而重檐朱饰，琉璃瓦盖顶，这在中原地区也不多见。恤品路地处富庶之区，从完颜忠墓及其神道碑的精湛工艺水平，便可判断建成如此“宫殿式”的衙署是并不奇怪的。元太宗于癸巳年（1233 年）克恤品。仍在其地设官置守，“癸卯年合懒路岁办课白布二千匹，恤品路布一千匹”①。便是明证。元世祖至元三年（1266 年）又立恤品路，到至元二十三年（1286 年）恤品路降隶于开元路，故恤品路在元代存在约 50 年。50 年间在这座古城中留下若干蒙古式建筑的遗迹，那是很自然的，它正说明元代恤品路也设在双城子地方。

既然在双城子地方存在着渤海、辽、金、元的文物遗迹，城址和建筑如此规模宏大，地区和物产又远比东宁县富饶，在绥芬河流域是首善之区，它作为率宾府的府治所是完全合乎条件的。至于东宁县大城子古城作为一个渤海古城，则当是率宾府所属的建州，金末为开元路，元代设开元站，明永乐元年设建州卫，建州卫指挥使阿哈出的治所开元城，当即在今东宁县的大城子古城。

开元之名始见于金末。金末，辽东安抚使蒲鲜万奴“乘大金之乱，自立为帝，据辽东七路”②。万奴建号“大真”（旋改“东夏”），改元天泰。东夏仍沿用金代的行政建制，以其辖区分为几个“路”。从文物和文献记载看，东夏设有北京、开元、恤品、南京等路。东夏政权存在 19 年（1215—1233 年），据《元史·地理志》载：“金末，其将蒲鲜万奴据辽东。元初癸巳岁（1233 年），出师伐之，生擒万奴，师至开元、恤品，东土悉平，开元之名，

① 《元史》，卷 94，《食货志二》。

② 《大金国志》，卷 25，《宣宗记》。

始见于此”。从这里可看出：开元与恤品在东夏政权是两个路治的所在，元军伐万奴，先克开元，再下恤品，其东已抵大海，故称“东土悉平”。这就说明开元与恤品不仅是两个地方，而且恤品在东，开元在其西边。元初，开元与恤品都保留了行政建制，不过，开元的治所旋即西迁了。据《大明清类天文分野之书》载：“元太宗癸巳岁（1233 年）年，师至开元，东土悉平，于建州故城北石墩寨设官行路事，辖女真等户，乙未年（1235 年），立开元，南京二万户府，治黄龙府。”① 这就是说元军克开元路后，即移治于建州石墩寨，两年后改为开元万户府，又移治所于黄龙府（今吉林省农安县城）。元世祖时，恢复开元路，仍治黄龙府。元末，迁到咸平府（今辽宁省开原县老城镇）。弄清了这个建制沿革和迁徙过程，对我们考订开元城的所在很有好处，可以免去一些不必要的纠葛。

关于开元城的今地所在，笔者在《明代建州卫新探》一文中，考证为黑龙江省东宁县的大城子古城。由于该文重点是探讨建州卫的问题，故对开元城则着笔求简，未尽详赡。兹读张君大作，感到还得引录有关资料，作一个较详的说明。

开元城的方位，《元一统志》作了如下的记述：开元城，“城西南曰宁远县，又西南曰南京（今吉林省延吉市东城子山古城）。自南京而南曰合懒府（朝鲜咸镜南道咸兴城南古城），又南曰双城（朝鲜永兴），直抵于高丽之王京。正西曰谷州（今黑龙江省宁安县境），西北曰上京（今黑龙江省阿城县白城），即金之会宁府也”②。

这个记载所指示的方位是比较清楚的，即作为“古迹”的东

① 《大明清类天文分野之书》，卷 24，《辽东都指挥使司》，“开元路”条。

② 孛兰肹等：《元一统志》（赵万里辑本），卷 2，《辽阳行中书省开元路》。

夏政权的开元城，在今延吉市的东北，宁安县的正东，阿城县的东南方向，以地望求之，约当于绥芬河流域。开元城的“正西曰谷州”，谷州为什么定位在宁安县境呢？这个坐标对考订开元城很有关系，有必要先说几句。

谷州之名始见于《契丹国志》，但辽代东京道无此州名，疑是渤海上京龙泉府属州，辽灭渤海，原有诸州，或迁或废，新移填该处的女真人不知故城沿革，遂以古州名之。《辽东志》称：“忽儿海河沿出潭州城东诸山，北流经谷州城东，经斡朵里城北，流入松花江。”① 同书卷九“外志”又载：“谷州，北接斡朵里。”斡朵里在元代为斡朵怜万户府，为今依兰县西牡丹江西岸之马大屯，谷州在其南。又从“忽儿海河……北流经谷州城东”来考查，谷州当在牡丹江由东流转为北流一段之西岸，即今宁安县境。若谷州在宁安县西境外，它就会在牡丹江北岸而不是西岸了。所以，把谷州定于宁安县境是比较合适的。明代在东北地区所设诸驿道中，有“那丹府东北陆路”一道，它的路线是：“那木那站→善出→阿速那合→潭州（按：今吉林省敦化县境）→古州（原注：北接翰朵里）→旧开原→毛怜（原注：旧开原南）”②。这条驿道是明代建州卫、毛怜卫与辽东都司的交通线。它自吉林桦甸县苏密城（那丹府）东北行而到“旧开原”，再南到毛怜。这个旧开原是与辽东开原城相对而言，即指金、元之际东夏政权的开元路、开元城。按照这条驿道所示的方位，开元城当在古州之东或东北，结合《元一统志》所载的“开元城正西曰谷州”来看，开元城当位于今宁安县之东，即当求之于绥芬河流域。朝鲜《龙飞御天歌》中有“嫌真兀的哈则古州括儿牙乞木那”之句，其下注云：“嫌真兀的哈，种名也；古州，地名……自会宁府北行二日，至阿赤郎

① 毕恭：《辽东志》，卷1，《山川》。

② 同上书①，卷9，《外志》。

贵，又行一日至常家下，又行四日至古州，西距先春岭四日程也”。则古州在朝鲜会宁府北七日程，以日行 80 里计，当为 560 里，正符会宁至宁安县的里程。日人箭内亘、池内宏与和田清皆定谷州于今宁安县境，结论是比较一致的。今有论者著文定东夏开元城于宁安县西的城子后古城，看来是未审于谷州的位置所在和开元城当在谷州以东这一重要点。

上面的引文中说：古（谷）州“西距先春岭四日程也”，则先春岭在今宁安县以东约可 320 里之地，朝鲜地志《东国舆地胜览》载：“愁滨江，源出白头山，北流为苏下（按：当是‘下’之误）江，一作速平江，历公崄镇，先春岭，至巨阳，东流一百二十里，至阿敏入于海”①。这里说的愁滨江指的绥芬河南源（大绥芬河），它源出长白山脉（朝鲜称为白头山），北流与小绥芬河合流后称“速平江”。公崄镇、先春岭与巨阳城，皆在绥芬河沿岸不远之地。同上书“会宁府·古迹”条又载：“先春岭，在豆满江北七百里，尹瓘拓地至此，城公崄镇”。“公崄镇。自高岭镇渡豆满江，逾古罗尔，历吾童站，英哥站，至苏下江，江滨有公崄镇古基”。这些材料都说明公崄镇、先春岭、巨阳城都在绥芬河流域，以次相沿。巨阳城，又作开阳城，即开元城的朝鲜译名，它“西距先春岭六十里许”，加上先春岭距谷州四日程约 320 里，则开元城在谷州之东约 370 里，正与现在宁安县至东宁县的实际里程相合。故日人和田清谓：“开元城不出今东宁县境，当于东宁县之大城子、小城子古城中求之。”②

我们定开元城于东宁县大城子古城，是否东宁县西 60 里许有相当于先春岭的峻岭呢？答曰：有。自东宁县而西，绥芬河穿流于太平岭群山之间，山势陡峭，河流湍急，在县西 60 里许，绥芬

① 《东国舆地胜览》，卷 50，《庆源府·山川》。

② ［日］和田清：《东亚史研究·满洲篇》，240 页。

河左岸有高峰达1102米，为整个绥芬河沿岸最高的山岭，其形胜与里距与先春岭的史载正相合。昔人有将开元城比定为双城子者，但绥芬河自东宁县而东，入苏联新格奥吉耶夫卡往下，地势开阔，渐入平畴，右岸间或有少数丘山，然皆高不逾300米，无有堪称为岭者。这是从地形地物上证明开元城为东宁县大城子古城，而双城子则不具备此重要条件。

下面再从元代通往开元的站赤的方向里距上来考查。

前段从朝鲜地志中考知开元城在谷州之东约370里，元代《析津志·天下站名》中所载的方向里距也正是这样。《析津志》载，辽阳行省所辖辽东路（后为开元路）站名中，“自唆吉分为二路：一路正东微北永明城；一路正东南至合懒府”。唆吉在今吉林省敦化县境，其“正东南”一路是经南京（今延吉市东城子山古城）而入朝鲜到合懒府（今咸兴南古城）。其“正东微北”一路的站赤如下：

> 唆吉正东微北百二十里石迪正东北五十甫丹百一十东洋州百二十土罗火百三十希田百二十开元正东孛迷。梁母。孛吾。阿失吉。舍站。永明城其东海。①

这一条驿道可分作三段：第一段是唆吉至东洋州，计三站280里，方向是“正东微北”，又“正东北”，总的是自敦化往东北行。即沿牡丹江东北行，经额穆县东之大山咀子（石迪），正东北五十里至南湖头附近（甫丹），又东北百一十里至东京城附近，东洋州当在宁安县的东京城一带求之。这条道原是渤海旧国至上京的交通线，金、元、明、清都相沿用。第二段是自东洋州至开元，设三站计370里。这与前引明代谷州至“旧开原”的里程是一致的。

① 《析津志·天下站名》，转录自《永乐大典》，卷19426，第175册。

这段路程因穿越老爷岭而东入绥芬河。所以行370里而抵东宁城是符合实际里程的。若把开元城定在双城子，而双城子在东宁县之东逾180里，西距宁安县，东京城皆在550里外，这与谷州或东洋州至开元的里距相差悬殊，显然是不可取的①。第三段是自开元“正东”行，经孛迷等五站而达东海滨的永明城。其间里数失载，考虑到东宁往东地势渐入平畴，人烟较稠，站距相对缩短，若平均以80里计，五站约可400里，这与东宁至海参崴的距离正相合，所以我们认为海参崴地方当是舍站、永明城的所在。如若将开元城定在双城子，其东距海无论如何是不足五站之数的。有的人忽略了驿站资料的重要性，故所定开元城未免失其正鹄。

《析津志》的“天下站名”篇，是根据元朝政府各省站赤的表报汇编而成。这些站赤频年往返，对于各站方位道里较为清楚，故其记载虽容或有差误，但较一般志乘可信得多，验之东北地区亦是如此。《东国舆地胜览》一书则不然，有闻辄录是其所长，而采择未精则见其短。例如对巨阳城的记载，在同书同一卷中，此处谓其在图们江北约250里。彼处则云：“在豆满江（按：图们江）北七百里”，这显然是资料来源不同，而未经核实。该书又载：“速平江历公崄镇、先春岭，至巨阳，东流一百二十里，至阿敏入于海。”如上所考，巨阳（开元）当是今东宁县大城子古城，绥芬河经此东流三百余里而入海，故疑“一”为“三”之误。若谓巨阳为双城子古城，绥芬河由此至海里数虽差合，但又并非“东流”而是正南流。况且，双城子既为恤品路路治，就不可能同时又是开元路治，这是个常识。

综合以上各方面的材料，再考虑到双城子地方在绥芬河流域，

① 关于东洋州的位置，亦有定在吉林汪清县西北的东洋古城，由此东北行经罗子沟古城而入绥芬河流域。若此说为是，其至东宁大城子古城，实际里程亦为370里许，其距双城子仍为500余里。可见定开元城于双城子是与《析津志》记载矛盾。

从经济地理上看是最为富饶的地区，而克拉斯诺雅尔古城背负丘山，面向平原，独得形胜，其为渤海率宾府，金、元恤品路，看来古人择地，正得其宜；东宁县大城子古城，附近冲积盆地不过二十里许，经济和形势远逊于双城子，其为率宾府属州当是可能，至于首府，则非其地。东宁大城子古城作为开元路治，为时仅东夏19年间，元初癸巳岁克其地，即将开元路的治所西迁，仅设站赤以通东海之路。明初，建州女真阿哈出率所部居于此二十余年，便又西迁到浑江流域。所以，无论从考古遗迹、历史地理和经济地理诸方面来看，东宁县大城子古城的地位皆不及双城子，它是渤海和明初的建州、东夏的开元路，而双城子则历渤海、辽、金、元皆为高一级的府治或路治的所在。

沈阳建置今昔考

辽、金两代于今沈阳置沈州，元代立沈阳路，属辽阳行省。《元史·地理志》称，沈阳路辖总管五，千户二十四，百户二十，未载所辖州县。《新元史》列其所辖十四州，但州名多与唐代安东都护府所辖十四州雷同，未必得实。关于沈阳路有以下几个问题需要考订：一是沈阳路建置沿革和路治所在的问题；二是沈阳路所属所领的问题，即它除由辽阳行省管辖外，还由征东行省管辖，以及它领有哪些总管府、州、县与千百户的问题；三是沈阳路管辖范围问题。

第一个问题最易引起误解的是沈阳路的建置沿革和路治所在的问题，对此应作比较详细的说明。

元初太宗四年（1232年），“高丽国麟州神骑都领洪福源率西京（今平壤）都护龟州四十余城来降，各立镇守司，设官以抚其民”①。次年冬，高丽军反攻西京，太宗六年（1234年）春，“（洪）福源遂尽以所招集北界之众来归，处于辽阳、沈阳之间”②，元朝授洪福源以高丽军民万户之职。因金末沈州“毁于兵火”，这个万户府便在沈州“初创城郭，置司存，侨治辽阳故

① 《元史·地理志》。

② 《元史》，卷154，《洪福源传》。

城”①，而不是设在沈州。

此后因沈阳地区来归的高丽军民户增加，世祖中统二年(1261年)，便改“高丽军民万户府”为“安抚高丽军民总管府”②，以洪福源子茶邱为总管。翌年“二月，立沈州，以处高丽降民”③。中统四年（1263年），“高丽举国内附，又以（高丽）质子（王）淳为安抚高丽军民总管，分领二千余户，治沈州”④，于是王淳取代洪茶邱总管位置，并把“安抚高丽军民总管府”的治所由侨治辽阳故城迁到沈州。

至元二十九年（1292年）元朝罢东征左副都元帅府，设立“总管高丽、女直、汉军万户府”⑤，并以洪万（福源孙）为总管高丽、女直、汉军万户兼安抚使高丽军民总管，六月改资德大夫辽阳等处行中书省右丞。⑥六月以后，洪万罢职，改由王淳子兀爱担任，职衔未变，由此可见，元朝在“安抚高丽军民总管府”设置后三十余年，又增设一“总管高丽、女直、汉军万户府”。两个万户府的总管或由洪氏担任，或由王氏担任，而以王氏担任为主，任职时间亦较长，洪氏居辽阳，王氏居沈州。因此，自中统四年(1263年)以后到至元二十九年（1292年），这两个总管府绝大部分时间设在沈州。

在此期间，元朝还在沈阳设立了“沈州高丽总管府”。《经世大典》载：“至元二十九年五月，是月中书省委沈州高丽总管府蒙古教授明安塔儿，管押札纸入站递运，赴辽阳等处行省交纳，令

① 《元史·地理志二》。
② 同上书①。
③ 《元史·高丽传》。
④ 《新元史·地理志二》。
⑤ 《元史·王淳传》。
⑥ 《元史·洪福源传》，附“洪万传”。

兵部移应付沿途粥饭以行。”① 同书又载：沈州高丽总管府辖两站，即本州站、崖头站。②“本州站”即沈州站，可见“沈州高丽总管府”设在今沈阳无疑，因为它的官员去辽阳须“付沿途粥饭以行”。《经世大典》站赤门载有“安抚高丽总管府”和“沈州高丽总管府”两个总管府，看来彼此独立平行，“沈州高丽总管府”可能是“总管高丽、女直、汉军万户府”的别称。两个总管府均设在沈州。

到成宗元贞二年（1296 年），设立沈阳路。《元史·地理志》称：“并两司为沈阳等路安抚高丽军民总管府，仍治辽阳故城。”此“辽阳故城”，从《经世大典》和《析津志》所记“安抚高丽军民总管府”所辖两站为城站、彰义站来看，当是东京辽阳城。

总的说来，元初的“高丽军民万户府”侨治在辽阳故城，但在 1261 年改为“安抚高丽军民总管府”以后，便迁回沈州。又其后设“沈州高丽总管府”和“总管高丽、女直、汉军万户府”，治所亦在沈州。1296 年成立沈阳路时，“安抚高丽军民总管府”移治辽阳故城，但“沈州高丽总管府”仍在沈州。这除上述站赤的名称，从次年（大德元年，1297 年）“以阇里台所隶新附高丽、女直、汉军居沈州”③ 的记载也可以得到证明。

“安抚高丽军民总管府”后又迁回沈阳，其证有二。其一，《辽东志》载：“沈阳中卫，（在沈阳）城东南隅，元总管府旧址”④。这是沈阳路治迁回沈阳的可靠记载。其二，新中国成立前出于沈阳市中央大街的《沈阳路城隍庙记》碑文。⑤ 所记顺帝至正十二年（1352 年）该路管司职衔中，首列“沈阳等路高丽军民

① 《永乐大典》，卷 19419。

② 《永乐大典》，卷 19423，引《经世大典》，《站赤门》。

③ 《元史》，卷 19，“成宗大德元年二月癸卯”条。

④ 《辽东志》，卷 2，《建置》。

⑤ 《满洲金石志稿》，第 1 册，207 页。

总管府”（当由“沈州高丽总管府”演变而来）判官某，次列“总管高丽、女直、汉军都万户府都万户兼管沈阳等路安抚使高丽军民总管”等人职衔。这是沈阳路的路治从侨治的“辽阳故城”迁回沈阳的有力证据。

沈阳路治迁回沈阳，当在成宗大德三年（1299 年）复立“镇（征）东行中书省”之时，至晚不超过英宗至治元年（1321 年）。

沈阳路自其所管辖的“安抚高丽军民总管府”（《经世大典》作“安抚高丽总管府”）和“沈阳等路高丽军民总管府”（《经世大典》作“沈州高丽总管府”）等情况来看，乃是主要管辖辽沈地区高丽军民的政区，是辽阳行省的七个路之一。但是，元朝又为东征日本设有“征东行省”，以辽沈地区和朝鲜为基地，以高丽、女直、汉军为军事主力，因此管辖高丽、女直、汉军的沈阳路又属于征东行省。

元代早在世祖至元二十年（1283 年）设“东征等处行中书省”，后罢去。大德三年（1299 年）五月，又设“镇（征）东行中书省”，辖有安抚高丽总管府、沈州高丽总管府等机构（《混一方舆胜览》辽阳行省），后又罢去。英宗至治元年（1321 年），“复置，以高丽王兼领丞相，得自奏选属官，治沈阳，统有二府，一司，五道”①。所统二府即“沈阳等路高丽军民总管府”与“耽罗军民总管府”，一司即“征东招讨司”，五道俱在朝鲜②。从“沈阳等路高丽军民总管府”辖于征东行省来看，沈阳路在征东行省设置期间辖于征东行省。又从征东行省“治辽阳”来看，沈阳路在 1321 年迁回沈阳。元末在沈阳立的《沈阳路城隍庙记》碑，碑文记立碑单位，首列“沈阳等路高丽军民总管府”某判官，这与沈阳路路治自 1321 年迁回沈阳完全相合。

---

① 《元史·百官志》。

② 《元史·地理志六》。

所以，元代沈阳路路治侨寄辽阳故城，只不过在 1296—1299 年间，最多不超过 1296—1321 年的 25 年间。1296 年以前与 1321 年以后，它的治所设在沈阳，《元史·地理志》记载疏漏，与人以沈阳路不治沈阳的错觉。

第二个问题是沈阳路的隶属关系问题。

沈阳路隶属于辽阳行省，自不待言。但是它所管辖的“安抚高丽总管府”和“沈州高丽总管府”在征东行省设置期间，却隶属于征东行省。这从《混一方舆胜览》和《元史·地理志六》“征东行中书省”条的记载可以明显地看出来。沈阳路辖“总管五、千户二十四、百户二十五”①，五总管中除上面举出的两个外，其他三个不详。千户有沈阳千户所，其他待考。百户更无考。沈阳路所辖州县，《元史·地理志》失载，我们考出的有沈州，设于元世祖中统三年（1262 年），还有贵德州，废后改设巡检司，隶沈阳路。《新元史·地理志》记载沈阳路有十四州，但州名与《唐书·地理志》所载唐安东都护府所辖十四州雷同，疑其非实，故未列入本图。

第三个问题是沈阳路的管辖范围问题。

沈阳路在辽阳行省七路中，可能是辖境最小的一个，它领有金代沈州和贵德州的地方（若按其辖总管五、千户二十四、百户二十五来看，其辖地也可能包括今吉林东南部等地），即西起今辽宁新民县东境，北以柴河、范河之间的地区与开元路咸平府接，东尽浑河源（《元一统志》说“合兰河在沈阳路”，则东抵今吉林东南部），南以浑河、太子河之间的地区与辽阳路接。

---

① 《元史·地理志二》。

渤海国疆域考

一、渤海国地理总说

（一）渤海疆域扩展的各阶段

渤海国是我国唐代东北地区由渤海都督府发展而成的边疆王朝。

渤海大氏于唐武后时建国于东北地区，历时200余年，史称为“海东盛国”，有5京15府62州，地方广5000里，户10余万。考其疆域乃逐步扩展，略可分数阶段。故在列叙其府州之前，先总为之论。

旧、新两唐书叙渤海建国事，颇多歧异。《旧唐书·渤海靺鞨传》谓：“渤海靺鞨大祚荣者，本高丽别种也。高丽既灭，祚荣率家属徙居营州。万岁通天元年，契丹李尽忠反叛，祚荣与靺鞨乞四比羽各领亡命，东奔保阻以自固。尽忠既死，则天命右玉钤卫大将军李楷固率兵讨其余党，先破斩乞四比羽，又度天门岭以迫祚荣。祚荣合高丽、靺鞨之众以拒楷固，王师大败，楷固脱身而还……祚荣遂率其众，东保桂娄之故地，据东牟山，筑城以居之。祚荣骁勇善用兵，靺鞨之众及高丽余烬稍稍归之。圣历中，自立为振国王，遣使通于突厥。其地在营州之东二千里，南与新罗相接，（?）越熹靺鞨，东北至黑水靺鞨，地方二千里，编户十余万，胜兵数万人。”①《新唐书·渤海传》谓：“渤海本粟末靺鞨附高丽者，姓大氏。高丽既灭，率众保挹娄之东牟山，地直营州东二千里，南北（比）新罗，以泥河为境，东穷海，西契丹，筑城廓以居。高丽甫残稍归之。万岁通天中，契丹（李）尽忠杀营州都督赵翙反。有舍利乞乞仲象者与靺鞨酋乞四比羽及高丽余种，东走度辽水，保太白山之东北，阻奥娄河，树壁自固。武后封乞四比羽为许国公，乞乞仲象为震国公，赦其罪。比羽不受命，后诏玉钤卫大将军李楷固、中郎将索仇击斩之。是时仲象已死，其子祚荣引残痍遁去，楷固穷蹑，度天门岭，祚荣因高丽、靺鞨拒楷固，楷固败还。于是契丹附突厥，王师道绝，不克讨。祚荣即并比羽之众，恃荒远，乃建国，自号震国王，遣使交突厥。地方五千里，户十余万。胜兵数万，颇知书契。尽得扶余、沃沮、弁韩、朝鲜、海北诸国。”② 按此两段记载，《旧唐书》简练而次第分明，《新唐书》叙事较详但叙次凌躐。其记大氏初始之事，两书歧异最甚者为大氏于高丽灭后，《旧唐书》言其率家属徙居营州，而《新唐书》则言其率众保挹娄之东牟山，地直营州东二千里等语。考《资治通鉴》叙大氏初起事与《旧唐书》略同。③《新唐书》所记颇颠倒淆混，《吉林通志》卷十《沿革志》于此辨析甚明，兹录于此。其谓：“渤海王城即上京龙泉府，实维挹娄故壤，今为宁古塔地。旧唐书所谓在营州之东二千里者是也。大祚荣所居之忽汗州即长白山东北之奥娄河境，后呼为旧国，今为敦化县地。新唐书所谓徙上京值旧国三百里者是也。旧书言大氏始徙营州，其地在今奉天锦州府北境以外，后乃东奔保阻以自固，史不言其所在，

① 《旧唐书·渤海靺鞨传》。

② 《新唐书·渤海传》。

③ 《资治通鉴》，卷210，“唐玄宗开元元年二月”条。

以下文考之则固在天门岭以西。继又越天门岭，东保挹娄，遂据东牟山。挹娄为宁古塔之地，东牟即宁古塔之山，里至方隅显然明白。自新唐书叙次凌躐，疑误遂滋，今为一一辨之；新书言大氏于高丽灭后，即保挹娄，继言东渡辽水，保太白山之奥娄河，则是以辽水为在挹娄之东矣，继言遁去度天门岭，则是谓天门岭又在白山之东矣，且既云遁去，则是已去白山，又云恃荒远乃建国，则其建国竟在何方。继又云以所统为忽汗州，则又以忽汗河与奥娄河为两地矣，惝恍迷离，按之古今里至无一而合。以当时事实求之，渤海本徙营州，东渡辽水，度天门岭，始保太白山，阻奥娄河，后乃徙上京，旧书无以所领为忽汗州之文，而以挹娄为王城，其于地理初无舛误，新书补旧书之阙而东西易位，先后倒置，遂使考地理者极费检寻。《辽史》不考两书之异同，复不知新书之所误，直以挹娄故地属诸东京，而《明一统志》因之，其误实皆新书启之也。”金毓黻《渤海国志长编》卷一九丛考亦采《吉林通志》之说。诸家略同。

今按大氏于高丽灭后，乃徙居营州，非率众保挹娄之东牟山，《旧唐书》为是。李尽忠之役大氏东奔，《旧唐书》只言其“东奔保阻以自固”而不详其地。然就下文推知，其在李楷固进兵之前，尚未东保挹娄故地，据东牟山以居。则其地当在挹娄故地之西，辽水之东。此新唐书所谓“东走度辽水”是也。《五代会要》卷三十谓：“乞乞仲象与靺鞨酋长乞四比羽走保辽东，分王高丽故地。”《武经总要》卷一六《北蕃地理》谓：“万岁通天中，契丹攻陷营州，靺鞨酋人反，据辽东分王高丽之地。”皆可为《旧唐书》之疏证。《辽史·耶律羽之传》谓其上表辽太宗有曰：“渤海昔畏南朝，阻险自卫……梁水之地，乃其故乡”。梁水为今太子河，会辽水入海，是即谓大氏所统之众于未徙营州之前与自营州东归之后，所居为今辽水东太子河等地。

旧、新两《唐书》皆言李楷固于破斩乞四比羽后，穷蹑祚荣，度天门岭而败还。天门岭所在，诸家考订有三说：金毓黻谓“天门岭在扶余府迤西与契丹交界处”①，其所据乃《新唐书·安禄山传》。《传》谓：“天宝十一载率河东兵讨契丹，至土护真河，乃敕人持一绳，欲尽缚契丹，昼夜行三百里，次天门岭。”《资治通鉴》胡注谓：“新书：天门岭在土护真河北三百里。”② 土护真河即今老哈河，唐时为契丹境之水。据此，天门岭在营州北三百里。而大氏乃率众东奔保阻，方位颇不合。若以此订为《渤海传》中之天门岭，则大氏于破李楷固之前所居之地，仍在营州北土护真河之地，如此新、旧两《唐书》所言东奔之事则不可解。故疑《渤海传》之天门岭非安禄山传所指者。《吉林通志》谓：“渤海本徙营州，东渡辽水，度天门岭，始保太白山，阻奥娄河，后乃徙上京。”求天门岭于辽水东、太白山之西，此乃得实。《新唐书》谓李楷固“穷蹑”祚荣，度天门岭，是乃穷追极远，因悬军深入而大败。若天门岭为土护真河北三百里者，不得谓为“穷蹑”也。又《唐书》言：“祚荣合高丽、靺鞨之众以拒楷固。”今辽、吉二省间辉发河南北皆高丽据辽东时故地，吉林为靺鞨之境，祚荣退于此境，故能聚高丽、靺鞨兵以胜楷固，若天门岭在辽水西、土护真河北，则祚荣颇难于匆促间聚高丽及靺鞨兵也。以此测之，天门岭亦当求于辽、吉二省间。今辽、吉二省间，有吉林哈达岭，其西为辽河诸水出。大氏渡辽居于辽水东，梁水之地，当乞四比羽兵败被杀后，祚荣东退固守，楷固越岭追之，故天门岭当求于吉林哈达岭诸山。日人《满洲历史地理》以英额门当之，虽无显证，地望颇合。丁谦《唐书北狄传考证》谓：“天门岭为今嵩岭，俗呼张广才岭。”失之偏东，不足取。

祚荣始筑城立都之地，史称“旧国”。《旧唐书》言其在桂娄

① 金毓黻：《渤海国志长编》，卷14。
② 《资治通鉴》，卷210，“唐玄宗天元元年二月”条下注。

之故地，有东牟山；《新唐书》言其为挹娄之东牟山，当太白山之东北。两书皆云“地在营州之东二千里”。考桂娄为高句丽五部之一，为高句丽本部（章怀太子云：内部），地在今鸭绿江与浑江二水间，辑安、通化之境。据《辑安县志·地理篇》谓：辑安城北有东牟山。似祚荣始都于此，然其地当太白山西南，去营州远不足二千里，方隅道里皆不合。辑安之东牟山乃东明山，因高句丽始祖东明王而得名。故“桂娄故地”当遵《新唐书》作“挹娄故地”。挹娄为肃慎之别名，亦为汉、魏时吉林境大部族之称号，其所居之地皆为渤海所有，故旧国当求于挹娄故地。清人曹廷杰《渤海建国地方考》谓：“仲象父子渡辽水，辟地五千里，以所统为呼尔罕州，应由今奉天东渡辽水，至吉林鄂多哩城建国。查鄂多哩城在今牡丹江源西岸。牡丹即仆斡、忽汗之音转，忽汗即呼尔罕之转，则所谓鄂抡河者乃忽汗河之本名，因先天中赐名呼尔罕州始有忽汗河之称，又以呼尔罕海为众水所归，故称海以别之，武艺徙上京龙泉府，本拂涅国故城，今称东京城，亦称拂讷和城，自鄂多哩城距东京城实三百里。故曰‘旧国三百里，呼尔罕海之东’也。遍考此外距东京城三百里者别无城基可当。”① 鄂多哩城亦名敖东城，故城址在今敦化县西，当牡丹江上游西岸。其距东京城确为300里，西距营州为2000里。与两《唐书》所载相符合。惟《额穆县志》谓鄂多哩在额穆境。其谓：“按唐营州为今朝阳县，抵今敦化、额穆约皆二千里许，则额穆在渤海时为旧国忽汗州属地无疑……”《吉林通志》谓：“佛纳赫今佛多和河，在额默和北。按额穆和邦额穆赫索多站，实今旧县治城北四十里北大秧地，帽儿山下有古城，适合佛纳赫之方隅里至，当即古之鄂多哩。大氏初都在此……渤海旧国当系此城非敦化也。大氏所据之

① 《东三省舆地图说》，见《辽海丛书》，13页。

东牟山当即今之嵩岭，正与据山筑地之义相合。奥娄河自是牡丹江。”① 按此两说中以前者为是。近年在敦化县南郊六顶山古墓群中发现渤海国贞惠公主墓碑。碑有云：“宝历七年十一廿四日甲申陪葬于□陵之西原。” 此以为旧国在敦化之一证。又据《吉林敦化牡丹江上游渤海遗址调查记》一文所载：“敖东城位于敦化县城附近，牡丹江左岸。坐落于‘敦化盆地’中央，城廓呈长方形，有内外二城，外城长约400米、宽约200米；内城正方形，位于城中央之偏西处，距外城东壁200余米，距西壁100余米，每边长约80米。外城壁为叠土夯筑，已颓圮，仅存西、南、北三面，残高1.5~2.5米，有南门一，与内城门址相对。内城土壁，外围隍堑，地势略高。1957年，在城内发现了炕灶和建筑址。我们从地表采集到含有粗砂砾的和砂质、泥质陶片，辽白釉划花瓷盏残片及黄釉陶片等。以前曾出土铁釜、铁镰、铁镞以及唐、宋钱等。我们认为敖东城是渤海的古城址，辽、金时曾沿用。”除敖东城外，敦化南北牡丹江左右地又发现古城八，即石湖古城、黑石古城、马圈子古城，以及城山子山城等。这些古城所采集的遗物，推断为渤海时期的。② 故从敦化附近渤海陵墓及敖东城址等遗迹遗物来看，敖东城为渤海“旧国”甚可信。其南北沿牡丹江之城堡当为初置之县或防卫堡寨。东牟山即敦化附近之山。奥娄河自是牡丹江上游无疑。

“旧国”与东牟山之所在，尚有二说：日人津田《渤海考》谓：祚荣东奔渡辽水，乃沿今浑河入辉发河，筑城建国于今桦甸境，旧国即在此。东牟山乃其西南之山，唐书言直上京三百里，“三百”乃“六百”之误。③ 然桦甸距营州只合1700里，与史载

① 《额穆县志·沿革志》。
② 《吉林敦化牡丹江上游渤海遗址调查记》，载《考古》，1962（11）。
③ 《满鲜地理历史研究报告》，第1册。

2000 里不合，如上所考旧国为敦化敖东城，则不需改易史文而无所不合也；又《辽史·地理志》谓：“沈州昭德军中节度本挹娄国地渤海建州。”是即谓沈州为渤海旧国。《明一统志》更因其误而云：“东牟山在沈阳卫东二十里。”①《方舆纪要》亦谓：东牟山在沈阳中卫“东二十里，高宗平高丽，渤海大氏以众保挹娄之东牟山……武后时，大祚荣筑城于居之”②。

皆以为挹娄故地与东牟山俱在今辽沈之地。其误甚显然，不足辨也。

祚荣建国之年，《旧唐书》谓：“圣历中自立为振国王”；《新唐书》谓：祚荣“乃建国，自号震国王”而未系何年。圣历为唐武后时年号，凡二年。据日本《类聚国史》卷一九三云：“文武天皇二年，大祚荣始建渤海国，和铜六年受唐册立。”日本文武天皇二年即唐武后圣历元年，则祚荣之立国为圣历元年（698 年）。《旧唐书》又谓：“睿宗先天二年，遣郎将崔忻往册拜祚荣为左骁卫员外大将军渤海郡王。”自是始去靺鞨号，专称渤海。先天二年即唐玄宗开元元年（713 年）正为日本和铜六年。又据《满洲金石志》载：崔忻往册祚荣还，于今旅顺黄山之麓凿井刻石，其文曰：“敕持节宣劳靺鞨使鸿胪卿崔忻凿井两口永为记验开元二年五月十八日造”。《通鉴》系册封祚荣事于开元元年。故推知崔忻于元年往，二年返，凿井刻石为归途事。故大祚荣之建立震国，时为圣历元年，即公元 698 年，渤海之号则始于唐玄宗开元元年，即公历 713 年；至辽太祖天显元年（926 年）灭亡，渤海立国共为 229 年。

（二）渤海疆域之扩展各阶段国境四至

如上所考大祚荣东保挹娄故地，筑城建国，其始立都之地为

---

① 《明一统志》，卷 25。

② 《方舆纪要》，卷 37。

今敦化境。因祚荣善用兵，协和诸部，故靺鞨与高丽之余众陆继归之，遂蔚然兴盛。其疆域四至，旧、新两《唐书》所载颇有不同。《旧唐书》谓："其地在营州之东二千里，南与新罗相接。[?]越熹靺鞨，东北至黑水靺鞨，地方二千里。"《新唐书》则言："地直营州东二千里，南北（比）新罗，以泥河为境，东穷海，西契丹，筑城郭以居……地方五千里，户十余万，胜兵数万。颇知书契，尽得扶余、沃沮、弁韩、朝鲜、海北诸国"。两书所记差异最显明者为：前者谓"地方二千里"，后者则谓"地方五千里"。吾人认为此非两书中或有一误，乃前者指渤海早期之疆域四至，后者则为渤海扩大领土后之范围。《新唐书》言祚荣死，"子武艺立，斥大土宇，东北诸夷畏臣之"。可知是武艺之世，较其父已辟地日广。后数传至宣王仁秀之世，"仁秀颇能讨伐海北诸部，开大境宇，有功诏检校司空袭王"。则仁秀时疆域又较武艺时为广阔。渤海先后所并入的"海北诸部"即《唐书》中所载靺鞨诸部。惟《唐书》不详其何时统辖于渤海，仅简略言之曰："又有拂涅、虞娄、越熹、铁利等部，其地南距渤海，北、东际于海，西抵室韦，南北袤二千里，东西千里。拂涅、铁利、虞娄、越熹时时通中国，而郡利、屈说、莫曳皆不能自通……拂涅亦称大拂涅，开元、天宝间八来，献鲸睛、貂鼠、白兔皮；铁利开元中六来；越熹七来，贞元中一来；虞娄贞观间再来，贞元一来，后渤海盛，靺鞨皆役属之，不复与王会矣。"① 由此可知，诸部与唐断联系之日即其并入渤海之征，亦即渤海疆域扩展之所至之时也。

据《册府元龟》"朝贡""褒异"等篇②所载，当唐玄宗开元之际除渤海频年遣使不绝外，拂涅、铁利、越熹、黑水等部经常入唐。计自开元二年至二十九年（714—741 年），拂涅凡 17 次，

---

① 《新唐书·黑水靺鞨传》。

② 《册府元龟》，卷 971、卷 974。

铁利13次，越熹11次，黑水凡6次，虞娄失载。例如，开元十二年（724年）“二月丙申铁利靺鞨误池蒙来朝，授将军放还；越熹靺鞨奴布利等十二人来朝，并授郎将放还蕃；拂涅靺鞨大首领奥可蒙来朝，授郎将放还蕃；乙巳，渤海靺鞨遣其臣贺祚庆来贺正，进阶游击将军，赐帛五十匹，放还蕃；丙辰，黑水靺鞨大首领屋作个来朝，授折冲放还蕃；五月乙酉，铁利来朝，授折冲放还蕃”①。这里可看出铁利、越熹、拂涅、黑水诸部各为独立部族，与渤海同时入唐，唐王朝亦同等视之，并授封爵。故渤海武王武艺之世（当开元八年至二十五年；公元720—737年）及文王钦茂之初，此诸部辖地，并在渤海疆域外。惟拂涅自天宝以后，不与唐通。拂涅部位于渤海上京之东，今牡丹江中游及兴凯湖之境。大钦茂于天宝末东徙上京，故知拂涅于天宝中为大钦茂所得，以其地建为东平府。铁利部亦于开元二十八年（740年）后不唐通，当是天宝之际并入渤海内，以其地建为铁利府。唐德宗“贞元十八年（渤海康王正历八年；公元802年）正月虞娄、越熹等首领见”②。其后不与唐通。当是宣王仁秀之世（819—830年）为渤海所并。越熹部当今吉林西北、辽宁东北黎树、怀德等地，虞娄为今牡丹江下游左右地（详后考），故仁秀之世西略有今开原北境，北扩展疆域至松花江下游，史称“仁秀颇能讨伐海北诸部，开大境宇”，或系指此。至于黑水部，因其劲健，部落亦众，始终未隶渤海。天宝中通唐3次，元和中1次，即后唐庄宗同光二年（924年）九月、三年（925年）五月及明宗四年（929年）八月并遣使至。如，同光二年五月，“渤海国王大湮撰遣使侄元让贡方物，九月黑水国遣使朝贡”③。凡此可证黑水部与渤海相终始，其位于渤

① 《册府元龟》，卷974，《褒异》。
② 《册府元龟》，卷972，《朝贡》。
③ 同上书②。

海东北今混同江南北地。故渤海全盛时之疆域亦不包括混同江也。

靺鞨诸部合并于渤海之时既可知其大略，则渤海疆域扩展的情况便能测知其大概。如上所述，越熹约于大仁秀之际归入渤海版图，则祚荣、武艺之世犹在域外。《旧唐书》叙渤海国四至时，只言与越熹靺鞨接，而脱漏方位。《册府元龟》谓："振国本高丽，其地在营州之东二千里，南接新罗，西接越熹靺鞨，东北至黑水靺鞨，地方二千里。"① 此条材料与《旧唐书》全相同，惟补其所漏"西接"二字，得此可知越熹在渤海之西。渤海初时自号"振国"，自开元后乃专称渤海。故知《册府元龟》与《旧唐书》所叙其四至乃前期者。《新唐书》则言渤海西接契丹，是即指仁秀开大境宇，合并越熹向西推进后之西界，故可知《新唐书》所叙渤海四至乃其盛时疆域。明于此，则《旧唐书》所谓"地方二千里"乃其前期版图，《新唐书》之"地方五千里"乃为盛时辖地之广袤。

《后汉书》与《魏志》言夫余与高句丽之领域各皆"方二千里"。是渤海初时较夫余、高句丽所大无几。其以敦化为中心，东或不逾牡丹江与拂涅相接，西止于永吉、长春间，吉林西北之地尚属越熹，北与铁利、虞娄相邻，今阿勒楚克河与牡丹江下游犹在域外，其南与新罗相接，确址犹待详考。

至渤海盛时，地方五千里，较前大一倍有半。五京十五府之设当完备于此时。其国境四至《新唐书》所载甚明。其南接新罗，以"泥河"为境。泥河为何水？《新唐书》云："南海（府），新罗道也。"渤海之南海府为今朝鲜东北咸镜道之地，则泥河必在咸镜道，为其南境之水。《三国史记》引贾耽《古今郡国志》谓："渤海国南海、鸭绿、扶余、鄚城四府并是高丽旧地也。新罗井泉

① 《册府元龟》，卷959，《土风》。

郡至栅城府凡三十九驿。"① 渤海栅城府即东京龙原府，在今吉林珲春境。新罗井泉郡为今德源。据《东国舆地胜览》卷四九"咸镜道德源都护府"条云："本高句丽泉井郡，新罗改井泉郡"。按唐制以30里为1驿，自今德源而北39驿，凡1170里，正抵珲春境。故渤海与新罗之界当在今德源稍北，泥河亦当求于此。近世中外考渤海地理者皆以德源北永兴境之龙兴江比定为泥河，甚是。

渤海之西南界，新、旧《唐书》皆不载。贾耽《道里记》谓："登州东北海行至鸭绿江口，舟行百余里乃小舫溯流东北三十里至泊灼口，得渤海之境"②。泊灼口在高句丽时泊灼城附近。唐贞观二十一年征高丽，"薛万彻渡鸭绿水，百余里至泊灼城"③。即此。其城位于今九连城，泊灼口者当即九连城附近之大蒲石河口也④。

渤海之西界其北半部分与契丹相接，扶余、募颉、怀远、安远4府皆边境之府，自今开原、双辽迤西，北经乾安、大赉等地，当即渤海与契丹相接之区。西境之南半部分旧说与唐安东都护府所辖州县相邻。诸家皆引贾耽《道里记》为证，其谓："自（安东）都护府东北经古盖牟、新城，又经渤海长岭府千五百里至渤海王城。"似渤海与唐之界在新城（抚顺）之东，然贾耽之时安东都护府已废置30年，距迁府于平州已70年，其所谓安东都护府者乃指唐高宗上元年间移于辽东城之故置而言，非贾耽之时仍有安东都护府设于辽东境也。据吾人所考辽东之地为渤海所有。渤海西抵辽水，与营州相接，旧新《唐书》皆言其在营州东而不言其在都护府东者，以安东府固早已徙废，其地为渤海所有也。

渤海有扶余故地，扶余"北有弱水"。弱水据日人津田等所考

---

① 《三国史记》，卷37，《地理四》。

② 《新唐书》，卷43，《地理志》引。

③ 《册府元龟》，卷985。

④ 参见本章第二节泊灼城与泊灼口条考释。

即今东流松花江。① 是渤海北抵今松花江，惟贾耽《道里记》有谓“（自渤海王城）北经德理镇至黑水靺鞨千里”，似松花江南尚有黑水之地，然《新唐书》载渤海“东北至黑水靺鞨”，证以同书《室韦传》可知黑水靺鞨在渤海东北，不在渤海正北。《吉林通志》曰：“《道里记》云：北经德里镇至南黑水靺鞨千里。由今宁古塔北行千里则已在混同江外，为北黑水部地矣，何处更容南部耶，疑千里字有误。”② 故贾耽此语当有误。渤海之北境抵今东流松花江。

黑水靺鞨在渤海东北，分南北部，诸家皆证其在混同江南北地。如上所载黑水不隶渤海，故渤海东北境约抵今同江、伯力及迤东之地。

渤海之东境至于海，则今乌苏里江东俄罗斯滨海州之地，及朝鲜咸镜南、北道皆渤海属境甚明。

（三）辽东为渤海辖地

唐平高丽于其地置安东都护府，统 9 都督、100 县，辽东之地尽入版图，武后时契丹李尽忠据营州，东陲多故。开元初移安东府于辽西，后又废置。辽东之地遂不明何所属。有谓仍为唐所辖，有谓入于渤海版图。皆在疑似间而未详证。此为考渤海疆域之一大疑难。笔者详细审读有关资料，初步认为：唐灭高丽虽始而有其地然终不能守，高丽虽灭而大氏兴起，辽东之地及高丽故土多为大氏所有。惟史载简略零散，有待考辨而后能明此情由。

1. 安东都护府之徙废

关于安东都护府的设置与迁废，诸书咸有记载。

《新唐书·地理志》谓：“安东上都督府：总章元年（668 年）

---

① 《渤海考》，见《满鲜地理历史研究报告》，第 1 册。

② 《吉林通志》，卷 10，《沿革志》。

李勣平高丽国，得城百七十六，分其地为都督府九、州四十二、县一百。置安东都护府于平壤城以统之。用其酋渠为都督刺史县令。上元三年（676 年）徙辽东郡故城。仪凤二年（677 年）又徙新城。圣历元年（698 年）更名安东都督府。神龙元年（705 年）复故名。开元二年（714 年）徙于平州。天宝二年（743 年）又徙于辽西故郡城。至德后废。”① 安东都督护何以一再迁徙呢？其侨置辽西后又罢废说明什么问题呢？明于此对辽东何所属则易了解。按唐高宗总章元年（668 年）虽已灭高丽，但镇守颇难。初薛仁贵以兵二万驻平壤，但咸亨元年（670 年）仁贵奉诏西击吐蕃，安东府兵力遂弱，而都督刺史县令又皆高丽故旧，同年四月，“有酋长钳牟岭者率众叛，立高藏外孙女舜为王，令左卫大将军高偘讨平之”②。事虽平而统治困难，上元三年（676 年）遂不得已而徙于辽东郡故城，即今辽阳。次年（即仪凤二年，677 年）又徙于新城（今抚顺北高尔山山城）。据《旧唐书·高宗本纪》“仪凤二年二月”条云：“工部尚书高藏授辽东都督，封朝鲜王，遣归安东府安辑高丽余众。司农卿扶余隆熊津都督，封带方郡王，令往安辑百济余众。乃移安东都护府于新城以统之。”换言之，高丽、百济王皆放还故国。辽东、朝鲜之地成为羁縻地区。但高藏归后又谋复国，《旧唐书·高丽传》谓：“藏至安东，潜与靺鞨相通谋叛，事觉召还，配流邛州，并分徙其人散向河南、陇右诸州。其贫弱者仍留安东城傍”。这里，一方面可看出唐王朝在辽东统治尚强，故能将高藏召还并徙其民于中原；另一方面也说明高丽、靺鞨之众未曾悦服而思有以自立。且徙其强壮而留贫弱也使该地区生产凋敝，造成统治更为困难的局面。武后神功元年（697 年）狄仁杰上表请罢安东都护府，其辞云：“近者国家频岁出师，所费滋广，西

① 《新唐书·地理志》与《太平寰宇记》卷 71 所载略同。

② 《通典》，卷 186，《高句丽》。

戍四镇，东戍安东，调发日加，百姓虚弊……请捐四镇以肥中国，罢安东以实辽西，省军费于远方，并甲兵于塞上，……仁杰又请废安东，复高氏为君长，停江南之新输，慰河北之劳弊。”① 可见唐王朝之有辽东，与公孙氏雄张辽海前后形势迥不相同，虽复有汉、魏辽东之故地，而不能长治久安。当仁杰上表之际，契丹陷营州，东陲道阻。乞乞仲象与乞四比羽渡辽水，分王高丽故地亦此时事。李楷固之击大祚荣，又大败奔还。契丹及奚尽降突厥，辽东势益孤悬。祚荣筑城建国于密迩相接之地，其势蒸蒸，安东都护府虽犹存，然其能控制地区当远蹙于初时。《通典》言：“高宗平高丽、百济，得海东数千余里，旋为新罗、靺鞨所侵，失之。”② 同书又云：“（高丽余众）不能自保，散投新罗、靺鞨，旧国土尽入于靺鞨。”③ 此所谓“靺鞨”即渤海，金毓黻已详证之。④ 辽东前为高丽所有，证以他书所谓大氏走保辽东，分王高丽故地，则渤海兴起后安东都护府之州县皆后为其所侵蚀。

开元二年（714 年）安东都护府移于平州（今河北卢龙县），天宝二年（743 年）又徙于辽西故郡城（今辽宁朝阳市迤西）。皆侨治于辽水以西之地。按历代侨治郡县，皆因其故治不守而移于异地。如营州都督府于万岁通天二年为契丹李万荣所陷，移府于幽州，圣历二年（699 年），侨治渔阳，至开元时复还柳城，即其例。安东府后未复还辽东，而于肃宗至德（756—757 年）后废。这说明辽东之地已非唐所治辖。金毓黻谓：“唐平高丽，始置安东都护府于平壤城，继迁于辽东郡故城，又徙新城，开元二年徙平州，天宝二载又徙辽西故郡城，至德后废。此皆靺鞨之族代高丽而兴，逐渐东向侵略之证。开元二年徙府于平州，此又渤海建国

① 《旧唐书·狄仁杰传》。
② 《通典》，卷 172，《州郡二》。
③ 《通典》，卷 186，《高句丽传》。
④ 《渤海国志长编》，卷 19。

后扩张其势至辽河东岸之证也。”① 其言甚是。唐王朝不仅于辽东之地不能守，位于东北境之营州亦常处动荡中，武后时陷于契丹，开元初复，五年于营州置平卢军使。七年升为平卢军节度使，十八年平卢军节度使兼押两蕃（按：指契丹、奚）、渤海、黑水四府。② 安史之乱后，肃宗时营州又陷于奚，平卢军节度使侯希逸“为奚虏所侵，希逸拔其军二万人且行且战，遂达于青州”③。于是废淄沂节度号，淄青平卢节度兼押新罗、渤海两蕃使。是平卢节度又南徙并入淄青。此时若谓辽东之地仍辖于唐室，揆之情势亦甚难。

2. 辽东为渤海辖地

以上就安东都护府之徙废，营州之先后陷于契丹、奚及平卢节度使之南徙淄青，证明唐王朝在东北地区势力日益削弱，步步退守，辽东之地当为渤海所有。犹有可证者为中外诸史之直接记载。据《册府元龟》记开元十五年（727 年）四月丁未，唐玄宗敕曰：“渤海宿卫王子大昌勃价及首领等人久留宿卫，宜放还蕃。庚申，封大昌勃价襄平县开国男，赐帛五十匹，首领以下各有差”④。大昌勃价为大祚荣子，渤海武王武艺之弟，于开元十三年（725 年）入朝留宿卫。两年后放还为“襄平县开国男”。按唐开元初徙安东府于平州后，营州尚领襄平守捉，观此敕则知以大昌勃价开国封于襄平县。襄平即今辽阳，是唐玄宗于安东府内徙后，以辽阳之地敕封于渤海。此与封武艺为忽汗州都督渤海郡王虽大小有异，而意义略同。《续日本后记》载，海国中壹省致日本太政官牒有谓：“日域东遥，辽阳西阻，两邦相去万里有余”⑤。据此，

① 《渤海国志长编》，卷19。
② 《新唐书》，卷4，《方镇表》。
③ 《旧唐书》，卷124，《侯希逸传》。
④ 《册府元龟》，卷974，《褒异》。
⑤ 引自《渤海国志长编》，卷18。

则唐代渤海人明言辽阳为渤海之地。日本仁明天皇覆渤海王彝震书亦谓："望日域而忘遐，贡篚相寻，想辽阳而如近，眷其勤苦"①。是日本亦以辽阳为渤海属地。《契丹国志》卷十谓："东京乃渤海故地。自阿保机力战二十余年始得之，建为东京。"《辽史·地理志》"东京辽阳府下"谓："唐高宗平高丽，于此（辽阳）置安东都护府，后为渤海大氏所有。"《金史·地理志》云："东京辽阳府本渤海辽阳故城。"《金史》卷二《太祖纪》云："东京，渤海故地。金得之，于其地置猛安谋克，一如女真之地。"故自渤海当代人文件及宋、辽、金诸史所载，辽阳为渤海所有，甚为可信。另据日人鸟居龙藏在辽阳城壁所发现的石刻，亦属渤海时期的，此石刻为一精美人像手握萨珊式胡瓶，白鸟库吉考证此石刻"是渤海时代的，雕刻人的物和风俗也是渤海人，该人手中所持的瓶子萨珊'鸟头胡瓶'都是属于同一时代的"②。

辽东之地，契丹从渤海手中所得，建为东京辽阳府，史皆言之凿凿。金人王寂《辽东行部志》谓："唐季不能勤远略，辽东之地为渤海大氏所有，传国十有余世，当五代时，契丹与渤海血战数十年，竟灭其国，于是辽东之地尽入于辽。"③ 辽之大举攻渤海时为太祖天赞四年（925 年）。其诏曰："所谓两事，一事已毕，惟渤海世仇未雪，岂宜安驻，乃举兵亲征渤海。"④ 既云"世仇未雪"，可见前此辽与渤海必然有相当长期的斗争，"契丹与渤海血战数十年"盖即指此。其详情虽史文缺记载，然按之诸书，辽攻扶余府之前，与渤海争夺之地即为辽东，辽太祖神册四年（919 年）"修辽阳故城，以汉民、渤海户实之，改为东平郡，置防御

① 引自《渤海国志长编》，卷 18。

② 《燕京学报》，第 30 期，61 页。

③ 王寂：《辽东行部志》，1 页，引《辽海丛书》。

④ 《辽史·太祖本纪二》。

使”①。则渤海国灭前7年辽已夺得辽阳。从“以汉民、渤海户实之”句，亦证辽掠刮渤海人而迁于辽阳。“天赞三年（924年）五月”条云：“徙蓟州民实辽州地。渤海杀其刺史张秀实而掠其民。”② 辽州为今辽水西辽滨塔之地，渤海攻之而掠其民，是渤海与辽在辽东边境争夺之证。同年辽太祖遣军复攻辽东。据载：“后唐庄宗同光二年（924年）七月，幽州侦得阿保机东攻渤海。”③所攻者即辽东。《资治通鉴》谓：“时东北诸夷皆役属契丹，惟渤海未服，契丹主谋入寇，恐渤海掎其后，乃先举兵，击渤海之辽东。”④《旧五代史》亦谓：“同光中（923—925年）安巴坚（阿保机）深著辟地之志，欲收兵大举，虑渤海踵其后。三年举其众讨渤海之辽东。”⑤ 按“三年”当为“二年”之误，宜从《资治通鉴》与《册府元龟》改正。

据上可知，当唐安东都护府内徙后，辽东之地被渤海据而有之。唐玄宗封渤海王子为襄平县开国男。渤海人亦谓辽阳为西境之土。辽之破辽阳，取辽东地，乃得之于渤海，非取于中原王朝也。辽灭渤海前，曾先后数度与渤海争辽东地，惟用兵规模不如辽太祖亲征余府之大，故史载简略，然钩沉索隐，事犹可稽。旧说渤海西境止于开原、英额门、新宾等地，非其实也。若谓辽东在渤海时期仍为中原王朝所有则地与渤海弥接，当为交往频繁之区。或遣使或互市，宜在辽东。何以唐王朝于营州“置平卢军使兼押新罗、渤海两蕃”？后又于登州置新罗，渤海之馆以处来使？渤海市马，售熟铜于唐，何不就近于辽东交易，反舍近求远越海而至登州？昔在汉魏，置辽东、玄菟郡，凡与高丽、夫余交涉，

---

① 《辽史·太祖本纪二》。

② 同上书①。

③ 《册府元龟》，卷995，《交侵》。

④ 《资治通鉴》，卷273，《后唐纪二》，“庄宗同光二年”。

⑤ 《旧五代史》，卷137，《外国列传》。

皆二郡处之，以其切近而假以事权。渤海之时唐若有辽东地，何故不置大吏以为节度，俾以重命而领东北边事，反而令鞭长莫及之平卢淄青节度使领新罗、渤海事，岂不怪哉！汉魏之书言夫余方位则曰：在玄菟北千里，言高句丽方位则曰：在辽东之东千里。《唐书》于渤海不书其去辽东几何，而谓：地直营州东二千里。盖以辽东已隶渤海版图，营州与渤海相接，故而谓其在营州之东也。

二、太平天国篇

点评太平天国历史

阳光明媚，钟声响起，人们满怀希望与祝愿迎来新世纪的第一个春天！回顾150年前的太平天国历史，胜利的辉煌与失败的黯淡，催人振奋！令人叹息！使人深思！为什么太平军像狂飙似地兴起于金田，三五年间就席卷江南，震撼清王朝二百余年的国本和根基?！为什么两广的区区小县——桂平和花县等地，竟英才辈出？历代农民战争，目标和要求往往局限在初级阶段，但太平天国却瞻视开阔，设想高远，它前期颁布了《天朝田亩制度》，后期又“旨准颁行”了《资政新篇》，对这两个被称作纲领性的文件，现在究竟该如何评价？太平天国前期轻徭薄赋，后期扶助农商，实行“着佃交粮”，对这些经济政策和措施，我们应该如何评说呢？太平军在前后期都有着它赫赫的战绩，其组织之严整、军纪军律之严明，被清方称为“前所未见，亦所未闻”，那它有什么特色呢？太平天国成败的关键和转折点是“天京事变”，汪士铎称“洪秀全自毁长城”，究竟洪天王是否“密诏诛杨”？此等大变故，他有什么责任或不得已而为之？太平天国雄峙东南十数载，但由于中外反动势力联合起来，湘、淮军加上洋鬼合力进攻，势力对比悬殊，因而悲壮地失败了。

回顾和反思这段历史，将使我们受益。

一、太平天国前期辉煌胜利的原因何在

太平天国自1851年1月金田起义，至1853年3月攻克南京，仅两年余便横扫六省，控驭长江，建立起一个与清王朝相对峙的新政权。这在中国古代战史上是罕见的奇迹，其原因何在呢?

第一，是鸦片战争后阶级矛盾与民族矛盾进一步尖锐化，各族人民陷入水深火热之中。贪官如虎，蠹吏如蝗，“富儿当权，豪杰绝望”。真是官逼民反，不得不反。因此，洪秀全、杨秀清举义于金田，八桂响应。太平军入湖南，全军老幼不及万人，而能战者仅两千余，但在道州扩军时，湘南人风起云从，入伍者过6万人。克武昌后，水营、陆营近20万人，号称百万，直下金陵。这时“天厌满清”，人心向着太平天国。第二是太平军素质优良，能征善战，故所向无敌。太平军是出自贫苦之家，入伍后将“打到小天堂，平分土地，无处不均匀，无人不饱暖”看作自己的理想，故而奋勇征战，无坚不摧。第三是太平军组织严密，纪律严明，使它成为历史上最优良的一支农民军。它按《太平军目》编制，从军帅到卒长、两司马和士兵，严严整整，号令分明，清方惊叹曰：“不仅前所未见，亦所未闻!”至于太平军的军纪优良，中外同钦。李秀成记克南京城时，“东王令严，(不许入民家)，左脚踏入民家者斩左脚，右脚踏入民家者斩右脚”。故闾里安堵，秋毫无犯。另外，太平军战略方针正确，不株守一城一池，直取江南，旋又北伐西征，使清方顾此失彼、陷于被动。太平军机动灵活的战略战术是它克敌制胜的要窍。例如，它攻桂林月余无功，便转进湖南而大捷；攻长沙不下，撤军走益阳，得船只数千，便顺流而取武昌。此中也有些机遇与天时，但关键却在于东王决策的正确。

二、洪秀全、杨秀清的历史定位和“天京事变”的未解谜团

在中国近代，洪秀全是与严复、孙中山等被列为向西方学习的先进人物。他吸取了基督教某些教义，倡导人人皆上帝的子女，说：“天下多男子，皆兄弟之辈；天下多女子，皆姊妹之群。”这是具有民主主义的平等思想，有利于对封建专制政治的批判。太平天国的军民，自视都很高，原因在于自认是上帝的子女。这一点意味着人的价值的自我发现，这是洪秀全的启发和贡献！他还用“拜上帝”思想组织紫荆山和各地的信徒，成为金田起义的骨干力量。然而，由于时代的局限和封建意识的束缚，洪秀全的帝王专制思想很严重，而且到天京坐了金龙殿后，把早期那点民主平等意识都抛置脑后了！

据史料记载，洪秀全天王府脱离群众，也脱离了瞬息万变的战争和军国大计，这是他远不及朱元璋和刘邦等开国君主之处，这也注定了他悲剧的结局。他与杨秀清、韦昌辉等相处已10年，应对杨、韦矛盾有能力化解，或以九五之尊，控驭诸王，岂能闹到火拼而“自毁长城”！

杨秀清是紫荆山的烧炭工出身，史书说：“至贫者莫如东王，至苦者莫如东王。”也许应了孟子说的“天将降大任于斯人”，所以他受尽了艰苦的锻炼。底层生活的丰富体验，使他的才智和聪明得到了发挥。李秀成等天国将领对东王佩服到了崇拜的地步，惊叹说：“不知天意如何化作此人！”洪仁玕是见过些世面的，也对东王崇仰之至。当然，太平天国前期军事政治上的辉煌，确也令人不能不佩服杨秀清。

十分遗憾的是，杨秀清因为穷，读不起书，不曾得到祖国传统文化关于虚心和谦抑的修养。他功高震主而不谦退，还要“逼

封万岁”，能不遭杀身之祸？他机敏过人，却对韦昌辉毫无察觉，轻信而不防范。祸起萧墙，长留遗恨。天国因内讧而元气大伤，岂不可哀！

韦昌辉以迅雷不及掩耳的手段，杀死了杨秀清，又诛杀了无辜“东党”两万余人，使太平天国前期干部，沮丧殆尽。因此，韦昌辉成为太平天国最大的罪人，遂被天王永远除名废爵。据清方探报称：韦昌辉回京诛杨，是奉天王“密诏”。但太平天国正史无征，石达开、李秀成的自述中，在相关的段落也不曾记载，难道是为天王讳饰？洪秀全自己把东王死期定为“东升节”，与耶稣升天节一样纪念。看来“密诏”是莫须有的事，且待将来进一步去考证。

三、桃花源式的《天朝田亩制度》与务实利民的“着佃交粮制”

太平天国定都南京后，便颁布了《天朝田亩制度》。这是农民革命政权的纲领性文件，它以“凡天下田，天下人同耕”的平分土地为中心思想，包括社会组织、基层政权建设、教育、司法等皆规划了一个蓝图，它反映了农民渴求得到一份土地，过上温饱和富足生活的愿望。它也激发了农民参加和支持革命的热情。它的性质是革命的、积极的，而不是消极的、落后的。它带有某些空想性，是农民的桃花源式理想国。平分土地是可以实行的，但当时战事紧张，于是经东王奏准，施行“照旧交粮纳税”政策，即仍照清代粮赋的正额征收。众所周知，清朝官吏都是“勒折浮收”，所收钱粮超出正额数倍，弄得民穷财尽，怨声载道。太平天国按正额收粮赋，不啻是减轻农民大量的负担，使生产力得到复苏和发展！

太平天国地区，大地主或遭杀害或远徙逃亡，于是出现大批有佃无主的业田。太平天国顺应这种经济形势，实行了新的切合实际的“着佃交粮”政策。以往是佃农交租，地主纳粮，今改为佃户交粮赋，地主收不到租。佃农大为得益，所以都踊跃输纳，比往时快而足额。接着，太平天国又在苏、浙等省颁发“田凭”(土地证)，佃农交纳田凭费后，就领回土地证，变成实际的“耕者有其田”。

经过轻徭薄赋，扶助农商，太平天国在它所辖的苏、浙、皖、赣地区，经济上渐有欣欣向荣的气象。苏州人民为感激天王与忠王给他们减免钱粮，特地在阊门外镌立“民不能忘”的白玉大牌坊，以资纪念。在常熟，至今犹保存着当时建立的“报恩牌坊碑”，该碑文以生动的词句，描述了当地民安物阜的景象：“禾苗布帛，均出以时，士农工商，各安其业；平租庸之额赋，准课税之重轻。春树万家，喧起鱼盐之市，夜灯几点，摇来虾菜之船。信民物之殷阜，皆恩德之栽培！”话中虽然文学笔调较浓，但证以众多史料，却并非溢美之词。

四、洪仁玕的发展资本主义纲领——《资政新篇》

洪仁玕是天王洪秀全的族弟，他和冯云山是最先参与密谋造反的，但因故流亡香港。1858 年才辗转来到天京。不久，晋封干王，总理朝政。《资政新篇》便是他向天王陈奏的施政大纲，并得到天王批准颁行，具有法令的性质。它是太平天国后期一个发展资本主义的纲领，比康、梁等人的戊戌维新主张先行了半个世纪，便显得更为光辉耀眼，值得充分研究和重视。

《资政新篇》着眼于中国社会的经济发展状况，借鉴当时欧美国家的经验，提出了一个使中国与欧美并驾齐驱的发展方案。其内容主要有：一是发展新式机器制造业，仿效英、法、美、德等国，大“兴器皿工艺”，脱出“农本商末”的旧框架，直接追赶

“以工立国”的英美等强邦；二是开发矿业，大“兴宝藏”，奖励私人探矿和开发，保障其优先专利；三是大兴“车马”“舟楫”之利，建国道、省道，疏浚黄河以通航，使火车与轮船畅行；四是“兴银行”，发行纸币，并许可私家设银行，这是超前的政策主张；五是推行雇佣劳动制度，禁止奴隶买卖和企业使用奴隶劳动；六是保护专利，鼓励发明创造，对发明者“赏以自专之利”；七是抛弃闭关自守，对外平等开放，引进西方的先进科学技术，批判将科技视为“奇技淫巧”的封建落后观念；八是实行与经济改革相适应的社会和政治改革，在经济改革的同时，主张建立中央集权与“民心公议”相结合的政治体制。

《资政新篇》中十分强调国家要实行法制。首先要求“立法善”，并指明它的所谓“善”，就是用法律来促进和保护近代经济的产生和发展，推动诸如民选乡官，建立监察机构和士民公会等为内容的政体改革，以及以保护人权、实行轻刑为特点的律制变革，从而使中国成为一个“立法善”“持法严”“代有贤智相维持”的近代法治国家。

总括起来，就是从经济技术、社会政治两方面来进行变革。这在当时的中国，乃至东方各国，都是最高水平。如果说戊戌变法以前的中国社会存在着近代化的一次机遇的话，那么《资政新篇》就是力图抓住这一机遇，实现中国近代化的第一个方案。遗憾的是，它随着太平天国的败亡而落空了！

有识者多认为：洪仁玕是个放眼世界，看清了时势潮流，力图致中华于富强，与欧美并驾齐驱的先进的爱国政治家。他的《资政新篇》，“前胜龚魏，后映康梁”，就像一颗耀眼的明星，照亮了19世纪中叶的神州夜空！

五、石达开的英雄末路——折戟沉戈大渡河

石达开是广西贵县人，家道殷实，毅然率众起义，永安封翼王之时，年方20岁，不愧为羽翼太平天国的栋梁。他自长沙率林凤祥、李开芳等当开路先锋，打下武昌。又指挥前军东下，“鞭敲金镫响，沿路凯歌声”，不月余便攻克南京。更为得意之笔，是他在西征的九江、湖口战役中，顶住了骄桀的湘军水陆师，力挽狂澜。继而设计用谋，大败曾国藩于湖口石钟山，逼得他投水觅死而未遂。石达开经营安徽，执行政策掌握分寸得宜，使农商并茂，皖民颂声大起。他生平转折的关键是“天京事变”。此前此后，判若两人，这常令读史者为之扼腕叹息！

“天京事变”的惨剧，给他的打击当然很大。他闻变回京想方设法排解，又险遭韦昌辉的毒手。他虽缒城逃脱了，但父母妻儿尽遭杀害，这种伤痛是难以弥合的。诛韦之后，合朝公举他为“义王”，提理朝政。但继而遭安、福两王的掣肘，洪秀全的猜疑，使他惧祸出走，从此分裂不返，转战东南与湘黔。他既不支援被围于九江、吉安的太平军兄弟，也不在闽、浙开辟根据地，与友军相依护，相机以待时宜。他的流动作战，犯兵家大忌，连曾国藩都不以为然。他回师广西后，又生出“退隐山林”的奇想。那时他年方28岁，尚不到“三十而立”之年，何况主客观形势都不容许他作此选择。他意志消沉，使他优越的才智得不到发挥；他丧失主观能动性，出广西、入川黔为时太晚了！若赶在1860年四川李、蓝大军方盛时入川，骆秉章就难圆其升官梦了！还是诸葛亮说得好：兵家胜败，“非惟天时，抑亦人谋”。

六、太平天国后期双栋梁——陈玉成和李秀成

陈玉成和李秀成是太平天国后期家喻户晓的人物，陈玉成三克武昌，全歼李续宾于三河镇，湘军、楚军闻风丧胆。他是太平军中一员年青的虎将。镇守安徽，锁定上游，他的存在，使天京有磐石之安。他若不是被苗沛霖骗入寿州，战场上胜保只有逃窜的份儿！

李秀成与陈玉成则有所不同，他善于谋略，虑事周详，在军事上是个帅才。例如，他二破江南大营前，在芜湖会议中运筹帷幄，奇袭杭州，决胜于千里之外。他开辟苏、浙广大地区，为天朝别开生面，使清方丧失了粮饷主要来源。他在军事上不争一城一池的得失，对安庆与天京主张“让城别走”，把眼光放到广大江淮与中原各地。证以捻军史实，李秀成的见地未尝不是卓越的。梁启超评论李秀成，说他是“近代最大的政治家”，若以他在苏福省和浙江等地减免钱粮，资助商家营业，迅速恢复生产来看，确乎赫然有成绩。他打破杭州，厚殓巡抚王有龄，重金礼送清官员各回原籍。这是瓦解敌人营垒的大手笔，大有开国宰辅的自信和胸襟。他忠于太平天国，天京城破时将坐骑让给幼主纵马奔往湖州，为天朝留下再起的命脉。他自已因此而被俘，为太平天国捐躯献身！至于是否叛徒，后来人是不难判断的！

七、镇压太平天国巨魁——曾国藩

曾国藩于1811年出生在湖南湘乡，道光末进士，以理学和文章知名朝野。但他最大的政治奖牌是镇压了太平天国。如若不然，他的地位恐难居桐城派姚鼐和方苞之上了！

太平天国起义后，曾国藩坚决站在敌对立场，以保卫名教相

号召，组建湘军水、陆师，发布《讨粤匪檄》。他出师东下，虽屡遭败创，但咬紧牙根，仍招兵练勇，大办水师，沿江逐城围攻，绝不撤退。他坚持这种战略方针，终于成功。洪秀全则昧于谋略，丧失了长江水上的控制权，遂使沿江的战略名城如武汉、九江和安庆等，都遭水陆围困，粮尽援绝而陷落。湘军的陆营不能攻坚，曾国藩舍短用长，创深沟高垒、围城打援的战术方针。所以太平军不是被战死的，而是被饿死的。

曾国藩治军，标榜“爱民”，他说：“行军不扰民为本”。众所周知，太平军的军纪优良，对比之下，湘军之无纪无良，令人齿冷。安徽是太平军的根据地，军民“相习相安”，但被湘军占领洗劫后，四野萧疏，“壮者被掳，老幼草根掘尽，风雨悲啼，死亡枕藉”。这使曾国藩的幕僚也看了心寒。曾国藩讲理学，讲“仁心仁术”，他倡导“以仁存心，以礼存心”，要求诚笃“力行”，实践这“仁”字。但是人们不难发现，曾国藩骨子里缺“仁”的素质，他不仅对太平军和太平天国辖区的百姓不仁，他对湖南桑梓的农民起义也采取血腥屠杀。他督师衡阳时，自设“审案局”，草菅人命，天地会人员被杀盈千累万，人称之为“曾屠夫”“曾剃头”，他自认“身得残忍严酷之名亦不敢辞”。他不仁，却要讲求“仁心仁术”，终不免陷于双重人格的伪道学。

曾国藩作为军事家，于兵法颇有深入和创获；他潜研理学，见识宏通，不乏明睿独到之处。撰作古文，笑傲于当世，后人亦多称仰。但是他昧于民族大义，难免受“扶清媚洋”的指斥。至于操刀屠戮起义农民，何曾有恻隐怜惜的情感?！以不仁而侈谈“仁”与“理”，所以章太炎与孙中山对他嗤之以鼻。

八、太平天国因何而失败

中国封建历史两千多年，农民起义无数次，虽失败者居多，但也有创国践祚、传世几百年的刘邦和朱洪武。洪秀全却兼开国与亡国于一身，这是罕有的，此中的原因何在呢？从客观上看，太平天国起义于近代初期列强入侵之后，当清政府与英、法联军妥协议和进而共同对付太平军之后，太平军就变成以一对二的不利局面。

太平军后期，既要对付湘军来自上游的进攻，又要在上海、杭州与英、法和洋枪队鏖战。若是一对一的见仗，正如李秀成所说："那时洋人并不敢与我接仗，战则必败！"但是太平军既骛于东，又疲于西，长江千里，往来征战，纵是铁军也会拖垮的！洪仁玕十分感慨地说："若非洋人助妖，我朝定能长久！"的确，清军单独与太平军对仗，历来是敌不过的。如向荣败死句容；罗泽南殒命九江；江忠源堪称文武兼备，也授首庐州；悍将李续宾血战三河，亦落得尸首不全的下场！

中外反动势力联合向太平天国进攻，两股势力相结合，必然大过太平军。例如，太平天国荣王廖发寿守嘉兴，固若金汤。清提督程学启百计环攻，却自己阵亡于城下。若不是戈登用洋炮轮番轰击，太平军是不会退城别走的。

太平天国失败的主观原因是多方面的，农民领袖进城后，或表现为腐化堕落，或变为骄恣放肆，争权夺利。在太平天国，内部矛盾的总爆发，便是"天京事变"的内讧相杀，从此元气大伤，士气不振，难以恢复。在后期，太平天国也遇到好的机遇，1860年前后，清朝又陷入岌岌可危，但洪秀全不善于把握和利用，机遇转瞬间便错过了。

在战略方针上，后期的保守与前期的进攻，也成鲜明对比。李秀成要开拓苏浙，洪秀全却要死守安庆孤城，他全然昧于外线制敌的战略，结果兵力牵制在应援和守城，被湘军、淮军各个击破。

太平天国对知识分子的政策也是不可取的。它反孔、烧诗书典籍，后虽得到制止，但知识分子的地位却始终没有大的改善。朱元璋还知道礼聘刘基和李善长，洪秀全这个落第的知识分子发迹后，却不知道重视知识分子在建国中的作用，这是什么心态？然而，左宗棠、彭玉麟、郭嵩焘、赵烈文等大批对满洲贵族有意见的知识分子，却被曾国藩罗致到门下，成了对抗太平天国的重要力量。

略论太平天国革命的性质

近年来，在太平天国史的研究中，关于革命性质的问题展开了不同意见的争论：一种意见认为太平天国革命是“单纯农民战”；① 另一种意见则认为是“资产阶级性的农民革命”。②

持“单纯农民战争”论的同志们认为：太平天国革命和以往历史上任何农民战争一样，是没有先进阶级的领导，农民在这场革命中是唯一的力量；它们所提出的纲领——天朝田亩制度虽然体现了农民反封建的革命要求，但它所标榜的平均主义的方案，却在实质上是反动的；革命的组织形式也没有改变历来所采用的宗教迷信手段，政治上封建保守的色彩很浓。因此，这些同志们认为太平天国革命仍然不超出旧式农民战争的范围，就性质而言，

---

① 关于“单纯农民战争”的论点，参见《纪念太平天国革命百周年》，载《人民日报》，1951 年 1 月 11 日；范文澜：《纪念太平天国起义 105 周年》，载《人民日报》，1956 年 1 月 11 日；康右铭：《对束世澂著〈洪秀全〉一书的几点意见》，载《光明日报》“史学”77 期，1956 年 3 月 1 日；《光明日报》“史学”81 期编者按，1956 年 4 月 26 日；等等。

② 关于“资产阶级性的农民革命”的论点，参见于侯外庐同志在抗战时期为《中苏文化》杂志所写的文章；1955 年束世澂：《洪秀全》一书；束世澂：《答复康右铭先生对〈洪秀全〉一书的意见》，载《光明日报》“史学”81 期，1956 年 4 月 26 日；祁龙威：《试论太平天国革命的性质》，载《光明日报》“史学”83 期，1956 年 5 月 24 日；戴逸：《中国近代史的分期问题》，载《历史研究》，1956 年第 6 期；等等。

都是单纯的农民战争。

与此相反，持“资产阶级性农民革命”的同志们认为：太平天国革命具有它自己的特殊性，它固然无可非议的是农民战争，以农民作革命的主力，但它爆发于中国开始进入半殖民地半封建社会之后，崛起于经济较为发达、中西交通频繁的两广，此时社会各阶级已产生了新的变化，农民已不是中世纪的封建农民，他们具有“资产阶级民主派”的特点，农民以外还有新兴的市民等级，这一社会力量投入革命斗争中，成为其核心和骨干，因之太平天国革命中阶级力量的配备是颇不单纯的；至于天朝田亩制度，虽然它带有空想性，但实质上却是一个彻底的反对封建地主所有制的进步纲领，它的本质是进步的而不是反动的，历代的农民战争不过意味着封建王朝的更迭和生产的复苏，天朝田亩制度却摇撼着整个封建制度的基础，担当了挖掘封建墙脚，为资本主义开辟发展道路的历史使命；太平天国的政治制度和思想虽然也还带有封建社会的母斑，但它的启蒙民主主义的性质却是无可怀疑的。因此，这些同志认为，太平天国革命是具有显著的时代赋与的特点，它与旧范畴的“单纯农民战争”有性质的区别。

不难看出，太平天国革命性质的问题是研究太平天国史的中心和关键，直接牵涉着对这伟大的农民战争的正确估价，因此，展开对这问题的讨论是很有意义的。笔者个人赞成后一种看法，本文拟就天朝田亩制度的实质问题、农民分化与市民等级兴起的问题等加以初步的分析，再综合论述革命性质之所在。疏漏谬误之处，恳请同志们教正。

一、天朝田亩制度的实质问题

天朝田亩制度是太平天国革命的土地纲领和建国的根本大法，它反映了农民革命总的要求，也反映了革命的性质。因此，对天朝田亩制度的评价、对它的内容实质的分析是很必要的。

太平天国革命爆发于19世纪50年代之初，这时中国古老的封建社会已濒于衰落和瓦解，内部资本主义已经萌芽，外国侵略势力也破关而入，历史进入半封建半殖民地化的过程。在这个社会内部，主要的经济矛盾——即生产过程的个体性质和大封建所有制之间的矛盾——发展得异常尖锐，地主阶级垄断了作为主要生产资料的土地，残酷地剥削农民，为了逼使农民缴租偿债，“虽衣具尽而质田器，田器尽而卖黄犊，物用皆尽而鬻子女，亦必如其愿而后已”①，所以“万大洪告示”中指出当时社会“民之财尽矣，民之苦极矣”②。而代表封建统治利益的清政府对工商业的掠夺和苛捐杂税的盘剥，使萌芽的资本主义因素，遭受严重摧残而得不到顺利发展。所以，自清初以来就因土地高度集中而激化起来的矛盾，到太平天国前夕就变得空前激烈。农民起义接连不断地爆发，而且声势规模越来越大。种种迹象都表明封建制度已经难于维持而濒于崩溃了。③

革命危机在太平天国起义前夕已经成熟。革命的任务就在于摧毁腐朽的封建制度，为资本主义的发展开辟道路。革命所要解决的中心问题就是土地问题。太平天国的天朝田亩制度便是这些历史要求最深刻的反映。

天朝田亩制度按照公有的原则来处理社会的财产关系，它要求完全消灭私有制，“天下人人不受私，物物归上主”。达到“有田同耕，有饭同食，有衣同穿，有钱同使……天下大家，处处平

---

① 见陶煦：《租覈》。

② 见《中国近代史资料选集》，115页。

③ 关于清初土地集中，请参看陈振汉：《明末清初（1620—1720）中国的农业劳动生产率、地租和土地集中》，载《经济研究》，1955（3）；关于清中叶以来封建社会是否濒于崩溃的问题，请参看陈湛若：《略论〈红楼梦〉社会背景》，载《文史哲》，1956（4）。

均，人人饱暖”的目的。它所使用的方法则是平均主义的。凡天下田地，按其产量不同，分为九等，“凡分田，照人口，不论男妇，算其家口多寡，人多则分多，人寡则分寡。杂以九等，如一家六人，分三人好田，分三人丑田，好丑各一半”。①

可以看出，天朝田亩制度是针对封建大地产而予以坚决的否定，它号召农民起来夺取土地，成为鼓舞和发动农民参加革命斗争的一面旗帜。太平天国革命之所以能够得到广大农民热烈的支持和拥护，太平天国占领地区之间所以能够很快地巩固革命秩序，就是因为它满足了农民对土地的根本要求。

当然，太平天国的土地政策并没有按照天朝田亩制度的规定施行，也不可能这样做，但它却在很多地区实行了“耕者有其田”的政策。例如：忆寓陈墟桥蔡村时，通村千余家……民皆不认字，而仇恨长官，问：“官使贪乎？枉法乎？”“不知。”问“何以恨之?”则以收钱粮故。问“长毛（案指太平军）不收钱粮乎?”曰：“吾交长毛钱粮不复交田主粮矣!”② 伪监军提各乡卒长给田凭，每亩三百六十，领凭后租田概作自产，农民窃喜，陆续完纳。③

“天朝田亩制度”和太平天国“耕者有其田”政策，在某些方面固然有所不同，但二者的精神实质却是一致的。即同是由“毁坏各种各色的封建制度的必要性”④ 所引起，共同具有摧毁封建地主大地产制，建立小农土地所有制的性质。可以说耕者有其田的政策是实践中的天朝田亩制度，是它在实际生活中的发展和修正。因此，评价天朝田亩制度的意义和作用，只要从对耕者有其田的

---

① 《天朝田亩制度》，见《中国近代史资料丛刊·太平天国》，第一册，321页，神州国光社，1952（以下只标注《太平天国》）。

② 汪士铎：《乙丙日记》。

③ 倦圃野老：《庚癸纪略》。

④ 《列宁斯大林论中国》，30页。

政策的考查中便可以取得借镜。

天朝田亩制度所揭示出来的公有原则和平分土地的方法，对中国近代资产阶级革命而言是一个最彻底最坚决的革命方法，是一个摧毁封建地主所有制的彻底的、革命的反封建纲领。毛主席指出："宗法封建性的土豪劣绅、不法地主阶级，是几千年专制政治的基础，帝国主义、军阀、贪官污吏的墙脚。打翻这个封建势力，乃是国民革命的真正目标。"从一定的意义上来讲，这个"国民革命的真正目标"在百年前太平天国革命时代已经提到历史日程上来了。太平天国通过天朝田亩制度的提出和"耕者有其田"的实施，出色地担当了挖掘封建墙脚这一光辉任务。这种对封建土地所有制的坚决彻底的否定，就为资本主义开辟了广阔的活动场所，所以列宁把民粹派平均土地的主张看作是"极彻底坚决的资本主义办法"①。他指出："这个斗争是资产阶级改革事业中不可缺少的要素，同时又是这一改革事业完全胜利的条件"②。太平天国革命的时代是处于中国封建社会没落瓦解时期和资本主义的前夜，在这样的历史条件下天朝田亩制度就具有特殊的进步意义。它对社会生产的进一步发展和新社会的到来起着强大的推动作用。例如，在江苏、安徽等地区，太平天国解放前后生产情况有天渊之别，解放前农商疲惫，民不聊生，解放后则："苏乡流民雨集，百货云屯，盛于未乱时倍蓰……自江、浙以达到上海，帆樯林立，来去自如"。③"禾苗布帛，均出以时，士农工商，各安其业"（见"常熟报恩坊碑序"）。又如苏省蚕丝业，在1853年以前清政府反动统治时期，年产输出额最高为25 571包，但太平军先后解放蚕丝区仅十年之间，年产输出额即提高到88 754包，增加了两倍

① 《列宁文选》，814页。

② 同上书①，815页。

③ 王韬：《上当事书》，《弢园尺牍》，卷6。

多。① 这就鲜明地表现出来太平天国土地制度的进步作用。

由此可见，从中国近代资产阶级革命的角度来看，天朝田亩制度和“耕者有其田”的政策是进步的和革命的。不仅如此，我们还要善于看出这种平分土地运动与人类社会未来的伟大前景——共产主义之间的联系。这运动不仅是资本主义的福音，而且“马克思把这种小资产阶级运动看作是无产阶级共产主义运动的一种特殊和初步形式”②。因为攻击土地所有权必然导致攻击一般的财产所有权，“所以结果必然会引导到共产主义”③。

既然天朝田亩制度具有彻底反封建的革命性，那么它的实质便不难理解。列宁在分析俄国民粹派土地纲领的实质时，指出：“现今土地变革的实质在于消灭农奴制大地产并造成自由的和（在现时条件和可能范围内）富裕的农民，即造成一些不是有本事忍饥挨饿，不是有本事在土地上勉强挣扎，而是有本事发展生产力和推动农作业前进的农民”④（重点是引者加的——引者）。又说：“构成这种民粹派理论实质的是两个‘原则’，即‘劳动原则’和‘平均化’……在现今历史时期内实际上是表现着一种现实性的和进步性的东西，即表现着反对农奴主大地产的殊死斗争”⑤。我们从列宁的分析方法中，可以得到这样的启示：即在探讨农民小资产阶级的土地纲领的实质时，要着眼于它“消灭农奴制大地产”和“表现着反对农奴主大地产的殊死斗争”这一中心点上，要充分估计到它在民主主义革命时期中实际上的进步性。

---

① 吟唎：《太平天国的丝茶输出贸易》，载《历史教学》，1956（5）。

② 列宁：《马克思论美国“土地平分运动”》，见《论马克思恩格斯及马克思主义》。

③ 同上书②。

④ 列宁：《社会民主党在1905至1907年》，见《第一次俄国革命中的土地纲领》，24页。

⑤ 同上书④，27页。

列宁在评价孙中山的民生主义时，也采用了如上的正确的方法，列宁写道：从这个中国民主主义者的主观社会主义的思想与纲领中，事实上所得出的乃是仅仅改变“不动产”的“一切法律基础”的纲领而已，仅仅消灭封建剥削的纲领而已。

“孙逸仙的民粹主义，他的资产阶级民主土地改革的进步的、战斗的、革命的纲领和他的所谓社会主义理论之实质，就在这里”①（重点是原有的——引者）。

所以，从这些例子中可以领会到：列宁是把民主革命时期中平分土地的纲领对封建土地所有制的摧毁作用，它的革命性和进步性作为这种纲领的实质来看待。

因为这是最本质的东西，是它的内核。

由此，我们就可以确定：天朝田亩制度实质上是一个彻底的反对封建地主所有制的农民资产阶级性的土地纲领，革命性和进步性是它的基本特征，它在当时历史条件下，不带有任何反动的实质。

不过，列宁同时指出这些实质上是进步的纲领却蒙上一层幻想的外衣，俄国民粹主义者认为平分土地不是意味着资本主义的必然迅速发展，而是可以避免资本主义的溃疮，创造一种“社会主义”。其实，他们却毫没料到自己是“把极彻底坚决的资本主义办法当作反对资本主义的手段提出来，并加以宣传”②。孙中山也以为：“吾国治民生主义者，发达最先，睹其祸害于未萌，诚可举政治革命、社会革命毕其功于一役”（见《民报》发刊词）。这同样是一种如此天才而又如此主观的幻想。这种幻想对民主革命而言只是一种外壳和虚饰的思想外衣，并不具有若何反动性。因此不应把这种空想性夸大为反动性。不过同样要看到，这种空想对

---

① 《列宁斯大林论中国》，28 页。

② 《列宁文选》，第一卷，814 页。

社会主义革命而言却是反动的，它“败坏群众的社会主义意识”①。

太平天国的天朝田亩制度是否也蒙上幻想的外衣呢？是的，这是完全肯定的。不过由于所处的历史条件不同，却在程度上存在着轻重的差别。天朝田亩制度提出的时代，中国还处于资本主义的前夜，社会主义则更是遥远，因此天朝田亩制度中不存在任何对资本主义的斥责和对社会主义主观的同情，不存在避免资本主义发展的主观幻想和对阶级斗争表示任何轻视，这制度提出于农民革命高涨的时期中，农民的战斗情绪渗透了这纲领的每一行，这纲领里面没有一个字表现着任何的软弱性和妥协性。民粹派与之相反，他们畏惧阶级斗争，“妄想不必用阶级斗争而消灭雇佣奴隶制”②。这都说明天朝田亩制度比之俄国民粹主义的有重大的区别。这些特点表明天朝田亩制度的民主主义性质比它们要完满、健全和宝贵得多。

由此可见，天朝田亩制度的空想性既不在于避免资本主义，也不在于幻想脱离阶级斗争，而在于它对未来社会的图景作了一个空想的规划。它要求在公有财产的原则下建立一个以二十五家为单位的，自足自给的自然经济社会。这一点当然是幻想，它反映了中国社会的落后和群众革命觉悟的不足，这种幻想和民粹派乌托邦以及孙中山的主观社会主义在本质上颇有相同，不过却没有二者浓厚，只不过是一种虚饰的外衣而已。

所以，天朝田亩制度是当时历史要求的反映，它体现了革命所包含的经济内容，客观上为资本主义的发展开辟了道路，它是一个彻底反封建的、资产阶级性的农民土地纲领，进步性和革命性是它的本质。

① 《列宁文选》，第一卷，814 页。

② 同上书①。

但是目前史学界还有不少同志对天朝田亩制度的意义估计不足，对它的实质做了另外的理解，我们举范文澜同志《纪念太平天国起义105周年》① 为例。范文澜同志说："天朝田亩制度，表现了农民的农业社会主义思想，即以小农经济为基础的平均主义思想。这种思想在一定的历史条件下，一方面有巨大的革命性，另一方面在实质上又带有反动性……但是由于时代条件的限制，他们企图把小农的土地所有制度巩固起来，这在实质上是带有反动性的……他们幻想每个农民都在分散的小农经济基础上永远保持一份平均的财产。这种平均主义的做法，即使实现了，也不可能使农民改进生产工具和耕作技术，不可能使农业生产大量发展。农民的前途还是很黯淡。这种违反社会发展规律的空想，它的反动性质是显然可见的。"

从这段话里我们可以看出：首先，范文澜同志把天朝田亩制度表现的"农业社会主义思想"认为是对资本主义的发展不利的东西，原因在于它"企图把小农的土地所有制度巩固起来"，维护中世纪的自然经济，所以它就"实质上是带有反动性的"。其次，与此相联系的是范文澜同志把农民"平均主义的做法"看作是束缚资本主义的东西，认为"它的反动性质是显然可见的"。

第一，我们分析天朝田亩制度对生产发展与资本主义的发展是否起束缚作用的问题？这里且不谈天朝田亩制度是否是为适应社会生产发展而提出的纲领，也不谈它彻底反封建的进步性和革命性，我们只来推敲范文澜同志所提它"企图把小农的土地所有制度巩固起来"这点。前面我们已以指出这点是天朝田亩制度的空想的外壳，不是它的实质。如果把它与反对封建地主所有制的革命内容比较起来，并不占重要位置。而且这种幻想由于历史条

① 范文澜：《纪念太平天国起义105周年》，载《人民日报》，1956年1月11日。

件的限制原是不可避免的。不过当它一旦落入实际生活中便必然会为生活实践所修正。我们看见太平天国在施行这一制度时也抛掉幻想而正确地采用了"耕者有其田"的方法，农民可以自由地发展独立经济。如果由于他们"企图把小农的土地所有制巩固起来"，因而便说天朝田亩制度实质上是反动的，我觉得这一论断是值得考虑的。

我觉得范文澜同志对天朝田亩制度的这种认识，是由于一方面片面地夸大了它的空想性，而另一方面又把平分土地的纲领对资本主义与社会主义两个不同的历史范畴所起的不同作用没有严格地区分开来。必须认识平分土地的纲领在不同的历史时期起着不同的作用：在摧毁封建制度、争取资本主义发展的时期它是激进的革命的纲领，随着封建制度的破坏和资本主义的发展，它的消极性质愈益增加，当资本主义业已高度发展，历史任务已转为争取社会主义的斗争时，它便会完全丧失其积极意义而变为反动的。所以历史的进程与它的作用是成反比例的。愈在资本主义不发展的时期和愈是落后的国家中，这种土地纲领的进步性就愈大，反之则不然。天朝田亩制度对于今天中国向社会主义过渡的时期，显然是反动的，但在百年前太平天国革命时代是否也可以这样说呢？这是完全不可以的，在当时的历史条件下，它确是革命的。

我们知道，一切都以时间和地点为转移，那些今天已成为反动的东西，在前天还可能是进步的。列宁在分析民粹派理论时严格地区分了它在不同历史时期的不同作用，列宁指出："从反对资产阶级，争取社会主义的观点来说，民粹派的理论是荒谬的和反动的，但在资产阶级反农奴制度的斗争中，它却是合理的（从特殊历史任务的意义上说）和进步的。"① 斯大林说："那些说分配

---

① 列宁：《社会民主党在1905至1907年第一次俄国革命中的土地纲领》，29页。

土地是反动办法的人，是把两个发展阶段，即资本主义阶段和资本主义之前的阶段混为一谈了。毫无疑问，在资本主义阶段实行土地分配是反动的，但是在资本主义之前的条件下（例如在俄国农村的条件下），实行土地分配大体说来是革命的。"① 可见区分农民"平分土地"在不同历史时期的不同作用是很必要的，不然将导致错误。

第二，范文澜同志对农民平均主义的评价是，束缚生产力，妨碍资本主义的发展，反动性质显然可见。的确，农民想要把他们建立的新社会放在平均主义的框子里，把它固定起来，这显然是蒙昧无知的幻想，但这有什么办法呢，落后的社会条件决定了他们不能提出更多的东西。未来的社会既然不能科学地创造出来，便只能以想象来代替。这种幻想虽然是错误的，但它却是水深火热中的农民渴望光明幸福这要求的伴侣和征候，它鼓舞农民去向封建地主所有制作斗争。"'地权'和'平分土地'的思想，不过是表现着农民力求平等而完全推翻地主权力，完全消灭地主土地所有制的那种革命愿望而已"②。所以我们从平均土地这思想的提出和它对封建制度的作用中，看不出来它有若何反动性质，推究的结果我们倒是"无法否认平均思想在资产阶级民主革命中有进步的和革命的意义"③。列宁在分析俄国民粹派时，曾一再指出平均地产的思想的正当性和进步性。列宁写道："农民小资产阶级所持的平等思想是正当的和进步的，因为它表现着反对封建农奴制度不平等关系的斗争，'平均'地产的思想是正当的进步的……它推动农民去实现彻底的资产阶级革命，不过它错误地用一些模糊的、假社会主义的词句把这点蒙蔽着了。"④ 正是由于这种假的、

① 《斯大林全集》，第一卷，216 页。

② 《列宁文选》，第一卷，787 页。

③ 同上书②，第二卷，503 页。

④ 同上书②，第二卷，28 页。

模糊的社会主义词句掩饰着表面，容易使我们迷惑，把它健全宝贵的民主主义的内核抛掉。因此，对于天朝田亩制度中的平均思想的估价，就应当透过它的表面，指出它启蒙的革命民主主义的实质，指出“这些口号是反农奴制斗争中最坚决的资产阶级口号这一历史进步意义”①（重点是原有的——引者）。不可以过分夸大它的空想性，把它说成对资本主义而言也具有反动性，或者把这种空想的虚假外幕看作它的实质。

二、农民分化与市民等级兴起的问题

在封建末期，当资本主义因素已经在它内部孕育萌芽，或者已经脱颖而出的时候，农民分化就是一个特征性的现象。前此，农民是一个稳定的阶级，对领主有着农奴式的依存关系。② 但是在新的历史条件下，分化便成为农民阶级的特点。由于分化，农民不再是个稳定的阶级，从某种意义上讲，它不成其为一个阶级了。一部分农民上升为农村资产阶级——富农；另一部分农民则日益贫困化和丧失生产资料，转为贫农和雇农，即后来的农村半无产阶级和农村无产阶级。

这种分化是历史现象，是必然的。列宁指出：“在自然经济统治之下，在附属农民的独立性第一次扩大之下，就已出现了农民分化的萌芽。但是这些萌芽，只有在一种地租形态之下，在货币地租之下，才能发展起来”。③ 中国自明万历年间（1573—1619年）实行计亩征银的一条鞭法以来，直到清朝中叶，在南方各省，特别是江苏浙江一带逐渐由实物地租向货币地租转化（如苏常一

① 列宁：《社会民主党在1905至1907年第一次俄国革命中的土地纲领》，20页。

② 同上书①，75页。

③ 《俄国资本主义的发展》，148～149页。

带的“折租”，便是一种过渡形态)，在这些地方农民的分化也日益加剧。还早在清初，苏州、扬州地方的破产农民就受雇于地主富农，作“长工”或“忙工”，“自食其力”①。到乾隆年间（1736—1795年）时候随着土地兼并的空前剧烈，商品货币经济的高度发展，农民分化的情况便异常明显。乾隆十三年（1748年）各省督抚陈明粟贵之由时，湘抚杨潡奏：“近日田归于富户者大约十之五六，旧时有田之人，今俱为佃耕之户。”② 这说明：一方面是田地向官僚、地主、商人等“富户”集中；另一方面“旧时有田”的自耕农和小土地所有者，却破产而沦为“佃耕之户”。还有的作佃户而不得，则为富户作雇工或被排挤出农村。乾隆时浙江乌程县“无产者雇倩受值，谓之长工，夏秋农忙，短假应事，谓之忙工”③。这种“长工”“忙工”就是农业中的雇佣劳动者。据农也同志的统计，清代雍、乾、嘉三朝有关农业中雇佣劳动的资料已收到708件，其中雍正时为12件、乾隆时为259件、嘉庆时为437件。④ 由资料件数的增加可以反映出来农民分化的加剧和普遍。到太平天国革命前夕，由于外国资本主义势力的侵入和国内阶级压迫的严重，农民破产愈来愈多，太平天国的领袖中如冯云山、杨秀清、秦日昌、李秀成等差不多都曾作过雇工，至于参加太平军的广大劳动群众中，所谓“农夫之家、寒苦之家”中，这种雇农、雇工成分的人为数就更多了。

农村中的雇农或雇工，在中国封建社会中很早就存在过，但是清中叶以来的雇佣，却具有非封建的性质。上述的“长工”“忙

---

① 《古今图书集成》，115册，《苏州府部汇考八》，《苏州风俗考》，24页；121册，《扬州府部汇考八》，《扬州风俗考》，18页。

② （清）《高宗实录》，卷3。

③ 引自农也：《清代鸦片战争前的地租、商业资本、高利贷与农民生活》，载《经济研究》，1956（1）。

④ 同上书③。

工”多半脱离了封建束缚，他们与雇主之间“并未立契，亦无主仆名分”，每月议定工资，“随时付清”。① 他们已不是某某老爷某某太太的农民，人身束缚和超经济强制已开始褪色和不中用了。

至于那些被排挤出农村的破产者，有很多投身于城市手工业和矿场之中，他们既脱离生产资料，也脱离封建人身束缚，自由地出卖劳动力，这种雇佣关系与封建的雇佣有性质的区别。从清代某些手工业和手工工场的史料来看，即使在最易于保存封建势力的深山矿场中，雇工与矿场主之间也是“平日同坐共食，并无主仆名分”，“平等称呼”，“按月支给工价，去留随其自便”。② 乾隆十八年（1753 年）江西某纸厂破竹工陈黑与厂主议定每日工钱二十五文，但“陈黑查知各蓬破竹每工均系钱三十文，当即辞工不做”③。可以随时辞工不做，任意选择雇主，这正是马克思所说的“谁出价最高，就卖给谁”的自由劳动者。

所以，在太平天国革命前夕，中国农民的面貌已和历史上以往任何农民战争时期不同，他们具有许多新的特点，列宁把这种新式农民，看作是“资产阶级民主派”。他写道：“拿着武器去反对地主官僚，以‘幼稚的共和主义态度’主张‘驱除沙皇’的农民，也是资产阶级民主派。”④ 列宁论及作为农民代表的民粹派时，指出：“代表俄国民主资产阶级的，是各种色彩的民粹派，从最左的社会革命党人起，直至人民社会党和劳动派为止”⑤（重点是原

① 引自农也：《清代鸦片战争前的地租、商业资本、高利贷与农民生活》，载《经济研究》，1956（1）。

② 金济思：《十七世纪末到十九世纪初中国封建社会的几种手工业和手工工场的史料》，载《经济研究》，1955（5）。

③ 见《清代刑部钞档：乾隆四十八年秋审》。

④ 列宁：《社会民主党在民主革命中的两个策略》，38 页，莫斯科中文版，1949。

⑤ 《列宁文选》，第一卷，800 页。

有的——引者)。这就间接说明农民是“俄国民主资产阶级”。列宁在分析孙中山的革命民主主义时，也以同样的观点指出农民是资产阶级民主派的代表。他写道：“这个还能从事历史上进步事业的亚洲资产阶级的主要代表或主要社会支柱，就是农民。”① 这样，我们就容易理解为什么列宁在评论赫尔琴、车尔尼雪夫斯基等俄国民主主义革命家时，有时称他们是“俄国资产阶级农民民主派的革命性”② 的代表者，有时又称他们是农民思想家。原来“资产阶级农民民主派”就是农民！

列宁关于农民是资产阶级民主派这一天才提法有着巨大的意义，这个提法就把封建末期分化中的农民与中世纪农奴制严格束缚下的农民之间的不同性质的区别明显地揭示出来。更重要的是这个提法告诉我们：在俄国和中国等落后国家中资产阶级革命的社会支柱不是各式各样的自由派，而是作为资产阶级民主派的农民。由于列宁把农民看作是无产阶级民主派，因此他就不认为1861 年前后没有无产阶级领导的俄国农民革命是“单纯农民战争”，而把它看作“农民资产阶级革命”。

与农民分化这一现象密切相连的便是市民等级的兴起。市民等级是出现于封建末期的新的社会力量。它是后来资产阶级与无产阶级的前身，自明末和清朝中叶以来，由于商品经济的发展和资本主义的萌芽，市民等级也日益发展，成为否定封建统治的严重力量。在太平天国革命中他们起了很重要的作用，特别是其中属于萌芽无产阶级分子这阶层的人，成了太平天国革命的骨干和核心力量。金田起义时紫荆山烧炭工人和龙山矿工大批参加革命，其后，太平军在湖南扩军，队伍由五六千人骤增为六万多人，其中以刘代伟矿工队伍为核心的就有三万来人；撤围长沙以后又在

① 《列宁斯大林论中国》，26 页。

② 《列宁文选》，第一卷，800 页。

湖北益阳扩军，人数增至十五万，其中绝大部分是船夫纤工；到南京后又集合了大批手工工人，组成“诸匠营”和“百工衙”。从这些群众中涌现出来的革命领袖中，如杨秀清、萧朝贵、秦日昌等人便是萌芽无产阶级分子杰出的代表人物。太平天国革命由于有新兴的市民等级参加，特别是萌芽无产阶级分子在其中起着骨干和核心的作用，因此它的革命规模、政治纲领、组织形式、斗争方式等方面都发展到历代农民战争的最高峰。

由于市民等级是未来资产阶级革命的承担者，也由于分化的农民具有资产阶级民主派的性质，而这两种人都是太平天国革命的主力军和核心力量，因此就不能不使得太平天国革命具有了迥异于以往单纯农民战争的许多特点，其中如政治纲领中提出的平等观念、否定封建神权和专制王权的思想，便带有较为鲜明的资产阶级性质。

恩格斯说：“平等的观念，无论在其资产阶级的形式中，或是在其无产阶级的形式中，本身都是历史的产物，这一观念的形成，需要一定的历史条件。”① 恩格斯指出，平等观念并不是普遍存在于任何历史时期：在奴隶制时代，如果设想希腊人与野蛮人、自由民和奴隶、罗马的公民和臣民等要求平等的政治地位，这在古代人看来或许是疯狂的思想；在中世纪复杂的等级制度下，几乎是用好几百年排除了所有的平等观念，只有当封建制度瓦解、资本主义因素已经萌芽和发展的时期，这才准备了人权和平等观念提出的基础。

在中国，自明代后期，随着资本主义的萌芽，社会的经济生活和阶级关系都发生了重大的变革。国内市场的扩展与海外贸易的开拓，要求有自由的、在行动上不受限制的商品所有者，他们作为商品所有者来说，是平权的，他们根据平等的权利来相互进

① 恩格斯：《反杜林论》，第一编，“十，道德和法，平等”。

行交换；在手工工场中，摆脱了行会束缚的自由劳动者与工场主建立雇佣关系时，是以独立的一方，平权地和工场主相对立的，他们之间平等食坐，去留随意，没有封建主对农奴那种超经济强制。所以，平等观念已经跟着社会经济条件的变更而提到历史日程上了。而且社会“还孕育了这样一个阶级，它在其往后的发展中，命定为近代平等要求的担当者，这就是市民等级”①。不过，经济关系虽然要求自由和平等权，但中国封建专制政权却成为这要求的阻碍。因此，在明末清初代表新兴市民利益的大思想家黄宗羲，在“原君篇”中痛斥“为天下之大害者，君而已矣”。又反对君主对臣民的专制淫威，认为臣与君不过是职不同，而地位却是平等的。清中叶，曹雪芹在他的古典文学巨著《红楼梦》中，通过贾宝玉又进一步呼吁个性解放与人权平等。到太平天国时代，中国封建社会已经开始崩解，因此，太平天国的文献和纲领中，平等观念、个性自由便被赋与了明确的形态，而且深入人心，贯彻到生活实践中。

洪秀全是19世纪中叶市民和农民反封建思想巨流的杰出代表者。他在宣传上帝教的著作中，把当时的革命思想发挥到最高度，他对于封建社会的上层建筑之一的皇权思想、神权思想与儒家学说，发出强烈的进攻，予以毫不容情的揭露和贬斥。以阎罗妖为首的封建神权，是为了巩固封建王权而服务的，它对束缚人们思想，锢闭人们的性情起了很大作用，只有摧毁它对劳动人民的影响，才能引导人们进行反对封建专制王权的斗争。洪秀全提出的“皇上帝天下凡间大共之父”②“人人是其所生所养，人人是其保佑”③的思想，正是为了唤醒人们不要依靠邪神，一切有皇上帝主

① 恩格斯：《反杜林论》，第一编，“十，道德和法，平等”。

② 《太平天国》，第一册，92页。

③ 同上书②，92页。

宰，人的生死命运并不是阎罗妖和其他的牛鬼蛇神掌握，它只会“迷惑缠捉凡间人灵魂，天下凡间我们兄弟姊妹当共击灭之惟恐不速者也”①。洪秀全在《原道觉世训》一文中，力辟阎罗妖（封建统治者的化身）注生死、掌命运之说，客观上对人们的觉醒起了促进作用，洪仁玕并且指出“降祥降殃，总由作善作不善所致……非真有一定之数存乎其中，任人善恶百端，不能移易也”②，这对封建神权给人心的牢笼和钳制给予了应有的摧击。把阎罗妖注生死命运，命由天定的神权观念打碎，承认人是命运的主人，人的独立性和自觉性便伸展了。对于木石偶像和牛鬼蛇神，洪秀全更斥之不遗余力，指为“有口不能言，有鼻不能闻，有耳不能听，有手不能持，有足不能行之蠢物”③。“彼原死物无堪敬，我具良心肯自沦”④。而且领导捣毁偶像，剥夺它头顶上的圣光，打破人们对它顶礼膜拜的虔敬心情。在19世纪50年代洪秀全提出这种反对封建神权和偶像的思想来是很宝贵的，它反映出人们觉醒的高潮，人权正在从对神权的斗争中取得独立。

当然，洪秀全关于人权解放的思想还不是直接提出的，由于时代条件的限制，这种思想只能透过宗教的折射反映出来。洪秀全标榜的皇上帝实际上是人民革命解放要求集中的体现物。范文澜同志说得很对：“洪秀全的上帝是平等自由博爱的上帝（……）是战斗诛妖的上帝，总之是一个革命的上帝。”⑤“上帝会集中祸福大权在一个皇上帝，也就是只承认一个人民自己的权力”⑥。所以，形式上看上帝教也不过是一种神权思想，它对封建神权的斗

① 《太平天国》，第一册，78页。
② 《太平天国》，第二册，588页。
③ 同上书①，96页。
④ 同上书②，604页。
⑤ 范文澜：《中国近代史》（上册），120页，人民出版社，1955。
⑥ 同上书⑤，98页。

争是一种宗教斗争，但这种形式上的宗教斗争却正是阶级斗争，如果撇开它的表面，其中资产阶级民主主义的革命实质便透露出来。

太平天国政治上的民主与平等的要求，同样是带了宗教色彩的，它提出“皇上帝天下凡间大共之父”，“普天之下皆兄弟”，“上帝视之皆赤子”① 的思想，与封建统治阶级“君臣有义，父子有亲，夫妇有别，长幼有序”的名分等级观念相对立。所谓人人皆上帝子女，这就是不承认封建专制王权，贬斥封建皇帝作为天子的特殊权利，而把人人都提高到天子的地位，一律平等。皇帝与百姓的距离，地主和农民的差别，都要消灭。所以，洪秀全说：“天人一气理无二，何得君王私自专”②；又痛斥专制帝王僭越和擅作威福，谓：“耶稣尚不得称帝，他是何人，敢靦称帝者乎?”③洪秀全自己也不称帝，不称上④，如果从形式上看，这只不过是一种宗教意识在支配，但实质上却表现出封建专制帝王的威权在革命人民的眼中已成弩末，民权与平等的要求已采取激越的姿态在宗教的掩饰下为自己开辟道路。

太平天国这种革命思想，在不断的宣传和实践中对社会上起了极大的推动作用，它振刷人心，启发人们的政治自觉，把人们从皇权、神权与儒家思想的禁锢下解放出来，许多人经过革命的洗礼，思想感情都发生了本质的变化。《贼情汇纂》写道：“凡从贼稍久逃出之难民……视世事无可当意者，于伦常义理，绳趋墨步之言行，询之皆如隔世，视我官吏若甚卑，不及贼目之尊贵，毫无敬畏之意。”⑤ 可见人们如何提高了觉悟，把封建的伦常义理

---

① 《太平天国》，第一册，88 页。

② 同上书①，87 页。

③ 同上书①，97 页。

④ 同上书①，59 页。

⑤ 见《太平天国》，第三册。《贼情汇纂》，卷 12，《杂载》。

抛弃得干干净净，对那些骑在人民头上的统治阶级也一变诚惶诚恐的畏敬状态而傲然轻之。英人呤唎在《太平天国革命亲历记》中写道："天国人民是一个较聪明些的、坦直的、勇武的民族，他们所具有的那种无法加以描绘的、磊落从容的气度，有一种特别动人的魔力，当你从那驯服在清朝统治下的奴隶似的中国人方面只能看到卑屈阿谀时，太平天国人民则表现其直立不屈的、堂堂的自由人民的姿态，即使在面对着死的威胁时亦复如此。"①

太平天国人民这种精神面貌、思想感情的变化，完全是可以理解的：人们挣脱了专制政治的压迫，打破了神权的牢笼与儒家思想的束缚，个性得到解放，平等要求得到实现，人作为真正的人而活着，这当然与处于专制淫威下作奴隶牛马的人们的精神状态有天渊之别。正如洪仁玕所说："前日之人行鬼路，今日则脱鬼成人；前日之人面兽心，今日则洗心革面；前日之旧染污俗，今日则咸与维新。"② 简而言之，个性得到解放，政治获得平等，因之"天朝出来之人，个个都说新天、新地、新人、新世界"③。

太平天国民主与平等的思想，在男女平等上得到最突出的表现，女子在政治上、经济上、文化上以及婚姻上，都和男子地位相等，妇女由三从四德的戒条中解放出来，参加了轰轰烈烈的革命斗争，从伏处深闺，受夫权统御，没有人身独立的家庭奴隶的状态下挣脱出来，与男子并肩参与政治活动和社会生产，这在无产阶级革命前的人类斗争史中，无疑的是一个冲天的创举。恩格斯说："在每一社会中，妇女解放的程度，是一般解放的天然尺度。"④ 那么，太平天国平等思想的深刻程度便不言而喻了。

综合来说，太平天国的平等思想和解放人权的要求是很明确

---

① 《太平天国革命亲历记》。

② 《太平天国》，第二册，590 页。

③ 同上书②，589 页。

④ 恩格斯：《社会主义由空想到科学的发展》，解放社版，59 页。

的，而且在革命中贯彻施行，并不流于空谈，这种思想是适应新的生产关系发展要求而提出的，虽然在表面上还披着宗教的外衣，但它的市民等级思想的烙印却显然可见。

如果我要说太平天国革命具有单纯农民战争的性质，在这里便会碰见严重的障碍，上述的这些思想很难使人把它当作单纯的农民意识来看待，闭塞无知的封建农民要提出这些启蒙资产阶级性的观念，在中国历史上不曾有过，在世界历史上也是没有的。因此，我们便不能不考虑它与文艺复兴时代的人文主义思想和法国大革命前夕启蒙思想家们的平等思想有相似的历史条件和阶级背景，即它是市民等级思想的反映。

从阶级关系的变化和革命思想的特点等角度来看，把太平天国革命看成是资产阶级性的农民革命比之单纯农民战争，理由确乎是充足得多。

三、太平天国革命性质的问题

革命性质的问题，也就是革命的历史任务和它经济内容的问题。换言之，革命的性质取决于革命的任务和它的经济内容。

革命所要摧毁的是什么样的生产关系，它为什么样社会的到来开辟道路？回答这些问题便是回答革命性质的问题。

所谓资产阶级性的革命，就是说革命的锋芒是针对着封建生产关系，革命的对象是地主阶级反动统治势力，革命的经济内容就是要推翻地主土地所有制，为资本主义发展开辟道路。

列宁在分析俄国近代革命的性质时，便着重在分析革命的经济内容。他认为俄国1861年前后以至1905年的革命是“农民资产阶级革命”，其所以如此，是因为：“它是资产阶级革命，因为它的直接目的是推翻沙皇贵族政治、沙皇君主制，消灭地主制度，而不是推翻资产阶级统治……这是农民资产阶级革命，因为客观条件已把改变农民基本生活条件，粉碎旧的中世纪的土地所有制，为资本主义扫清道路的问题提到前面来了”。①

近代的俄国资产阶级革命实际上是各种形式的农民革命（俄国资产阶级已不是革命的动力），这些农民革命之所以具有资产阶级革命的性质，按照列宁科学地分析，是在于：（一）革命直接目的是要摧毁封建制度的上层建筑，摧毁沙皇君主制及其全部统治机构；（二）消灭封建制度的经济基础，消灭中世纪土地所有制——地主制度；（三）为资本主义发展扫清道路。

所以，只要农民革命具有这样一些社会经济内容，那么，它就不是一般的农民革命而是资产阶级性的农民革命，或者说它是“农民资产阶级革命”。

在前文里，我们已经说明了太平天国革命是发生于开始走向半封建半殖民地化的中国，这个时代就全世界范围来说，资本主义已经确立，而且展开了疯狂的殖民地掠夺；就中国而言，古老的封建社会已经日薄西山，资本主义已经在内部萌芽，生产力与生产关系的矛盾异常尖锐，革命危机越来越严重。推翻封建专制统治，消灭中世纪地主占有制，解除侵略压迫的革命任务已经提到历史议事日程上来了。太平天国革命正是这些要求最深刻的反映，它带有完全消灭封建制度的严重性质，这是任何以往的农民战争所不能比拟的。

天朝田亩制度便是这样一个最深刻地表现了革命经济内容的土地纲领。在第一节里我们已经辨明天朝田亩制度的实质在于它彻底的反封建性，它要求完全摧毁中世纪地主所有制，挖掘封建制度的墙角，革命性和进步性是它的基本特征。在具体实施过程中，太平天国贯彻了“耕者有其田”，“实种作准，业户不得挂名收租”的政策，又保护工商业，减轻捐税。这就恢复和发展了社

---

① 列宁：《论托尔斯泰》，19页。

会生产，为萌芽的资本主义势力开辟了广阔的发展天地。太平天国的政治制度，虽然还保持了封建的形式，反映出群众觉悟不足的消极方面，但是它的性质却与封建政权有本质的差别。例如，它的选举黜陟规定和乡官制度都带有启蒙的民主主义性质，与封建专制制度判然两途。

所以太平天国革命比之历代农民战争，不仅产生的历史条件不同，而且有着性质的差别；以往“单纯的农民战争”只不过是打击或摧毁某一个封建王朝，并不带有消灭封建制度本身的性质，所以我们看见农民革命之后是相对的阶级矛盾的缓和与生产复苏，而不是封建制度的消灭；太平天国革命则不然，它不仅在于打击或摧毁一个封建王朝，而在于摧毁封建专制制度本身；它不仅在于打击地主经济，而且带有彻底摧毁封建地主经济整个基础的坚决性。以往的农民战争对资本主义的发展没有直接的意义，但太平天国革命却显然为资本主义开辟了发展道路。这些特点都符合列宁关于“农民资产阶级革命”的定义。我们有什么理由把它说成是“单纯的农民战争”呢?!

我们知道：中国资产阶级民主革命的任务和内容是反帝反封建，太平天国革命彻底的反封建性以及它对列强侵略势力的坚决打击，便体现了这革命任务的要求。既然我们按照革命的任务和内容来决定革命性质，那么，现在我们便不能不肯定太平天国革命是资产阶级性质的农民战争了！

但是目前还有许多同志认为：太平天国革命的性质在于它是一个“单纯的农民战争”。其理由大致可表达为：太平天国的革命是一个单纯的农民革命。由于得不到先进阶级的领导，无法克服由农民革命本身所带来的弱点（如宗教迷信、保守思想、绝对平均主义等等），从而也就无法建立一个新的社会。这是当时的历史条件决定的。革命的基本群众是一些：“‘农夫之家、寒苦之家’（李秀成自传），革命的组织（带有浓厚的宗教色彩），革命的要求

(要求均分土地）以及它的土地纲领（天朝田亩制度）也都反映了这个农民革命性质。”①

这就是说：无论从革命的动力，革命的组织形式，革命的经济内容以及其他种种方面来看，太平天国革命无一不是带有“单纯农民战争”的性质。然而实际是否真是这样呢?

诚然，太平天国革命既不是现代无产阶级领导的也不是资产阶级领导的革命，但是否由此就可以说它“单纯”呢?这显然不可以的。参加太平天国革命虽然大多是“农夫之家、寒苦之家”，但我们有的同志却不曾看出这些农家的分化状况，没有注意到当时新产生的“法麦尔”式的、或“正在无产阶级化的农民”②（重点是原有的——引者）与中世纪真正单纯农民之间的差别。语云：一叶障目而不见泰山，难道“农夫之家、寒苦之家”就真能挡着我们去认识它背后的具体内容么?！除农民以外参加太平天国革命的还有新兴的市民等级。它们是太平军的核心和骨干，对革命发展起着重要的作用。如果忽视这点，一体看作是农民，那么革命性质就不能不是“单纯”的了！

至于说“革命组织（带有浓厚的宗教色彩)”便认为是“单纯农民战争”的条件，这也是欠妥当的。历史证明不仅农民革命带有宗教形式，资产阶级和无产阶级的初期运动也带有浓厚的宗教色彩。资产阶级在争取解放斗争的第一阶段上，即13—17世纪末为止，便是以宗教作为阶级斗争的旗帜。③无产阶级初期的平等要求也蒙上宗教的外衣，恩格斯说：“自从资产阶级的废除阶级特

① 康右铭：《对束世澂著〈洪秀全〉一书的几点意见》，载《光明日报》“史学”77期，1956年3月1日。

② 列宁：《给斯克沃尔措夫——斯切诺夫的信》，见《列宁文集》，第三册，158页，北京，人民出版社。

③ 恩格斯：《费尔巴哈与德国古典哲学的终结》，36页，北京，人民出版社。

权的要求被提出之时起，与之相并地出现了无产阶级的废除阶级本身的要求——开始这要求采取宗教的形式，归依于原始的基督教，以后就依据于资产阶级的平等论本身之上。"① 所以从宗教的形式是不可能断定革命的性质，为要寻找革命的性质，我们还得透过宗教的迷幛去探索它的实际内容。

作为太平天国革命组织形式的拜上帝教，它是农民和市民等级反封建要求的产物。它的形式因历史条件的限制不能不是迷信和落后的，但它的内容却是革命的，它所标榜的上帝，不是镇压农民的"阎罗天子"似的封建神权，而是"革命的上帝"。拜上帝教认为："天下多男人，尽是兄弟之辈；天下多女子，尽是姊妹之群。"②"天人一气理无二，何得君王私自专。"③ 这是一种反对中世纪等级特权的启蒙民主思想，是属于资产阶级民主革命性质的。拜上帝教比之于白莲教以及其他农民革命的宗教，内容要新颖充实得多，使它产生这些新东西的是当时历史条件。恩格斯说："宗教一经发生后，总是保存着前代遗留下来的某种东西……但是这种传统的东西中所发生的变化，是由造成这一变化的人们之阶级关系即经济关系来决定的。"④ 所以，我们从拜上帝教的思想内容中，不仅得不出"单纯农民战争"的结论，反而证明了当时阶级关系与经济关系的变化，证明太平天国革命很不单纯。再者，太平军在宗教形式下所达到的那种严格的组织性和纪律性，也不可能从"单纯农民战争"中得到解释。农民的生产地位决定了他们的狭隘性和散漫性。要求单纯的农民做到"何官何兵无令敢入民房者斩不赦，左脚踏入民家门口者即斩左脚，右脚踏入民家门口

① 恩格斯：《反杜林论》。

② 洪秀全：《原道醒世训》，见《太平天国》，第一册，92页。

③ 洪秀全：《原道救世歌》，见《太平天国》，第一册，87页。

④ 恩格斯：《费尔巴哈与德国古典哲学的终结》，68页，北京，人民出版社。

者斩右脚"，"严严整整，民心佩服"① 的地步这是很困难的，这只有从市民等级的参加革命和萌芽无产阶级分子在其中起骨干作用才能说明问题。

至于天朝田亩制度与均分土地的实质，它的进步性、革命性以及所包含的民主主义的内容，我们在前面已说得很多，这里无须再作补充。从对天朝田亩制度的分析中，我们同样得不出单纯农民战争的结论，相反地倒是证明了太平天国是资产阶级性的农民战争。

① 《李秀成自述》，载《忠王李秀成自传原稿笺证》，68 页。

太平军克南京时人数考

1853年初太平军攻克了武汉，随即于二月全师下江南，攻克南京。军势军威，极为雄壮。在一般著作中，都以为这时太平军有百万之众。但据近年陆续发现的资料来看，却颇有值得怀疑之处。辨明这个问题，对于了解太平军的动向、战略方针和敌对双方势力的对比，都有一定的意义。

说太平军克南京时有众百万的史料中，比较有力的是张德坚的《贼情汇纂》。该书谓："（太平军）东出湘岳，尽掳商民船近十五万人矣，迨陷武汉，裹胁男妇老幼水陆东下，合前数五十万有奇，至安庆增至七十余万，及至江宁，兼掳镇扬，男丁增至百八十万，妇女三十余万。"① 该书又计核太平天国的职官、伍卒，谓1854年时总数达三百万人。其后诸书多转相承引，亦与之略同。但《贼情汇纂》一书中对太平军人的记载往往有自相矛盾之处，其在《贼数》篇自注中也说："伪官伍卒数皆考自伪文告及程奉璜说，其约核之数，则考自邸钞文案暨行阵之士难民诸谭，仍属臆断，必如是庶约可自信也"。

太平军克江宁时实际人数究竟是多少呢？这最好求之当时亲身经历人的记载。下面引录当时当事人的一些记载和奏报来与《贼情汇纂》对考，看何者是确有所据值得相信的。

---

① 《贼情汇纂》，卷11，《贼数》。

这里，有必要简述一下太平军自长沙撤围，攻克武汉时的人数。如按《贼情汇纂》所说，其时水陆共有十五万人。但据陆应榖在武昌失陷后向清廷奏报说，其时太平军陆营“‘贼’约有四五万，能打仗者万余”①；汪坤的《盾鼻随闻录》中也谓：“（十一月）十八日，陆路贼亦到，有四、五万人”②。佚名《武昌兵燹纪略》中说：当太平军克武昌时，陆营总人数中，有“湖广‘匪’四万余”③。加上数千名广西老兄弟，亦约有五万人左右。所以，联系太平军自湖南转战而来的人数增长情况来看，克武汉时陆营总人数约共五万上下，是比较可信的。

众所周知，太平军在益阳与岳州等地，共招得商贾民船约7000只，并得以唐正才为首的船户水手“效忠天朝”。据佚名《粤逆纪略》谓：这些湖广水手“竟有数万人”④。兹以每船七八人计⑤，七千只船共约五万人内外。

因之太平军攻克武汉时，水陆合计共约十万人。所谓“大计其数，不下十万众”⑥ 便是。

太平军既克武汉，声势大振，洪、杨等领导人广招武昌人民拜上投营。

当太平军克武汉之际，有陈徽言其人身在城中，据他记载说，太平军自武汉东下时，陆营共为十军：“十军曰：前一、后一、后二、左一、左二、右一、右二、中一、中二。其布号锲木印刷，

---

① 《东华录·咸丰朝》，卷11，3页。

② 《太平天国》，第四册，365页。

③ 同上书②，572页。

④ 《太平天国史料丛编简辑》，第二册，37页，北京，中华书局，1961。

⑤ 据太平天国的船牌载明“太平天国燕尉刘得禄坐船一，水营两司马胡元志管带水营圣兵六名，牌尾三名”。所以每船约七八人。《贼情汇纂》，卷8，《伪船牌式》。

⑥ 佚名：《武昌兵燹纪略》。

截黄巾方长可半尺许，前曰‘太平某军’，后曰‘圣兵’”①。他既然亲见“太平某军”的实际番号，其记载是较有可信价值的。如按每军一万三千一百五十六人足额计。其十军之数通共不过十三万余人。这个数目当是太平军在武汉扩大队伍后的陆营总额。所谓“武昌既陷一月，阖城为俘囚，实舟南下”的实际人数，大约便是如此。

陈徽言记载之可信，因其有不少有力的旁证。当时清总兵和春的幕僚萧盛远，适在洪山清营办理文案，颇悉详情。他记载说：“（癸丑正月）初二晚，城内火起，犹不进兵，使该逆从容行走，长驱直下，并逼胁男妇十数万人，押令同行。”② 这里只言“十数万人”，与陈徽言所说十军之数相符，而与《贼情汇纂》等“五十万”人却相抵牾。

又当太平军东下时，有个浙江秀水人高新周自扬州贩盐赴上江贸易，其船于九江上游为太平军所获，他遂随军东下，得与闻实情。据他向沈梓口述：“伪东王杨秀清率众登岸（南京），号称百万，统计掳胁商民，实不过十数万人。”③ 沈梓在载录高新周的话时谓：“其事确有可据”，今通观全篇所述他事亦翔实近真，而他又是亲身经历人，故可视为一手可信资料来与上引记载互证取信。

太平军进攻南京时的兵力，除上述记载作十余万人外，当时有个姓李的在南京围城中致靖江县令书说：“（太平军）兵船多湖广划子及大小驳船，自下关至上河，接次排泊。军师之船有女兵卫护，大约船上四万余人，攻城兵三万余人，所招土匪流民数亦

---

① 陈徽言：《武昌纪事》。

② 《太平天国史料丛编简辑》，第一册，30～31页。

③ 沈梓：《养拙轩笔记》，见《太平天国史料丛编简辑》，第二册，265页。

相等，总计不下十余万人”①。

另外，谢炳（介鹤）在他的家乡安徽当涂被俘至南京，② 有个记载说：“癸丑正月二十九日，粤逆洪秀全、杨秀清等至金陵，其陆路分贼营二十四座，每营多者二三百人，少者五六十人，老长发贼不过十之二三，余皆掳诸湖北、安徽及各省者。其水陆贼船自新州戴胜关上游夹江泊起，至七里洲下游夹江泊止，船虽数千号，究之贼数，男子约五万、女子约二万，幼童约一万。”③

就这两个记载相较，大同小异，可以互相补充，窥见全豹。据《续纂江宁府志》等所记，太平军确实扎二十四营以围攻南京，惟每营人互异，或作千余，谢介鹤所记当是过少。大抵攻城城兵二十四营为三万余人，船上未起岸的预备兵力为四五万人，其他则为妇孺老弱及新投营而未具充分战斗力者。

江宁克复，清方漕运总督杨殿邦立即驰奏，他折中记太平军人数与前面所引述的材料也是一致的。其谓：“江陵省城于本月十一日失守，现在‘逆匪’盘踞城内外，不下十数万人。”④ 他这奏报是在阴历二月十八日以前发出的，换言之，当时太平军尚未分兵进攻镇江、扬州，全部兵力皆集中在南京及附近。因之，他说的“十数万人”亦即太平军克南京时的总人数。

太平军克南京后，上海英国领事署即派翻译密迪乐上丹阳一带采访太平军消息，密迪乐又于三月（1853 年 4 月 27 日）随英使文翰到南京，他在此两度历程中，对太平军势力作过较确切的调查。文翰根据他的材料向伦敦报告说：“麦多君根据所得之各消

---

① 赵烈文：《落花春雨巢日记》附录，见《太平天国史料丛编简辑》，第三册，32 页。

② 据王韬手抄本《金陵癸甲纪事略》序文。

③ 谢介鹤：《金陵癸丑纪事略》，见《太平天国》，第四册，649～650 页。

④ 《剿平粤匪方略》，卷 29，6 页，“咸丰三年二月十八日杨殿邦奏”。

息：估量革命军人数约有三万至四万是蓄长发者，此外尚有后来投入与被迫从军者，为数约在八万人至十万人之间。防守南京者除补充军外者，约有长发的主力军三万人，防守镇江者共三千人，其中一千为长发者”①。这个记载的总人数亦为十余万人，与陈徽言、高新周等人所记数字相吻合，其谓“有三万至四万是蓄长发者”，与前述太平军自湘南转战而来的老兄弟所存人数是近似的，其八万至十万新兄弟亦与陈徽言所记十军十三万人减去三四万老兄弟的人数相合。此时太平军尚未开始北伐与西征，全部兵力厚集南京、镇、扬间，较易于调查。密迪乐亦探知实情，故他说“防守镇江者共三千人，其中一千为长发者”，与亲在镇江的朱允吉所记“城内贼匪及投降者不过三千人”② 对照，若合符契。

不过上述这十三万人，当是指陆营总额，其自益阳以下所招得的船户水手人数尚不在内。陈徽言所记的十军名目，指的是陆营扩军后的人数，萧盛远所说的“并胁男女十数万人”与高新周等的记述显然亦不包括水手人数，盖因其时只封唐正才为“典水匠”，尚未严编军旅，至 1853 年 5 月，“乃升唐正才为殿前丞相，即以被掳船户水手为水兵，分为前、后、左、右、中五军，旋增至九军。每军以军帅领之”③。可见在克南京以前，这些船户水手只操舟管驾而不任战。其未被计入军数之内，原因或在于此。

然则其人数当是多少呢？按《李秀成自述》所记：太平军抵南京时，“水面舟只万余”，此万余船分立九军，每军约有一千三

① 《英国政府蓝皮书中之太平天国史料》，见《太平天国》，第六册，892 页。

② 《朱允吉日记》，见《广陵史稿外编》，39 页。

③ 《贼情汇纂》，卷 2，《唐正才传》；又卷 5，《水营篇》。

百条船①。如前所述，每船水手人等小船亦有七八人，万余船容或有十万之众，如按“太平军目”规定额数计，则九军职官、伍卒约为十二万余人②。

所以，在计算太平军克南京的总人数时，应将此十万左右的水手等加在其内，如此则斯时水陆两军共约二十万有奇，而以二十五万人为其大限。与《贼情汇纂》百万说相较，后者夸大了三倍以上。

假令此时太平军不是这个人数，而是五十万或一百万，那末洪、杨等人决策下江南时，放弃已克重镇武汉、九江、安庆等地不守而专意金陵，这当然是个重大错误。其所以克城不守，全军东下，最根本的、客观决定的因素，就是太平军兵力的不足。洪、杨等人可能是基于这种实际情况，才不得不集中全力以赴江南，这个决策是正确的，同时也是不得已的。它反映了初期太平军兵力不足的情况。

① 《贼情汇纂》，卷10，“船运”条云：“今俘获贼中伪诰谕一则曰：着尔某某乘坐水营左三军船一千三百条，配带兵士，前赴江西南昌……”故云。

② 同上书①，卷11，《伪官额数》《伍卒额数》。

如何评价杨秀清

——关于太平天国“五主”“八位万岁”与“天京事变”的考察

波澜壮阔的太平天国革命运动，是中国近代史上一幅绚丽的画卷。杨秀清的名字和功业与洪秀全交织在这幅历史画卷上，两人是分不开的。近百年来，凡论述太平天国历史，总不能离开杨秀清，他是个不可磨灭的形象。人们有的尊崇他、肯定他；有的贬斥他、诋毁他。因此，杨秀清成了一个有待作出正确评价的历史人物。

一、太平天国的“五主”“八位万岁”与杨秀清封万岁的问题

在中国封建专制时代的政治词汇中，“主”与“万岁”若干年以来都是君主的专称。称“主”或称“万岁”即意味着称皇帝。1856年杨秀清封万岁，被视为僭越和篡夺洪秀全的地位，原因主要在此。但是，观念形态的东西也如同物质形态的东西一样，并非静止不变的。“主”与“万岁”这观念的内涵也有它的历史演变。“这些传统观念中所发生的变化，是由造成此种变化的那些人们的阶级关系即经济关系来决定的。”① 在太平天国的政治体制中，

① 恩格斯：《费尔巴哈与德国古典哲学的终结》。

“主”有五位，“万岁”有八位，这两个政治词汇的内涵已有所改变。杨秀清称“主”、称“万岁”是否是篡洪秀全的位？这个问题不应该按照封建政治观念简单地回答，而要从当时社会经济关系和阶级关系所反映到太平天国政治体制的特点中去寻找答案。列宁指出：“如果从事实的全部总和，从事实的联系去掌握事实，那么，事实不仅是‘胜于雄辩的东西’，而且是证据确凿的东西。”①杨秀清称万岁是个事实，如果我们从与此有关的社会经济关系的变化及其反映到太平天国政治思想和体制的特点来考察，亦即从事物的总和与其联系中来考察，那么，我们将会发现：太平天国的政治体制是多“主”多“万岁”的，杨秀清称万岁是经过洪秀全加封，合乎太平天国体制的。杨秀清并非篡位，洪秀全的天王地位也没有改变。以下我们从三方面来考察：

（一）太平天国政治体制的特点

太平天国革命发生在中国封建社会衰微，外国资本主义破关而入的急剧变化时期。“中国封建社会内的商品经济的发展，已经孕育着资本主义的萌芽。如果没有外国资本主义的影响，中国也将缓慢地发展到资本主义社会。外国资本主义的侵入，促进了这种发展。”② 处在这个半封建半殖民地社会的初期，太平天国革命被赋与了旧民主主义革命的性质，太平天国的政治体制也产生了些新的特点。正如《贼情汇纂》“伪官制”序言所说：“有妄托古制沿其名而悖其义者，有剿取稗官诡诞而不可诘者。”也就是说，太平政体有继承又有变异，有的沿袭旧形式而改变其内涵，有的突破旧体制而有所创新。洪秀全的政治思想中，农民的平等思想、西方基督教的平等思想和封建等级思想，都兼而有之，是矛盾的对立统一。太平天

① 《列宁全集》，第23卷，279页。

② 《毛泽东选集》（竖排本），第2卷，620页。

国政治体制中的特点，正是这种对立统一的反映。洪秀全在他的许多著作中，指斥封建帝王妄称“天子”。《原道救世歌》说：“天父上帝人人共，何得君王私自专。”他认为人人皆“上帝”子女，地位是平等的。杨秀清在《救天生天养人民谕》中也宣传：“上帝本是军师亲爷，亦是尔等亲爷……天下一家，四海皆兄弟。”这些都是披上了宗教外衣的平等思想的反映。太平天国贬历代帝王为“侯”，斥清朝皇帝为“阎罗妖”“蛇妖”。他认为只有“天父上帝”才是“帝”，而人世间只可称王，不可称帝。① 洪秀全在永安建国之始，就只称王，不称帝，不称上，永以为例。这种对封建专制皇帝的贬斥和只以王号自居，反映了农民平等的民主主义要求。在太平天国的政治体制中，“王”是最高的爵位，但自广西首义之初，就六王并立。洪秀全自称“天王”，取义为“天下万国之主”。他褒封杨秀清为“东王”，寓有“管理东方各国”之意。又褒封西王、南王、北王与翼王，亦各有寓意。首义六王之间，从爵位来看，同皆称王，地位是平等的；但从职位来看，却有高低之分、君臣之别，地位又是不平等的。为了便于了解，请看下表：

“六王”一览表

姓名	爵位	职位	备注
洪秀全	天王	大道君，真（圣）主	
杨秀清	东王	左辅正军师	
萧朝贵	西王	右弼又正军师	以下“诸王俱归东王节制”
冯云山	南王	前导副军师	
韦昌辉	北王	后护又副军师	
石达开	翼王	左军主将	

① 《天命诏旨书》中载：天父诏曰：“秀全你后来不好称帝，爷方是帝也。”见《太平天国印书》，第3册。

以上6人同是王爵，就本来的意义来说，是平等的。但他们职位不同，洪秀全是“大道君”“真（圣）主”，为国之首脑，位居诸王之上。其下五王，职位有高低之分，等级有上下之别，却又是不平等的。《贼情汇纂》的作者误以为太平天国官爵不分，因此把东王、西王列为“一等王”，南王、北王列为二等王，翼王列为三等王……其实萧朝贵是“又正军师”，“归东王节制”，职位逊于东王。南王与北王的职位，严格说来也并非同等。

为什么说上述六王从“王”的爵位来看是平等的呢？有证如下：

其一，按拜上帝教人人皆上帝子女的平等原则，天王与五王之间，皆是兄弟（萧朝贵为“帝婿”）。五王称洪秀全为“二兄”，而不称“圣上”。洪秀全称杨秀清为“清胞”，称韦昌辉为“正胞”……杨秀清称韦昌辉为“正又弟”，韦昌辉则称杨秀清为“四兄”。这种亲切的兄弟之称施于首义六王之间，虽然范围有限，但也为历代专制体制所无，它是对森严壁垒的封建等级制的某种突破。

其二，历代封建帝王赐宴，虽王公大臣皆不得坐宴于殿上。但在天王府的“金龙殿”上，天王与东王、北王等却可以同桌会宴。洪秀全对顶天侯秦日纲说道：“惟朕及胞等始可在此金龙殿设宴。”① 而顶天侯本无“在金龙殿内坐宴”之份。这从朝仪上体现了首义六王之间的平等关系。

其三，天王府殿前设六部，置六部尚书诸官。同样，东王与诸王亦开府设殿，各有六部尚书及其属官，俨然天朝之内又分若干小朝廷，这显然与历代封建政体大相径庭，但它与洪秀全永安封王的初制是吻合的。

其四，洪秀全于定都南京后，即开科取士，谓之“天试”。但

① 《天父下凡诏书二》，见《太平天国印书》，第11册。

饶有意味的是于“天试”之外，继而又开“东试”“北试”与“翼试”，各取状元、翰林与进士等名目。这也创历代之奇制。

其五，诸王的宗亲与天王的宗亲，政治地位皆平等。长者称“国伯”，同辈称“国宗”，姻亲称“国丈”。“国伯皆洪、冯、杨、萧、韦、石之尊属”①。这与李唐、赵宋独尊其本家宗室有所不同。

以上数端，在太平天国并非神奇，而与封建体制相比较，却别开生面。无怪有人感到很惊异，认为太平天国“实开亘古未有之怪异政体”②。其实，这种“怪异”政体不过是农民民主主义的幽灵在作怪。作为政治“异端”，贵在它敢于打破封建专制政体的若干环节而有所前进。当然，在今天看来，太平体制还沾满了封建的血污和腥秽。虽有平等的方面，亦有不平等的方面。例如，诸王上洪秀全的“本章”，起首就是：“小弟杨秀清立在陛下暨小弟韦昌辉、石达开跪在陛下。”甚至连顶天侯秦日纲上翼王石达开的禀奏也得称“跪禀”。在太平天国的政治生活中，仪节甚繁，尊卑亦显著，而且后来愈演愈加严重。例如，韦昌辉在杨秀清面前议事，“尚有惊恐之心，不敢十分多言”；石达开在韦昌辉与外国人谈话时，从旁“只注意恭听，不与吾直接谈话”。③ 至于在《太平礼制》与《天父诗》等篇中，旧意识像毒疮带给它的脓臭味一样，未尝不令人为之掩鼻。进两步，退一步。有的甚而是进一步，退两步。这种现象要从当时阶级力量与两种思想力量的较量中去寻找解释。然而，可贵之处却在于：太平天国政治体制较前代有所前进，出现了平等的新芽！

在太平天国政治体制中，与平等思想相联系而产生的另一个特点，便是它的同一爵职，并列多人。在洪秀全的宗教政治观中，

---

① 佚名：《金陵纪事》，见《太平天国史料丛编简辑》，第二册，49页。

② 简又文：《太平天国制度通考》，35页。

③ 《麦多士给文翰的报告》，见《太平天国》，第六册，902页。

只有天父是“至尊”，是唯一无二的，所谓“独一尊神皇上帝”即此。至于皇上帝之外，无论“主”、“万岁”、王及其他，皆可以是多数。因此，太平天国的职官爵位，无不多人并列。这种情况，从下表可以清晰地看出：

<table>
<tr><th colspan="2">名 称</th><th>所 置 数 目</th><th>备 注</th></tr>
<tr><td rowspan="2">尊位</td><td>主</td><td>五位（天父上主、世主救、真主、幼主、赎病主）。</td><td>考释详后</td></tr>
<tr><td>万岁</td><td>初为四位，增为五位，后期为八位。</td><td>考释详后</td></tr>
<tr><td rowspan="2">爵位</td><td>王</td><td>初为六位，1854 年增燕、豫二王，为八王。后期封王甚多。</td><td></td></tr>
<tr><td>侯</td><td>初为五侯，继增改为十侯。</td><td>见《贼情汇纂》</td></tr>
<tr><td rowspan="4">职位</td><td>军师</td><td>初为四军（正、又正、副、又副），继增女军师四。</td><td></td></tr>
<tr><td>丞相</td><td>计天、地、春、夏、秋、冬（正、又正、副、又副）24 丞相，另有女丞相 12。</td><td></td></tr>
<tr><td>检点</td><td>计 36 人。</td><td></td></tr>
<tr><td>其他</td><td>指挥 72 人，将军 100 人，总制 95 人……</td><td></td></tr>
</table>

上表“五主”“八位万岁”外，余皆为人所习见。总的看来，没有一种爵职称谓不是并列多数。例如，丞相置 24 位，另有女丞相 12；尚书之职，以东殿为例，每部置 12 尚书，合计尚书有 72 员之多。从这里得出结论就是，太平天国的政治体制中，无论“主”和“万岁”的尊称或王侯百官，都毫不例外地并设多名。爵位相同，地位是平等的。如果爵位相同，职位不相等，则因权限重轻不同，又显出不平等来。所以，从太平天国政治体制中的“总和”与它同当时社会经济变化的“联系”中去考查问题，则太平天国“五主”并立，“八位万岁”便不仅是毫不奇怪的，而且是

完全可以理解的。了解了这一点对于认识杨秀清称万岁是否等于篡位的问题，将提供一把钥匙，有助于解开问题的症结。

（二）太平天国的“五主”与“八位万岁”

“主”和“万岁”在太平天国与历代专制政体有所不同，并非洪秀全的专称。据《钦定敬避字样》的规定，太平天国的“主”有五位。即：天父称“上主皇上帝”、耶稣称“救世主”、天王洪秀全称“真（圣）主”、洪天贵（福）称“幼主”、东王杨秀清称“赎病主”①。这“五主”的称谓兼有宗教和政治双重的神圣意义，皆为洪秀全所钦定。洪秀全的“真主”之称，取义于他受天父之命，“封主为太平天王大道君王全”② 这个故事，亦即“天父生全为尔主”③ 的意思。洪天贵称“幼主”始见于辛开元年（1851年）的《太平礼制》，意为真主的继承者。杨秀清称“赎病主”是因他在起义准备中，曾患病二月余，“耳聋流水，口哑流涎，”④“以一己之身，赎众人之病”⑤ 这件事。洪秀全在诏书中说：“东王赎病同哥苦，瘟脱归灵谢爷恩”，又说：“谢爷降托赎病主，乃奔世人转天堂”，对东王赎病的意义广为宣传。辛开元年（1851年）封杨秀清为“赎病主”原因就在于此。

在太平天国晚期颁发的《朝天朝主图》上面，刊布了一道天王诏旨，其中谓：“爷哥朕幼东成主，爷排五数主当担”。⑥ 它很明确地指出了太平天国的“主”有五位。杨秀清是“五主”之一。洪秀全为《新约》一书所加的批解中写道：“朕是禾王，东王禾

---

① 《太平天国文物图录》（续编），20 页。
② 《太平天日》，见《太平天国史料》，12 页，北京，中华书局，1959。
③ 《天命诏旨书》，见《太平天国印书》，第 3 册，3 页。
④ 《洪仁玕自述》，见《太平天国》，第二册，850 页。
⑤ 《天情道理书》。
⑥ 见《太平天国诏谕》第八件。

乃，禾是比天国良民，禾王、禾乃俱是天国良民之主也。验矣！钦此”①。洪秀全多亲撰诏旨并手书颁布，这段批解自是洪秀全的真意和真迹无疑。文中所谓“验矣”，是指“禾王、禾乃俱是天国良民之主”一事是应验了的，不是虚假的。一国二主，在封建国家被视为是大不韪的事，更何况五主并立呢！但洪秀全却视为当然，而且加以验证。其实，按照洪秀全关于太平天国政体结构的一贯思想，这并不奇怪。这反映了他不以“主”的尊位一人独专的思想。这也同他只居王位，与东、西、南、北、翼并皆称王的思想是一致的。或问“禾王、禾乃俱是天国良民之主”是否对“天父上主”、“救世主”与“幼主”有否定之意呢？显然也不是。它不过说明洪、杨俱是太平天国之“主”一事，于“五主”并立无所损伤。谈到这里，人们不免要问：五主并立，特别是洪、杨并称为主岂非君臣不别？岂不是如有人所说：洪秀全“昏愦颟顸”，“授人以柄”么？这却又不然。如前所考，在太平天国政体中，爵职相同则地位相平等，如爵位同而职位不相等，地位仍有高下尊卑之别。“五主”之间，“上主”是“天圣父”“救世主”是“天兄”，地位自居“真主”、“幼主”与“赎病王”之上。洪、杨虽同皆称“主”，而且自永安开国即已如此，但洪为“大道君”，杨则为“左辅正军师”，职位有君臣之分。“五主”虽同皆为主，但他们之间存在着“父子公孙”、君臣兄弟诸种不等关系。所以，就“主”的意义上讲，他们是平等的，但其间又有伯仲之分，齿序之别，于平等之中又有不平等存在。明了于此，则杨秀清称“主”称“万岁”当不以为怪异。

“万岁”这个字眼的政治含义与“主”大致相同，应用范围也大致相似。不过，随着历史的发展它的内涵也在变化。在唐代以前，“万岁”表示尊称，并非专用于帝王。《战国策》“齐策”载：

---

① 《钦定前遗诏圣书批解》，见《太平天国史料》，92页。

孟尝君“因烧其券，民称万岁”，说明公子被称为万岁；《史记》“廉颇传”载：“左右皆呼万岁”，可见将军亦称万岁；唐代郭子仪与回纥誓谓：“大唐天子万岁，回纥可汗万岁，两国将相亦万岁”，是臣下可称为万岁的证明。① 大约自宋、明以来，“万岁”便为封建皇帝所独专，在人们心目中也就形成谁称万岁就等于称帝。杨秀清称万岁被视为篡位，盖出于这样的认识。毛主席指出：“离开具体的分析，就不能认识任何矛盾的特性。我们必须时刻记得列宁的话：对具体的事物作具体的分析。”② 太平天国的“万岁”是否与封建的“万岁”观念相等同？杨秀清称万岁是否等于篡位？这只有对太平天国政治体制进行具体分析，方能做出正确的回答。

太平天国革命，不仅在社会经济和政治领域对封建制度进行了大的冲击涤荡，同样在思想意识形态领域，在“主”和“万岁”的观念上也突破了此前的禁锢，它的“主”不止一个，“万岁”之称也不只施于一人。从现在的资料来看，太平天国之初万岁即有4位，1856年杨秀清封万岁，增为5位。到太平天国后期又增至8位。把这个问题弄明白，无疑将有助于对杨秀清问题的解决。

据辛开元年（1851年）的《太平礼制》载：除洪秀全称“主”、称“万岁”外，其子洪天贵称“幼主”，“臣下称呼幼主万岁”③。这是破历代体制，创同时并称万岁之例。按照太平天国的宗教政治观念来看，天王与幼主以父子同称万岁，则上帝为洪秀全之“天父”，自然得同尊为万岁。耶稣是“天兄”，既然其侄“幼主”称万岁，耶稣得称为万岁方合于体制。因此，在太平天国之初就存在着4位万岁。其后，万岁之称续有增加，到太平天国后期增至“八位万岁”。“八位万岁”一词，见于太平天国后期的玉

① 参见赵翼：《陔余丛考》，卷21，“万岁”条；夏映庵：《窈窕释迦室随笔》（八）。

② 《毛泽东选集》（竖排本），第一卷，305页。

③ 《太平礼制》（元年）；又见《金陵省难纪略》，《伪王及各贼称谓》。

玺上。这件称为“太平玉玺”的洪秀全用玺，镌刻时间当是辛酉十一年（1861 年）或稍早一些。玉玺之上载有四言体玺文 10 句，它的读法为：“天父上帝，天兄基督，天王洪日，主王舆笃。救世幼主，真王贵福。八位万岁，恩和辑睦，永定乾坤，永锡天禄”。① 前四句的意思是说：天父、天兄、与天王覆载万方万众，恩深泽厚。“救世幼主，真王贵福”句，指幼主洪天贵福是救世“真王”。“八位万岁”这后四句的意思是：太平天国的八个万岁，团结和睦，永远主宰天国人间，使万民福禄长在。这里既明确肯定了太平天国的万岁有八位，又昭示于人八个万岁之间是“恩和辑睦”的关系。这八位万岁所指为何？从玺文中可以明白看出的是“天父上帝”“天兄基督”“天王洪日”“救世幼主”四位，另外的四位，罗尔纲先生考证为东王杨秀清、西王萧朝贵、光王洪天光，明王洪天明。② 罗先生的考证是可信的。杨秀清被洪秀全列为太平天国“五主”之一，又被洪秀全指证为上帝的代言人——“圣神风”和“圣灵”，圣神上帝既然是万岁，那么，圣神的凡间代表——圣神风——杨秀清称万岁是完全合乎逻辑的。同样，耶稣既然称万岁，传耶稣“圣旨”的西王萧朝贵称万岁也并不奇怪。易于使人滋生疑窦的是光王、明王以孺子亦列为万岁。考光王、明王俱生于 1854 年，加万岁称号时年不过 6 岁上下，似大可不必。但联系到幼主称万岁时年方 3 岁，则又令人释然不疑。从辛开元年（1851 年）所颁《太平礼制》来看，天王诸子还只称千岁。但到

① 玺文前四句诗中，“天王洪日”指洪秀全，秀全自比太阳说：“朕是光。”他在龙母庙题诗中曰：“五百年间真日出，那般爝火敢争光”，即以“日”“光”自比。“主王舆笃”句，有疑为人名者，非是。按《广雅》释物篇谓：“舆，载也”；“笃，厚也”。又据《易》剥卦谓：“君子得舆。疏：若君子而居此位，能覆荫于下，使得全安。”故“舆”为动词，有覆载庇荫之意；“笃”为副词，有恩深泽厚之意。

② 罗尔纲：《太平天国文物图释》，2 ~ 3 页。

戊午八年（1858 年）颁的礼制中已改为："光王王三殿下永岁"；"明王王四殿下永岁"①。由"千岁"改称"永岁"，说明称谓在变化。而"永岁"与"万岁"，字异而义相近。既然如此，可以推知光王、明王的万岁称号当加于戊午八年（1858 年）之后，亦即"太平玉玺"启用之前。《朝天朝主图》上的"天王诏旨"谓："爷哥朕幼真天主，光明东西八数龛。"② 不难看出，"爷、哥、朕、幼、光、明、东、西"这个"八数"，便是"八位万岁"的真诠，也是光王、明王称万岁的注脚。

（三）杨秀清称万岁并非篡位

由上可见，太平天国政体结构的特点演化出"五主""八位万岁"这样前所未有的新制。然而杨秀清何以得列为五主、八位万岁之一？"逼封万岁"又当何解？杨秀清称万岁是否为篡位？这些问题还须深入探讨，方能究其底蕴，彰明史实。

洪秀全把杨秀清列为五主、八位万岁之一，并非事出偶然，而是决定于多方面的因素。试加分析，可以有如下数端。

第一，从杨秀清对革命的忠诚与创建太平天国中的巨大贡献来看，杨秀清是从一个"至贫至苦""困厄难堪"③，饱受封建凌辱压迫的孤儿，长大而投身革命的。洪秀全的革命思想打开了他心灵的大门，他和萧朝贵"最先景附"④ 拜上帝会。"他加入拜上帝会后，非常诚挚热心……每次代天父上帝传言，态度庄严肃穆，斥责人之罪戾常直指其人，并揭露其邪恶行为。他又劝化人为善，

① 《太平天国印书》，第 15 册；《太平天国》，第一册，111 页。

② 萧一山：《太平天国诏谕》，5 页。

③ 《天情道理书》，见《太平天国印书》，第 12 册，15 页。

④ 王拯：《复前教授唐先生书》，见《太平天国史料丛编简辑》，第六册，9 页。

并预言未来，或指示人何去何从。其言给会众普遍留下极深刻之印象。”① 自拜上帝会开始，杨秀清借上帝降凡这种宗教形式，规划宏谋，指点方略，所言辄中。所谓：“东王蒙上帝降托，能知过去后来，令人钦服之至。”② 或说：他“自拜上帝之后，种种可悉，不知天意如何化作此人”③。这反映了杨秀清在革命群众中的崇高威信，也表明他卓越的才智是迸发于坚定的革命立场和感情这不竭之源。即如他代兄弟姐妹赎病一事，也未尝不寄有革命意义在其间。故洪秀全经过体察默识，肯定杨秀清为上帝代言人，又加封之为“赎病主”，将他的地位提高到“救世主”“真主”的行列间来，“五主”之中既然前四者已称万岁，则“赎病主”封为万岁也是合道理的。

第二，太平军自出广西至攻下南京，年余之间所向克捷。这些军政方针和战略，皆由杨秀清总揽大纲，奏准施行。故有谓：“贼所倚赖者，秀清一人而已”④。洪秀全对杨秀清在这段胜利进军中所起的作用给予了很高的评价，他在诏旨中写道：“东王赎病是圣灵，爷爷降托灭妖精，诛了无数死魔鬼，故能如此早到京”⑤。其后，甲寅（1852 年）至丙辰年间（1856 年），屡经惊涛骇浪，卒至大破江南大营，解天京之围。其间杨秀清对发展太平天国革命事业作出了重大贡献。既然“万岁”之称在太平天国不只施于一人，则洪秀全加杨秀清以万岁称号，亦并非意外之事。

第三，在壬子二年（1852 年）颁行的《天条书》中载有赞美诗一首，谓：“赞美上帝为天圣父，赞美耶稣为救世圣主，赞美圣

① 韩山文：《太平天国起义记》，据 1935 年版英文本，46 页，引者重译。

② 《洪仁玕自述》，见《太平天国》，第二册，850 页。

③ 《李秀成自述》（原稿影印本），2 页上。

④ 《武昌纪事》，见《太平天国》，第四册，599 页。

⑤ 《诏西洋番弟书》，见《太平天国史料》，98 页。

神风为圣灵，赞美三位为合一真神。”① 这里所称的“圣神风”和“圣灵”都经洪秀全指证为杨秀清②，从而把杨秀清置于与上帝、耶稣“三位一体”的“真神”地位。洪秀全在《前遗诏圣书》的批解中又写道：“东王是上帝爱子，与太兄及朕同一老妈所生，在未有天地之先，三位同是一脉亲。”给杨秀清加上如此浓厚而神圣的宗教色彩，可见加封杨秀清为“万岁”是合乎洪秀全宗教政治思想的逻辑的。

第四，由于杨秀清在反封建革命斗争中竭心尽力，深得洪秀全信任倚重。“天王顶而信用，一国之事概交于他”③。凡紧要奏章皆须由杨秀清盖印上奏，否则洪秀全不批阅。④ 又由于杨秀清矢志忠诚，直言无隐，洪秀全赞之为“清胞真是古之所谓骨鲠之臣”，“诚为启朕心沃朕心之良弟良臣也”。⑤ 洪秀全出于这种信任，在1856年前就在东王的爵职上加封为“三师一主”（禾乃师、劝慰师、左辅正军师、赎病主），杨秀清死后仍续有增封。洪秀全既然不以万岁独尊，可见加封杨秀清为万岁亦情理中事。

第五，杨秀清不仅为太平天国的革命事业竭力奋斗，而且对洪秀全的天王地位也是自来就维护的。他在天父降托的话中一再指出：“我差尔主下凡作天王，他出一言是天命，尔等要遵。尔等

---

① 《天条书》（原刻本），6～7页。

② 1853年冬12月，洪秀全在“金龙殿”对东、北二王与顶天侯秦日纲说：“（天兄耶稣）曾谕门徒曰：后日有劝慰师临世，尔兄观今日清胞所奏及观胞所行，为前天兄所说劝慰师、圣神风即是胞也”（《天父下凡诏书二》）。杨秀清被封为“劝慰师、圣神风”即在此时。又据《顶天侯秦日纲等颂赞》，其中有“赞美东王为圣神风，是圣灵赎病救人”之句。秦日纲封燕王约在1854年春、夏间，故知杨秀清加上“圣灵”之称当不晚于此时。

③ 《李秀成自述》（原稿影本），2页上。

④ 《贼情汇纂》，卷7，《伪本章》；参见同书卷1，洪、杨、韦诸传。

⑤ 《天父下凡诏书二》，见《太平天国印书》，第11册。

要真心扶主顾王……”① 其后，在杨秀清颁布的三篇诰谕中，也着重宣扬天王是“天生真主”，号召“扶天王以开国”②。在《天情道理书》与《行军总要》这两部杨秀清生前最后编成的书中，也一如既往，以天父“特命天王下凡为万郭太平真主，复差东王佐辅朝纲”为基调，把杨秀清放在“佐辅天王主宰天下”③ 的地位，并无僭越之迹。资料表明，杨秀清是以“佐辅”之首位自居，对洪秀全是拥戴维护的，因而得到洪秀全的信任。所以，在大破江南、江北大营的大胜之后，洪秀全就因其时势，加封杨秀清为万岁。

杨秀清对封万岁是什么态度呢？《李秀成自述》说是“因东王，天王实信。权托太重过度，要逼天王封其万岁”。即人们常说的“逼封”，所谓“逼封”，亦即居功邀封。杨秀清是农民小生产者的世界观，他“性情高傲”，居功不谦，讲求封赏。他认为开国之初既已封为“九千岁”，多年功勋，加封一千岁亦不悖于太平体制，又有何不可？他曾对洪秀全说过：“臣既有功，则君即当优养体恤，怜恤下忱，常加恩典，以奖其功。”④ 杨秀清“要逼天王封其万岁”，也就是要天王对他“常加恩典，以奖有功”的具体表现。在杨秀清看来，他早就是“五主”之一，又是“上帝”代言人之一（另一个“上帝”的代言人是洪秀全），父子兄弟并称万岁，是合乎拜上帝会教义和太平天国政体的，所以他要求加封为万岁。这件事是杨秀清的一个历史性的错误。但这是一个可以理解的错误，并不表明杨秀清要篡位。如果是篡位，万岁尽可自封，又何待洪秀全加封？历史上“黄袍加身”的故事，岂又不能仿效？要洪秀全加封一事，就表明杨秀清是承认洪秀全的天王地位。如

① 《天命诏旨书》，见《太平天国印书》，第 3 册。
② 《颁行诏书》，见上书①。
③ 《行军总要·序言》，见《太平天国印书》，第 13 册。
④ 《天父下凡诏书二》，见《太平天国印书》，第 11 册，17 页。

若不然，以杨秀清军政大权在握，天京又在其控制之中，废黜天王或幽囚而加害，又岂其所不能？但事实并非如此。据亲赴天京晋见过东王的肯能说：这段时间天京城中，宁谧如常，市旅不惊。他还“常常到天王宫外观望”①，所见并无稗官笔记中所云“土城上密布枪炮，恐杨来暗算”② 的任何迹象。如果杨秀清真是在搞篡位之事，以他的“智虑精详，防维周密”③，又岂能不层层布置，早有严防。又何至于毫无准备，遭到韦昌辉的暗算和毒手呢?！有一个既明显而又基本的事实足以说明问题，这就是：杨秀清称万岁之后，天王依然是天王，并未遭到废黜或杀害，天王府既未被围攻，也未闻有何人死于兵刃之下。这与后来韦昌辉滥杀朝臣，围攻天王府的逆谋相比，恰成鲜明对照。这个雄辩的事实证明了杨秀清仅是称万岁而已，并非篡位。

二、韦昌辉擅杀杨秀清与“天京事变”

杨秀清称万岁后约可月余，1856 年 9 月 2 日，韦昌辉猝然以阴谋袭击的手段，包围东王府，将杨秀清杀死。事情发生在杨秀清称万岁之后，韦昌辉又以“奉密诏勤王”“清君侧”等辞自饰。因此，世传洪秀全密召韦氏进京而诛杨，人多以为可信。近世治太平天国史者往往亦多从这方面搜集史料，作出论断。这种论断是建立在洪、杨矛盾已是对抗性矛盾，杨秀清称万岁即是篡位这个前提上的。但是，这个前提是不可靠的。如上所考，按太平天国体制，“主”与“万岁”皆不止一位，杨秀清的万岁之称是洪秀全承认和加封的，既非篡位也不排斥洪秀全之为“天王”。所谓

① 《逸经》第 33 期，19 页。

② 知非子：《金陵续记》。

③ 《行军总要·序言》，见《太平天国印书》，第 13 册。

洪、杨矛盾激化，洪秀全密召韦氏进京而诛杨之说，虽振振有词，然细加推考，则破绽层出，很多问题解释难通。笔者考订分析有关史料，得出如下结论：

其一，韦昌辉是混进太平天国领导集团中的阶级异己分子，史实证明：真正搞篡权阴谋的正是他，而不是杨秀清。

其二，韦昌辉蓄谋杀杨秀清而夺权，由来已久，并非起因于杨称万岁。杨、韦矛盾早就趋于激化。杨称万岁只不过给他抓到了“清君侧”的借口。

其三，洪秀全不允许杀杨秀清。杨秀清之死是韦昌辉矫诏擅杀的。韦昌辉发动的“天京事变”是一场反革命叛乱，是地主阶级与农民阶级这个主要矛盾在太平天国领导集团内部的爆发。①

三、太平天国对杨秀清的评价与如何评价杨秀清

杨秀清死后，天王洪秀全与太平天国军民缅怀他的功烈，对他颁予殊典，崇礼有加。太平天国对杨秀清的评价与地主阶级论史者对他的评价迥然不同，这是很值得人们深思的。

第一，对杨秀清之死认为是“殉难”，而不是篡权伏诛。前面已说过洪秀全将杨秀清的忌日定为“东王升天节”，要天国代代永远纪念。又把杨秀清死难的事撰为“东王升天节记”，列入太平天国的历史。在太平天国的诏谕文书中，对东王之死，都用“升天”这个崇敬的字眼，而对韦昌辉之死，则用“丧”字以示贬斥。②东殿文武人员死于“天京事变”中的，太平天国认为是“有殉难

---

① 因限于篇幅，故以上三个论点的具体论证从略。读者欲知其详，请参阅《历史研究》(1978年第6期)、《太平天国史论文选》等。

② 在《王长次兄共证福音书》中用“东王升天”，在《洪仁玕自述》中用“东王升天，北王亦丧”，其他颁行诏书中皆同此。

之忠”①，给予了褒封荣典。如东殿尚书傅学贤，在抗击韦氏叛乱中巷战而死，追封为“杏天义”；辅天侯李俊昌与东王同时被害，追封为“杰天义”②；等等。反之，韦昌辉及其死党，被视为乱臣贼子，皆除名削爵。两相对比，功罪忠奸，是泾渭分明的。

第二，杨秀清死后，其爵职保留不除，一如前期殉难之南王与西王。不特如此，据现存资料看，丁巳七年（1857 年），洪秀全就在杨秀清原爵职之上，加封为“传天父上主皇上帝真神真圣旨……东王”。其后，己未与庚申年间（1859—1860 年），又将原北王之职位“雷师”“后师”亦归东王兼领。③ 这鲜明地表示对杨秀清的信任和纪念，对韦昌辉的坚决贬斥。“传天父上主真圣旨”这个太平天国的最崇高的封号，还说明了对杨秀清代上帝传言的重新肯定，也意味着对杨秀清封万岁的重新肯定。

第三，在“天京事变”中，杨秀清的两个世子，皆死于难。为了给东王续嗣，洪秀全将自己的第五子洪天佑过继给杨秀清，并封之为“幼东王”④。庚申十年（1860 年），天王诏命为幼东王预作“正九重天庭”⑤，旋即开立幼东王府治事。约在第二年，幼主诏旨谓：“自今内外本章，免盖玕叔金印及一概金印，单准盖幼

---

① 《幼主诏旨》，见《太平天国史料》，109 页。

② 傅、李之追封见《幼主诏旨》。傅学贤传见《金陵癸甲纪事略》所附“粤逆名目略”；李俊昌为天朝国医，在《贼情汇纂》卷 2 有传，他们死难事，见《金陵杂记》“续记”。

③ 杨秀清爵职的增封见太平天国戊午年八年与十一年新历，因颁新历皆在头年十月，故推知东王死后未尝除爵。

④ “幼东王”：即洪秀全第五子，亦即《天王诏旨》中所称之“天佑子侄”。对此，徐力同志在《太平天国幼东王考》（载《新史学通讯》1956 年 8 月号）一文中有所考证。今据幼主洪天贵福亲笔《自述》称：“光王洪天光，明王洪天明，两人均十一岁。”益证洪天佑为洪秀全之第五子。详考另有拙文《关于太平天国的幼东王》。

⑤ 王韬：《瓮牖余谈》，“洪逆琐记”。又见《天王诏旨》。

东印”①。考其意义，就在于继承前期由东王总揽军政大计，统一事权的传统。

第四，太平天国后期，洪秀全在诏谕中教育天国臣民以东王为榜样，号召学习东王，忠勤国事，以期重振国势。他在九年十月（1859年11月）的诏中说：“天历三重识东王，降托东王是父皇……谢爷降托赎病主，乃弃世人转天堂。”②要人们像对上帝和耶稣那样，敬重不忘东王。辛酉十一年（1861年），洪仁玕在军次宁国郡时，诗赠杨永清及诸将时写道：“从今无以兄为范，维慕东王姓字超。”③勖勉大家学习杨秀清，以东王为楷模。洪仁玕与陈玉成，皆对前期“令行禁止由东王而臂指自如”④，表示无限钦仰，陈玉成并建议洪仁玕加强法制，统一军令政令。可见杨秀清虽死后多年，他的榜样风范仍与天国共存。杨秀清编印的《行军总要》《天情道理书》和体现洪、杨之间“君臣契合好处”的《天父下凡诏书（第二部）》等，也都颁行翻印，广为流传。究其用意也是在于发扬前期杨秀清执政时的优良传统和革命精神。

第五，昔人说，“闻鼙鼓而思良将”。在太平天国后期，每值国事艰难之际，洪秀全更为怀念杨秀清，并以东王精神来鼓励士气。戊午八年（1858年）冬，洪秀全手诏写道：“九重天上一东

① 《太平天国史料》，119页。

② 《天王诏旨》，引自《太平天国印书》，第17册，6页。按：天王诏旨中谓：“天历首重孝顺爷（上帝）”，“天历二重恭敬哥（耶稣）”，“天历三重识东王”。此处“天历”，寓有“太平天国”“天朝”之意；“重”，不轻之谓也；“识”，粤语，读如“志”，记也。故“天历三重识东王”句的意思是：太平天国第三是敬重不忘东王。此句与紧接后面的“七月廿七东升节，天国代代莫些忘”句合看，意思尤为明显。

③ 洪仁玕：《钦定军次实录》。

④ 转引洪仁玕：《立法制喧谕》。

王，辅佐江山耐久长”。又谓“禾乃师兼赎病主，乃奔世人大担当。”① 辛酉十一年五月（1861 年 6 月），当安庆被围紧急之时，洪秀全亲筹应敌之策，日思夜寐，常与东王梦魂相依。他在“梦诏”中写道：“十五（日）四更朕亲征，朕同幼主暨东王……东王奏兵交妹夫，杀妖灭鬼有伊当。”② 洪秀全颁发此诏的用意，就在于以上帝与东王为精神力量，鼓励六军诸将英勇赴敌，以图合解安庆之危。

以上太平天国的信史资料雄辩地证明，洪秀全与天朝军民，对功勋卓著的东王杨秀清，怀有深切的阶级感情，对他的死难无限悼念，对他的革命功绩推崇备至。革命农民英难们对杨秀清这种真挚而诚朴的感情，是很自然的，也是很可贵的。某些论史者，习惯于从“权、术、势”的观点去看问题，而未审太平天国体制的特点和洪秀全品质的特点。在他们看来，杨秀清称万岁即等于篡权夺位，杨之死必洪秀全杀之。杀杨之后，无论褒封也罢，过继亲子也罢，甚而“天国代代莫些忘”，“梦诏”中的怀念之语，统统都被看成是洪秀全做作的假戏。曾国藩的机要幕僚赵烈文，就是按照这种观点，得出洪秀全“盖亦鸷狠之极者矣”③ 的看法。这看法是错误的，因为他将洪秀全比附为刘邦与朱洪武之为人，又把太平天国之“万岁”与封建万岁观相等同，认为洪秀全容不得杨秀清与他并称万岁。而事实上恰好相反。

当然，洪秀全与杨秀清自有他们的缺点和错误，我们“要从历史条件加以说明，使人理解，不可以苛求前人”④。对杨秀清的功过，我们应该去“求”，要根据他处的特定的历史条件，“实事

---

① 《赐西洋番弟诏》，引自《太平天国文选》，按：“九重天上一东王”句，人或误认为是杨秀清自诩之辞，今考非是，故引用之。

② 萧一山：《太平天国诏谕与书翰》，《天王诏旨五》。

③ 赵烈文：《能静居士日记》，“咸丰十一年三月二十二日记”。

④ 毛泽东：《纪念孙中山》。

求是”地“求”，而不是“苛求”。

杨秀清作为农民革命的领导人来说，他对太平天国的贡献是巨大的。但是，当时无产阶级还没有登上历史舞台，农民小生产者的阶级局限性和时代的局限性，使得杨秀清思想意识上存在许多缺陷，导致他在革命过程中犯这样和那样的错误，有的错误甚至是十分严重的。

首先，由于农民小生产者的局限性，使他不能认识群众的历史作用和创造性，又由于中国长期封建家长制统治，使他热衷于个人权威。自永安开国，定都天京至打破江南大营，短短数年间成果辉煌，这本来首先是革命群众的伟大创造，但杨秀清却在思想上把个人作用估计过高。他“威风张扬”而不是谦虚谨慎，“性情高傲”而不是如履薄冰。开“东试”，拟“四海之内有东王”为题，他岂能不知？凡出巡，舆从千计如赛会状，又何其不自敛？洪秀全之于杨秀清，言听计从，“一国之事，概交与他”。首义之时即封东王九千岁，后又褒封为“劝慰师、圣神风”，加号为“圣灵”，与上帝、耶稣“三位一体”，真可谓“一朝之大，是首一人”。而杨秀清在胜利和功劳面前，不是功大不居，而是居功骄傲，不是谦冲推让，而是邀功求赏。“要逼天王封其万岁”一事，突出说明杨秀清汲汲名位，表现了农民世界观的局限性。虽然洪秀全亲自加封其为“万岁”，虽然按照太平天国体制“万岁”之称可不止一人，但杨秀清不自知其“平日性情高傲”“威风张扬”之为害，遂招至北、冀二人忌妒不服。韦昌辉早有篡位窃国之心，借此机会酿成大变。

杨秀清之死是太平天国革命历史上的悲剧。农民有革命性，杨秀清则是革命农民中杰出的领袖之一，他立场坚定，才智纵横，在历史舞台上演出了威武壮丽的场面。而农民又是小生产者，小生产的局限性与伴随而来的思想认识的局限性，使杨秀清不能正确对待个人在历史上的作用。加以“三师（左辅正军师、禾乃师、劝慰师）一主（赎病主）”的政治地位与代天父传言——“圣神风”“圣灵”等宗教权威，促使杨秀清头脑膨胀，视称“万岁”为当然。他的错误是严重的，我们应该给予批判的总结，而“不可以苛求于前人”。

其次，杨秀清“军令严整，民心佩服”，“严”在战争时期本是正确的，但“东王令严，军民畏”，过了头便成为“酷烈”。洪、杨所订的刑律，往往失之于苛，“律凡六十二条，称点天灯，五马分尸者三，斩者四十一。商鞅定法，尚不至若是之酷”①。这虽是反动派有意宣传，但斩律之中不少是施于人民内部矛盾的。如杨秀清在禁酒诰谕中规定：如敢再犯吃酒者，遵旨斩首示众。虽洪秀全的旨意如此，但杨秀清订律执法，亦失之过严。另外，在战争中往往不论敌我势力对比如何，凡失城丧师者多论斩，如国宗石凤魁守武汉，因势不敌撤守，即锁拿回京处斩，这种律令虽然坚固了诸将守土之志，但却因此损失了不少好将。秦日纲虽无才情，但英勇敢战，在解救镇江之围，大破江南大营的会战中，是功劳卓著的。旋因追击金坛，中伏失利，回京即“大受谴责”。秦日纲怨望甚深，促使其被韦昌辉拉过去。凡此种种，杨秀清身为首辅，是有不可推卸的责任。

再次，在定都天京进入大城市之后，杨秀清丢掉了紫荆山烧炭时艰苦朴素的劳动人民作风，追求享受，铺张浪费的恶习很快滋长起来。他和诸王都大兴土木，营建府殿。上自武汉，下至镇江，征召工匠，采办什物。各府殿往往“穷极工巧，骋心悦目”。据肯能所述东王府内室，“珍宝堆积，琳琅满目，他顾而乐之”②。这不仅在战争年代是错误的，即使是和平时期也此风不可长。受杨秀清这种风气所影响，太平天国后期诸王，率多侈治府第，苏

① 杜文澜：《平定粤匪纪略》，“附记三”。

②《太平天国东北两王内讧详记》，见《逸经》，第23期，18页下。

州忠王府便是一例。

以上仅举其大者，这些历史的错误和教训给后人留下了很多的借鉴，值得我们记取。杨秀清虽然犯了这样那样的错误，但他仍不失为彪炳史册的农民革命的卓越领袖之一。他们是中国19世纪50年代的革命之鹰，他有时飞得低，但他始终是一只鹰。今天我们来评价杨秀清，以历史唯物主义的观点来看问题，“判断历史的功绩，不是根据历史活动家没有提供现代所要求的东西，而是根据他们比他们的前辈提供了新的东西”①。杨秀清以“种山烧炭”一贫苦农民投身革命，为创建太平天国奋其才智，竭心尽力，功业皎然赫然。他比他的革命前辈提供了更多的新东西，创造了更光辉的业绩。他死年才30余岁，不能不令人深为悼惜之！

① 列宁：《评经济浪漫主义》，见《列宁全集》，第2卷，150页。

“太平玉玺”考释

“太平玉玺”是太平天国政权的权力象征，是中国近代史上一件珍贵的文物，① 又是研究太平天国史很有价值的资料。在这件约七寸见方的青白玉玺上刻有44字，内四言韵语10句，在历代国玺中，恐怕是玺文最长、所包含内容最丰富的了。多年来，对于玺文的读法和诠释，众说纷纭，莫衷一是。近年，又有人提出了这件玉玺的真伪问题。笔者不揣谫陋，爰为此文，略陈管见，以求正于历史文物界诸同好。

关于“太平玉玺”的真伪问题，首先要考查它的来源，是否存在作伪的必要与可能；更要考证玉玺的型制和玺文的内容，是否与太平体制和思想相契合或相抵牾。

太平天国的国玺，据文献著录、印鉴和实物来看，已知先后共镌铸了6个，其中金玺3个、玉玺3个。最早镌制的玉玺见于著录的，是洪秀全于壬子二年十月在北进长沙时所制作。《李秀成自述》中曾道：“天王在长沙南门制造玉玺，呼称万岁……制造玺成，攻城未下，计及移营。”

现存的“太平玉玺”，从其玺文中有“真王贵福”之句来看，却又并非早期在长沙所镌，而是后期另镌的一个。因为幼天王本

① “太平玉玺”和“幼主玉玺”的原件存故宫博物院，印鉴载于郭若愚编《太平天国文物图录》等书。

名洪天贵，他于同治三年九月底被俘后说：“数年前老天王叫我加个福字，就名洪天贵福。”① 又据洪秀全于辛酉十一年五月十六日的诏旨说：“幼主名洪天贵福，见福加点锦添花，桂福省改桂福省”。可见幼主原名下添“福”字，当在此时或稍早。由此推知现存的“太平玉玺”如非伪造，则其镌刻之时当在辛酉十一年或稍后。这件玉玺是曾国藩军破天京时，在巷战中缴获而后进呈军机处的。曾国藩在奏报中说：湘军袁大升等部进围天王府时，见“伪殿前南门突出悍贼千余人，执持军器洋枪，向民房街巷而去，知是洪逆窜至民房，遂率队腰截击之，杀贼七百余人，夺伪玉玺二方、金印一方，宽广约七寸。即洪酋僭用之印也”。②

其后半月，曾国藩在《贼酋分别处治粗筹善后事宜折》中又续奏道：“伪幼主洪福瑱绕室积薪，为城破自焚之计，众供皆合。连日在伪宫灰烬之中，反复搜寻，茫无实据。观其金玉二印，皆在巷战时所夺，又似业已逃出伪宫者……所有伪玉玺二方，金印一方，臣当专差赍送军机处，俾方略馆有所考焉。”③

当时双方生死鏖战，三玺得之于刀丛剑影之中，曾国藩随即奏闻，从时间之紧促与得玺的情况来看，作伪的可能性不大。当时擒获幼主才是主要的，幼主业已逸出，纵获“伪玺”三方，又岂能抵其过？因之，曾国藩假造“伪玺”的必要性也是不大的。包括“太平玉玺”在内的三方金、玉国玺之为太平天国原物，我们还可以从左宗棠于同治三年九月初六日《附陈杭城余匪窜出情形片》奏报中得到旁证：“顷据黄少春送到所获幼逆六月二十四日给伪首王范汝增黄绸伪诏，则幼逆由金陵窜出，实无可疑。阅所

① 《幼主自述》，江西巡抚衙门录供进呈军机处本（见沈葆祯奏同治三年十月十三日附件），现存中国第一历史档案馆。

② 曾国藩：《金陵克复折》，中国第一历史档案馆藏军机处录付奏折。

③ 曾国藩：《贼酋分别处治粗筹善后事宜折》，中国第一历史档案馆藏军机处录付奏折。

钤伪玺上方横列‘太平天国’四字，下方横列‘玉玺’两字，左刻‘天下太平’，右刻‘万方来朝’，中刻‘皇上帝基督带瑱幼主作主’字一行，而瑱字玉旁刻作主字，折视则‘真主’二字。”①

左宗棠奏述的幼天王玺文，与故宫博物院现存曾国藩送呈军机处之幼天王玺完全符合。需要补充说明的是，左宗棠看到的幼主诏书上所钤“玉玺”，是天京突围出来后，按原玉玺的型制和玺文而重刻的木质玺，原玺在巷战中已失去了。这个情况见于沈葆桢《报获木质伪玺片》中：“据席宝田禀：前获洪福瑱时，询以伪玺何在？据称玉刻伪玺并未带出金陵。至广德时另刻木质伪玺，系交亲信贼目背负，现已不知所往。”②

从左宗棠、沈葆桢二人奏片可以证明：曾国藩奏缴的幼天王玉玺是真品而不是伪造。既然如此，与之同时呈交的“太平玉玺”也当是真品。

下面再从“太平玉玺”的型制和玺文内容来勘考，看它与其他几个太平天国国玺比较是否存在疑窦和破绽。太平天国壬子二年在长沙镌的玉玺今已无存，亦未见有印鉴，故无从比较。同年，太平军克武汉，天王在汉口铸金玺一方。据《贼情汇纂》著录载：“伪天王印八寸见方，四面云龙，中空一行，刻‘太平天王大道君王全’九字。左首角上镌一‘金’字，右首角上镌一‘玺’字，并改玺作玺。左首边上刻‘奉天诛妖’四字，右首边上刻‘斩邪留正’四字，然非紧要诏旨，不用此印。另有三寸六分见方一印，四面龙文。中刻‘旨准’二字，凡批答伪奏章及各伪书皆钤之。”③

张德坚这个记载是正确的，我们见天王令薛之元镇守浦口的亲手诏旨上，就盖有这方金玺④。太平天国后期另外又镌有两方金

① 中国第一历史档案藏军机处录付奏折。

② 《沈文肃公政书》，卷3。

③ 《贼情汇纂》，卷6，《伪印》。

④ 原件藏中国第一历史档案馆；影印件见《太平天国》，第一册图录。

玺，一方是洪秀全用玺,① 另一方是幼主洪天贵福用玺。② 其玺文比起壬子二年的金玺来，文词趋于繁复，宗教迷信色彩和奉天承运、国祚绵远的思想也愈渐浓厚。玺文的这种特点，在幼主的玉玺及“太平玉玺”中也同样存在。

首先，玺文当中都将天父、天兄、天王、幼主依次不漏地都列入。

“天王金玺”作：

<table>
<tr><td rowspan="2">天父上主皇上帝</td><td>救世主天兄基督□□太平</td></tr>
<tr><td>天王大道君王全□天下福</td></tr>
</table>

“幼主金玺”作：

<table>
<tr><td rowspan="2">天父上主皇上帝</td><td>救世主天兄基督</td><td rowspan="2">救世幼主</td><td>真</td><td rowspan="2">福</td></tr>
<tr><td>天王大道君王全</td><td>王</td></tr>
</table>

“幼主玉玺”作：

<table>
<tr><td rowspan="2">皇上帝</td><td>基</td><td rowspan="2">带</td><td>真</td><td rowspan="2">幼主作主</td></tr>
<tr><td>督</td><td>主</td></tr>
</table>

“太平玉玺”作：

天父上帝，天兄基督，天王洪日，主王舆笃，救世幼主，真王贵福。

经这一比较，可以看出“太平玉玺”与别外三玺体例一致，没有任何破绽和疑窦。特别是“救世幼主，真王贵福”，与幼主金玺中“救世幼主真王福”一致，足以证明前者非清方伪撰。因为

① 洪秀全在后期用的金玺的印鉴，见于洪秀全手批艾约瑟文与辛酉十一年二月二十四日天王诏旨。载萧一山编:《太平天国诏谕》中。

② 幼主金玺在天京陷落时为曾军所获，交呈军机处方略馆。同治四年被军机章京萨隆阿盗窃熔为金条了。其印鉴则见之“朝天朝主图”与辛酉十一年四月二十七日的天主诏旨等。载萧一山编:《太平天国诏谕》中。

在幼主被俘后，清方大吏还将他的名字误作“洪福瑱”，并不知他叫“洪天贵福”，不可能编撰“真王贵福”这样的玺文。

其次，这四个玺的玺文都贯穿着天子万年、国运隆昌的祈祝和封建的万世一系的思想。

“天王金玺”词为：

天国长久，天堂荣光。

天下太平日，万方来朝天。

“幼主金玺”词为：

幼主一直承一统。

真主万岁照万方。

“幼主玉玺”词为：

天子万年，福禄寿喜。

天下太平，万方来朝。

“太平玉玺”词为：

永定乾坤，永锡天禄。

八位万岁，恩和辑睦。

上面的各玺的文词或有长短，但所蕴藏的含义是基本相同的。它们都反映出太平天国后期最高领导阶层中，追求安福尊荣，停滞蜕化的思想状态。这些玺文中思想状态的一致，是作伪者很难模拟的，而最容易露出马脚的。

再次，“太平玉玺”的玺文是四言体韵诗十句，这种体裁在清方文人中很罕见，而在太平天国洪秀全、杨秀清等人的诗中，往往长篇撰制四言诗。洪秀全的《御制千字诏》，即为四言体，多至二百七十余句。在《天父诗》中，亦有多篇。杨秀清颁的《太平救世歌》中，第二、第三部皆为四言体，这种四言体裁在太平天国玺文中也是常用的。如壬子二年金玺上有“奉天诛妖，斩邪留正”，洪秀全后期金玺上刻有“天父主张，天兄担当”和“天国长久，天堂荣光”；幼主玉玺上刻有“天下太平，万主来朝”和“天子万年，福禄寿喜”。所以，“太平玉玺”中的四言韵语十句，是合乎太平天国的文体，出自太平天国的手笔，而并非外人好事，别出心裁的伪作。

另外，太平天国的玺印和旨准颁行诏书封面的四边，所镌刻的图案皆有定式。一般都是上边刻双凤朝阳，左右刻云龙，下刻三山和大海。①“太平玉玺”不仅无违制之处，而刻工之精，不逊分毫，亦证其并非伪作。

综上所述，我们可以概见太平天国的国玺，究其型制和内容有如下特点：

第一，玺分金质和玉质两种，就目前所知先后镌有金玺、玉玺各三方。玺为正方形，或“八寸见方”，或“宽广约七寸”，其型制大同而小有差别。

第二，玺文皆作宋体正字，无有用篆体或隶书的。这是太平天国玺印的重要特色，它趋于平民化而便于识读。

第三，玺文的正中不仅刻爵衔，连名字也一并镌刻在上。如“天王大道君王全”；“救世幼主真王福”或“真王贵福”等。历代印玺只刻官衔，太平天国的印玺却并刻姓名，这是“天朝”的创新之制，也是鉴定太平天国印玺真伪的重要标准。

第四，太平天国国玺的左右边都刻有对称的玺文，多是四言体韵语。

第五，玺的四边刻有云龙山海，饰以丹凤朝阳，有定制无违。这也有别于明、清玺制。

以上这些特点在“太平玉玺”上都毫无例外地得到反映，完

① 太平诏书之封面，参看《太平天国印书》之“太平军目”（壬子二年新刻）、“太平诏书”等；又可参考《太平天国》第一册卷首之影印图版。

全契合。加之玺的来源无伪，所以，我们考证结果是："太平玉玺"是太平天国的原件，即非伪造，亦非赝品。

"太平玉玺"的真伪问题澄清后，对玺文的读法和其文句的诠释的重要性就显著起来。如何破读玺文与如何诠释方得其正鹄，前此报刊各载其说。笔者在此亦略抒管见。

"太平玉玺"之所以引起读法的分歧，是因为它的玺文排列顺序与别的文书不同。从"太平玉玺"的影印件可以看出，由于文句上排列特殊，史学专家可以酌情组合成多种含义各不相同的玺文。

罗尔纲先生在《太平天国文物图释》中，对玺文的读法是：

> 太平玉玺，天父上帝，恩和辑睦，天王洪日，天兄基督，救世幼主，主王舆笃，八位万岁，真王贵福，永定乾坤，永锡天禄。

拙文《如何评价杨秀清》① 中，读法稍有不同，即"太平玉玺"是玺的名称，以下十句四言韵语才是玺文的内容，其读顺序是：

> 天父上帝，天兄基督，天王洪日，主王舆笃，救世幼主，真王贵福，八位万岁，恩和辑睦，永定乾坤，永锡天禄。

董蔡时同志在《关于太平玉玺上"八位万岁"的考释》② 一文中的读法如下：

---

① 《历史研究》，1978（6）。

②《中华文史论丛》，1979（2）。

天父上帝，太平玉玺，恩和辑睦，永定乾坤，八位万岁，救世幼主，天王洪日，天兄基督，主王舆笃，真王贵福，永锡天禄。

当然，还可以排列组合为好些种读法，这里恕不俱列了。

相同于“太平玉玺”的玺文这种排列方法，在另外四个金、玉玺上，在《朝天朝主图》和其他太平文献排列爵职位置时也可以看到。“太平玉玺”镌刻于辛酉十一年前后间，现以与它颁于同时期的辛酉十一年新历上的所排列诸王的顺序，参以《朝天朝主图》和此图上的天王诏旨而加以研究，便可以得出正确的读法顺序。太平天国辛酉十一年新历第一页上，诸王的排列原式如下图：

忠敬陛卫军章王林
忠正京卫军侍王李
忠义宿卫军忠王李
开朝公忠军师殿左军翼王石
云师前导副军师殿后军南王冯
传天父上主皇上帝真神真圣旨劝
慰师圣神风雷禾乃师赎病主左辅杨
太平天国天朝九门御林正军师后师殿中军兼右军东王
传救世圣主先师天兄基
督太子圣旨圣神雨电右
萧
弼又正军师殿前军西王
开朝精忠军师殿右军干王洪
忠勇羽林军英王陈
忠贞朝卫军赞王蒙
忠壹都卫军辅王杨

从上面的排列中，比较容易看出它的读法顺序是：从中破读，由内而外，先左后右。先读“太平天国天朝九门御林”、然后由内中左方“……东王杨（秀清）”起首，次为内中右方“……西王萧（朝贵）”。再为左方“……南王冯（云山）”，再为右方“……干王洪（仁玕）”……依次直至“……辅王杨（辅清）”“……章王林（绍璋）”为止。这种排列和读法的顺序，我们从《朝天朝主图》中诸王和职官的座次位置可以得到验证。① 在天王府的“荣光大殿”上，天王御座居中，然后是“东西双凤几两旁，双凤几下长次兄”。这就是按太平天国尚左，由左而右的惯例排列的；在长次兄下面，“殿前两边排四行，巨、崇至驸马、西父，中排两行面父皇，南、干以下至安、福，仍旧两行面朝阳”。可见洪秀全在亲自排列座次顺序时，不仅先左后右，而且由内而外。他诏旨中还接着铺排说：“南（王）左干（王）右仍旧位，按次翼、英、忠、赞当，侍、辅、璋、豫、天将、掌，部、义、安、福面欢扬”。这个排列顺序，与辛酉十一年新历首页上诸王排列的先后次序，是完全一致的。经此验证便可得知，在太平天国的爵职、玺文中，如果是多行并列的话，则其顺序和读法是：从中破读，由内而外，先左后右。另外，太平天国尊崇天父上帝，凡太平天国的文书中，“天父”二字都得抬头在顶格。“天兄”“天王”则依次各低一格写。同样，在太平天国玺上，天父高出于上，依次为天兄、天王、幼主。如洪秀全和幼主的金玺上，当中便是“天父上主皇上帝”赫然七个大字。在“太平玉玺”中，也是“天父上帝”大字居中顶格，在玺文排列上是正中位置，按“从中破读，由内而外，先左后右”的顺序，“天父上帝”是有首位居左的含义。故第二句当是其右边的“天兄基督”，以下按顺序便是：“天

---

① 《朝天朝主图》原件影印本，载萧一山：《太平天国诏谕》；著录本见《太平天国》，第二册，673～674页。

王洪日，天王舆笃，救世幼主，真王贵福"。这种读法与天王金鋆、幼主金鋆、幼主玉玺是一致的。也就是说它从另外三方玺文的读法中得到了验证。反之，如果简单地按由上而下，由左向右破读，则玺文中就会出现"救世幼主，天王洪日，天兄基督"这样的句子。这在太平天国的观念中，会被视为颠倒长幼之序，属于大不敬之例。再说这样读法也找不到旁证使之得以成立。另外，把"天父上帝，恩和辑睦"联系在一起，虽然与"由上而下"读法大致相合，但是，"恩和辑睦"包含有同辈之间"和睦"之意。而上帝是独一尊神，无有兄弟姊妹，因而洪秀全不可能创作这样的玺文。而且"恩和辑睦"排在玉玺的左右外则，也不应先读。推其文意，应是"八位万岁"的下句。"八位万岁"包括了父子公孙和兄弟在内，"恩和辑睦"指他们间的关系而言。"救世幼主，真王贵福"，实际上是幼主金鋆中"救世幼主真王福"的演化。如果把它割裂，任意安置，就会造成"天兄基督，真王贵福"这样不伦不类的句子。附带说一下，在太平天国词汇中，"真主"或"真圣主"是专指天王，而"真王"则指的是幼主，幸勿把"真王"视作天王了。"永定乾坤，永锡天禄"，镌刻在"太平玉玺"最外面的左右两边。文气连贯，谐韵而对仗。它是整个玺文的结束语，这当是没有疑问的。

关于"太平玉玺"的玺文，由于洪秀全思想有其独特之处，太平天国的词汇又往往杂采先秦或粤东俚语，故颇烦疏释考订。"天父上帝，天兄基督"两句，自是人人皆知。但"天王洪日"，却有待说明。考洪秀全本名仁坤，后改名洪秀全。据《太平天日》说，这名字是"上帝"所命。其谓："尔下去凡间，时或称洪秀，时或称洪全，时或称洪秀全"①，也单称作"洪全"。天王金鋆上

---

① 《太平天日》，见《太平天国印书》，第1册；《太平天国史料》，12页。

的“太平天王大道君王全”，便是采用的单名。到于“太平玉玺”上的“天王洪日”，其中“洪日”也是单名。这个名字是洪秀全自己取的。他认为“朕是太阳”。他登极称天王，是“三星共照日出天”,① 又说，“三点是洪，三日是洪日，太兄隐诏洪日作主”。② 这些话正好给玺文“天王洪日”作出了明晓的诠释。“主王舆笃”句，颇费斟酌。考近人著作，有疑“舆笃”为人名，但无可印证。此处“舆”当作动词解。《广雅》“释物篇”谓：“舆，载也。”《汉书·严助传》：“舆轿而逾岭。”又据《易》“剥卦”称：“君子得舆。”疏云：若君子而居此位，能覆荫于下，使得全安。故舆字在此有覆载庇荫之意。“笃”是形容词，有深厚不渝之意。所以“主王舆笃”的意思当解为：天父上主、救世主和天王覆载庇荫万方万众，泽厚恩深。“救世幼主，真王贵福”句，我们在前面已作了些叙述，这里的问题是“幼主”之前何以冠以“救世”二字？按基督教义与太平天国文献，“救世主”专称耶稣。耶稣年 33 而被钉死十字架，洪秀全念其“天兄”无嗣，便按人间过继续嗣之俗，立洪天贵福为耶稣之子。他在《赐西洋番弟诏》中说：“朕立幼主继耶稣，双承哥朕坐天都，幼主一半耶稣子，一半朕子迓天庥。代代幼主上帝子，双承哥朕一统书。”③ 因此幼主洪天贵福便兼祧两宗，不仅继承“真主”洪秀全而称“真主贵福”，而且兼承“救世主”耶稣而称“救世幼主”。从这里可以看出“救世幼主，真王贵福”是并列对称句，在读“太平玉玺”时，不应将它拆开，只有连在一块方能得其全意。

“八位万岁”句新颖奇特，别开生面。罗尔纲同志寻释其原意，认为可能是指上帝、耶稣、天王、幼主、光王、明王、东王

① 《福音敬录》，见《太平天国印书》，第 16 册，3 页。

② 《钦定前遗诏圣书批解》，见《太平天国史料》，83 页。

③ 罗尔纲：《太平天国文选》，60 页。

与西王等八位而言。① 我们考察洪秀全的思想，应看到它的复杂性，往往是封建思想与农民民主主义的平等观念纷然杂陈，此消彼长。他对“主”和“万岁”的观念，既未脱封建的窠臼又有所不同。在封建政治术语中，一般以“君主”作为封建帝王的代称。太平天国的“主”却有五位之多，“爷哥朕幼东成主，爷排五数主担当”，② 指的就是东王杨秀清与“爷哥朕幼”同皆可并称为主。“朕是禾王，东王禾乃，禾王、禾乃俱是天国良民之主也”，③ 这是洪秀全手书的批谕，说明太平天国的“主”不同于以往的封建王朝，不是独一无二的。同样，太平天国的“万岁”也不止一个，“太平玉玺”的玺文中“八位万岁”，若解释为“洪秀全即大宝正位万岁”，是颇为牵强的。因为早在辛开元年，幼主洪天贵福就被规定称“万岁”，那时他不过是三岁孩提呢！可见太平天国在“主”和“万岁”的观念上也突破了此前的禁锢，它的“主”不止一个，“万岁”之称也不止施于一人④。也有人提出：上帝与耶稣称万岁于文献无徵，天王的指示称“诏、旨”，而上帝、耶稣的话则仅称“皇上帝曰”等等。其实不然，太平天国印书《天命诏旨书》中的“皇上帝曰”“天兄曰”分明即是“诏旨”。其首页就是天王教育通军大小男女兵将要“熟知天父圣旨命令及天兄圣旨命令”。在洪秀全《赐西洋番弟诏》中也说：“上帝又降圣旨曰：‘九重天上一东王，辅佐江山耐久长’。上帝降此二句圣旨，又命朕续尾二句，朕遵爷圣旨续二句云：‘禾乃师兼赎病主，乃龚世人大担当’。”可见“圣旨”连篇皆是。人们皆知所谓“圣旨”、“诏旨”是“万岁爷”才能颁发的。洪秀全的拜上帝教把上帝视为至尊，把耶稣当作救世主，二者皆是万岁永生的。至于东王称“万

---

① 《朝天朝主图》影印件，见《太平天国诏谕》，第八件。

② 《天王诏旨》，引自《太平天国史料》，128 页。

③ 罗尔纲：《太平天国文物图释》，26 页。

④ 详见拙文《如何评价杨秀清》。

岁”问题，据《李秀成自述》说：“那时权柄皆在东王手上，不得不封”。即洪秀全已然封了杨秀清为万岁。新发现的《石达开自述》别本也说：“洪秀全本欲杀杨，口中不肯，且故意加杨秀清为万岁。”可见太平天国两个高级领导人都说洪秀全是曾封杨秀清为万岁称号的。故太平天国的“万岁”称号，如果不是一位而是“八位万岁”，则其中包括杨秀清是易于理解的。前面说过，“八位万岁”的下句是“恩和辑睦”。“恩和”二字在洪秀全的诏旨中多次采用，如“普天下一家，尽归爷哥，世世靡既，永远人间恩和于无尽也。”① 在洪秀全《赐西洋番弟诏》中也说：“西洋番弟朝上帝，人间恩和在斯乎！”所以，“恩和”的意思当是谓：在上帝、耶稣的化醒教诫下，天下人间，万邦万国同沐上帝恩荣。“各自相安享太平”。“辑睦”指共事者之间同心同德、和睦一致。《天情道理书》中说：天王、东王“谆谆教导，其再三为尔等劝者，正欲我们弟妹共相辑睦也”②，亦是这个意思。“永定乾坤，永锡天禄”句中，“乾坤”喻天地，“天禄”此指皇上帝所赐予的福禄。这是个对称句，整个意思和幼主玉玺上的“天子万年，福禄寿喜”颇有一致之处。

如果以上的读法和解释尚无大错，则“太平玉玺”的玺文大意是这样的：天父上主、天兄救世主与天王覆载庇荫万方万众，恩深泽厚；幼主“双承哥朕”，既继“真主”，又兼承“救世主”；天父、天兄、天王、幼主及东王等八位万岁，普行真道，登生民于衽席，致天下于太平，使天国人间永久安定，万国万民福禄长久。

总的来看，“太平玉玺”并非伪制而是真品。“太平玉玺”的玺文亦非局外人所能杜撰。当是出自洪秀全的手笔，它反映了洪

① 《钦定前遗诏圣书批解》，见《太平天国史料》，92页。

② 《天情道理书》，见《太平天国》，第一册，386页。

秀全的部分思想，也有助于说明太平天国一些故实。所以，“太平玉玺”作为太平天国文物是可珍贵的，作为太平天国史料也是很有价值的。

《天朝田亩制度》的经济背景及其性质

——关于农民平均主义的评价问题

中国历来是一个以农业为基础的大国，农业人口占绝大多数，农民的土地问题是个重要问题。这个问题解决得如何，关系历代政权的兴亡治乱和社会经济的繁荣衰替。唐代均田，故有贞观、开元之治；明初裁抑豪强地主，因而国富民殷。反之，如土地集中于巨富官绅，农民失所流离，则生产力遭到破坏，莫不酿成大规模农民起义。在封建社会中，农民是主要的生产者，土地是他们进行生产的命脉。农民要求获得土地，以平均地产为核心的平均主义思想，是他们阶级意识形态的主要反映。宋代钟相等人提出“等贵贱、均贫富”；明代李自成以“均田免粮”号召农民起义；降至清咸丰初，洪秀全颁布《天朝田亩制度》，将农民平均主义思想制度化，从而发展到了最高峰。平均主义作为一种社会思想，有着它的演变过程、不同的历史作用和利弊。在资本主义和社会主义时期，它是落后的、倒退的和反动的。但是，在反对封建地主所有制，打破封建大地产对农民的桎梏中，它不仅是一面鲜明的旗帜，而且是进步的和革命的，因为它起着推动生产力发展，解放生产力的历史作用。太平天国的《天朝田亩制度》这个以反对封建地主所有制、平均地产为基本内容和核心的农民平均主义的纲领，它的性质是属于哪一种呢？是进步的抑是反动的呢？这个问题多年来颇有分歧。为要解答这个问题，我认为应该把它放到当时的历史条件下，考察当时的土地关系和经济背景，看它是否符合当时农民的迫切要求，是否旨在解决当时社会经济的主要矛盾。如果对这些问题有更多更深刻的了解，则我们对《天朝田亩制度》的分析，将会更好地辨别其主流和支流、本质和现象，从而弄清其中正确和错误各自所占的比重。

下面我将从《天朝田亩制度》产生的经济背景和它的性质两方面略抒所见，不当之处，烦请指正。

一、《天朝田亩制度》产生的经济背景

《天朝田亩制度》是历史的产物。它是封建土地所有制的对立物。清朝中叶，土地已高度集中，过去王瑛已有专文论证，① 本文只补充一些地方的材料。关于清代田赋之重且不均，本文则列证论述，而清朝官吏在粮赋上之浮收勒折，剥削小户农民，更加剧了土地问题的矛盾，这是应该着重揭露的。如果对这些方面有较深切了解，《天朝田亩制度》的性质和意义便易于理解，故在本篇中概加叙述。

（一）清代土地兼并之烈与地租剥削之重

土地兼并，历代皆然，这是封建地主的本性。不过，清朝从开国之始，八旗贵族就大肆圈占民田，汉族的显官豪绅，也凭藉财势，广置田产。其结果就是土地高度集中，广大农民沦为佃户，“一邑之中，有田者什一，无田者什九”②。例如，江、淮之间各州县，农民耕种之家居十之五，衣食盐漕与工商各业者，居十之

① 王瑛：《太平天国前夕的土地问题》，见《中山文化教育馆季刊》，第3卷，第一期。

② 丘家穗：《丁役议》，见贺长龄：《皇朝经世文编》，卷30。

四，另外十分之一的地主阶级，“则坐拥一县之田，役农夫，尽地利，而安然衣食租税者也”①。其他各省州县，情形也大致相同。清室贵族占田数额是很惊人的。乾隆时，大学士和珅田产多达8000顷。道光时，英和因罪田产没官，计有572顷余，琦善亦有256顷之多。汉族大地主所置田产亦不稍逊。如康熙时，刑部尚书徐乾学，田产跨苏、松两府之地，仅在无锡一县就买田“万顷”。詹事府的少詹事高士奇，家在浙江平湖，“置田千顷”。② 到太平天国革命之际，徐乾学的后裔徐佩瑗，在江苏长州县还拥有千亩以上田产。与他同县的汪堃，有田产三千余亩。吴江县庐墟的柳兆薰，业田在四五千亩之间。而与他同县的沈懋德，富甲一方，“有田万余亩”。③ 常熟县的庞钟璐等四大家，也是邑中豪富。在湖广粮产区，环洞庭湖各县，膏腴沃壤，也是多为官宦绅衿所占。湖南虽是冲田坡地，却也集中到大户名下。如桂阳州邓氏，“兄弟田数百顷，以富雄一方，至用担石程田契，乘马不牧，游食田野数十里，不犯人禾”。④ 又如衡阳，有刘重伟兄弟，因经营山场木材业致富，“至嘉庆时，子孙田至万亩”。⑤ 太平天国起义的广西浔州府所属各县，地主占田之多，不亚于他处。如平南县的张姓、满姓财主，财富相埒，民谚有“江北张其耀，江南满国球”之称。桂平县也是“田多为富室所有，荷锄扶耜之伦，大半为富人之佃”⑥。如金田村迤南至江口圩，一片平畴，土田肥美。这里石头脚村的陈家大地主，高堂华屋，富夸一方。还有新墟、莫村等处

---

① 盛枫：《江北均丁说》，见《中山文化教育馆季刊》，第3卷，第一期。

② 王先谦：《东华录·康熙朝》，卷44，23页。

③ （清光绪）《吴江县续志》，卷19，5页。

④ （清同治）《桂阳直隶州志》，卷20，25页。

⑤ （清同治）《衡阳县志》，卷11，5页。

⑥ 吴铤：《因时论十·田制》，见《皇朝经世文续编》，卷35。

的凌姓、罗姓等家，他们共占去了当地十分之八的田地。总的来看，各省各州县土地集中的比重，虽各不相同，但“豪强兼并，一人而兼数十人之产，一家而兼数十家之产”，则是普遍现象。①其结果就是，“田归富户，富者益富，贫者益贫”②，阶级矛盾愈来愈尖锐化。

土地高度集中，使绝大多数农民变成受地主直接剥削的佃户，他们所负担的地租，越来越重。清初，苏南地区“一亩之收，不能至三石，少者不过一石有余，而私租之重者一石二三斗，少者亦八九斗”。③ 到了道光、咸丰年间，苏南租额“少者亦得一石出头，而重者竟有一石五斗之额”④，其中吴江最为突出，虽“下下田”，亦收一石有余之租。有民间诗歌描写道：“催租急于石壕吏，倾瓶倒筐向何藏，坐使农家注空釜，累累看汝堆仓箱。”⑤ 如此超经济榨取，生产力怎能不遭到破坏。在这样的重租剥削下，农民“虽衣具尽而质田器，田器尽而卖黄犊，物用皆尽而鬻子女，亦必如其欲而后已”。⑥ 如此煎逼追比犹不为足，狡黠的田主，更有责偿其租于佃农之伯叔兄弟，亦有控告佃农“抗租”，买通胥吏，逮捕系狱。以至三冬岁末，为“欠租”而褴褛就逮，身陷囹圄者，“以一县计，奚止数千百人”⑦。真是人人都说江南好，岂知江南乃地主之天堂，农民的地狱！

（二）清代农民田赋负担之重

在封建社会中，粮赋是中国专制政府的主要财源。明初，江

① （民国）《桂平县志》，卷29，2页，《食货》中。
② （清光绪）《庐江县志》，卷2，5页。
③ 顾炎武：《日知录》，卷10，《苏松二府田赋之重》。
④ 陶煦：《陶氏五宴集》，《重租论》。
⑤ （民国）《南浔志》，卷29，22页，《折股怨》。
⑥ 《周庄镇志》，卷4，2~3页。
⑦ 同上书⑥。

南田赋就很重，迨至明末，增收辽饷、练饷与剿饷，天下嚣然。清承明制，相沿未改，虽在康、雍之时几次议减赋，但所减只是象征性的，实际田赋仍在增加。田赋按常理应由田主输纳，田多则理合多交，无田或少田，则当不纳或少纳。但清朝自乾、嘉以来，吏治腐败，居然颠倒其事。显官豪绅等大户，拥有千万亩田产，竟可不纳田赋，或巧为规避，虽正额亦“注缓”减收，以至沉重的田赋负担，大多转嫁到小户、自耕农和贫农的身上，其中情伪弊端，令人十分惊讶。先看江苏的情况。这里的缙绅大户，凭藉其势力，“短交”粮赋，其缺额“自必取偿于乡曲之淳良小户，而为牵长补短之计”。① 而小户穷民不堪剥削，往往诡寄粮名于大户名下，久之，其有限田产便为大户所并吞侵夺。冯桂芬在《均赋议》中对粮赋弊端，说得十分具体，其谓：“今苏属完漕之法，以贵贱强弱为多寡。不惟绅民不一律，即绅与绅亦不一律，民与民亦不一律；绅户多折银，最少者一石二、三斗当一石，多者递增，最多者倍之；民户最弱者，折银约三四石当一石，强者完米二石有余当一石，尤强者亦完米不足二石当一石。”②

可见清中叶交纳钱粮，已完全不是以田地多寡腴薄为重轻，而是取决于势力之强弱。绅与民，大户与小户之间，每亩纳课相差竟达两三倍。更有甚者，“同一百亩之家，有不完一文者，有完至数十百千者，不均孰甚焉……各县绅衿，有连阡累陌，从不知完粮为何事者”。③ 的确，大户不交粮或减免、注缓，在江南不是个别地方，而是各县皆然。请看以下例证：

松江　松江田赋，“皆因图蠹把持，图书掌握，田多者受贿免脱，田少者无贿雉罹。造册则朝更暮改，分数则换张移李，先后

① 《清朝续文献通考》，卷2，《田赋考二》。

② 《显志堂稿》，卷5，《均赋议》。

③ 盛康：《皇朝经世文续编》，卷36，《赋役三》。

任其倒置，多寡听其游移”。①

这里不仅说明大户财主行贿而“免脱”田赋，而且揭露了清政府吏治的黑暗，一任胥吏图书，篡改粮册，使小户平民，代大户完纳，罹无穷之灾。

常熟　道光二十四年（1844年），“折色八元三四角，洋合制钱一千三百零。假如大户，票米十石零三升，竟以十石注缓，三升完缴。短价折色四元光景，仅要洋一角二分，将票米总算扯，每亩不过四五十文；如小户，票米照数算，每亩必要一千零。顽佃蒂见不在内。此中甘苦，迥乎天壤也”。②

江南纳赋，向来有“短价”与“长价”之分。大户减价交纳，谓之“短价”，小户则加倍称之价征收，以补大户之亏欠，谓之“长价”。上例所说“折色八元三四角”，即指“长价”而言，“短价折色四元光景”，即表明大户所纳比之小户已短少一半。然此犹未使大户甘心，如上所云：大户以“十石注缓，三升完缴”，仅纳原额千分之三。而五十文与一千文相比，大户与小户所交赋额，相差二十倍。如此盘剥，小户那得不倾家荡产呢！

元和、吴江　“以（青浦、元和、吴江）三县而论之：青为上、元为中、吴江为最下。青浦之漕为清漕，纳赋者无绅无民，一亩之田，壹以粮一斗有奇，银一钱一分有奇为准；元和则城与乡，强与弱，已有所谓大小户者，然大户十犹约三四也；独吴江则不然，有十数顷之家，而所完无几者，有一二亩之家，而横征倍之者”。③

如按作者所说，真所谓举世皆浊，而青浦独清。实则青浦是因周立春抗漕起义后，才使钱粮平均一些，苏州府的元和县，却

① 贺长龄：《皇朝经世文编》，卷30，《均田均役议》。

② 柯悟迟：《漏网喁鱼集》，5页，北京，中华书局，1957。

③ 陶煦：《租覈》，《辨上下》。

是强者之赋由弱者代完，吴江则千余亩之家，有的几乎不纳分文。

浙江省漕赋征收的情况也和江苏相同，左宗棠在同治三年十月的奏折中说：

嘉兴、杭州　“盖一县之中，花户繁多，灾歉蠲免，悉听经书册报。世家大族，丰收者亦能蠲缓，编氓小户，被歉者尚多全征。且大户仅完正额，小户更任意诛求……以小户之浮收，抵大户之不足。官吏征收不善，小民咨怨有词，故闹漕之案，往往因之而起。”①

绍兴、肖山　“兹查浙东八府，钱粮征数，以绍兴为最多，浮收之弊，亦以绍兴为尤甚。山阴、会稽、肖山诸县完纳钱粮，向有绅户民户之分，每正耗一两，绅户仅完一两六分至一两三、四钱而止，民户则有完至二千八九百文或三四千文者。以国家维正之供，而有绅民重轻之别，以闾阎奉公之款，徒为吏胥中饱之资。官司以赔垫为苦，民户以偏重为苦。”②

可见浙江交纳田赋亦有“大户”“小户”之分，世家大族拥有大宗田产，却捏报灾歉，“蠲免”粮赋，其短交数额，却以浮收摊派小户来补偿，故当时有谓：“剜小户之肉，补大户之疮。”究其原因，表面上是胥吏所为，但本质上还在于清朝政权是代表大地主利益的。苏、浙如此，其他各省情形也大体相同，在江西、湖北、广西等省，大户地主玩弄“飞洒诡寄”的手段，买田收租而不完粮，致使小户人家，田地已卖出数年、数十年，仍然照旧纳赋，这样就加剧了两极分化，使农民与地主的矛盾愈益尖锐。

总的来看，清代的粮赋之重，不减于明代，而苏、松地区，犹有过之。在粮赋的负担上，极为不均：“大户仅完正额，小户更任意诛求”；大户只纳零头，或抗延不纳，小户则倍征暴敛，或田

---

① 《左宗棠全集》，奏疏卷11，《议减杭嘉湖三属漕粮大概情形折》。

② 《左宗棠全集》，奏疏卷8，《覈减绍兴府属浮收钱粮折》。

卖粮存。当时有人估计：各省地丁钱粮，富户所纳者不过十之二三，而十之七八取偿于小户。轻重倒置，民怨沸腾，抗漕戕官的案子，在道光年间纷纷而起。

（三）清代田赋之浮收勒折

清代的赋税，自康熙年间摊丁入亩之后，田赋包括田粮和地丁两项。田粮之漕运京师者，谓之“漕粮”。漕粮转运数千里，运费皆出自纳粮户，于是“浮收”成为惯例。又每年征收漕粮，往往折钱交纳，谓之“折色”。但无论漕粮折色或地丁银折钱交纳，折合之时，莫不高出当地银价倍蓰，谓之“勒折”。浮收勒折，自清初已然，太平天国革命前夕，达到了民不堪命的程度。

冯桂芬在1853年致许乃钊的书中说：“近岁已来，折价合米，直以三四石当一石，刑驱势迫，莫敢枝梧，非一朝夕之故。”① 这就是说，征粮每石浮收之数，比正额多出一倍至两三倍，此事由来已久。为什么要浮收如此之多呢？其编造理由甚多，剥削方法亦甚多：大斛量入，此其一；借口成色不足，“七折八扣”，此其二；“淋尖踢斛”，此其三；斛外抛洒，此其四；水脚有费，验米有费，灰印有费，筛扇有费，此其五；此外，粮米入仓，又有仓廒费，廒门费；漕粮起解，又加起运费，上下“漕规”费……名目繁多，花样百出。真所谓“此中勾稽之数，虽神仙不可测识！”这样大的超额浮收，得利最大的是各级官员，以下的胥吏差役和“刁劣生监”，也无不分肥饱私囊。道光中，江苏巡抚陶澍在其奏片中说：各县包收漕粮之徒，“竟有田无一亩，而包揽至数百石者，亦有米无升合，而白食漕规自数十两至数百两者。人数最多

① 《显志堂稿》，卷5，《与许抚部书》。

之处，生监或至三四百名，漕规有二三万两，实骇听闻”。① 到咸丰初年，苏、松地区每年办漕，各县经手的粮书、官吏分肥中饱多达十来万金。② 这样巨额的盘剥，那得不天怒人怨！

又从浙江各处惯例来看。征收田赋“折色”高于“本色”颇多。当时米价每石不超过三千文，折色高达“六千余文”，即高出一倍有多，更有高达三倍者。龚自珍谓：“国赋三升民一斗，屠牛岂不胜栽禾”③，即指此而言。浙东的绍兴、肖山等府县，地丁银每两征收制钱“至二千八九百文至三四千文者”，亦浮折几及一倍。至于漕粮的浮收，就更为酷烈了。下面让我们看湖广地区的情况，胡林翼奏中说：

湖北　“鄂省漕粮，弊窦太深，数十万之正额，征派不满一半，数十年之积弊，浮勒至于十倍……陋规多至数十款、百余款，浮费多至数千两、数万两不等。”④

胡林翼在另一密折中，比较具体地说出了湖北“各州县征收漕粮，多所浮勒”的情况，其奏中说：“其征收折色，每石折收钱五六千，或七八千，或十二三千，或十五六千，竟有多至十八九千者；其征收本色，每石浮收米五六斗，或七八斗，或加倍，竟有多至三石零者；此外又有耗米、水脚等项，分款另收；又有由单、券票、样米、号钱等名。多端需索，民力几何，其能堪此？”⑤

咸丰七年时，湖北米价每石不及二千钱，故漕粮折色“多至十八九千”者为正额之十倍。比之苏、浙征漕，有过之而无不及。至于征收本色，则与苏、浙的浮收额略同，大体是五六斗至三四

---

① 陶澍：《严禁衿棍包漕横索陋规片》，见《皇朝经世文编》，卷36，《赋役三》。

② 《显志堂稿》，卷5，《与许抚部书》。

③ 《定庵全集》，《乙亥杂诗》，9页。

④ 《胡林翼遗集》，卷23，《奏陈鄂省尚有应办紧要事件等折》。

⑤ 《胡林翼遗集》，卷23，《革除漕务积弊并减定漕章密疏》。

石之间，但还不包括杂项在内。

湖南与湖北迩连，陋规浮费之多，官吏、生监与差役之层层中饱，亦复相同。湖南的漕赋，往往并非民户直接投柜交纳，而是由“漕口”包揽，“昂价折收”。所谓“漕口”，其中有举人、拔贡、秀才以至衙门差役各色人等。这些人把持漕赋，层层中饱。咸丰中，骆秉章任湖南巡抚，他在奏中说道：“（漕弊）沿习既久，逐渐增加，地丁正银一两，民间有费至数两者，漕米一石，民间有费至数石者……未完纳之先有由单，由单有费。既完纳之后有串票，串票有费。其完纳稍迟者，粮书先时借垫，计息取偿，多至数倍……官吏既视钱漕为利薮，刁衿劣监即从而挟持之，每人索费数十两百两，人数多者一县或至数十人，名曰漕口，稍不遂意，则阻挠乡户完纳，或赴上司衙门，砌词控告。”①

可见湖南征收漕赋，其浮勒亦数倍于正额。骆秉章在此奏中所称的“漕口”，还不包括上面所说的“包交”漕赋那些人，而是挟持官吏、白食“漕规”的绅衿讼棍，亦即苏、浙称之为“白颈”者。地方官在每年开征时，先得送他们数百两银子，“笼络安置而后可期无事”。地方官为何惧怕这些人呢？又为何听任胥吏生监肆虐害民呢？说穿了就是州县官原是些吸血鬼，他们在办漕征粮赋之先，就已收了大批银财，饱其贪欲，于是纵令管漕书吏勒啃人民，其方法层出不穷，手段极为恶劣。在愈是偏远的地方，也愈显得露骨。且看广西：广西灌阳县，“及纳谷之时，数十百里，肩挑背负。及运至仓，书吏等又多索费用。虽极干圆洁净，亦故意挑斥刁措，有十日半月不能交纳者……及其收谷，又不止淋尖踢斗，并多斛外抛洒，以供仓中斗级之肆攫，不准小民拾回颗粒，稍不满意，即为挂欠，令其补纳。大约完谷一石，其耗费已需至

① 《骆秉章奏稿》，卷8，《沥陈湖南筹饷情形折》。

数石矣。"①

另外，广西交粮赋，也有一批人包揽把持，如同湖广的"漕口"一样，名称叫作"卯铺"。记载说：广西邕宁县，清代道光年间，钱粮由"卯铺"包收，"此辈辄上下其手，有纳银一两，规取制钱至十余千者。又复巧立种种名目，苛收横索，数十倍于正供。稍一不遂，鞭笞之下，缧绁随之。"②

按道光晚期的银价，纹银每两不过制钱二千。邕宁地丁银勒折达"十余千"，这在各省中是罕有的。加上肆无忌惮的浮收苛索，故为正供之"数十倍"。"卯铺"之凶残，又有更胜于胥吏之处！

以上广西、湖南、湖北、江苏、浙江等五省，从我们对粮赋征收所例举的材料来看，浮收勒折，极为普遍而又严重。征收本色者，每石至少浮收五六斗，多者至三四石当一石，征收折色者，则高下其手，漫无边际，最少亦加倍，一般是三四倍。至于征收地丁银，民间以制钱折合交纳，但至少得三千文折一两银之赋，而又往往倍征。有的地方甚而十数千文方抵一两，已在五倍以上了。

据冯桂芬、胡林翼等大略估计，一般州县浮收勒折而中饱分肥者，共约合银十万两上下，其中州、县官得十之二三，胥吏粮书各色人等得十之六七。如此肥润，举贡生监也"当仁不让"。有人形容说，每值征漕，"官吏如饿虎出林，绅衿如毒蛇发动"，③差役追比，如豺狼咆哮，粮书入乡，如蝗虫遍野。还有苏、浙的"白颈"、两湖的"漕口"人等，他们也雁过拔毛，每人都白食"漕规"数十两至数百两不等。故有谓：清道、咸年间，"吏治之

① (民国)《灌阳县志》，卷21，26页。
② (民国)《邕宁县志》，卷14，5页。
③ 柯悟迟：《漏网喁鱼集》，95页。

额，民生之瘁，莫此为甚”。

二、《天朝田亩制度》的性质与农民平均主义的评价问题

如前面所述，清朝政府统治二百年迄道光之末，土地高度集中，农民破产流离，地租之重，超乎前代；田赋浮收勒折，数倍于正额。凡此种种，使农民与地主阶级的矛盾，发展到极其尖锐的程度。广大贫苦人民迫切要求推翻清王朝反动政权，渴望实现“田产均耕”“均田均赋”的没有压迫和剥削的小康之世。也只有对道光末年中国农村的经济背景作深入了解，才能更好地了解《天朝田亩制度》的性质，认识它是适应广大农民的要求而诞生的。

《天朝田亩制度》颁布于1853年定都天京之时。它是以解放土地问题为中心，包括社会组织、军事、文化教育诸方面的太平天国的纲领性文献。当然，土地制度是它首先的、同时也是最基本的内容。《天朝田亩制度》的原件影件本，今已载入《太平天国印书》，各教科书中亦皆述其要旨。但对《天朝田亩制度》的性质和历史意义，各家著述却评价迥不相同。二十多年前史学界就曾展开过一场讨论。当时一种意见认为，“（太平天国）著名的土地纲领——《天朝田亩制度》，表现了农民的农业社会主义思想，即以小农经济为基础的平均主义思想。这种思想在一定的历史条件下，一方面有巨大的革命性；另一方面在实质上又带有反动性。”另一种意见认为，《天朝田亩制度》的实质在于它的反封建地主土地所有制的彻底性。它的平均主义主张，在当时历史条件下是革命的，而不是反动的，至于其所包含的错误和空想只是外壳而并非实质。那次讨论迄今已二十余年了。时间使人们学习与思考。在新著的《中国近代史稿》等书中，编者们运用辩证唯物主义的

分析方法，对《天朝田亩制度》作出的分析和评价，是合乎实事求是之旨的。虽然如此，但有的同志在近期讨论太平天国农民平均主义的文章中，见仁见智，仍各有分歧，看来还有必要深入地进行探讨。

问题仍然是这些，即：《天朝田亩制度》是什么性质呢？它的实质和内核是什么呢？是进步的、革命的呢？抑是反动的、倒退的呢？或者是革命与反动兼而有之的呢？这系列的问题遗留到了现在，还需要结合具体条款，进行仔细分析，才能得到正确的回答。

（一）对封建地主所有制的否定是《天朝田亩制度》的根本性质

从《天朝田亩制度》中，人们可以明显地看到它的平分土地的方案，是对封建地主土地所有制的彻底否定。《天朝田亩制度》规定：凡天下田地，按其产量的多寡，分为九等，“凡分田照人口，不论男妇，算其家口多寡，人多则多分，人寡则分寡。杂以九等，如一家六人，分三人好田，分三人丑田，好丑各一半”。其目的是要达到天下“无处不均匀，无人不饱暖”的理想国。这种规定既否定了豪富绅衿的大地产，也没有保留北魏或唐初“均田制”中官吏“俸田百顷”的旧例。而是“普天下皆一式”的平均主义方案。试思明、清以降土地高度集中，地主私租之重，官府赋敛之苛，农民处于水深火热，如被倒悬。全国各省抗租抗粮和暴动起义，各地蜂起。历史的任务和农民的要求就是推翻清朝统治，打碎封建地主土地所有制的枷锁。《天朝田亩制度》的颁布，反映了农民千百年以来渴望得到自己一份土地的根本要求，而且以磅礴的气魄，明确的主张规定下来，这在中国历史上还是空前的第一次。太平天国革命是中国近代旧民主主义历史时期的农民革命，这个历史时期的根本任务之一就是反封建。《天朝田亩制度》集中地体现了太平天国反封建的革命性质，具有挖掉封建制度的墙脚，刨除封建地主土地所有制根基的历史意义，虽然这个农民平均主义的方案饱蘸着浓厚的空想和时代条件带给它的落后色彩，但无可否认，反对封建地主所有制是《天朝田亩制度》的主流和本质。我们考查《天朝田亩制度》的性质或实质，更应该首先和主要看到这点，而不是其他。列宁指出："某些马克思主义者的错误，在于他们批评民粹主义者的理论，而忽略了这种理论在反对农奴制的斗争中所包含的历史上现实的和历史上合理的内容。他们批判了而且正确地批判了'劳动原则'和'平均主义'这种落后的、反动的小资产阶级社会主义，但是他们忘记了这种理论反映着先进的、革命的小资产阶级民主主义，忘记了这种理论是同农奴制旧俄国作最坚决斗争的旗帜，在反对旧专制制度的斗争中，特别是反对旧农奴主大土地占有制的斗争中，平等思想是最革命的思想。农民小资产者的平等思想是正当的和进步的，因为它反映了反对封建农奴制的不平等现象的斗争。'平均'地产的思想是正当的和进步的，因为它反映了每户只有7俄亩份地的、受尽地主剥削的1000万户破产农民的愿望。"①

我们引录列宁这一长段论述，为的是与读者共同领会列宁对农民平等思想，特别是其中关于平均地产的思想应作如何评价。列宁批评了某些马克思主义者的错误，指出其忽略和忘记了农民平均地产的思想是"同农奴制旧俄国作最坚决斗争的旗帜"，特别是在反对旧的封建大土地占有制的斗争中，这种平均地产的平等思想或制度，"是最革命的思想"。列宁不仅在这里，而且在其他各处谈到农民平均主义思想在反对封建主义斗争中的历史意义时，都毫不例外地作出了高度的评价，认为它的"实质在于消灭农奴制大地产"，亦即实质在于消灭封建地主土地所有制。

前些时有人发表文章说，农民反对《天朝田亩制度》，包括反对其中的平分土地。我认为：清代道、咸年间，农民在封建地主

① 《列宁全集》，第13卷，217页。

残酷剥夺下他们对平分土地的日夜渴求，他们企求“不饥不寒”的低标准、低消费的平等社会是十分强烈的。正如斯大林所说：农民之渴望获得自己的土地，连做梦也想着土地！他们在水深火热之中，一代复一代的熬煎着，“乐岁终身苦，丰年不免于死亡”。他们当时争土地的“田面权”，争“永佃制”，为的是求得个温饱。难道太平天国宣布要分田地给他们，还会有人反对么?!《贼情汇纂》说：两湖、皖、赣间的农民，“贼至争迎之”；皖南农民对太平军有“奚为后我之谈”；江苏吴江同里镇的农民把租田冒充自产，领得了“田凭”而“农民窃喜”。如果真的分田到户，他们岂不大喜过望么！农民为何如此欢迎太平军呢？除了太平军纪律好，公平买卖等因素外，根本的还不是太平军来了，农民可以解除封建剥削，包括可以获得梦寐以求的土地么！那些说农民反对《天朝田亩制度》者，一是错误地认为农民反对平均主义，二是把天京实行的拆散家庭、吃大锅饭和天京的“圣库制”与农村《天朝田亩制度》混为一谈了。

《天朝田亩制度》所提出的平分土地式的平均主义，在当时的历史条件下具有充分的革命性，为彻底摧毁地主所有制，消灭地主剥削，铲除农业生产中封建的荆棘，给资本主义萌芽开阔了发展的场所。这是旷古未有的大喜事，是农民伟大的节日，是他们盼望了千年的“福音”，也是当时经济发展的客观要求。历史学家们应为之欢呼，在思想史上给予正确的评价，奈何反而谓其实质是反动的，将其中乌托邦思想看得如此严重而加以批判呢！

（二）《天朝田亩制度》的空想、错误的外壳与其为资本主义因素开辟道路的内核

有必要进一步探讨《天朝田亩制度》的平均主义思想对未来资本主义的发展，是起推动作用抑是起反作用的问题。颇有论者认为农民是私有者，他们反对平均主义，因而反对《天朝田亩制度》。其实，平均主义正是农民意识的表现，是农民反对封建大地

产的犀利的思想武器，它既不是地主阶级、资产阶级的思想，更不是无产阶级的思想。因此笼统地说农民反对平均主义是不恰当的。有的论者看出这点，便肯定平均主义在反对封建斗争中是正确的、革命的，但是认为《天朝田亩制度》在平均地产之后，“企图把小农的土地所有制巩固起来”，“幻想每个农民都有分散的小农经济基础上永远保持一份平均的财产”，这是性质反动的。也有论者把这种分配上的平均主义称之为“公产主义”，从而认为这是具有反动性的。按照通常的涵义，所谓“反动性”，一是指维护腐朽的经济制度或政权；二是指阻扼新的经济因素或制度的发展。显然，论者所指的并非前者而是后者，即《天朝田亩制度》对中国资本主义萌芽的发展起反动作用。中国资本主义萌芽在太平天国前已有一段历史，其所以得不到正常发展，原因在于封建地主经济及其庞大的上层建筑的摧残束缚。《天朝田亩制度》是解除这种束缚呢，抑是增加这种束缚呢？或者它在解除了旧的束缚之后，是否又给套上一副新的枷锁呢？只有这两个问题得到了合乎实际的回答，才能正确评价《天朝田亩制度》的性质。

我们从对《天朝田亩制度》产生的经济背景的考查中，可以看到它是顺乎历史要求，合乎农民需要而提出的。它的平分土地的方案对封建地主所有制予以坚决地否定，因此，它将为中国萌芽中的资本主义扫清道路，解除其束缚，并为其发育成长创造必不可少的客观条件。《天朝田亩制度》在这里所包含的巨大历史意义和进步性、革命性，往往为历史学家们所忽视或低估，而列宁却对农奴制束缚下的农民平均土地的主张对资本主义发展的作用，给予了高度的评价，在《俄国社会民主工党第五次代表大会》一文中，列宁明确地指出：“农民起义取得彻底胜利，没收地主的全部土地，把土地平分给农民，就意味着资本主义最迅速的发展，这是对农民最有利的资产阶级民主主义变革的形式”。

在同一文章中，列宁接着强调说：“现在农民希望把土地从地主那里夺过来，加以平分，这不是乌托邦，而是革命，完全符合革命这个词的最严格的、最科学的含义。夺取了土地并分配了土地，会给资本主义最迅速、最自由的发展创立基础。”①

列宁又在《两种乌托邦》中，对民粹主义平均大地产的主张评论道：“这个斗争是资产阶级改革事业不可或缺的因素，同时是这一改革获得全胜的条件。”② 为什么呢？因为只有把封建地主土地所有制及其整个上层建筑砸碎得越彻底，资本主义才能发展得越顺利。中国在当时乃至以后，正是由于没有进行过这种大扫荡，故而历史发展总是走着如此迂回而又缓慢的路。

问题至此已经明白无误，《天朝田亩制度》的性质已经可以解决了。但是，有些论者还是疑团未释，他们认为：《天朝田亩制度》虽然打碎旧的枷锁，却又给当时的社会发展套上一付新的枷锁。这就是所谓其“违反社会发展规律”的“公产主义”——实即分配上的平均主义，并谓其在当时也是反动的。马克思曾诙谐地说过：“这儿就是罗得岛，就在这儿跳舞吧！”让我们就此新提出的问题，多费点神思，继续探索吧！

《天朝田亩制度》的创制者们为了避免贫富悬殊再重演，希望永远消灭“相陵相夺相斗相杀而沦胥以亡”③ 的剥削社会，创造出一个“各自相安享太平”的“人间天国”。他们在产品分配上规定了平均主义的方案，这当然是错误的，同时也是空想的。推原其本旨，它在于防止封建地主所有制的复活，倒不是着眼于避免资本主义的溃疡。因为太平天国英雄们对封建剥削深有切肤之痛，而对资本主义并无多少预见。空想和错误是历史客观条件使然，今天未可苛求于百多年前。在欧洲资本主义发展的初期，就曾出

① 此两段引文见《列宁全集》，第 12 卷，450～451 页。

② 《列宁全集》，第 18 卷，352 页。

③ 洪秀全：《原道醒世训》，见《太平天国印书》（上），15 页。

现过欧文、圣西门和傅立叶的空想社会主义，其主张未尝不是既错误而空想的。但在马克思、恩格斯科学社会主义诞生之前，它却是进步的、合理的，同时也是合乎社会发展规律，反映了无产阶级大众要求的。所以，“空想”未必“违背社会发展要求”，“错误”也不能与“反动”划等号。更何况说《天朝田亩制度》在产品分配上的平均主义，只是一种错误的形式和空想的外壳。其所包含的内核和实质，是彻底反封建，并为资本主义开辟道路的。这种外壳之被冲破，比之打碎千年以来的封建锁链，其容易程度何啻千万倍！若谓不信，请试析于下。

《天朝田亩制度》所规定的关于农村主要生产资料的土地的分配法，是以户为单位，进行平均分配。从其分田时，“算其家口多寡”和“杂以九等”来看，这显然是分田到户，以家庭为生产单位，而不是以“两司马”所辖的25家为生产单位。它规定了授田，但没有规定还田。这样，所谓“田皆天父之田”，实际上变成个体小农的“永业田”，仍然是变相的小农土地所有制。马克思主义认为：在解除了封建束缚的条件下，小农经济是资本主义的温床，随时随地滋长着资本主义。因此，从田产的分配来看，《天朝田亩制度》与其说于资本主义有害，毋宁说对之有利。至于对农副业收成、生产物资的分配办法，它规定如下：凡当收成时，两司马督伍长，除足其25家每人所食可接新谷外，余则归国库。凡麦豆苎麻布帛鸡犬各物及银钱亦然。

既然是以户为单位进行个体生产，则收成自然是以户为单位进行，而不会是以25家集体进行收获。收获之后，除留足口粮和所需布帛等外，“余则归国库”。这里就出现了个体生产与集体分配之间的矛盾，在生产力还很低，私有制观念还占主导的时代，农民对发家致富满怀着瑰丽的憧憬，他们既喜于不饥不寒而获得温饱，但并不满足于此而希望多分多得。上述规定中的一个“足”，一个“余”，其伸缩性是很大的，也是漏洞百出的。在个体生产的条件下，在农民小私有者中，瞒产、匿留和私分，无论是每户或每个“两司马”所属的“圣库”，都将是无法避免而难以稽核的。或者是农民多产少报，或者是集体瞒产私分，其结果必然使这种平均主义的框子被资本主义萌芽所冲破，恰如胡桃的胚芽在春光雨露下会冲破其硬壳而破土而出一样。我们说《天朝田亩制度》的分配方案是错误的、空想的，指的就是它不可能实现，即令短暂的实行了，也会昙花一现，迅即消逝。有的同志夸大了它对资本主义发展的束缚性，其实呢，这种束缚之被农民所突破，就在于《天朝田亩制度》本身所存在的个体生产与集体分配之间的矛盾性。这种矛盾并非对抗性的，可以由农民自发势力加以解决，并不像农民与封建地主之间的殊死斗争，经历了两千年的漫长岁月！

（三）必须历史地评价农民平均主义的历史作用

对农民平均主义思想必须按照辩证唯物主义的方法，严格地、细致地区分它在不同的历史范畴内，其性质是迥不相同的。大体说来，在前资本主义社会，农民平均主义思想对摧毁封建制度，促进资本主义因素的发展，是积极的、革命的思想，而在资本主义社会和社会主义社会，平均主义思想或方案，则是违背历史发展规律要求的，其反动性质是显然可见的。在关于《天朝田亩制度》性质问题的评价中，我认为有的历史学家忽略这点，混淆了不同历史时期平均主义思想的不同性质，因而得出了《天朝田亩制度》实质是反动的这一错误论断。

毛泽东同志在《晋绥干部会议上讲话》中，针对 1948 年的情况说过：“现在农村中流行的一种破坏工商业、在分配土地问题上主张绝对平均主义的思想，它的性质是反动的、落后的、倒退的”。① 毛泽东同志指出其“侵犯民族资产阶级”“侵犯地主富农所经营的工商业”是错误的、是一种历史的倒退，这在中国民族资本主义已有所发展的时期，无疑是正确的。但是这个论断却不宜套用到百年前的太平天国时代，那时中国的民族资本主义还没有从娘胎里产生出来呢！列宁在对农民平均主义思想为资本主义开辟道路作出高度评价后，接着向俄国社会民主党的同志们说道：“从这里你们就知道，农民的平均制思想，从社会主义的角度来看是反动的和乌托邦的，从资产阶级民主主义的角度看来则是革命的”。② 列宁批评那些不分青红皂白，把农民的平均制思想一律说成是反动的人，指出他们犯了“不可容忍的逻辑错误和历史错误”。斯大林在《论修改土地纲领》一文中，也十分明确地指出：“那些说分配土地是反动办法的人，是把两个发展阶段，即资本主义阶段和资本主义之前的阶段混为一谈了。毫无疑问，在资本主义阶段实行土地分配是反动的，但在资本主义之前的条件下（例如在俄国农村的条件下），实行土地分配大体说来是革命的”。③ 关于这个问题，我在1957年写的《略论太平天国革命的性质》一文中，已作过较详细的叙述，此处不赘。④ 附带说一下，在俄国民粹派的平分土地的主张中，也伴随着许多避免贫富分化、防止资本主义的幻想，因而被称为“乌托邦”。但列宁和斯大林却细心地分辨了它合理的内核与空想的外壳之间的区别。我们学习马克思主义经典作家们这种对具体问题采取具体分析的科学方法，运用于对《天朝田亩制度》的性质进行分析，可以得到它在百多年前是一个革命纲领的结论。若谓其是反动性的，这就未免脱离历史唯物主义，与太平天国时代的具体历史事实不符了。

---

① 《毛泽东选集》（横排本），第4卷，257页。

② 《列宁全集》，第12卷，452页。

③ 《斯大林全集》，第1卷，216页。

④ 《教学与研究》，1957（2）。

太平天国对地主阶级的沉重打击

太平天国军兴以来，在它的告谕中往往要求“士农工商，各安其业”，又在1854年颁布的“照旧交粮纳税”政策中，准许地主收租，承认地主阶级的合法地位，这就使人怀疑太平天国究竟对地主阶级采取什么态度？它对封建主义打击的程度又如何？笔者曾收集太平天国前后期在各地的有关资料，今择其要，略加论述。关于准许地主收租与实行“着佃交粮”的问题，与此有关，但另有专文，此文不加详述。

一、太平军对官僚、富绅与团练的打击镇压

太平军是一支反封建的农民武装，拜上帝会的教义又视妖魔为“该诛该灭”，它以“阎罗妖”影射清朝最高统治者，号召“天下凡间我们兄弟姊妹所当共击灭之惟恐不速者也”。① 太平军所经之处，揭擎“奉天诛妖，斩邪留正”的义旗，以清方官吏、地主豪绅为“妖”，痛加诛锄。太平诸王对下级的谕文中，要求“遇妖即诛，见民必救”。② 故太平军所克之处，对顽抗之官绅团

---

① 洪秀全：《太平觉世诏》，见《太平天国印书》（上），393页。

② 韦昌辉：《诫谕国宗石凤魁等统兵分巡湖北各郡县》，见《太平天国文书汇编》，177页；《贼情汇纂》，卷7。

练，严行镇压，对民愤重大的地主，支持乡农放手斗争，致使反动派折干戕枝，如遭雷轰电击。太平天国统治之区，虽未尽符“新天新地”① 之誉，然而暴风骤雨，确使江南数省污浊为之一清。

《贼情汇纂》记载其前期的情况谓：“（太平军）凡陷一城，尽戕官吏，有自裁者更脔割之，暴骨于市。以故官军克复之城，求殉难官吏遗骸不可得。”② 如武昌攻破，自巡抚常大惇以下，或自裁，或处死，“搜妖”三日，反动官绅，喋血通衢；江宁克复，清两江总督陆建瀛被显戮于府外小营街心。上元知县刘同缨顽固厉骂，被拖至城北，“绑于树攒射之，更以巨炮轰击，瞬息骸骨崩散”③。时东王有令，“只准诛戮妖魔之官兵，不许妄杀良民一人”。④ 太平军将士皆恪遵条令，“专杀贪官污吏，劫掠者死不赦”⑤。故而民户人家安谧无恐，“夜可无庸闭户矣”⑥。但南京城内巨宦富绅，却大都人死财空，如临末世。在城市安民之后，太平军对混匿各馆的清方“官吏冠裳之士”，一经查出，辄“严行拷掠，必杖至血肉俱枯，仅余胫骨。受竹篦之击，立死者有之，不耐锻炼，甘即就戮者有之”⑦。这是在城市中官绅地主的境遇。至于在农村中，有记载说：“贼于乡村从不肆杀，恐乡民自计，计无复之，与之死斗。然于官幕吏胥避居家属及阀阅之家，其抄愈甚，杀人而焚其庐，并追究收留之家，谓之藏妖，亦焚杀之。凡搜出

① 洪仁玕：《英杰归真》，见《太平天国印书》（下），775 页。

② 《贼情汇纂》，卷 12，《杂载》。

③ 同上书②。

④ 杨秀清：《诰谕南京人民》，见《太平天国史料》，138 页。

⑤ 《记癸丑二月十六日得金陵来信》，见柯悟迟：《漏网喁鱼集》，17 页。

⑥ 同上书⑤。

⑦ 《贼情汇纂》，卷 9，《贼教 · 刑罚》。

官中公服文案，亦谓之藏妖，肆行屠杀。故贼所过之处，我官幕眷口至无人收留，有露处松林，寄宿破庙者。"① 太平军在乡村对农民不掳、不掠、不杀，人称"秋毫无犯"，故在南昌有诗颂其："犹欣佳贼不惊民。" 但对在乡的"阀阅之家"——豪绅恶霸，却抄杀不留。对在乡的官吏及其家属，也出于阶级仇恨，决不宽贷。声威所及，至无人敢收留。昔日煊赫乡里，此时如丧家之犬。由此看来，在太平天国境内，城乡阶级关系的变化是前所未有的。

在太平天国后期进军克复苏浙地区时，虽上距永安建国已有10年，约当定都南京七年之后，但其仇恨富室，摧抑地主的锋锐，仍略如初兴之时，这种特色是很引人注目的。江南是地主阶级势力最雄厚的所在，但在太平天国期间所遭受的打击也最为沉重。有谓："被难之后，富户百无一存。"② 虽未免言之过甚，然而二三百年来的豪绅巨室、官幕名家遭到清洗，这是可以具体指实的。1860年春，太平军大破江南大营，连数十万之众，以雷霆万钧之势，直下苏常与松江等府。次年，又克浙江各府州县。太平天国以其军事与政治之威势，益以苏浙农民对它的支持配合，形成了自上而下与自下而上两支反封建力量的汇合，其对地主阶级的打击是十分深重的。也如同前期一样，太平军每克一城，必搜杀清朝官吏与仕宦豪绅，谓之"杀妖"。如克溧阳后，"凡官宦之家，呼为妖头，杀之必尽"③。常州攻下，太平军捣入府署县衙，司道县丞等，"多为贼所戕"④。苏州因属投降，"故入城杀戮较他方稍轻"，然自苏抚徐有壬以下，畏罪而自裁，被太平军抓获而毙命者，仍十居八九。遁匿坊巷的官绅富室，太平军初虽不识，但

---

① 《贼情汇纂》，卷10，《贼粮·虏劫》。

② 冯桂芬：《显志堂集》，卷5，《启李宫保论减赋》。

③ （清光绪）《溧阳县续志》，卷16。

④ 张绍良：《蒙难琐言》，中央民族大学图书馆藏抄本。

“得奸宄引之，便知某家为富户，某家为显宦矣”。① 于是在搜妖过程中，遭到劫运。同年八月，黄文金攻克常昭两邑。这两县经董赋租的豪绅地主举人曾仲才、丁芝亭，数十年来养尊处优，“其肥家润室，不可名言，皆民间之膏髓”。太平军之来，他们“恶贯满盈，被贼活擒，将曾（仲才）开膛破肚，丁（芝亭）身首异处”②，其家金银财产没公。常昭人民闻之，人心大快。还有总办漕粮的张康，一贯勒折浮收，“助官为虐，鱼肉乡里”③。受害的贫苦乡农，此时便向太平军揭发检举。张康被捕到后，“被贼身首手足六处悬示，尤为气平！”④ 一时间，常昭的曾、丁、张三害并除，太平天国在常昭威信大著，得到农民的称赞、支持，也使反动地主大为震怖。那些历年“收凶租，完短赋”⑤ 的地主土豪，见大势不好，黯然青衫草履，黹夜只身逃亡江北，他们的财产“尽归乌有”。太平天国在常昭两年半，这里大部分乡村农民抗租不交，改行“着佃交粮”，其原因之一，就在于阶级关系发生了这样重大的变化。太平军进军昆山时，当地人归庆枬有诗咏叙塘市情况：“数千贼众下昆山，焚掠兼施非等闲；大户一空小户静，似存公道在人间。”⑥ 作者在叙文中说：“前日长毛数千自昆山而下，焚掠各大户及典当大户，烧毁二三家。小户开门者不打，闭户者立即打破，现已倩木工修矣。”这就说明所焚所掠的是大地主和典当高利贷铺主。看来，太平天国及其军队还是站在农民方面的，

① 蓼村遁客：《虎窟纪略》，见《太平天国史料专辑》，16 页，上海，上海古籍出版社，1979。

② 柯悟迟：《漏网喁鱼集》，47 页。

③ 陆筠：《劫余杂录》，卷下，常熟图书馆藏抄本。

④ 同上书②。

⑤ “收凶租，完短赋”：指常熟刁横地主对农民收租苛重，而其完纳粮赋则以“短价”交纳，或捏荒注缓，竟至不纳。

⑥ 归庆枬：《让斋诗稿》，《八月杂咏》，南京图书馆藏稿本。

与太平天国前期甲寅四年（1854 年）在皖南徽州“不杀百姓，不烧民房，只杀官兵，劫库而已”① 的情况基本是一致的。太平军对地主豪强的镇压打击，激励了农民起来斗争。如昆山塘市贫民起来将本镇绅富房屋全行打坏，将其财产瓜分一空。有个占田逾千亩的地主，为逃避太平军的惩罚，跑到乡间其“佃户之所聚处，欲倚以自固”，但“佃户因追租而怀怨者不少”，遂趁此时机，群起分夺了他的财产。② 这种情况，在苏南各县都有，特别是那些凶恶素著者，鲜有不被佃农起来焚其居而分其财物的，有的甚至被殴毙沉尸江湖，或捉送给太平军法办。

浙江太平军的做法，与在江苏基本相同。杭州先后两次被攻破，《庚申泣杭录》各篇中记载杭城官绅所遭受的镇压和清洗甚详，无须赘述。仅从其“抢当铺”一事看，就足以说明问题：1860 年 3 月，李秀成一破杭州，打开典当，“先抢金银首饰，其衣服等件悉听穷民搬去。有一老妇跟进，仅抢棉被二床出门，即为福胜勇抢去，在路痛苦（哭）。长毛知之，即将福胜勇杀却，用好言安慰。老妇云：‘我们穷人平日从不闻官府哀怜，不意长毛竟体恤如此。’斯言也，殊可慨也！”③ 这段话无可辩驳地告诉人们：清朝的官吏、军队和地主阶级才是真正的强盗和贼，而太平军则是穷人的队伍。文中说的“福胜勇”，就是破城时投降的清方兵勇之一，其与太平军相比，真是判若天渊。1861 年秋，天军主将陆顺德攻破绍兴府，其部分途搜妖，“积尸载途，城中耆旧，略可尽矣”④。其后设乡官，又清查清方官绅。山阴漕总何蕺民，被缉自杀；小吏如范诚，被乡官视为“官幕名家，被逮系两次”。这些人的地位当然是大不如前了。与绍兴相邻的诸暨，有包立身为首的

---

① 《徽难全志》，2 页，安徽博物馆藏抄本。

② 王德森：《岁寒文稿》，卷 3。

③ 《再生日记》，引自南京太平天国博物馆藏抄本。

④ 《越州纪略》，见《太平天国》，第六册，769 页。

地主武装，嚣张一时，四境官绅恃为长城。但终被太平军攻破，被歼者多逾万人。① 包村成了反动分子的大坟场，浙东地主阶级为之胆寒。湖州是以在籍团练赵景贤为头子的顽固堡垒，浙西仕宦之家，皆麇集于此，负隅经年。后被慕王谭绍光攻克，对这批反动头目，进行了应有的镇压。② 湖州以东的双林镇，是太湖滨的富庶地区，太平天国设治后，镇压该镇反动分子，"以塘桥堍总管堂前为行刑地。两年所杀可百人，皆凶恶之著名者，颇不冤滥"③。以一个市镇在两年中杀了约百名的恶霸凶顽，虽属军事非常之时，但震动是不小的。又如湖州南浔镇，经过太平天国的打击，"世家大族，转瞬几成绝户，其间衣冠士族，在此四、五年中，生计已绝"。④ 但与此成为鲜明对照的，便是该镇乡间农民因太平军之来，"租粮皆免"，而又"米得善价"，他们家有余饶，生产和生活都呈现出蒸蒸日上的景象。嘉兴的石门县，"是时（指太平天国时），殷富之家，十室九空"⑤。其他嘉善、海盐等县，也是如此。

总之，在太平军所至之区，地主阶级受到沉重打击，他们或被杀戮，或受摧残，有的抛弃家户，逃往江北或流寓上海。故谓："此际富坤多受厄，难民逃遁似禽飞。"⑥ 难民正是指流亡地主，因为"贫者方幸贼来，籍可肥己"，贫苦农民是不必他逃的。

---

① 参阅包祖清编：《义民包立身事略》；又据杨德荣《夏虫自语》："殷实之户，尽室入包村，陷时死者数万"。见《太平天国》，第六册，783页。

② 参阅宗韵初《湖防私记》、吴思藻《湖防纪略》等篇。

③ （民国）《双林镇志》，卷32，《记略·杂记》。

④ （民国）《南浔镇志》，卷45，《大事记四》。

⑤ （清光绪）《石门县志》，卷11，《丛谈》。

⑥ 归庆枏：《让斋诗稿》，《八月杂咏》，南京图书馆藏稿本。

二、对地主阶级的经济剥夺

劫富济贫，剥夺官绅地主的财产，这是每次农民起义的通例，太平天国更视为当然，而且进行得更彻底。“尝闻贼目肆言曰：吾以天下富室为库，以天下积谷之家为仓，随处可以取给。”① 证以太平军在各省的实践，这话并非夸漫。太平军在攻克每个地方后，在经济上对地主征求有索“贡献”“打先锋”“派大捐”等方式，至于征收粮税，那是半年或一年以后的事。

“贡献”是各城镇皆然，乡村亦有进贡。其间有出自对太平军的真挚欢迎，属于“箪食壶浆”的性质，如“小民罗拜献酒浆，欢謼举国纷如狂”② 便是。有的是企望得到贡单，高悬门首以免祸。武昌、南京、扬州各城克复，贡献者络绎在途，鸡猪银米，各色俱陈。“富厚之家必千金数百金，谷米数百石，猪数口，鸡数十只，配以群物。”③ 太平天国收领归圣库，发给贡单以为凭。后期克复苏浙各府县，也是照例行之。这些“贡献”，主要出自富绅巨室。

“打先锋”是专门针对地主豪富而采取的。打先锋虽然往往也带有军事和政治的惩罚意义，但主要是剥夺地主货财。故谓：“更有专事搜括之贼名曰打先锋。每至一处，即肆意掳掠，必招本地无赖为眼目，就富家大小，以次搜索。有预为埋藏者，亦十不免一。”④《贼情汇纂》对此叙述较详，兹引录于下：“贼讳虏劫之名，曰打先锋……贼数十百人住于村内，一半日尚无举动，觅得此村此庄无赖之民，饮食而抚慰之，转令勾通富户奸细劣仆，访

① 《贼情汇纂》，卷10，《贼粮·贡献》。

② 董沛：《六一山房诗集》，卷6，《杂拟汉人诗》之四。

③ 同上书①。

④ 杜文澜：《平定粤匪纪略》，卷12，《附记三》。

问窖藏所在，许掘得分给。更有官幕家眷寄住此村及绅衿为谁某，一一采访确切，即以奸人引路，于是率丑类逐户搜虏。粮米钱贯，殊不易藏，每尽数劫去。既得眼线，虽瓦沟所藏之金，水塘所沉之银，亦无有免者；如所藏甚密，不得其处，则虏其家最尊重之人，或其妻女，用绳悬于梁间，以刀背荆条鞭挞而审诘之。有鞭死不吐实者，有甫经悬挂，其家不忍，自引贼往起窑者。"① 从这段记载可看出：打先锋的对象是"富户""绅衿""官幕"之家。它依靠的是贫苦佃户和被压迫的仆役人等。其效果是把官绅富室剥削民脂民膏得来的财富没收。打先锋在苏浙克复后，几乎每个地方都有所实行，记载连篇累牍，无怪地主阶级为之切齿。

"派大捐"在前期属于"科派"的一种，在后期则多以捐助军饷的名义进行，对象是地主大户，而小户农民则不在捐派之列。其办法颇多，一般是命各镇各图的乡官，调查情况，凡"居民田产登百亩，名列捐单"，有的地方是田产逾二百亩者，勒令输捐。如若违抗，就械系拘拿。例如吴江县在庚申十年（1860 年）十月的一次派捐，有记载如下："花参军请董事十四家借捐军饷，每家八十千，顾、金、严、范、徐、姚。有潘姓拒不肯捐，拘人管押，三日后解（吴）江，责三百板，讲归结，捐钱八十千，罚钱八十千，又费三十洋释放。"② 这不仅在经济上剥夺地主的财富，在政治上也严重打击了地主阶级的气焰。又如在浙江的绍兴县，对"为伪朝总理捐"，侵渔中饱，成为该县巨擘的何戢民，一次罚捐二万两银。对其他"曩称富人，重为刻剥，名曰大捐，千金万金不等，不受者，械系之"③。这些刻薄起家的富翁，经此之后变穷了。同一时期，诸暨县也派大户输捐。在嘉兴府属地区也不例外：

① 《贼情汇纂》，卷 10，《贼粮·虏劫》。

② 王元榜：《吴江庚辛记事》，载《近代史资料》，1955（1），42 页。

③ 古越隐名氏：《越州纪略》，见《太平天国》，第六册，669 页。

“黄金家财殓蒲包，穷人手里捏元宝，长毛哂哂笑。”① 这里生动形象地勾画出嘉兴财主破家亡身，穷人分得浮财，太平军笑逐颜开的绝妙图景。

如果说“派大捐”是针对富家大户的，则“门牌费”似乎应该大户小户一体均等，但太平天国在这里仍有所区别。如吴江，“设局填写门牌，着旅帅、卒长各圩挨户给发，每张或三百余，或五百余，富户亦有千文不等”②。这就是说：同样是门牌费，富户则三倍于贫户。至于其他捐费，“每圩计贫户不能完者，有力者多完补数”③。常熟县派捐“每图派三百千、四百千不等，种农田者五亩以外皆捐”④。这也表明对贫农小户是立足于减免的。我们不妨回顾一下，前此一两年在清政府统治下，江苏各县：“有田逾十数顷而不知完赋为何事者”，“有一二亩之家横征倍之者”；一般都是“以大户之短交，取偿于小户”，浙江各县也是“以小户之浮收，抵大户之不足”；“大户仅完正额，小户更任意诛求。”太平天国克复苏浙后，把这种人间极黑暗不平的赋税制度推翻了。“贫户不能完者，有力者多完补数”，说明了太平天国政权在这些方面仍然保持农民阶级的本色。

另外，由于太平天国对富绅大户的打击，大为鼓舞了农民对地主的斗争。好些地方的农民拒不向地主交租，而太平天国的乡官又不予理会，遂使地主收不到租，颇难度日。据常熟县龚又村在《自怡日记》中记载：“中夜念业户二年无租，饿死不少。”又说有的缙绅之家，不得不靠典当度日：“出金钗换黄粱，至甘露卖

---

① 冯氏：《花溪日记》，见《太平天国》，第六册，769页。

② 《近代史资料》，1955（1），37页、43页。

③ 同上书②。

④ 《自怡日记》，卷20，见《太平天国史料丛编简辑》，第四册，401页。

布，荡口鬻衣，每日一粥一饭，每食惟挑草头、野荠。”① 在苏州，有的地主豪商，经过暴风骤雨之后，“囊资已尽，则以女与人，无论已字未字，苟有人要，不取分文，意图脱累，竟以金闺弱质下嫁村夫”②。而溧阳县则“恶少扬扬佩虎符，世家流徙悲枵腹”，“旧时肉食垂绮罗，今日饥寒面如鹄。”③

有的富家子弟毫无劳动技能，就变成了乞丐。有诗写道：“乞人饿半死，彳亍空山侧……自云富家子，良田连阡陌……一旦遭兵燹，坐视铜山失。奔走已三年，妖氛未得息……有田不能耕，升斗何由得，哀哉填沟壑，暴露无人识。”④ 我们知道，太平天国在苏浙地区是颇为奖劝农桑的，而这个“平素戒垂堂，千金守遗泽”的富家子，若非“地符庄账付焚如”，或者是不肯劳动，又何至于“有田不能耕”呢?！还有一首歌行，是嗟叹皖南地主家道沧桑变化的，也摘录在下面，以资比较：“天道恶盈竟如此，今日乞儿昔公子，道旁行丐声悲哀，自言家世素豪侈……机心费尽金满笥，千年万年子孙计。寇来一卷仓箱空，悔不当时留余地。呜乎！当是不遗余地搜索穷，与贼虏略将无同。老饕何幸去年死，不听乞儿号晚风。”⑤ 两诗皆说的是“田连阡陌”的“豪侈”世家子弟，他们在太平天国革命中经济地位发生了根本变化——由公子变成乞儿。所不同的是一在浙江会稽，一在安徽黟县。如果再看看徽州地方，“指点累累饿殍堆，半是当年富家子”⑥，就说明变

① 据《苏州府志》舆图载：“甘露”，镇名，在常熟县西南；“荡口”，即今荡口镇，在无锡县东。两镇相距约三十里。

② 《平贼纪略》，《女难》，见《太平天国史料丛编简辑》，第一册，267 页。

③ （清光绪）《溧阳县续志》，卷 16，17 页。

④ 会稽县马赓良：《鸥堂诗》，卷 1，6 ~ 7 页。

⑤ 黟县黄德华：《竹瑞堂诗钞》，《琐尾吟 · 乞儿行》。

⑥ 《徽难哀音》。

化并非个别地区和个别人，而是有一定代表性。《乞儿行》的作者说：地主富豪当年不遗余力地搜刮剥削农民，与强盗抢劫毫无二致。这指示人们，太平天国对地主“打先锋”“派大捐”，正是追赃还原，是完全值得肯定的合理行动！

从以上地区的记载中可以看到，经过太平天国一系列的打击，地主阶级成员有的被杀被逮，有的流离逃亡；昔日高堂华屋，粮满仓、银盈箱，此时破衫烂履，行乞道途；往时威福于乡里，以诰命皇封为荣，此际形色黯然，“怕听人称旧日衔”。从封建地主文人称太平天国革命为“千古未有之奇变”的切齿痛恨声中，更加表明太平天国时期阶级关系巨大的变化。

不过，太平天国究竟是一支农民起义军，他们虽然有强烈的反封建立场和感情，但他们却不能把封建主义作为制度来反对，没有可能提高到理性认识的高度：他们的“斩邪留正解民悬”，“杀妖诛妖”，都蒙上浓厚的宗教色彩；他们的“打先锋”“派大捐”，也还有浓厚的经济主义倾向。很多事实证明，太平天国并没有明确的阶级路线。正因为如此，太平天国虽然对地主阶级造成了严重的打击，但却并不是自觉作为阶级来反对。其用人行政，往往阶级路线不清，特别是乡官中，混进了不少的阶级异己分子。太平天国的官员和将领中，也出现了蜕化变质的情况。在太平天国前期，对乡官的任选，就存在“胁田亩多者充伪官”① 的问题。到后期，对“师帅”一级的乡官，往往以富厚之家为之。此中固然有向其派捐之用意，但把基层政权授之地主阶级成员，恶果是很显著的。太平天国将领蜕化为地主阶级保护伞，镇守石门县的邓光明是个典型的例子。石门县在克复后，地主阶级遭到的打击很重，而邓光明却保护富家地主沈庆余，特别发给他“护凭”。该护凭中写道：“凡我天朝所克各省州郡县地方，每有殷富之家，不

---

① 《贼情汇纂》，卷10，《贼粮·虏劫》。

能出头，甘受困厄……可悯可恨……特为此护凭，仰该沈庆余收执，永为保家之实据。”又说如有太平军及乡官科索，该沈庆余尽可来辕告发，“本掌率实有厚望于尔富民焉”①。事虽发生在石门，但地主阶级以其千百年传统势力对农民政权的腐蚀，使其变质，却并非只见于一例。如果再看苏浙地主团练聚圩屯堡，长期顽抗，清朝反动军队不断向太平天国进攻，就大局而言，地主阶级的势力还是居于优势。这就使太平天国地区的地主阶级不甘心失败，而采取内外勾结的办法，来颠覆农民政权。苏州熊万荃、徐少蘧等的颠覆阴谋，常昭骆国忠的据城叛变，无不说明地主阶级虽然遭到太平天国的严重打击，但他们还有势力在，远没有得到肃清。

---

① 邓光明颁发给富户沈庆余“护凭”，见《太平天国文物图录续编》，第56幅。

太平天国“着佃交粮”制考略

在中国长期封建社会中，封建政府的财政收入主要来源于赋税，而赋税中以粮赋收入为大宗。清代的粮赋包括地丁银和田粮两部分，总称为田赋。民间完纳田赋，俗称“完粮”或“交粮”。田赋按亩分派，以土地所有者为征收对象，即向“业主”（主要指地主）征粮，佃农则交租而不承担田赋。这就是所谓“业主完粮，佃户交租”，“粮从租出”的制度。在这种制度下，土地所有者因向封建政府交纳钱粮，列名于粮册，故称为“粮户”。佃农则交租而不纳粮，故称“佃户”，而不得称为“粮户”。“粮户”（即业主）因其承担交纳田赋的义务，便享受政府对其土地所有权予以保护的权利，这在法律和社会观念上都是如此。太平天国革命打乱了封建秩序，在土地政策上除“业主收租”外，又兼采“着佃交粮”，这就打破了封建法规，出现了许多值得研究的问题。这些问题中，如：为什么实行“着佃交粮”？这种“着佃交粮”制的产生，是以什么为前提条件？太平天国在哪些地方实行过“着佃交粮”？是前后期皆然，还是在个别地方或个别的年份的偶然事件？这种由佃农直接交粮的政策是属于什么性质的？它与“耕者有其田”或承认地主土地所有权有何异同？这些问题都不是三言两语可以回答，而必须结合实际，对具体情况进行具体的分析，才能得出结论。

一、"着佃交粮"制产生的历史条件

在封建地主所有制下，政府保护业主的土地所有权，责成其收租完粮，这是视同天经地义的定则，只有在极个别的特殊情况下，经中央政权许可，才能采取向佃农直接征收粮赋的办法，但仅是偶见不常的特例，不具有社会意义。但在太平天国则不然，它自定都天京，先后在皖、鄂、赣、苏、浙等省广大地区设官置守，征收粮赋，形成了一个与清朝政府相对峙的政权。这个政权的前期和后期，皆在一些郡县实行"着佃启征田赋"。这种征收政策与清朝以及历代封建政权有所不同，是一种引人注目的新鲜事物。

佃户交租，业户纳粮，是封建地主所有制决定的，以封建政权的法律保障为前提。如果农民起义推翻了封建政权，地主遭到杀戮，佃户抗租不交，或者地主收租所入，除纳粮外没有剩余，那么，要"业户完粮"就会落空。换言之，要有业户存在，才有征粮的对象；地主要能收到租，才有完粮的能力；地主收租所入必须大于纳粮所出，才会追租完粮。不然，地主就会抗粮逋赋或迁徙逃亡。这三个条件乍看极为普通，但这是要求地主纳粮缺一不可的。在太平天国统治的地区内，这些前提条件不同程度地被农民革命所破坏，有些地区甚而完全破坏，这就是采取"着佃交粮"制的原因。

从当时各方的记载中可以看到，在太平军所经过的地区和镇守的郡县，对官僚、地主富绅、反动团练头目进行严厉打击镇压。这在前后期皆然，罕有例外。如前期在武昌、安庆、南京、庐州等处，“凡陷一城，尽戕官吏”①。各官眷家口藏匿于乡镇的，也必“肆行屠杀”，“杀人而焚其庐”②。后期如在溧阳，“凡官宦之家，呼为妖头，杀之必尽”③。团练是凶恶的地主武装，对太平军威胁很大，而且对乡官制度的建立为害特甚，故“乡民团练与贼斗败，贼必残杀”，而且“必寻其首事，屠焚而后已”④。如安徽桐城地主分子戴钧衡与臧纡青组织团练，疯狂进攻，被太平军包围，臧纡青被击毙，戴钧衡逃脱，其在家妻妾人等均被乡间佃户执送城中囚死。太平天国后期克复苏、浙之初，各县地主团练猥集圩镇，肆意破坏。太平军每以“打先锋”进行清剿。在常熟是“如若团练，烧杀不留”⑤，必加痛惩。在吴县，大地主许檖、徐则、谈益斋等组织团练，依东山而靠太湖，凭地利顽抗，太平军出兵剿灭谈益斋等团练“三千余人”，许檖亦被杀之⑥。又如昆山周巷地主团练头目唐士杰、周近思等顽固抗拒太平军，“交战两昼夜，力尽被擒而死”。其他各乡地主武装也被剿灭，首事地主、团总等家“悉遭屠戮”⑦。浙江海宁硖石镇团练头子王辅清等纠众进攻，太平军将其包围聚歼，“被虏杀四百余”⑧。诸暨县的包立身，筑堡屯坞，猖獗一时，四境殷富绅衿举家迁入，恃为铁壁。太平军攻破包村后，“死者数万”⑨。几乎把该县反动地主之家一网打尽。又如秀水县南浔镇，经太平军“打先锋”的清洗，“世家大

---

① 张德坚：《贼情汇纂》，卷12，《杂载》，见《太平天国》，第三册，319页。

② 张德坚：《贼情汇纂》，卷10，《虏劫》，见上书①，273页。

③ （清光绪）《溧阳县续志》，卷16，引《溧灾纪略》。

④ 同上书①，319页。

⑤ 《常熟太平军墙头诗》，据常熟文管会拓片著录。

⑥ 参见《太湖备考续编》，《兵事》；《光福志》（补编）等。

⑦ （清光绪）《昆新两县重修合志》，卷51，《纪兵》。

⑧ 冯氏：《花溪日记》，见《太平天国》，第六册，668页。

⑨ 参阅杨德荣：《夏虫自语》；包祖清：《义民包立身事略》等。

族，转瞬几成绝户”①。类似这种情况，只要翻开同治、光绪年间以后的地方志乘和私家笔记，在苏、浙、皖诸省的很多县镇都可以得到证明。而这些被杀戮的反动地主，又几乎都是田连阡陌的一方大财主，他们被镇压后，要找“业户交粮”就失去了对象。

太平天国对地主的打击镇压，造成了城乡的革命恐怖，迫使缙绅富室举家逃亡。常熟县在张康、丁芝亭等恶霸被镇压，庞钟璐、翁心存等四大家田产被充公之后，那些“大户之殷实者，装载家私，暗渡沙去”②。太仓州的缨络冠裳之家，无不“青衫草履，航海而北”③。苏州城中的世家大族，“由苏移居上海”④。如著名的潘曾玮（大学士潘世恩之子）家，木渎的冯桂芬家，等等。苏州地主中甚至有远逃到日本长崎的。⑤长洲县的“在城业户，流离未归”⑥。直至1862年，返回者仍然不多。昆山县在太平军克复后，“富绅多受厄，难民逃遁似禽飞”⑦。也与常昭、苏州相同。吴江边境芦墟镇大地主柳兆薰，本来没有遭到大的冲击，还可以收租，1862年逃亡到上海。浙江的嘉兴、绍兴府属的地主，也纷纷迁徙逃亡。由于太平军进军迅猛，乡间的中小地主没有来得及、也不可能逃亡的仍居多数，逃走的大多是拥有大宗田产之家。人去楼空，他们的“簿书契据，悉为灰烬”⑧，或是“租簿掷在污泥

① （民国）《南浔镇志》，卷45，《大事记四》。

② 顾汝钰：《海虞贼乱志》，见《太平天国》，第五册，351页。

③ 柯悟迟：《漏网喁鱼集》，41页。

④ 《忠王李秀成谆谕四民》，见《太平天国史料》，165页。

⑤ 《避难纪略》，见《太平天国文献史料集》，45～47页，北京，中国社会科学出版社，1982。

⑥ 《斑天安办理长洲军民事务黄酌定还租以抒佃力告示》，见《太平天国文书汇编》，145页。

⑦ 归庆枬：《让斋诗稿》，《八月杂咏》，南京图书馆藏稿本。

⑧ （清光绪）《高淳县志》，卷7，8页。

水中”①，在这种情况下，要让地主收租纳粮，不仅找不到人，连依据也没有了。

由此可见，“业户纳粮”的第一个条件，即必须要有业户存在为前提这点，在太平天国时期，由于反动地主团练被镇压与富户纷纷逃亡而遭到破坏。“着佃交粮”就是在这种情况下产生的。

要“业户纳粮”的第二个条件是要保证地主能收到租。在清朝政府统治时，这是以官府衙门、监狱和反动军队为保证的。即使在那时，各地农民的抗租也不断崛起。太平天国农民军占领江南数省后，各地农民抗租斗争如火如荼，声势大而规模广，前期在天京附近、安徽、湖北的一些地方都有所记载，后期在苏浙地区，记载尤为丰富。如常、昭两县，连年丰收，但“业户不得收租”。咸丰十一年（1861 年）四月初，“钱华卿、曹和卿等创收租之说，各处设立伪局，按图代收，令业户到局自取。旋于四月中，吴塔、下塘、查家滨之伪局，被居民黑夜打散，伪董事及帮局者皆潜逃，其事遂止”②。同年十月末，因北乡周巷桥地主议收租，窃踞旅帅位置的地主分子马全于征粮时兼收租米，被农民杀掉，于是“四方农民闻风响应，各处效尤”③。王市、白茆、梅塘等处，农民纷纷结党打局，焚烧首事收租者的房屋。在这种群众性狂飙冲击下，收租便不可能实现。咸丰十年（1860 年）冬，吴县在乡地主议“欲稍收租”，但这时正是农民势力高涨，地主势孤之际，“佃农悍然不顾，转纠众打田主之家”④。烧房毁物，使地主收不着租，反而被扫地出门。吴江县的同里镇，在太平军统治的

① 归庆柟：《让斋诗稿》，《八月杂咏》的诗注之一。

② 佚名：《避难纪略》，见《太平天国史料专辑》，73 页，上海，上海古籍出版社，1979。

③ 汤氏辑：《鳅闻日记》，载《近代史资料》，1963（1），126 页。

④ 杨引传：《野烟录》，见《太平天国史料丛编简辑》，第二册，176 页。

三年中，地主三次摆收租局于北观，但三次均被解散，特别是咸丰十二年（1862 年）冬，农民不仅不交租，而且有组织地起来捉拿局董，关押半个多月，最后地主还得备财礼赎人。吴江的北舍、莘塔等镇，自 1860 年冬即实行"着佃办粮，租米无着"。其原因是"佃风已变，难以开收"①。浙江桐乡县自太平军克复后，农民连年抗租，至 1862 年时，"因乡人不肯纳租，产户无所取给，粮米迫征不齐"②。从这里就明白道出：地主收租是其纳粮的先决条件。太平天国一些地区，由于农民抗租之势如浪如潮，守土官和乡官在征收粮赋时，面临这个情况，可以采取三种政策措施。

第一种是镇压农民抗租。这势必站在广大农民的对立面，陷入重重矛盾之中，是背叛原则的严重错误。除了见于无锡黄和锦出兵镇压四图庄抗租外，实例还少见。第二种是颁发劝谕，要"佃农照常输租"，理由是"兹值该业户粮宜急征之候，正属该佃户租难拖欠之时"③。而且几乎每张告示都有禁止霸租抗粮、"抗租与抗粮同办"的话。采取这种措施时，太平天国一般规定了较轻的租额，一以"体恤民困"，一以缓和矛盾。这种减租收粮的办法，在太平天国境内是一项基本政策。第三种是撇开地主，直接向佃农征粮而不管收租，这是佃农所拥护而为地主所反对的。当农民势力涌起，地主势力跌落下去，而且在地主阶级还企图对抗农民政权的具体环境下，太平天国地方当局权衡利弊，实行"着佃交粮"。当采取第二种方式时，从佃农方面来说，虽然得到一些减租的利益，但并不能达到农民免租的要求。所谓"农民贪心正

---

① 《柳兆薰日记》，见《太平天国史料专辑》，156 页、225 页。

② 沈梓：《避寇日记》，卷 3，见《太平天国史料丛编简辑》，第四册，138 页。

③ 《忠天豫马丙兴谕刀鞘坞等处告示》，见《太平天国文书汇编》，140 页。

炽，皆思侵吞”① 租米，去其诬蔑之词，就表明佃农不满足于减租而要免租，表现在行动上就是继续抗租不交。绍兴郡佃农对待地主收租，如对待乞丐一样，“善者给数斗，黠者不理，或全家避去”②。换言之，农民多是抗租不纳；长洲县是五斗、二斗或籽粒不交；常熟、昭文、吴县、吴江、太仓、海盐、桐乡等县或一些乡镇，更是“乡民齐心不还租”。从地主方面来说，收不到租，自然不肯承担粮赋。这样一来，在农民抗租高涨的地方，采取第二种政策措施的结果，反而是“粮米迫征不齐”，太平天国的财政军需将面临匮乏之虞，只有采取“着佃交粮”才是利多弊少的办法。这个政策措施虽然为地主所反对，但满足了广大贫苦佃农的要求，赢得绝大多数人的拥护。实行的效果非常显著，农民马上“俱备洁净造米、银钱等物，赶限交纳”③。完粮十分积极，“速于平时”，“赶头限拥挤”。

太平天国既取得了充盈的粮赋收入，保障了财政与军需，又避免与佃农抗租斗争发生矛盾，是一举两得的事。所以太平天国从定都天京、实行照旧交粮纳税以来就开始采取“着佃交粮”的政策，好些地区的县镇不只是某一年实行“着佃交粮”，而是连续数年，直到该地区失守为止。另外，“着佃交粮”不仅为佃农所拥护，而且也为有觉悟的太平军将士所支持。据知在咸丰二年(1853 年）七月，太平军高级将领“十七指挥”在太平府召集乡农布置征粮时，即采取直接向佃农征收；1860 年苏福省各县出示“着佃启征田赋”，也是经李秀成同意施行的。各级乡官中，固然不乏地主分子混入，但多数还是由劳动人民充当，而太平军是农民队伍，其官兵成员大多数出身于垅亩之中，与贫苦佃农有血肉

① 汤氏辑：《鳅闻日记》卷下，载《近代史资料》，1963（1），97 页。
② 范诚：《质言》（节录），载《近代史资料》，1955（3），78 页。
③ 同上书①，125 页。

相连的阶级感情，所以他们并不支持地主收租，在对待佃农抗租斗争时，“任佃农滋事……与示正大（相）反”。太平天国派到地方视察的官员，即所谓“埋轮之使”，也公开“倡免租之议”①，支持佃农的抗租斗争。其言虽不得详，但寓有“田产均耕是也”②之意，是符合太平天国本来宗旨的。

既然太平天国在一些地区实行“着佃交粮”政策的效果很好，得到广大农民拥护和多数官兵的支持，为什么不普遍展开，反而准许地主收租呢？这是由整个阶级斗争形势的总和所决定的。“着佃交粮”是佃农抗租斗争的成果。前期在皖、赣、鄂如此，后期在苏浙地区也是这样。苏福省的吴江县最富于典型性。该县的同里、莘塔、北舍等乡镇，佃农斗争性强，自1860年就实行“着佃办粮”，但在东南边境的芦墟，农民却较后进，地主得以收租完粮。柳兆薰在日记中写道：“（咸丰十年十二月初三日）还租纷纷，米、钱并收，尚为踊跃。”③ 又记次年冬收租情况说：“诸佃踊跃而来，知佃心尚未涣散”，“佃心未变，尚是东乡之幸。”④ 佃心未变也并非一地，吴江有之，常州亦有之。

1860年，地主张绍良从常州逃到新安镇佃户家居住很久，该佃户刘五没有像太仓、常昭佃户那样有觉悟，把他捉送太平军，而是款待甚殷，因而主佃议定，“从今后刘五在日，租钱减半，以报其德，渠死作为废纸。余亦以为可，由是三人立纸一张，付渠收执为据”⑤。浙江湖州乌青镇的佃农，也有同样的情况。《寇难

① 龚又村：《自怡日记》，卷20，见《太平天国史料丛编简辑》，第四册，369页。

② 《东王杨秀清答复英人三十一条并质问英人五十条诰谕》，见《太平天国文书汇编》，302页。

③ 《柳兆薰日记》，见《太平天国史料专辑》，159页。

④ 同上书③，222页、224页。

⑤ 张绍良：《蒙难琐言》，中央民族大学图书馆藏抄本。

纪略》的作者记述他兵燹时寄居佃家，而且可以收租。① 从柳兆薰、张绍良等人收租的情况来看，“佃心未变”，佃农交租是业户纳粮的条件，而佃农抗租则是“着佃交粮”的前提。太平天国在决定采取“业户办粮”或者“着佃启征”之前，看来是因其形势，取决于阶级斗争现实的。两种征收政策兼施并用，正反映了当时十分错综复杂的矛盾。

要地主纳粮的第三个条件，是地主收租所入必须大于所交田赋的支出。如若不然，地主还是要逃亡逋赋的。芦墟柳兆薰在1860年收租，租额每亩订四斗半，但他认为“所得不偿所失”(庚申十一月二十一日记)，他之所以仍然“开船收租”，是因为“今冬为长毛收粮，若不取租，赋于何着?”(庚申十一月二十五日记)② 1862年他便弃租逃往上海去了。在浙江的诸暨县，太平天国1861年冬规定的租额为“田家输租不过三分”，约计不足四斗，但地主纳粮得交三斗。③ 地主无利可图，逃亡纷纷。这种因租额底或收不到租而引起的地主迁逃，便促成了“着佃交粮”的实行。

以上可见，业户收租纳粮的三个条件在太平天国境内一些郡县都遭到不同程度的破坏，有些地区甚而全部被破坏。地主收租条件的破坏，便是“着佃交粮”制产生的天然土壤和必备前提。大地主、官僚、团练头目的被镇压或逃亡，他们的大量田地是带不走的，其粮赋就得“由佃户代完”。即使地主仍在本乡，由于农民抗租，也得采取“着佃交粮”。所以我们可以说，大凡是“业户收租”的三个条件遭破坏的地区，也正是“着佃交粮”制较为普遍实行的地区。

有的论者把“着佃交粮”制的产生单纯看成是佃农抗租斗争

---

① 佚名：《寇难纪略》，中央民族大学图书馆藏抄本。
② 《柳兆薰日记》，见《太平天国史料专辑》，156页、157页。
③ 何桂笙：《劫火纪焚》(光绪刊本)。

的结果，低估了太平天国政权在其中的决定作用。试问农民的抗租斗争历代何止千万次，道光末至咸丰初数年间，亦不下数十次，有的规模也很大。为什么清朝政府不允许实行“着佃交粮”，而是太平天国创立了这种征收制度？读者可以细思：是谁使坐拥田产千百顷的仕宦豪门破家亡身，又是谁把潘锡恩、庞钟璐、潘曾玮以至浙江宁绍台道仲孙懋①等大小“妖头”的“田产没公”，使之“籽粒无收”？农民的抗租斗争如此汹涌澎湃，有恃无恐，又是为什么？为什么世家大户会抛弃田产，流离远遁？这无疑都是太平天国反封建农民战争造成的。正是太平天国革命为“着佃交粮”创造了条件，也是太平天国政权颁行了这种土地政策。所以，“着佃交粮”的存在，是以太平天国农民革命为根本前提。没有太平天国政权，也就没有“着佃交粮”制。

二、“着佃交粮”制的性质

如前面所述，“着佃交粮”制是太平天国的历史创举，是它区别于历代封建政权土地政策的重要特色。由于太平天国对官僚豪绅和地主团练进行了严厉的镇压，广大农民在太平天国革命的鼓舞下奋起抗租，在这样的条件下，“着佃交粮”便应运而生，自从1853年定都天京，设置郡县和启征田赋以来，便开始了“着佃交粮”制。在太平天国前期，天京附近、安徽、湖北的一些县镇存在“着佃交粮”；在太平天国后期，“着佃交粮”制较前期更有所发展，特别是在苏福省和浙江省的一些县和镇，施行较为普遍。

既然“着佃交粮”在太平天国时期并非行之于个别地方或个别年份，而有一定的普遍性，就使我们有必要研讨它的质量，重

① 仲孙懋兄弟，官至道府，家居盛泽镇，饶有田产。太平天国时，被听王陈炳文部查封妖产，“仲家已破”。见《盛川稗乘》“汪心耕”目。

视它的性质。关于这个问题，在20世纪50年代初，罗尔纲同志写的《天朝田亩制度的实施问题》这篇论文中，就“着佃交粮”得出的看法是：“太平天国就在制度上确定了耕者有其田的政策，保护了佃农的所有权”。① 罗著中也注意到了苏浙允许地主收租的情况，认为：“允许地主收租的办法，乃是江苏、浙江有些地方政府的改变政策的办法”。其后，60年代初，随着资料的发现增多，研究者论证了允许地主收租在太平天国前后期皆然，不是改变政策。但一些研究者对“着佃交粮”有所忽视，或竟有加以否定的偏向。近年来，在党的“实事求是”的学风启导下，研究中注意了全面看问题，对“着佃交粮”的性质有所探讨。下面就此问题略抒所见。

在封建地主所有制的统治下，佃农耕耘生产的收获物实际上被分作三个部分：封建政府所得的粮赋，地主所得的净租和佃农所得的“租余之分”。地主收租包括粮赋与净租两部分，故自来是“粮从租出”，佃户则交租而不纳粮。在太平天国地区，既准许地方收租，又实行“着佃交粮”，情况就复杂得多。凡地主收租的地方，仍然是“粮从租出”；而在实行“着佃交粮”的地方，一般是佃农交粮而不纳租。有的论者认为，按照太平天国的政策规定，佃农耕种的土地的收获物，仍然是被分成佃农所得、净租和田赋这三个部分，这也就是肯定了地主收租及其对土地所有权的合法性。其所持论据颇有值得商榷之处。在太平天国地区内“业户收租”与“着佃交粮”并行，两者性质有所不同，虽然不是如泾渭之分明，但却不容牵混。如果“着佃交粮”与地主收租没有质的不同，佃农仍要向地主交租，他们又何必抗租打局，何以乐于积极向太平天国当局直接交粮呢？岂不是自找麻烦，多此一举么？考太平天国“着佃交粮”制的产生，是以对封建地主所有制的破

① 罗尔纲：《太平天国史事考》，209页。

坏为前提的。太平天国政权和太平军打击地主、破坏地主的土地所有权（包括"打先锋""派大捐"以及没收其田产房屋和浮财等），所至之处，摧毁了清朝地方政权，打垮或打散了地主势力，这才使"着佃交粮"得以产生。如果地主仍然原样统治，没有被关、被杀、被逼逃亡，他们人还在，册籍也还在，封建秩序没有被破坏，要实行"着佃交粮"是不可能的。可见"着佃交粮"产生的前提条件就决定了与地主收租有质的区别。

在太平天国境内，地主阶级势力没有或很少遭破坏的地区，准许地主收租，这无疑是承认了地主的土地所有权。但在实行"着佃交粮"的地区，则从性质上说是对地主土地所有权的破坏。有的论者认为，佃农并不否认其为"佃"；太平天国并没有承认"租田当自产"；土地上的收获物仍然被分为三部分，即"着佃交粮"的地区佃农仍得交租。这些看法若从实际来加以检验，都与史事未尽相符。

说佃农并不否认其为"佃"，多以汪士铎对天京郊外陈墟桥蔡村佃农"交长毛钱粮，不复交田主粮"① 的辩论为例。这位佃农仇恨清朝的"官长"（按：当然他也不会对地主有好感），当汪士铎搬出"汝田乃田主之田"，"佃人之田，交人之粮，理也"等封建道理来时，在那个时代的佃农没有也不会说"田是穷人开，稻是穷人栽、粮食是劳动的创造"等今天的道理，但他却朴素地以"交则吾不足也"相抗辩，坚持了不向地主交租的坚定立场。这难道是"并不否认其为佃"么？这是以坚持抗租的实际行动来否定主佃关系！实践是人们思想的物质表现，是最足以反映思想实际的。思想有其表现形式，语言其一也，不说话而见之于行动，也是一种表现形式，而且是最可靠的反映思想真实性的形式。这位佃农讲不出大道理，但他坚持不交租，就是他对主佃关系最生动

① 汪士铎：《乙丙日记》（明斋丛刻本），卷2，19页。

具体的实际表态。常熟周巷桥佃农杀死收租的地主乡官潘某，吴县桃滨村佃农焚毁收租的田主之家，吴江县栋花塘佃农锁拿收租局董等，如若他们甘心认可“佃人之田，交人之粮”，他们还能起来造反么？无锡县的“各佃户认真租田当自产，故不输租”；常熟县“农民之力田者，窃利租不输业”；桐乡县“乡人不肯纳租”。这些实行“着佃交粮”的地区，佃农出于本身的经济利益，在思想上皆是反对地主收租，内心想将“租田变为自产”，这才表现在行动上“不肯纳租”。在实行“着佃交粮”的地区，农民的生产物只分为田赋与种田人所得两部分，没有地主“净租”的部分。常熟东、西、北三乡“但有粮局，业户几不聊生”①。太平天国常、昭当局宣布以“实种作准，业户不得挂名收租”，这是“着佃交粮”时所答应佃农的条件，而且据各家记载，这是告示周知了的。吴江县实行“着佃交粮”的各镇，乡官也是“只管粮米，租米不管”。所以，实行“着佃交粮”并不像某些论者所说“是以不改变原有土地所有制为前提”，而恰好是对地主土地所有制的破坏。乡官只管收粮，佃农纳粮后即不再交租，这是太平天国认可乃至于布告周知了的，这难道不是破坏了地主土地所有制的前提么！

在纷纭变动的农民革命年代，事物是错综复杂的。太平天国占领地区，既准许地主收租，又实行“着佃交粮”，于是在一个县甚而一个乡里，往往呈现出两种征收方式犬牙交错的现象。有的佃农要纳租，另一些佃农只完粮，前者艳羡后者不交租，便要罢租。太平天国地方当局如何处理这问题呢？各地区是很不一致的。常熟有“任佃农滋事”的乡官和“倡免租之议”的高级官员，长洲的斑天安黄某则采取劝谕和减租方式以求安抚佃农交租。其谓：“因念在城业户流离未归，出示晓谕，姑着各佃户代完地粮，俟业

① 龚又村：《自怡日记》，见《太平天国史料丛编简辑》，第四册，418 页。

户归来，照租额算找。”桐乡也有语意相同的告示，其意思是告诉交租的佃农不要效尤罢租，理由是“着佃交粮”的佃农等将来业户归来，还是得“照租额算找”的。同时又规定了每亩“三斗三升”的轻额租米，“以抒佃力而昭平允”①。长洲斑天安和桐乡钟良相两件告谕证明：“着佃交粮”的佃户实际并不交租，所谓等业户归来，“仍将该还钱米，缴还原主”②，不过是空头支票，后来李鸿章还不可能追收③，太平天国难道能这样做么？

从以上各方面来考查，可以肯定“着佃交粮”的地区佃农只纳粮而不交租，它是对封建地主所有制的破坏。只有在“着佃交租”的地区，才是以承认封建地主所有制为前提的。不过，“着佃交粮”却不等于实行“耕者有其田”。耕者有其田是把土地的所有权归于佃农，而“着佃交粮”是过渡性质的。它有两个可能性，一是往“着佃交租”过渡，一是往“耕者有其田”过渡。在太平天国境内，两种过渡的条件都存在，而以往后者过渡为明显。试析如下。

马克思指出：“地租的占有是土地所有权借以实现的经济形式，而地租又是以土地所有权，以某些个人对某些地块的所有权为前提。”④ 这段话清楚地揭示出，土地所有权以两种形式来表现：一是经济形式，即对地租的占有；一是法律形式，即对土地凭证的取得。在太平天国实行“着佃交粮”的地区，“业户不得挂名收

① 《斑天安办理长洲军民事务黄酌定还租以抒佃力告示》，见《太平天国文书汇编》，145 页。

② 《钟良相告示》，见《太平天国史料丛编简辑》，第四册，73 页。

③ 1863 年冬，李鸿章着常熟“收租完饷”，而“佃户以为业经完粮，咸不愿还租。是年业户收租者，皆有名无实”（陆筠《海角续编》）。可见在清军重占常熟，地主还乡复辟后，佃农以交粮则不交租相抗衡，使地主收不到租，更不用提追收以前的欠租了。

④ 《马克思恩格斯全集》，第 25 卷，714 页。

租”，地主在经济上便丧失了土地所有权。佃农交粮而不纳租，地租部分归其所有，便在经济上取得了土地所有权，只不过差法律的承认而已。若“着佃交粮”实行数年，土地所有权便暗中转移，“佃户”便过渡为“粮户”。史料证明，因实行“着佃交粮”，佃农在思想上已经把租田看成是自己产业了。有一件昭文县的“收照”，它说明佃农身份在发生过渡性的变化。这个“收照”是完纳上忙银的串票，原件长方形木版印刷，文为：

昭文县后营左师帅　今收到东（一）场廿四都（二五）图（右）

旅统下粮户（汪添发）承种田合（四）亩（九）分厘应完本年尚忙公费钱（十七千九百六十四）文正合给收照是实

太平天国壬戌十二年　月　日给

左字第七十三号①

从这份“收照”至少可以看出三个特点：第一，“粮户汪添发承种田合四亩九分”，如按清朝旧例，“粮户”指地主，但汪添发名下却是“承种田”，即承佃租种的田，不是“自置田”。既称“粮户”，按旧例当于户名下写作“自置田”“自份田”或“业田”；既称“承种田”，按旧例当于户名上写作“佃户”“租户”。昭文县后营这张“收照”却把承种租田的佃户称作“粮户”。这是在太平天国官方发的文件上对佃户称谓的一大变化。这个变化符

① 录自《太平天国革命文物图录》（续编），第74幅。按：括号为引者所加，其内为墨书字，其外为印刷字。

合客观实际，因为向政府纳粮者谓之“粮户”，在“着佃交粮”的地区，佃农直接向乡官纳粮，称为“粮户”是无可非议的。至于所纳的是“承种田”的粮，而非“自份田”的粮，这也是如实反映出来了的。第二，汪添发的身份，“承种田合四亩九分”，说明他是佃农而非地主。第三，这张“收照”是木版印刷正书，凡“粮户”“承种田”等61字皆印刷体，只有在地点、户名、亩数、钱数下留空墨书。这说明昭文县后营左师帅所统2500户中，“着佃交粮”的普遍性。如果只是个别的，则“粮户”或“承种田”尽可墨书而不必刻印上版。“左字第七十三号”，也证明了“着佃交粮”不仅仅是汪添发一家。

昭文县的“收照”把佃户改称“粮户”，这是佃农“革租承粮”的土地所有权在变化过渡的信息。但这还不可视作“耕者有其田”，因为该“粮户”所交纳的是“承种田”的粮，而不是“自置田”的粮。只有在颁发“田凭”后，如果佃农把所种的田的“田凭”拿到手，则租田就变成了“自产”。因此，有必要研究“田凭”颁发的情况，看究竟是什么人领到了“田凭”。

往者多认为太平天国颁发“田凭”是承认和保护了地主的土地所有权，是封建化的明证。我认为，对复杂的事物不宜一概而论，仍须坚持实事求是的分析方法。这里先就与“着佃交粮”有关的来说。

据现有文物与资料来看，太平天国于1861年夏秋间在苏浙颁发田凭。发田凭前出告示要“业户呈田数给凭，方准收租”。① 如有“不领（田）凭收租者，其田充公”②。按常理推度，地主应该“认田领凭”。但地主率皆不肯领田凭。同年十二月，太平天国当

---

① 龚又村：《自怡日记》（咸丰十一年八月初八日记），见《太平天国史料丛编简辑》，第四册，406页。

② 佚名：《庚申避难日记》（咸丰十一年十月十六日记）；《鳅闻日记》（咸丰十一年八月初记）。

局又“著旅帅必要摧领”①，地主仍不认领。史料记载说：“（咸丰十一年冬），招业主认田，开呈佃户、田亩细数，每亩先缴米一斗，即给田凭，准其收租，无一应者。”② 为什么地主不肯认田领凭呢？若加分析，可以看出地主阶级十分仇视太平天国政权，而且他们的考虑也很狡黠。第一，他们立场顽固，时刻想变天复辟，不肯承认太平天国政权，拒绝领田凭。陆筠在《给田凭》一诗中写道：“田地抛荒心地宽，不愁银米未清完。租凭催领何人领，愿吸西风饿与看。”③ 反动地主宁愿挨饿喝西北风，也不肯报田领凭。第二，更重要的原因是出于经济上的考虑。地主反复盘算领凭的利弊，得出结论是：领田凭的目的是为了收租，但因佃农抗租，“盖明知租之不能收，而深虑贼之知为业户而加害不休也”④，所以“各业户俱不领凭”⑤。当时太平天国将有田产百亩、二百亩者，“载入大户”，“勒令输捐”。地主如领了田凭，却收不到租，反而戴上大户的帽子，科派不已，地主当然是不肯去领田凭的。

太平天国各县还规定了领取田凭的手续，交纳田凭费的数目，还决定“其有业主他徙者，（田凭费由）佃户代缴”⑥。既然由佃户代缴田凭费，当然也由佃户代领田凭。其中固然有按原业主姓名报田领凭，但“着佃交粮”地区，佃农已被承认为“粮户”，在乡官催领田凭，需要收田凭费以增加财政收入之际，他们多半“认真租田当自产”，把“承种田”作为“自份田”呈报，把田凭领到手。田凭上写明是“所有自份田产并无假冒隐匿”，加盖官印为凭信。由

---

① 佚名：《庚申避难日记》（咸丰十一年十二月初二日记），见《太平天国史料丛编简辑》，第四册，516页。

② 柯悟迟：《漏网喁鱼集》，55页。

③ 陆筠：《海角悲声》常熟图书馆藏抄本。

④ 佚名：《避难纪略》，见《太平天国史料专辑》，73页。

⑤ 同上书②，515页。

⑥ 蓼村遁客：《虎窟纪略》，见上书⑤，42页。

此佃户不仅变成了“粮户”，而且“承种田”也变成了“自份田”，这便从法律上把土地所有权从地主转到佃农的手中。这种通过颁发田凭而实现的“耕者有其田”，在“着佃交粮”的地区，有的是心照不宣地进行和完成着，有的则旗帜鲜明地支持佃农认领田凭。为了说明问题，下面且举苏福省常熟与吴江两县为例：

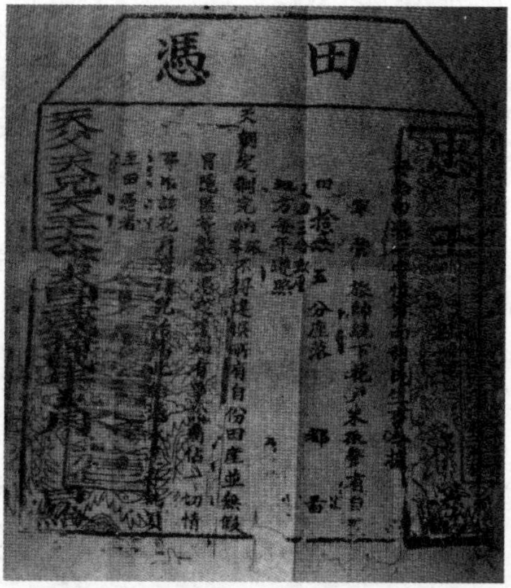

图4　“田凭”影印件

常熟县的地主拒不肯认领田凭，但并不能阻止田凭的发放。近年发现一份由忠王李秀成颁发给常熟县“花户朱振声有自置田十二亩五分又田三分九厘”的田凭一张，时间为壬戌十二年(1862年) 5月，右边骑缝处盖忠殿户部尚书的官印，左边年月上盖慷天义钱桂仁的官印。这份田凭的编号是“常字第四万八千七百六十号”①。按习惯估计，编号若从第一千号开始填发，则常熟县自1861年八月至1862年六月的10个月中，已顺利地发放了4万余张田凭。

常熟的地主不是以拒绝领田凭来向太平天国作斗争吗？太平天国就以“佃户代完”的方式把田凭直接发给了“着佃交粮”的佃农和自耕农，胜利地进行了反斗争。花户朱振声“有自置田”合计十二亩八分九厘，如按百多年前常熟的人口与土地比例，是算不上地主的。从现存浙江省博物馆、南京太平天国历史博物馆与《太平天国革命文物图录》中的田凭来看，这些田凭所记载的田亩数，小者仅一两分田地，大多数是在10亩以下，15亩以上的

① 南京太平天国历史博物馆藏：《忠王李颁发给花户朱振声田凭》。

很少，仅有的一个“大户”是34亩。① 10亩左右的田地，正适合个体佃户的耕作能力。这种从田凭上反映出来的土地平均化现象，说明领到田凭的大多数是佃农、自耕农和小地主，而江南大地主的田产或被当作“妖产”充公，或举家逃徙未归，或居乡而拒绝报田领凭。所以太平天国颁发的田凭中，很少见到田亩数较大的田凭，这可能是原因之所在。

吴江县也是从1861年开始颁发田凭，1862年继续进行。吴江监军钟志成是个忠于太平天国革命事业，为维护贫苦农民利益而献身的知识分子。吴江县在他的主持下，阻止了同里镇的地主设局收租，支持了莘塔、北舍、计巷等地实行“着佃交粮”。在颁发田凭这一重要措施中，他熟知地主心怀鬼胎，对报田数、圩名、花户等问题“因循观望”②，因此在颁发田凭时，态度鲜明，决策果断。《庚癸纪略》记载道：“伪监军提各乡卒长给田凭，每亩钱三百六十，领凭后租田概作自产，农民窃喜，陆续完纳。”③ 这段文字说明了三个问题：第一，监军钟志成调集各乡卒长到县，布置颁发田凭事，说明吴江的田凭颁发工作是在钟志成领导下全县展开，是“各乡”而不是一乡。第二，吴江也与常熟的情况相似，很多地方因“着佃交粮”，地主连年收不到租，不肯报田领凭。针对地主的抵制和对抗，钟志成以苏福省饬谕中的“佃户代完”田凭费为根据，决定把田凭发给佃农。田凭上每张都印着“所有自份田产，并无假冒隐匿”的文字，所以佃农“领凭后租田概作自产”，实现了“耕者有其田”。第三，田凭是土地所有权的官方证书，佃农领到田凭就成为土地的主人，这是他们梦寐以求的。吴江县同里、莘塔、北舍、计巷等镇，连年不交租，佃农家有余饶，他们以“每亩钱三百六十”（按当时

① 此就田凭所载田亩数而言，若从石门县发的《便民预知由单》来看，也有业户田地超过70亩的，这说明太平天国没有没收中等地主的土地。

② 知非：《吴江庚辛纪事》，载《近代史资料》，1955（1），44页。

③ 王元榜：《庚癸纪略》，见《太平天国资料》，104页。

米价，约合一斗五升）的代价，取得了土地所有权。“农民窃喜，陆续完纳”，正说明广大农民感戴支持太平天国，他们怀着喜悦的心情，陆续到“田凭局”纳钱领凭。这里并非蒙骗乡官，冒领田凭，而是有“佃户代完”作外衣，上下之间“心有灵犀一点通”。有人说：“农民窃喜”不是“大喜”，又不开庆祝会，说明佃农领到田凭是非法的。持这种说法的同志无非是要证明太平天国地区没有实行耕者有其田，仅只准许地主收租。但论者却忽略了太平天国的土地政策中“着佃交粮”与“地主收租”两者都是合法的。同样，太平天国分别情况，既把田凭发给佃农，也发给地主，两者也都是合法的。值得注意的是，苏浙地区的土地多集中在大地主手中，太平天国占领苏浙后，这些官宦豪绅，或被镇压，或远徙逃亡，他们的田产，除没收归公外，有的就由佃户完粮。当颁发田凭时，这种田产往往为佃农领得田凭。所以太平天国境内实行“着佃交粮”的地区，通过发田凭使土地所有权转入佃农手中不是个别现象。这当然不是全面否定地主所有制，只是局部的质变。但在百多年前，这可以说是难能可贵的历史业绩。

我曾前往吴江，寻钟监军故里，① 征询当年颁发田凭事。闻钟志成本名石泉，考取太平天国“博士”，保举任监军，其在民间有政声，而地主阶级恨之入骨。吴江沦陷后，被捕不屈，为程学启杀害于昆山。他虽捐躯异地，但青山犹在，碧水长流，其忠贞与业绩，同里镇的干部与长者在谈论中，皆深怀景仰。

---

① 据光绪《吴江县续志》，卷38，《杂志一》载：钟志成为吴江县同里镇人。然故居何所，已不能知。其原名“石泉”，因避洪秀全讳（全与泉谐音），故改“志成”。

太平天国苏福省的土地政策问题

土地关系问题是历代兴衰治乱中一个根本问题。洪秀全建立太平天国，颁布《天朝田亩制度》与一系列的土地政策，即着眼于解决这个问题。苏福省的土地政策及其实施情况，对我们了解这场农民战争的经济措施具有典型性，是值得加以研究分析的。

在18世纪中叶，由于地主私租之苛重，官府漕赋之勒折浮收，苏南、浙江农民所遭受的剥削，已达到忍无可忍的地步。他们在太平天国建都南京与刘丽川上海起义的鼓舞下，先后掀起了遍及各县的抗租抗粮斗争，其势汹涌如潮，有的发展为武装起义，有的则联络会盟，齐心不缴租。如吴江县，数十村农民盟约，缴租只限五分，否则全欠，地主被迫答应。各处烧差船、拆衙署、杀州官的事也多有发生。1860—1861年间太平军克复苏、浙地区，对地主阶级强有力的打击，更激发了农民反封建斗争的积极性。他们拥护“天朝”新政权，愿意直接向太平天国交粮纳税，而不肯再向地主交租。在大地主被镇压或在逃上海、江北，留在本土的地主被逮系或躲藏的情况下，苏南、浙西很多地区的农民，拒不向地主交租。太平天国要征收粮赋，除了向地主开征外，就相应地采取了“着佃收粮”“着佃起征”的措施。这种直接向佃农征收粮赋，并不意味着将田地分给农民，也不是实行“耕者有其田”，而是前期“照旧交粮纳税”政策在具体情况下采取的一种政策措施。它并不是否定准许地主收租这种自太平天国前期就已实行的土地政策，而是两者并行，前后期一贯的。因此，我们往往看到，在同一个州县里，东乡向地主征粮赋，而西乡则着佃起征，杂然并存，兼而有之。以下我们就苏南的一些府县的情况来看。

一、常熟县农民的抗租斗争与“着佃起征田赋”

常熟在清代分为常熟、昭文两县，这里的农民苦于官赋私租之盘剥，反抗激烈。1860 年太平军克常熟后，镇守该地的慷天燕钱桂仁本来要按前期例，由地主收租完粮，但农民大不满，纷纷起事，于是采取了“着佃收粮”的措施。《鳅闻日记》所载较具体，兹引录之，再加诠述：“（九月中旬）常邑伪监军汪、昭邑朱两人带长毛……同赴梅里（镇）巡查门牌，宣讲道理，劝民纳税完粮，又着乡官整理田亩粮册，欲令业户收租，商议条陈。无奈农民贪心正炽，皆思侵吞。业户四散，又无定处，各不齐心。且如东南何村，因议收租，田夫猝起焚拆选事王姓之屋。又打乡官叶姓……（收租局董严朗三等）连夜入城见伪主将钱，请兵下乡剿灭乱民。不料，钱姓不肯轻信擅动刀兵，反怪乡官办理不善……局中诸人败兴而归，从此势弱，不能勒捐，进益渐少，只得散去。”①

“欲令业户收租”这并非常熟监军汪、主将钱桂仁等自作主张，而是太平天国自前期以来的土地政策。但是从《鳅闻日记》可以看到常熟农民斗争的高涨。所谓“皆思侵吞”，指的是农民都不肯向地主交租。而“业户四散，又无定处，各不齐心”，把地主势力的瓦解，写得颇为真切，即当地地主阶级作为政治集团，被太平军推垮了，分散躲藏起来了，既不好联络也抱不成团了。

---

① 汤氏辑：《鳅闻日记》（下卷），载《近代史资料》，1963（1），97 页。

这是新形势下阶级力量对比的重大变化。严朗三这个顽固的局董，想借太平军的力量去镇压农民，但钱桂仁却拒绝了，他采取其前任黄文金的正确处理办法："给下安民伪示，劝谕乡民。"这使地主"败兴"，而农民则高兴，长威风。故后不久农民包围王市严朗三家，要将其捉杀。不过，直到这年旧历十月中，仍未改变"令业户收租"的成命，有记载说："（庚申十年十月）初六，有长毛告示，要收钱粮，谕各业户、各粮户，不论庙田、公田、学田等具要造册，收租完粮。倘有移家在外，远出他方，即行回家收租完粮。如不回来，其田着乡官收租完粮充公，佃户不准隐匿分毫，等语。"①

类似这种告示，在无锡、嘉兴等各县也张贴过，它不过是"照旧交粮纳税"、准许地主收租这个政策的具体阐述，并没有什么新奇之处。这告示内容是可信的，因为值此稍后些天，龚又村记载也说，他在南乡军帅处见到已登记的该军帅"麾下烟户册……又簿填田产若干，以备收租征赋"②。可见迟至十月中，太平天国还未改变照业户起征田赋的办法。但是，苏南各县农民抗租的浪潮，其势汹涌，地主势弱，很多地方难以收租，也就不可能交粮赋。在这种形势下，太平天国采取了"着佃起征"的措施。在常熟，同一个汪监军，九、十月间是"令业户收租"，但十一月十三日又出告示，宣布向农民直接征收田赋。据柯悟迟在白茆见到该告示的大意是："……查造佃户细册呈送，不得隐瞒，着各旅帅严饬百长司马，照佃起征"，接着在十二月就"设局太平庵，着佃起征田赋"。③ 与此同时，在其北梅里镇，顾汝钰也记载说："（常熟监军）出伪示：着旅帅卒长按田造花名册，以实种作准，

---

① 佚名：《庚申避难日记》，见《太平天国史料丛编简辑》，第四册，489 页。

② 龚又村：《自怡日记》，见上书①，378 页。

③ 柯悟迟：《漏网喁鱼集》，50 页。

业户不得挂名收租……完（纳）现年漕米，补完现年下忙银两，限到年一并清割。”① 以两个资料对比，可见指的是同一个告示，其详略相互补充。“以实种作准，业户不得挂名收租”句，以往被误会为是卖行“耕者有其田”，其实即“着佃起征田赋”。另一个在常熟城厢的地主记载说：“贼之征粮，（庚申）十年之冬，花田每亩六七百文，稻田每亩三四斗，业户不得收租。”② 也证明是“着佃起征”。“着佃起征”并未改变土地所有权的根本性质，但它对农民很有利，对地主大不利。若长期如此，土地所有权就会在暗中转移。故这一政令颁行后，“惟收租度日者，及城中难民无业无资者，甚属难过”③，而农民则是拥护的。“乡农各佃既免还租，踊跃完纳速于平时，无敢抗欠”④。这里使人想起管仲的一段话：“下令如流水之原，令顺民心，故论卑而易行。”⑤ 看来“着佃起征”卑无高论，但它顺应广大佃农的心意，采取得很及时，故有如流水就下，畅然易行。1860 年常熟的田赋，就已见的材料来看，基本上是“着佃起征”，完成得也很快，但地主则很少收到租。

既然农民反对交租，拥护直接纳田赋，1861 年按理应继续实行上年的办法，但是，我们看到 1861 年旧历八月钱桂仁却又出示，要“业户呈田数给凭，方准收租”⑥，而且监军汪、万亲到北乡镇上，“讲道理，要设局收租，各业户、军、师、旅等尽到听讲”⑦。看来这未必是钱桂仁有意袒护地主，而是有多方面的原因。首先，这是太平天国的政策准许地主收租，常熟也不例外。其次，佃农

① 顾汝钰：《海虞贼乱志》，见《太平天国》，第五册，370 页。
② 佚名：《避难纪略》，见《太平天国史料专辑》，61 页。
③ 同上书①，371 页。
④ 汤氏辑：《鳅闻日记》，载《近代史资料》，1963（1），110 页。
⑤ 《史记》，第六十一卷，《管晏列传》。
⑥ 龚又村：《自怡日记》，见《太平天国史料丛编简辑》，第四册，106 页。
⑦ 佚名：《庚申避难日记》，见上书⑥，512 页。

虽拥护直接交粮不交租，但往往并不按实际田亩数交粮，而是“佃户中每有以多报少”①，因之1860年粮赋实收额比清朝原额减少。《李秀成自述》中也说，“苏州百姓应纳粮税，并未收足，田亩亦听其造纳，并不深追”。1861年秋、冬间，护王陈坤书掌管苏南军政，他要达到聚敛的目的，就不能仍按“着佃收粮”，他要让“业户收租”。再次，不可忽视苏南地区经过一年稳定之后，地主势力有所恢复，他们打进各级地方政权，收租的要求与力量也比年前强得多了，这也是个重要的因素。但是，经过战乱之后，旧田契、田亩册多散失无存，故在1861年秋，太平天国在苏南颁发新的“田凭”，招业户认田领凭收租。记载说：“贼目出示，着旅帅重造田册，注明自、租名目，招业主认田，开呈佃户田亩细数，每亩先缴米一斗，即给田凭，准其收租。（业主）无一应者。”②颁发田凭，领凭收租，这对地主是一个保障。而地主不肯去认田领凭，看来似乎奇怪，但地主的打算是很精的，有个常熟地主分子说出了其中的原因：“又令业户领伪凭，曰田凭，诱以领凭之后得以收租。卒无人应之者。盖明知租之必不能收，而深虑贼之知为业户而加害不休也。”③ 经过这一番权衡后，再加上地主的变天复辟思想很顽固，所以常熟各乡地主直到十月中旬仍是相率观望，不肯报细数，领田凭。各级乡官几次告示催促。有记载说：“现今各业户俱不领凭。长毛告示，不领凭收租者，其田充公。”④ 虽然如此严令，地主仍是应者寥寥，倒是自耕农、佃农多各备斗米，报田领凭。其间每有以租田当作自己的产业，冒领田凭回来而私自喜庆的。地主既不领凭收租，向业户征粮赋也就成了空话。常

① 佚名：《避难纪略》，见《太平天国史料专辑》，73页。

② 柯悟迟：《漏网喁鱼集》，55页。

③ 同上书①。

④ 佚名：《庚申避难日记》，见《太平天国史料丛编简辑》，第四册，514页。

熟有些乡镇的乡官是被旧时绅衿胥吏把持操纵的。这些地头蛇设立征收局，以乡官名义，代收租和粮，而且收得很重。这样“兼收租粮，农民不服，汹汹欲结党打局”①。十月末，北乡周巷桥农民杀死窃据师帅位置的潘姓地主分子，因其收粮太重之故。接着，“四方农民闻风相应，各处效尤，打死伪官，拆馆烧屋”②。农民这种暴风骤雨似的行动，镇压了篡夺乡官政权的地主分子，把地主阶级势头压了下去，也给钱桂仁等敲了警钟。他赶紧出告示劝谕安民，监军也亲到各镇“讲道理”，明白宣布“只收粮饷”，而且赋额降低，农民这才满意。于是，西北各乡农民在十一月中，纷纷“俱备洁净造米、银钱等物，赶限交纳”。东南各乡也踊跃输粮，“赶头限拥挤”。据龚又村《自怡日记》于1861年十一月中记载说：“南乡粮租并收，其（他）三乡但有粮局，业户几不聊生。”可见常熟县在太平军克复后两年，除了南乡部分地区外，绝大多数是由农民向乡官直接交粮纳税，而不向地主交租。这一方面是常、昭农民反封建土地制斗争的成果，另一方面也是太平天国政权顺应农民要求的结果。所以，我们说“着佃交粮”是太平天国土地政策的一个方面。这个措施最有利于农民，有利于生产发展，而不利于地主的。在这种政策措施下，农民生产积极性高涨，使当地粮棉粟黍，皆出以时，连续获得丰收。且看1862年九月秋成时，但见“稻堆蔽场，无路可走，知水田皆成熟矣。丰年景象，未免垂涎，惜租籽不收，于我无分耳”③。对比在清政府统治时，农民打下谷来送完租粮，年丰啼饥，乐岁号寒的苦况，此时只交田赋，余则归己，农民怎么不奋力耕耘，使多产多得呢！在常熟，这两年农民和地主间地位变化，确乎是很大的，业户二年无租可

① 《鳅闻日记》《庚申避难日记》《漏网喁鱼集》等书皆有此记载，可互相参看。

② 同上书①。

③ 龚又村：《自怡日记》，见《太平天国史料丛编简辑》，第四册，469页。

收，“饿死不少”，有的私下把田贱价卖给佃户，换些粮食度日①，有个叫周鉴的地主在1862年秋的信中说。“两年来日非一日，两餐一点改为一粥一饭，早饭烹素菜一盘，晚间天暖，只烧开水泡冷饭……其实年岁并不荒歉，皆因租米充公。”② 故尔！

在常熟为什么会发生地主“饿死不少”，降价鬻田难以出售的情况呢？从以上的材料中，我们考查明白了最主要的原因是农民不交租，太平天国当局实行了“着佃起征田赋”。常熟克复于1860年九月，陷落于1862年十二月，太平天国在此设治经营两年稍多，征田赋凡两次，“业户二年无租，饿死不少”③，说的即这两年间的事。太平天国“照旧交粮纳税”的土地政策，一方面准许地主收租，另一方面也允许佃农直接交粮纳税，这种并行的政策措施，自前期已然；所以在1860年常、昭克复后慷天燕钱桂仁出示，要业主收租完粮，并非擅作主张，而是太平天国统一的政策。其所以又实行“着佃起征”，这是由于农民抗租打局，要求直接交田赋而为太平天国当局许可和明令采取的政策。这个政策措施经实践证明是有利于生产发展，有利于农民阶级利益的。

二、无锡的地主收租

无锡是1860年四月上旬为太平军克复，由济天义黄和锦负责镇守。这里的土地关系第一年采取随田纳款，着佃交粮；其后两

---

① 这见于龚又村《自怡日记》。又据张乃修《如梦录》说：他在1863年秋，在常熟北乡梅里镇以其父兄行医“所得三十余千，即置田八亩零。时租田每亩三千，尚无主顾顾”。可见常熟因“着佃征粮”，田租不收而田价大落。当时石米约合二千五百文上下。按张乃修所记，每亩田价合米约一石二斗，只不过正常田价的十之二三而已。

② 周鉴：《与胞弟书》，见《近代史资料》，第三册，83～84页，1955。

③ 龚又村：《自怡日记》，见《太平天国史料丛编简辑》，第四册，440页。

年间，则基本上改为地主收租。看来着佃交粮为时短暂，并未坚持。

无锡在清代分为无锡、金匮两县，同城而治。太平天国克复后，即设立各级乡官，以华二为无锡监军，黄顺元为金匮监军。他们积极支持太平军，“凡贼所欲，若辈奔走恐后”。为了供应军需和政权建设的财政需要，两监军皆设局征收粮税。其办法是“令农民不分业佃，随田纳款，商民市肆分大小，每日纳款百钱至千钱，任其苛派，五日一缴，入监军局”①。这里可看出，城镇市肆交纳的，属于商业税；农村“不分业佃，随田纳款”，则包含有地丁银的性质，实际上是“着佃起征”，因为初时地主多匿藏起来，难以向他们征收。就现有资料看，还未见有直接记载1860年冬锡、金两县征收田赋的详细材料，而《平贼纪略》一书也只是在写1861年事时，倒叙了头一年锡、金两县派田捐的事说道：“伪乡官随田派捐，以供贼支。各佃户认真租田当自产，故不输租。惟乡业熟悉田佃者，或可每石收一二斗不等。”② 这里说的“随田派捐”，即是令农民不分业佃，随田纳款，实际上是由佃农、自耕农交纳，地主不种田，便摊派不到头上。这一来，佃户便把租田当作自己的田产，不肯再交租米。只有身在乡间，对自己原有田产和佃户都熟悉的业主，间或可以收到十之一二的租米。而城中地主一贯是由收租局经收，既不知田产何在，也不识佃户为何人，故1860年锡、金两县在城地主没有收到租。无锡东南的荡口镇地方，由反动团练头子华翼伦武装把持着。记载说：“（庚申年，1860年）十月二十日，熊万荃与徐少蘧来议和（按指熊携同徐到荡口来招降华翼伦），言各不相犯，附近乡民造册征粮，均归

① 《平贼纪略》（上卷），“贼立伪乡官”条。

② 《平贼纪略》（下卷），“锡、金城民立总仓厅”条。按此条兼述两年事，本文此段所引述者为1860年立乡官征收赋税的事。过去往往混淆不清，征引未当。

本地人办理，不派长发一个，乡民不愿留发者听其自便。”① 既然荡口是在反动团练头子的把持下，所谓“附近乡民造册征粮，均归本地人办理”，实际上还是地主阶级掌握，农民还得交租，与苏州永昌镇徐少蘧把持地方是一样的。

由此看来，在太平军克复无锡的第一年即1860年，除了荡口镇等少数被反动团练武装盘踞的地方之外，地主没有或很少收到租。这一年，佃户“随田纳款”，是属于“着佃起征田赋”的同一类型。

1861年，春夏间，无锡县开始新的征收。记载说：“十一年（1861）五月，黄和锦升伪济天义，责乡官设局征钱粮。伪董夤缘，无锡由伪监军小面华二局设堰桥；金匮由伪监军黄顺元局设东亭，凡刑名钱谷事皆理之。”② 这年的征收方式，完全改变了前一年“令农民不分业佃，随田纳款”的办法，而是业主与佃户区分开来，要佃农交租，由地主纳粮，即：“造（田）册分业佃完粮，令民自行投柜，随给伪串（票），业田者稍得收租。或顽佃抗租，诉贼押追。”③ 这里说的“分业佃完粮”，意思是令业主完粮，不是“着佃起征”。业主要完粮就得收租，佃农抗租，地主就要求太平天国地方政权“押追”。事实证明，黄和锦在此问题上袒护地主阶级，丧失农民的革命立场。这年九月黄和锦出示，要“佃农照常输租”，并委派地主分子薛某为“赋租总局”的总董事，经收漕赋租务。薛某向锡、金两邑的地主发了个告示。其谓：“照得本局董事前奉济天义委办锡、金局董，总理在城银漕租务。现蒙老大人暨左一文经政司吕大人面渝：以锡、金住城各业户完赋无力。本阁业经示谕佃农照常输租，抵办钱粮在案。兹值年岁丰稔，新谷

① 华翼伦：《锡、金团练始末记》，见《太平天国资料》，124页。

② 施建烈：《纪（无锡）县城失守克复本末》，见《太平天国》，第五册，254页。

③ 陈宇益：《余生纪略》，苏州市图书馆藏稿本。

现在登场，除已另行晓谕各佃赶早还租外，惟钱粮如此紧急，因何至今尚未完纳？速即查明各业完粮花户银数，定限五日内汇造菁册开呈，准其陆续完纳，切勿稍有遗漏，等谕。奉此合亟知照，凡在城业户一体知之，务即开明应办都图、花户、银漕细数菁单，并业田租数，遵限送局，以凭汇造菁册转呈……”①

这个布告的主旨是要在城各地主于五天内报呈“应办都图、花户、银漕细数清单，并业田租数”，准其收租，要其完粮。又从这布告中得知，黄和锦还另外向佃农发布有告示（按：今尚未发现原件)，要“佃农照常输租”，而且要“赶早完租”。这里既没有减租减赋的意思，也没有“着佃起征田赋”的含义，而是照旧收租，照额完粮。薛某等于是在无锡四门外，各设征收局，名叫“总仓厅”。据《平贼纪略》记载说：“于是城业议设总仓厅于四城门外，以便各佃户就近还租，公举薛某总董其事。出传单招各业主，将租册送总仓厅者，代完粮收租。因照足额，以至各佃户聚众拆毁而废。后归各业自行到乡收租，大抵半租而已。”② 这个“总仓厅”实即改头换面的地主收租局。而且照以前的足额收租，必然激起农民的愤恨，所以被乡农聚众打掉了。交半租是农民斗争的结果，还没有材料证明是当局黄和锦发出的补充指示。黄和锦之丧失立场，蜕化为地主阶级代理人，还表现在其派兵镇压农民抗租问题上。无锡东乡的安镇四图庄，地与常熟毗连，受到常熟西北乡农民不交租、自行完粮的鼓舞，1861 年腊月，有姓顾的农民，也起而“聚众抗租”。地主进城告状请兵，黄和锦不仅投有申斥地主，反而派兵“至乡弹压”，杀伤顾某，“贼焚村落，邻村无害，旋为乡官调停，一律还租”③。太平军本来是保护农民之师，

① 《太平天国文物图录补编》，见《太平天国文物图释》，185 页。
② 《平贼纪略》（下卷），“锡金城民立总仓厅”条。
③ 《太平天国史料丛编简辑》，第一册，281 页。

却被变成保护地主收租的工具，虽然仅限于局部地区的具体事件上，但性质却是严重的。对比常熟的情况看，常熟在同年冬十月发生过同样的抗租斗争，但钱桂仁却采取出示安民、“讲道理”、减收粮赋不收租的方式解决。故常熟很多乡是“着佃交粮”，而无锡则多由地主收租。这两种不同结果，未尝不是由两种不同的态度和处理方式造成的。

1862 年锡、金两县仍由地主收租。龚又村日记说：“（同治元年九月初九日）闻金匮界照旧收租，亩收□□，除粮尚余四斗有零。”①若粮赋二斗，则每亩收租在六斗以上，虽比清朝时约减四成，但在太平天国辖区内，可称是收租很高的了。

三、苏州“业户收租”与“着佃交粮”并行

苏州在清代分为元和、吴县、长洲三县，同城而治。太平天国于 1860 年四月中克复，改设苏福省，由忠王李秀成驻此，苏州民政则委任熊万荃负责办理。苏州是苏福省所在地，因此，这三县的土地政策执行情况，颇具有代表性。我们看到太平天国在这里采取的是安民清匪，积极恢复生产的措施。在土地政策上，因其形势，“着佃交粮”与“准许地主收租”两者并行。有记载说：1860 年九月，太平天国在苏州吴县“出贼示，胁人完粮，熟田每亩完米三斗，荒田每亩完米五升，其有业主徙避他方者，佃户代完，皆乡官造册办理”②。这条材料甚为简明，从它可看出苏州在 1860 年征粮开始，就宣布“业户收租”与“着佃交粮”同时并行。苏州地区的田地，十分之九皆归地主所有，而且大地主居多。这些豪绅大户多居住苏州城中，太平军到来，这些富厚之家或死

---

① 《太平天国史料丛编简辑》，第四册，468 页。

② 《虎窟纪略》，见《太平天国史料专辑》，26 页。

或逃，或远避上海等地，① 他们的大宗田地的粮赋从何处出呢？只有由“佃户代完”。这种由佃户代完粮赋，亦即“着佃交粮”，是自太平天国前期就采取的征收方式，并非苏福省首创。一般地说，佃户交粮后即不再纳租，常熟、无锡等地便是这样，苏州因业户逃亡，情形更是如此。吴县有些地主住乡镇，对其田产和佃户都熟知，他们要想收租。但是，吴中佃农有抗租的传统，更况此时因太平军之来，允许“着佃交粮”，于是便有抗租打局的事发生。有记载写道：“是冬（指1860年冬，吴县农村），凡里人有田者，由乡官劝谕，欲稍收租。而佃农悍然不顾，转纠众打田主之家，桃滨村为之倡，事起于南栅方氏，于是西栅金氏、东栅严氏家，什物尽被毁坏，而严氏二舟泊屋后亦被焚。”② 经过这一番打击，乡间地主势孤，农民势炽，这年收租便瓦解了。可见1860年在苏州吴县的一些乡镇，地主即便未逃亡，也没有收到租，而是由佃农完粮。

苏州西北区的长洲县，在1860年启征田赋也是双管并行，既许地主收租，也采取佃户交粮。当时主管长洲军政民务的珽天安黄某，在一个告示中说得很清楚：“我天朝克复苏省，安抚之后，甫征之初，即经前爵宪熊推念在城业户流离未归，出示晓谕，姑着各佃户代完地粮，俟业户归来，照租额算找。其在乡业户，仍自行完纳，照旧收租，不准抗霸。”③ 这是太平天国地方当局的告示，其中说的两件事是可信的，即：城中地主应纳粮赋，由佃户

① 《忠王李秀成谆谕四民》中谓：“天京以及各处子女大半移徙苏郡，又由苏移居上海。”当时上海几成苏常缙绅地主的避难所，连吴县东山的富户也相率买舟去上海。

② 杨引传：《野烟录》，见《太平天国史料丛编简辑》，第二册，176页。

③ 《珽天安办理长洲军民事务黄酌定还租以抒佃力告示》，见《太平天国文书汇编》，145页。

代完；乡镇地主自行收租完粮，不准抗粮和霸租。告示所叙长洲县的决定，与同年吴县的规定是一致的，可见是统一的政策措施。长洲在乡地主这年是否收到租了呢？我们的结论是肯定的。长洲北部有东、西永昌两圩，这里是反动团练头子徐少蘧盘踞的地方，他有众数千，控制好些村镇。由于他处于太平军包围中，1860 年秋伪降于太平天国。关于永昌等圩的土地关系，有这样一个记载过去引起了误解，其谓："徐（少蘧）遍贴伪示，称奉忠贼瑞旨，收取长洲阖县租米。发出黄纸伪印抚天侯谕单，禁止业户收租。"①由于此处说"禁止业户收租"，往往被人误解为太平天国在苏州实行"耕者有其田"。其实反动地主团练头子绝不可能支持农民"耕者有其田"。徐少蘧之"禁止业户收租"，是要由他设收租局包收租米，从中取利。与永昌相距不过 50 里居住的龚又村在日记中写道："伪帅熊姓逼令（徐少蘧）同至黄埭安民，给示收漕，每亩定六升，连条银共一斗。业主收租五成，先自办米缴新赋。"② 黄埭镇介于东、西永昌之间，是徐氏控制范围，故要逼令他同去安民。这年黄棣地主被规定收半租，不过由徐氏设局往收而矣。且看龚又村 1862 年冬记载，便更明了永昌、相城一带是向佃农收租的："长洲、相城一带因徐少蘧之请，亦准收租，连粮收七斗，徐局抽捐斗二升，业户归二斗四升。"③ 可见长洲的永昌等地，在太平天国期间是地主收租完粮的，而不是实行"着佃交粮"。

从上面的材料来看，永昌徐氏所把持收租的地区，大抵限于长洲县西北乡镇，而长洲县其他地区则不尽如此。《珽天安黄示》中谈到 1861 年的征收情况说："尚年（1861 年）又经招业收租，并饬抚天侯徐饬令各乡官设局照料，毋使归来业户，徒指望梅各

---

① 《近代史资料》总三十四号，165 页。

② 《太平天国史料丛编简辑》，第四册，377 页。

③ 同上书②，468 页。

在案。乃因未定租额，致有五斗二斗籽粒无着者。”① 抗租与收租，租额多少，是否着佃交粮等，都是农民与地主之间的阶级斗争，其结果取决双方斗争力量的对比和整个阶级斗争形势的总和。1861年，长洲也和常熟等县相同，招回业户，认田收租。常熟地主因感到难以收租，多不肯认田领凭，长洲地主逃亡在外的，也有返回原籍认田收租。从《珽天安黄示》中可知，虽“饬令各乡官设局照料”，但佃农仍抵制斗争，“致有五斗二斗籽粒无着者”，也就是说最高不过收半租，少或收二成租，有的就收不到租。因为当地虽有徐少蘧等地主武装威胁农民，加以地方当局饬令收租，但四境农民抗租声势高涨，收租并非易事，仍然兼采“着佃交粮”。这种情况到第三年即 1862 年仍然没有大的改变。《珽天安黄示》中说得颇清楚，其谓：“本年入夏欠雨，车水栽秧，米价骤昂，高区佃户，工本数倍在田，而应征正杂款项，大率出于佃户代完。现今下忙以及糟（漕）粮，通盘核计，为数已巨，若属实情，是宜量加体恤。今本爵宪酌定：还租自完田凭者，每亩三斗三升，佃户代完者，每亩二斗五升，高区八折，以抒佃力而昭平允……如有顽佃抗还吞租，许即送局比追。倘有豪强业户，势压苦收，不顾穷佃力殚，亦许该佃户据实指名，禀报来辕，以凭提究，当以玩视民瘼治罪。”

从“应征正杂款项，大率出于佃户代完”来看，1862 年的上忙银与杂捐，其应归地主粮户交纳的，却很多地方大都是向佃户征收的，亦即“着佃起征田赋”，而且“田凭费”也多是佃户交纳的。所以规定中说，“佃户代完（田凭）者，每亩二斗五升”（扣除佃户已交田凭费八升）。苏福省是 1861 年开始领发田凭的，因很多地主拒不领凭，有的逃亡未归，苏州各县便将田凭发到佃户，

① 《珽天安办理长洲军民事务黄酌定还租以抒佃力告示》，见《太平天国文书汇编》，145 页。

由佃户出钱“代完”田凭费。记载说：“有田者报明亩数，每亩出钱二百文，领贼凭一纸，其有业主他徙者，佃户代缴。”① 田凭是表明“所有自份田产并无假冒隐匿”② 的土地所有权的证书，按照太平天国苏福省的规定：“不领凭收租者，其田充公。”既然许可由“佃户代完”田凭费，当然由佃户将田凭收领。其间固然有按原主姓名领凭，但佃农谁不想获得土地所有权？他们中不乏“将租田当自产”，以各种名目把田凭认领到手，从此以“自份田产”完粮而不交租。长洲颁的《斑天安黄示》很容易给人以保护地主收租的印象，但若从太平天国的土地政策是准许地主收租的大前提下来看，这个文告的中心意思，正如其标题所概括是：“酌定还租，以抒佃力而昭平允。”其规定租额为三斗三升或二斗五升，高区八折；不许抗粮霸租，也不许“逾额苦收”。对比清朝统治下时，长洲私租每亩少则一石，多者一石五斗；而同治元年（1862 年）太平天国在此地规定每亩三斗三升，若再加佃农已交上忙银及杂项，约合每亩五斗左右，这就较前减轻了一半以上的负担。至于农民中着佃交粮者，所交纳就更轻了。

四、吴江县同里镇、芦圩镇土地关系的考查

吴江是苏南太湖之滨的一个富县，也是地租剥削最苛重的一个县。咸丰三年（1853 年）时，吴江农民曾在陆孝忠等的领导下，联合一致，齐心抗租，迫使吴江地主改收半租。咸丰五年（1855 年），陆孝忠等虽被杀，但农民斗争未已。咸丰十年（1860 年）吴江克复之后的三年中，土地关系发生了复杂的变化。若从租赋

① 《虎窟纪略》，见《太平天国史料专辑》，42 页。

② 忠王李颁发常昭花户陈金荣“田凭”，见《太平天国文物图录补编》，61 号。

征收来看，各乡各镇颇不相同：吴江城东12里的同里镇是着佃交粮；东南边境的芦圩镇则由地主收租完粮；南乡黎里镇初时设局收租，旋即改为只收粮赋；其他如周庄、北舍、莘塔等镇，则呈现出地主收租与着佃交粮的犬牙交错的情况。

如前面所述，太平天国既准许地主收租，又实行着佃交粮，因势乘便，并未强行划一。吴江的情况，正是这种政策措施的反映。1860年五月，太平军克复吴江后，即陆续设置乡官。十一月初旬，同里镇征收田赋。《吴江庚辛纪事》说："办理预完银米，师帅各下各旅帅所属乡村，照田完纳，每亩出米一斗四五升，钱约百文，以熟田之多少，照户分派，参差不等，旅帅陆续解（吴）江。"① 从"照田完纳"与"照户分派"来看，是向种田的佃农征粮赋的。佃农交纳踊跃，完成得很迅速。一个月后，同里镇地主得知苏州和吴江有的乡镇地主，"俱设局收租息米，每亩四五斗不等。同里亦欲举行，旋为监军阻挠，遂不果"②。这里说的监军，指吴江监军钟志成，他是太平天国"新科博士"，很忠实于职守。他出来干涉，是因地主不遵照太平天国的规定，即"必先报明田数、圩名、花户存案，然后施行。各业因有报或不报者，因循观望，事不果行"③。地主不报田数等事，目的是企图收租而规避田赋和捐税，这当然为监军所不许可，何况这年田赋已由佃户完纳，地主收不到租并不影响太平军支用呢！1861年冬月，同里镇地主在旧乡团头子费玉成的支持下，又设局收租："摆收租息局于北观，业主齐集，各备桌、凳、笔、砚、租簿收租，至十二月初十日，各乡俱通，一日有千余户还数，（吴）江城花（参军）、鲍因粮米未清，即将局董提去，从此瓦解。"④ 故这年同里镇四乡地主

① 《近代史资料》，1955（1），43页。

② 王元榜：《庚癸纪略》，见《太平天国资料》，101页。

③ 《吴江庚辛纪事》，载《近代史资料》，1955（1），44页。

④ 同上书③，49页。

仍未能收到租。经过两年的斗争，同里的农民已得到不交租的好处，自不肯放弃。1862 年冬有记载说："北观设收租息局。贼酋程令亩收租息米三斗。伪董事十余人襄其事，三限已过，并无还者。十二月十一日，忽有栋花塘农民百余哄入局，将襄里十余人擒去，殴打窘辱。至明年正月初一日，周庄费姓遣人说合，得放回家。"①此处所称"贼酋程"，与吴江"潘叙奎凭"中"水师天军主将冀天义程"是一个人，当时负责吴江军政民务。他仿同年苏州颁布的"租额三斗三升"之例，准令同里业户收租米三斗，按说并不违制。可是在这里我们看到一个与常熟北乡"佃农齐心不还租"的可喜斗争实例。"三限已过，并无还者"，说明农民是有串联盟约的，捉拿局董拘辱达两旬之久，而地主莫可如何，也显出了农民的斗争力量。故可知吴江同里镇虽然三年都设局收租，但三次均归瓦解，这里在太平天国统治期中，是实行着佃交粮的。

与同里镇完全相反的情况出现在吴江东南边上的芦圩镇，这里的大地主柳兆薰，在 1860 年照旧收租完粮，只不过租额降低了一半而已。柳兆薰是个老谋深算的地主，他访知太平天国准许收租后，对租额多少？是否有利可图？是否按实际报田亩数？利害如何？都做过仔细盘算。直到十一月下旬，他决定报田亩数，并领取收租凭证，以每亩四斗半的租额，亲自收租。今发现的《柳兆薰日记》②，详细地记载了他逐日收租的情况和各乡的动态，十二月二十五日他在日记中写道："今日始属相好开船催租，拟（十二月）初一日起限。今冬为长毛收粮，若不取租，赋由何出？不得已而为之。"他认为每亩收租四斗半，"看来所得不偿所失"，但为应付局面，仍勉强忍受了。十二月初二记道："上午，还租纷

① 王元榜：《庚癸纪略》，见《太平天国资料》，106 页。

② 《柳兆薰日记》，见《太平天国史料专辑》，99～386 页。本段以下引文，如非另注处者，皆引自该日记。

纷，米钱并收，尚为踊跃。”十二月初五日记道：“晚间，共收折米钱洋一百八十余千文，在目前世界已为极盛矣。”初八日他日记中小结了收租数目，写道：“现算田数已千亩，而现钱不过八百千左右，粮银而外，开销勉强①，日用所需，来年无着。”这样，他继续收租到十二月半，情况发生了变化。因为受同里、黎里、莘塔等镇农民纷纷不交租的影响，芦圩的“乡人借口可不还租”，于是，向柳兆薰交租的人就大为减少了，他在黎里、莘塔、北舍等处的田产，多未曾收到租。据知柳兆薰有田约四千亩，按其日记所载，1860 年实收不及半数，所受打击不能说是不大的。1861 年，冬十一月，柳兆薰定租额，立限收租。他在芦圩镇每天收廿、卅石或更多。十一月十五日这天，他日记写道：“诸佃踊跃而来，知佃心尚未涣散……夜间结账二鼓，共收二百有余石，钱洋参半，自飞限至今，共收五百余石。”以后他陆续收进。就其日记所载，这年冬，柳兆薰收租共合一千三百余石。日记中也还记载了他在别乡收不到租的情况，如黎里：“租风不佳之至”（十一月二十四日记）；“北舍以北，佃风已变，难以开收”（十二月初三日记）；“仰仙、计巷佃风不堪，恐难有望”（十二月初四日记）。

从以上资料所记的情况看，在太平天国时期，吴江县各乡镇的租佃关系变化很大。此处为地主收租，彼处则由佃户完粮，或并行不悖，或交错相间，三年中皆如此。加以吴江监军钟志成与参军花某等支持了佃农斗争，遂使土地关系发生了有利于佃农的变化，这变化特别表现在颁发田凭上。吴江也向其他各县一样，从 1861 年颁发田凭，1862 年春继续进行，记载说：监军钟“提各乡卒长给田凭，每亩钱三百六十，领凭后，租田概作自产，农民

---

① “粮银而外，开销勉强”：意指租额低、收入少，除去向太平天国交纳田粮地丁银之外，其他的开销就不甚充足。

窃喜，陆续完纳”①。结合长洲县发田凭可以由佃户代完田凭费来看，这并不是孤立的。田凭是土地所有权的证据，亦即田契。同里镇佃农连着两年不交租，家有余饶，以每亩三百六十文（按当时米价，合一斗五升）的代价，取得土地所有权，他们自然是乐意的，也感戴和支持太平天国。“陆续完纳”，说明并非个别人蒙骗乡官，冒领田凭，而是有半公开的性质，不少佃农都陆续纳钱领得田凭。太平天国准许地主收租，颁发田凭即承认地主所有权，“仰该业户永远收执，取租办赋”② 即是这意思。但实际生活比形式逻辑生动而丰富得多，在太平天国辖区内，地主有的被镇压，有的逃亡未归，有的蛰居乡间抱着旧田契写变天账，有的因为收不到租而不肯领田凭，种种原因造成地主抵制观望，不肯领田凭。这样一来，佃农自然积极出钱领凭，“租田概作自产”，即都把租田变作自己的产业，局部实现了土地所有权的转移。此中情伪，监军等乡官岂能不知？但他们多置不问。如监军钟志成者，可以说是有意支持的。过去所修地方志，往往对当地太平天国时期的情况，语焉不详，很难究知底里。如《盛湖志》《黎里续志》只记载 1860 年冬黎里“设局收田租”③。至于这个收租局是否收到租？是否改变为只收粮赋？则并无下文。但我们从《柳兆薰日记》却得知黎里局改为只征田赋。至于《吴江县续志》所说“设局收租，尽乡官为之”，显然未尽符实。乡官的军帅设有“典圣粮”，其职司是管粮赋，不管收租。有的乡官局因受地主之贿，暗中兼收田租（如常熟东乡潘姓师帅所为），但这并非正常情况。吴江同里镇的乡官历年都只管收粮而不收租，芦圩乡官亦然，黎里镇乡官局开头是租粮并收，后来即得到纠正，只收田赋，不予收租。

---

① 《庚癸纪略》，见《太平天国资料》，104 页。

② 《潘叙奎荡凭》，见《太平天国文物图录》（续编），第 63 幅。

③ （清光绪）《黎里续志》，第十二卷，《杂录》，18 页。

五、苏福省其他郡县的土地关系

以上我们就太平天国时期常昭、锡金、苏州、江震等9个县的土地关系作了些考查，说明太平天国在苏福省的土地政策是允许地主收租，也实行着佃交粮。苏福省的其他郡县是否与此一致呢？下面我们再作些补述。

松江在清代为府治，辖华亭、青浦等6县1厅，历来是赋租苛重、农民反抗激烈的地区。还在咸丰初年，各属县殴粮差、烧租船、戕官闹漕的事就屡有发生。1860年夏，李秀成率军攻上海，克复青浦、松江等城，后因清军与华尔洋枪队进攻，成为双方反复拉锯地区。即在这样军事紧张情况下，太平军仍然安民清匪，设立乡官治事。如青浦县北黄渡镇，于1860年十月“以莠民陈连周为师帅。十一月……复使差役下乡，按田造册，居然征赋”①。赋是向谁征呢？大地主早已风声鹤唳，买舟潜逃，即令不逃的，也很难向农民催租。因此太平天国征粮赋，得按田亩重造册，多以实种作准，向佃户征收。松江府所在的华亭和娄县所辖村镇，在1860年冬，黄浦江南由清方控制，而江北则归太平天国。据载：“（这年十二月）浦南田租大有生色，多者六成，少亦五成；浦北则彼此观望，未有粒米送仓。”② 可见太平军克浦北松江城后，农民依势不交租。同年冬，有个松江地区的人，慨叹地主收不到租。有诗谓：“握算持筹心计多，万间广厦奈人何？我经寇乱发深省，心愈平时气愈和。”

诗后注云：“有平日严于课租者，避地时诸佃下纳。”③ 这说

---

① （民国）《黄渡续志》，第七卷，《兵事》，41页。

② 姚济：《小沧桑记》上，见《太平天国》，第六册，458页。

③ 佚名：《庚申纪事》诗，载《近代史资料》，1955（3），50页。

明华亭、青浦等太平军克复诸县，也如同苏州府各县一样，佃农多不肯交租。面对这种现实，太平天国征田赋，除了向在乡地主征粮，许其收租外，就采取“按亩计数，着佃追完”①，也就是由佃农交粮赋而不问交租。

太仓在清代为直隶州，领镇洋、嘉定等三县。1860 年八月，太平军二克太仓，深得农民拥护。州志记载：“各乡无赖子敛民间财物以献，谓之进贡，纳其献乃出示安民，即以为伪官，驻于各乡镇，以其乡之人也，谓之乡官……计亩造册，着佃收粮。”② 为什么太仓实行着佃收粮呢？我们看到太仓州以“各乡无赖子”为乡官，实际上就是以贫苦乡民中的积极分子为乡官，这些乡官对待地主阶级往往是打击的，支持佃农不交租。太仓克复后，农民斗争如火如荼：镇洋县令逃匿岳王市，被当地乡民焚毁其居，尽劫其财物百余箱；城中“绅富董事如素著凶名者，居乡时尽遭佃农焚毁一空，甚有殴毙溺海，轻则罄其所有而后已”③。加以太平军“打先锋”和对恶霸、团练首要分子的镇压，这一来太仓地主阶级势力顿时大减。这些便是太仓州着佃收粮的客观原因。当然，历史的现象十分复杂，事物总不是一刀切的，太仓同苏福省其他州县一样，也是准许地主收租。记载说：太仓在 1861 年初，有“陆伪钦差出示，颇有道理：业田者依旧收租，收租者依旧交粮”④。这个示文看来与着佃收粮相矛盾，但它正说明二者是并存的，是太平天国“照旧交粮纳税”的土地政策的两个方面。

1862 年春，太仓被戈登“常胜军”与李鸿章淮军攻陷。太平天国在太仓设治不到两年，但在此短短期间，劝课农桑，民间

① 陆懋修：《窳翁文钞》，第二卷，《收复苏松间乡镇私议》。
② （民国）《太仓州志》，第十四卷，《兵防中》，18～19 页。
③ 柯悟迟：《漏网喁鱼集》，41 页。
④ 佚名：《静斋日记》，南京大学图书馆藏抄本。

"修贡完粮，颇称盛美"①。说者心向往之！沦陷后，反动军队恣肆焚劫，"遂成荒圩，城外百余里几无人踪！"② 两个政权和两种军队对地方产生如此强烈的对照，遂使后人对太平天国反封建的革命业绩缅怀不已！

① 沈梓：《避寇日记》，第三卷，记同治元年十一月二十四日，十二月初五日记太仓、青浦逃出难民的谈话。

② 同上书①。

建都金陵与东征苏、常论

——关于太平天国前期战略方针辨析

一、建都金陵与建都后的战略问题

1853年2月29日，太平军自武昌东下，水营万船齐发，帆幔蔽江，陆师夹江东行，所向披靡。一个月之间，抵达南京城下。3月19日，太平军攻克南京，实现了洪秀全所称“同见小天堂威风”① 的初步愿望，遂改南京为天京，建都于此。旋即沿江东取，旬日之间攻克镇江与扬州，完善守备，保固天京。至此，太平军结束了金田起义以来的“略城堡，舍要害”的流动作战方针，转变为立金陵为根本，采取有后方依托，有根据地“然后遣将四出，分扰南北”② 的战略方针。

关于太平军是否该采取这种战略转变，或者采取了这种有根据地的作战方针后，是否应该建天京于金陵，这在太平天国史研究者中是有意见分歧的；定都南京后太平天国领导人所做出的新

---

① 《天王诏令》，见《天命诏旨书》，引自《太平天国印书》（上），120页，南京，江苏人民出版社，1979。

② 张德坚：《贼情汇纂》，卷11，见《太平天国》，第三册，291页。

的战略决策是否正确？采取何种军事决策才是符合客观实际的和正确的？这同样是很有研究价值的问题。在以拟就这两个问题，特别是定都南京后的战略选择问题，作一些探讨。

攻克南京之后是否应该守着它，把它建成战略基地和巩固的后方，以便发展革命势力，夺取全国胜利呢？回答应该是肯定的。“历史上存在许多流寇主义的农民战争，都没有成功。”① 黄巢和李闯王便是明显的例子。反之，刘邦因据有关中为巩固后方，故在楚汉之争中取得最后胜利；朱元璋因取得江南富庶之区为根本，故能完成推翻元朝，统一中国的大业。毛泽东曾一再强调建立根据地的重要性，指出它是革命战争“赖以执行自己的战略任务，达到保存和发展自己，消灭和驱逐敌人之目的的战略基地。没有这种战略基地，一切战略任务的执行和战争目的的实施就失掉了依托”②。中国人民解放战争的胜利，生动地证明了毛泽东关于建立根据地思想的正确性。太平天国自金田起义的三年中，经常处在敌人包围堵截之中，没有取得个巩固的基地。永安半载，湘南三月，稍得到点休整的机会。战争的实践迫使他们感到需要建立个基地作为根本。南京是他们出广西以来的战略目标，攻下南京后，太平军立即去夺取镇江、扬州，使三城互为犄角，其意图就在于建立这个战略基地，把它巩固下来。这个决策无疑是稳妥而正确的。太平军在三年艰苦战争中，有不少伤病人员需要安顿，军中老弱亦不少，还有妇女、幼童约三万，③ 如果不建立起巩固的基地，携带妇孺老弱和伤病员，长期流动征战，“席未暖，辄弃去”，将陷于疲惫不堪的境地。呤唎所谓在南京“不要停留，一鼓

① 毛泽东：《抗日游击战争的战略问题》，见《毛泽东选集》，第2卷，387页。

② 同上书①。

③ 谢介鹤：《金陵癸甲纪事略》，见《太平天国》，第四册，650页。

作气向北京进军，攻克一城即弃一城”① 的不要后方的方针，是一种轻敌冒进、孤注一掷的方针。在清军主力还没有受到重创，太平军兵力与清军对比还没有变为优势时，采取这种方针是十分危险的。农民战争要推翻反动的封建政权，它不应该是保守的，而应该是进攻的。这种说法有它的正确性。但是，进攻是有阶段的，而不是直线性的，它也有防守和后退。这种说法才是完全正确的。在中国这样的大国，封建统治势力又异常顽固，太平军在一个地区，一个省城取得胜利，只是局部的胜利，并不等于取得了全局的优势。仗要一个一个地打，敌人要一部分一部分地消灭。只有逐步壮大自己，歼灭敌人的有生力量，才能由局部胜利转变为全局的优势。太平军自出广西以来，虽然是一路滔滔，乘虚蹈隙，打下了武昌和南京，但清军主力野战军并未受到损失。当太平军攻克南京不过 13 天，向荣便率领 1.7 万人跟追而来，在孝陵卫建立江南大营。琦善马步万余也相继赶到扬州地方扎下江北大营。如果太平军舍南京而全师北上，丢下了水营的优势，不仅向荣、琦善三万之众可以赶上，清方京畿地区屯驻的 14.9 万人的绿营、八旗兵和万余马队将以逸待劳，在北京城坚守待援。当时清方总兵力 90 余万，至少可以集中 20 多万的兵力与太平军 10 万人决战于北京城下。太平军既没有后方，兵力又居劣势，岂能保证必克北京城？纵然攻破了北京城，敌方主力仍存在，岂能避免不被反包围么？所以，在克南京之后稳健而积极的战略方针，首先是建立以南京为中心的基地，依靠水营的优势，凭借城高池深的地利和南方有利的群众条件，巩固和扩展根据地，进而夺取更大的胜利。

建都与建立根据地是不同的两件事，二者并无必然联系。换言之，可以建都也可以不建都，可以建都在南京，也可以建都河

① 呤唎：《太平天国亲历记》（卷上），116 页。

南或湖北。有的同志认为建都河南才是积极进取的方针，而建都南京则是保守和安乐思想的表现。从太平天国这阶段的军事实践来看，它在两个月内即开始北伐与西征，证明并非军事上的保守，倒是问题出在轻敌冒进。至于安乐思想至多可以看作是建都的附产物，并不能以此成为否定建都的理由。太平天国领导人于1852年在湖南就考察建都问题。杨秀清在道州时即主张“专意金陵，据为根本”①。洪秀全在长沙时，又“欲取河南为家”②。及克武汉，又提出建都武昌问题。③ 究竟建都在何处，直到克南京时还未决定。“此时天王与东王上（尚）是计及分军镇守江南，天王必欲即往河南”④。可见洪秀全是心欲即进兵河南而立都的，杨秀清则尚在权衡利弊，考虑南京与河南开封等处何者建都为宜的问题。最后是杨秀清决策经天王同意而建都金陵的。

决定建都有它政治上的重大意义。建都金陵与建都河南相比，又有它利大于弊之处。

当清王朝尚未推翻，北京“妖穴未除”之时即建都于江南，也许嫌早了些。但惟其是此时建都，表明必将取清朝而代之，足以长革命农民之志，灭敌人之威，在政治上具有重大号召力。《建天京于金陵论》中说：“大宝既登，民念悉皆向善；金瓯丕奠，群

---

① 张德坚：《贼情汇纂》，卷11，见《太平天国》，第三册，291页。

② 罗尔纲：《李秀成自述原稿注》，107页。

③ 据王定安：《湘军记·规复湖北篇》记载：“洪秀全既陷武昌，有众五十万，掠民船数万，与杨秀清等议所向。或言据武昌为伪都，遣兵道襄樊，北犯中原；或言金陵富饶财富，宜据为根本，徐图进取，杨秀清主之，遂决意东。”沈世祁：《建天京于金陵论》文中也提到建都湖北的事。

④ 罗尔纲：《李秀成自述原稿注》，111页。又马寿龄：《金陵癸甲新乐府》中亦说：“或言天王思迁河南都。”但《粤寇起事纪实》说：“金陵已破，洪杨二贼议欲分军，洪留南而杨往北。”看来定都南京后，洪秀全大修宫室，躬自督造金龙殿，不期年而成，他已把金陵作为“小天堂”了。

情莫不输诚”①。“推海隅之遥，无不引领投顺。”② 说的都是建都对争取人心来向的政治意义。另外，建都也具有争取外国承认的客观意义。所谓：“天宇宏开，亿万国来朝恐后。”③“故建都天京于金陵，而万国有来朝之象，天国有巩固之安矣。”④ 便是指此而言的。定都天京后不久，英、法、美公使相继访问天京，确乎使外国侵略者不敢贸然支持清朝，起到使其在一段时期内“中立”的作用。对国内而言，正如刘丽川所说：“即今之定鼎金陵，民安国泰，四海归心，应天顺人，显然可见。”⑤ 话虽未免奉承，但确也有“海内归心”的效果。即如远在湖南山乡的李汝昭，也知道“粤王坐江南”，得出“粤今乱清，犹昔清之乱明”⑥ 的看法。

南京与河南的开封、洛阳都是历史名都，太平天国选择其中何者建都，则应从当时具体条件，比较利弊得失来决定。从政治上看，建都于南京或河南，很难分出高下。从军事上看，“分军镇守江南，取河南为业”，自然比建都金陵更富于进取性。但太平天国定都南京，并非立意偏安江南，也是出于军事上的考虑。国都是举国政治军事中心所在，要有安全保障，才能充分发挥首脑的作用。且不说河南未攻克，即使夺得开封或洛阳而建都，“河南河水小而无粮，敌困不能救解”⑦ 这个矛盾是不易解决的。从太平天国战史来看，清军的进攻和包围目标，总是把太平天国都城放在第一位。南京与河南相比，南京的战守条件有利得多。首先它有长江天然的屏障，有水营万千船只的护卫。这是河南所不具备的。

---

① 《太平天国印书》（下），422 页。

② 同上书①，426 页。

③ 同上书①，423 页。

④ 同上书①，424 页。

⑤ 《刘丽川上天王奏》，见罗尔纲：《太平天国史料考释集》，132 页。

⑥ 李汝昭：《镜山野史》，见《太平天国》，第三册，10 页。

⑦ 罗尔纲：《李秀成自述原稿注》，111 页。

其次，南京在军事地理上不仅“东有钟阜之高，西有长江之险”①得“龙蟠虎踞之形”，而且“城最高、池最深”②，最为易守难攻。清军先后围攻天京达12年之久，付出了数万人伤亡溃败的沉重代价。在天堡城、龙脖子与雨花台等处，湘军死亡枕藉，使得曾国藩也深为懊丧。如若定都河南，清军的进攻合围，就容易得多，太平军也难以坚守长达12年的时间了。从经济上看，金陵府库充盈，粮源广有。太平军近取和州之粮以达下关。虽远如湖北、江西，“顺流而下，运粮亦甚便易”③。若立都河南，一旦被困，正如那位向东王进言的老水手所说：“河水小而无粮。”非溃围出走，就有饿毙困死的危险。所以，杨秀清决策定都金陵，是经过兼听博采各种意见，再审慎地权衡利弊而后作出的。

建都金陵促进了太平天国对苏、皖、赣战略基地的开辟和巩固，为太平天国坚持长达十余年的斗争立下基础。这个决策是正确的，至少不构成太平军失败的原因。太平天国领导人的重大错误，发生在定都后对下一步战略方针的决策上。即在胜利的形势下，被胜利冲昏了头脑，主观轻率地决定分兵北伐与西征，同时伸出双拳打人，结果两皆挫折，北伐竟遭到全军覆没。李秀成的“天朝十误”中，“将扫北败亡之大误”列为“误国之首”，是十分沉痛的，洪、杨犯这个大错误的原因何在呢？主要在于错误估计了敌我力量的对比，把清方力量看得太弱了，把自己的力量看得太强了，更把夺取全国胜利看得太轻易了。前面已指出清军总兵力达90余万，其主力并没有遭到大的打击，它在京畿地区可以迅速集中20多万兵力，优势是很明显的。纵观中国农民战争史，倘若没有一次消灭或击败封建国家主力军的大决战，是难以攻破

---

① 《太平天国印书》（下），429～430页，《建天京于金陵论》宋永保文。

② 同上书①，433页，《建天京于金陵论》黄文模文。

③ 同上书①，424页，《建天京于金陵论》沈世祁文。

其都城，推翻其政权的。刘邦之所以进入咸阳，是先有项羽巨鹿之战消灭了章邯20万秦军主力；李闯王进入北京，是经过明末农民大起义十多年的战斗，将明王朝军队拖垮和击溃后而取得的。太平军自出广西至克南京，并没有与清军主力决战，敌方的势力还是强大的。再从太平军的势力来分析：守天京3万人，镇江0.3万人，北伐军2万余人，西征军不足3万人。陆营战兵实际只有10万余人。水营虽由五军扩编为九军，但炮械未齐，仅足供运载和壮声势。在陆营10万人中，从金田起义来的老兄弟，有0.6~0.8万人，他们中有的从1846年就参加拜上帝会，八年于兹，信仰坚贞，组织纪律优良，斗争经验丰富。这是太平军的骨干和精华，但数量是很少的。其次是从湖南加入的天地会的成员，到南京时实存约4万人。他们在加入太平军之前就与清军战斗有年，经太平军整编训练后，成了主力军，是太平军的中坚力量。自武昌以下参加的陆营新兄弟，约有5万余，为时不过半年，还没有锻炼成熟，战斗力是有限的。从这样分析来看，太平军的数量和质量是不可估计过高的。桂林、长沙、南昌、怀庆之围之所以未能取胜，一方面是清军主持有人，坚守有力；另一方面也说明太平军攻坚力量并不强。武昌、九江、安庆与南京的克捷，很大程度上是仗着水营顺江而下的优势，使清军援应不及，或未及充分设防。如果太平军不是“扬帆迅速顺流东”①，早于向荣追兵半个月到达南京，则战局恐未必如此顺利。从武昌到南京，仅一个月之间，“金陵已唾手可得”，这使太平军上下都有些飘飘然了。他们甚至把胜利说成是上帝的安排：“若非天父权能，何能捷易若此哉?!此又可见天父排定之权能也”②。洪秀全不像朱元璋那样在胜利时

① 《金陵无名氏诗十首》，见《太平天国史料丛编简辑》，第五册，160页。

② 《天情道理书》，见《太平天国印书》(下)，521页。

冷静地分析敌我形势，而是颇为主观和迷信。他诏旨说："任那妖魔千万算，难走天父真手段。"① 认为分军北伐西征，有天父作主，即可扫荡妖氛，四海升平。

太平天国领导人对困难没有足够的估计，所以铸成北伐军全军覆没的大错误。有的论者认为：北伐失败在于偏师进攻，是由于孤军深入造成的。若全军北伐，洪、杨亲自率军攻北京，则可能取得胜利。我们认为：全军北伐即放弃西征，也将放弃南京，还要丢弃水营数万之众，虽兵力比偏师北伐有所加强，但却成为没有后方的战争，运输和粮饷难以解决，伤病员难以安排，困难重重而生，这是比偏师北伐更严重的战略错误。兵法原则首先是要立于不败之地，"致人而不致于人"。古来著名战略家都是采取稳健积极的方针。诸葛亮才比管、乐，其用兵一生惟谨慎，故能取得三足鼎立之势。朱元璋既定江南，兵精粮足，比太平天国 1853 年时的条件强得多，尚且不取常遇春的北伐主张。他说："元建国百年，守备必固，悬军深入，馈饷不前，援兵四集，危道也。"② 他采取了先取山东，再移兵两河，再拔潼关的逐步推进的稳健战略。看起来也许是缓慢些，但却取得了全中国。比之急躁冒进而遭挫折，这却合算百倍。

可以认为：当定都南京后的一段时间内，太平军无论偏师北伐或全师北伐，皆属于重大战略错误。既然如此，应该采取什么战略方针才是符合主客观实际条件，最足以发展壮大太平军势力，进而争取全国性的胜利呢？有以下几种方针可以供选择：

第一种，是采用朱元璋的方略，进兵山东与河南，逐步向北推进，而不是悬军深入清方京畿腹地。这样既可阻止北方清军南下，为天京屏蔽，又可与西征军相呼应，不致于陷于孤军无援的

① 《天命诏旨书》，见《太平天国印书》（上），123 页。
② 《明史》，卷 1，《本纪第一 · 太祖一》。

困境。

第二种，是放弃北进山东、河南，集中兵力先攻破向荣江南大营，然后进取苏浙。

第三种，是移林凤祥、李开芳2万多北伐精兵，从扬州南渡攻取苏常，抚向荣围师之背，断其粮饷之源，使其分兵四救。这样向荣江南大营前阻于金陵之高城深池，后路又失苏、常的依靠，兵疲饷匮，比与之直接硬战，更易于被击败。至于太平军绕出江南大营之后，进取苏常与上海能否有胜利的把握，笔者分析综合有关的历史资料，回答是肯定的。太平军舍北伐而东征苏常，无论从群众政治条件、经济方面和军事方面及其他，都是有利于己，不利于清方的，取得胜利是具有很大把握的。

下面就东征苏常的几个有关方面分别加以论述。

二、1853 年前后间苏浙地区的群众斗争

太平军攻克南京，定都金陵后，如果不采取冒险轻进的北伐方针，而是将林凤祥、李开芳等2万余精兵东取苏常，经略江浙地区，则苏南和浙江的群众条件比之北方“畿辅”地区优越得多。当时苏浙各县农民抗租抗粮的斗争如火如荼，上海、宁波各城小刀会也正在酝酿起义，太平军东征，不仅将推动这些反清反封建势力的发展，而且必然会得到他们的支持，并把这些分散的力量融汇一体。这样既壮大了太平军的兵力，又能把各地区的斗争连成一片，形成燎原之势。这样一来，向荣江南大营势将陷入东西夹击，天京之围，可以早日解除，一个远比北伐失败好许多倍的新局面将会出现。下面且看1853年前后间苏浙地区农民和城市会党的斗争形势：

“赋莫重于江南”，苏浙人民苦于清朝官府的重征与浮收勒折，由来已久。当时就有人指出，“江南必反于漕”。实际情况也正是

这样。据方志称：嘉兴、松江各属，“乾、嘉时，农民力耕而畏法。咸、同以后，惰耕而玩法，附近城镇之农，习惯抗租”①，可见清咸丰初年是江南农村阶级斗争的重大转折点。这时农民不再畏官府的“法”，而是频繁抗租，几成“习惯”。咸丰二年（1852年）太平军还未打到南京时，苏浙地区“闹漕戕官”的农民反抗斗争就纷纷而起。据不完全记载：“四月，浙江鄞县征漕不妥，致农民拒捕滋事，将知县碎尸……五月，青浦县余龙光（按：知县）开征道光三十年漕粮……农民又将知县抢出，倒拖里许，竟欲粉身，因救得免……闻元和县为浮收拆署，无锡亦然。惟江、震两邑，农民盟约，还租只有五分，否则全欠，业主俯就，办漕亦多周折。”②

从这里可以看出农民藐视封建的“法”，“习惯抗租”，不限嘉兴，而是遍及各县，证实了龚自珍早就指出的“一啸百吟”“乱亦竟不远矣”③ 的预料。为了把问题看得清楚一些，我们不妨将苏浙农民与小刀会的斗争分别作些具体的考查，以便于探索太平天国定都南京后应当采取何种战略方针。

先就农民斗争的情况看：

江阴县自咸丰二年（1852 年）起连续三年抗漕拒官。太平军克南京，更鼓舞了农民的斗争勇气，“追闻金陵失陷，小民益怀观望，漕既不通，粮亦停止。去年胥吏下乡，乘坐大船，擅作威福，众心不服，以致焚船”④。这段话说的是 1853 年江阴西乡农民群起殴打浮收催粮的官差、焚烧粮船的事件。由于太平军压境，形势对农民有利，清朝地方官未敢派兵剿捕。

常熟、昭文县与江阴紧相邻，农民愤恨租粮的逼勒，“天心日

---

① （清光绪）《嘉善县志》，卷 8，《风俗》，30 页。

② 柯悟迟：《漏网喁鱼集》，14～15 页。

③ 龚自珍：《乙丙之际著议第九》，见《龚自珍全集》，7 页。

④ 郑守庭：《燕窗闲话》卷下，7 页。

怒，人心日离”，便闻风而起，“还租绝迹，稻区亦效尤。(1853)年十一月，业户开追，县差甫下乡，十四日东周市瞿宅，又被佃农拆毁，报不勘办。二十日，太仓差船至横泾追租，亦被农民殴差烧船。二十二日，鸣锣聚集举人顾承藻家，毁烧净尽。二十三日，冯家又复一空”①。旬日之内，四乡皆起，势若怒潮。如果太平军东下苏常，则农民群众的支持响应，条件是极为有利的。

苏州府所在的元和县，农民也涌进城内，将县衙拆毁。40里外的吴江县，农民在陆孝忠、顾胡子等人的号召下，声势更大。记载说：“粤匪窜金陵，人心汹汹，时镇北汤宇圩有陆孝忠等，纠众抗租，镇上绅户有被劫者。”② 陆孝忠等自1852年即率众抗租，1853年冬，势更盛，相约“每亩只许纳五斗三升。初仅搀和粞谷，继则以砻糠充数”③。1854年，陆孝忠等联合七十二圩的农民，抗租规模愈大，大地主之家多被清算，“长田殷氏，(黎)里中蔡氏、沈氏皆被劫掠”④，与上年常熟农民的壮举前后辉映，而且较之有组织领导。吴江黎里等镇农民的斗争持续长达三年多，直至1855年才被苏州府派兵镇压下去。如若1853年太平军东征，吴江这股强大的农民势力，不仅可以保存，而且将成为太平军扩大兵员的有生力量。

青浦与嘉定的农民是在周立春领导下从抗粮发展为武装起义的。1852年，青浦黄渡镇的周立春便率农民“抗粮玩法，聚党日众”⑤。同年六月，数百农民哄入县城，拆毁衙门，将知县余龙光拖出游街。1853年夏，嘉定县农民各持器械入城，“拆署纵囚”，与周立春相约起义，当时的形势是很有利的。记载说：“(咸丰)

---

① 柯悟迟：《漏网喁鱼集》，20页。

② 范其骏：《梦余赘笔》，卷5，18页，引徐宝儁《黎里纪略》。

③ (清光绪)《黎里续志》，卷12，《杂录》，17页。

④ 同上书③。

⑤ 程庭鹭：《纪癸秋歼寇事》，见《小松园阁杂著》卷中(同治刊本)。

三年（1853年）癸丑春，粤匪陷江宁、镇江等郡，苏省戒严，群不逞之徒，咸蠢然思动，南翔则有罗汉党，上海则有刘丽川等小刀会，而嘉定人孙万堂、宝山已革诸生杜文藻等力劝（周）立春乘机起事。"① 周立春所指挥的有数千人，此时便与徐耀等决定起义。1853年9月5日，一举攻克嘉定县城，又转克青浦、宝山城，两度进攻太仓州。9月7日，上海刘丽川起义。两支起义军汇合，连下南汇、川沙等县，占领五个县城。于是"东尽于海，西犯太仓，将长驱苏常以应镇江之贼。四方喜乱者响从，江浙俱震动，不知所措手足，势大扰"②。

以上可见，在1853年夏秋间苏浙地区特别是苏南各县，农民的斗争风暴已普遍掀起。虽然有些地方是临时自发性的，旋起旋落。但官府和地主显然已不能控制局势，拆署戕官，抄烧富户的事，所在多有。有的地方如吴江、青浦等县，农民已初步形成有组织、有武装的力量，在周立春等的领导下发动起义，占领县城。在这种形势下太平军若移师东下，岂不是蛟龙入海，任其纵横么！

再就小刀会起义的情况来看：

上海小刀会的基本群众是在上海的广东、福建、宁波与上海当地的劳动人民。"其时粤人之旅居上海者有八万，闽人五万，皆是同情于太平军者。人们预料，如太平军一到，他们都要加入其军"③。刘丽川起义，武装力量为1.7万人，孤军坚守上海年余，至1855年初才被反动势力扑灭。当其占领上海不久④，便上奏天

---

① （民国）《黄渡续志》，卷7，《兵事》。

② 周闲：《克嘉定县纪事》，见《范湖草堂遗稿》卷1（光绪排印本）。

③ 晏玛太：《太平军纪事》，见《太平天国》，第六册，926页。

④ 据罗孝全《小刀会首领刘丽川访问记》称，他在1853年9月25日访问时，刘丽川告诉他："已送了两封公文往南京。"则其上奏必在此前数日。又从奏文中提及已克青浦（青浦克于9月18日）来看，刘丽川上天王奏日期当在9月19日至24日之间，即攻克上海后半个月之间。

王洪秀全，请求“早命差官莅任，暨颁赐誉黄，以顺天心，以慰民望”①。在这奏章中刘丽川自称为“未受职臣”，又请天京派大员来上海莅任，证明上海小刀会是要求参加太平军的。天京方面也得到上海小刀会起义的情报，两个月后便命罗大纲在仪征各码头制造皮蓬小船六百只，准备冲破清水师江上防堵，到上海去接应刘丽川，但因北伐与西征正在吃紧，兵力不敷而未果。约在1854年初，刘丽川又上书请攻苏、常。东王杨秀清在答复他的诰谕中说：“三月间曾据钦差大臣罗大纲弟来禀，知弟等请攻苏、常，弟等在上海愿为内应，本军师不胜欣慰，何以迁延至今？如果率众来归，必当奏请封加显爵。何去何从，希自谅之”②。这诰谕没有正面回答“请攻苏、常”之策，而是要刘丽川“率众来归”。此时太平军北伐西征皆失利，已不可能分兵进取苏、常。刘丽川被围在上海，也不可能在没有援应的情况下突围来归。如果太平天国领导人前此采取的是稳健的战略方针，不冒险北伐，则可以林凤祥、李开芳为机动兵力，东进苏、常，接刘丽川。这样不仅应付裕如，而且可望开创大好的新局面。然而战略冒进的错误，使太平天国当局眼看着苏浙、上海良好的群众起义条件而不能利用，也不能支援。这个苦果的滋味，在东王杨秀清给刘丽川下诰谕时，当是不难有所体尝的。

三、苏浙地区财力物力的战略价值

农民起义要推翻封建政权是靠战争的胜负来决定的，而战争的胜负取决于军事、经济、政治、民心民力的向背等诸方面因素

① 《未受职臣刘丽川上天王奏》，引自《上海小刀会起义史料汇编》，第一部分《小刀会起义文献》，12页。

② 据《金陵杂记》，见《太平天国》，第四册，626页。

的总和，其中经济是个重要因素。古来军事战略家都把“足食足兵”看做取胜的基本条件，而粮饷告急、枵腹作战则往往成致败之由。楚汉战争中，汉据关中八百里秦川，地富民众，有萧何善于治理筹措，兵源饷源充足，故虽屡败屡溃，仍能取得最后的胜利。刘邦议封赏功臣时，采纳鄂君的意见，以萧何功居首位。理由是：曹参等人“虽有野战略地之功，此特一时之事”，而萧何守关中数载，每当刘邦“失军亡众”之际，“萧何常从关中遣军补其处”，每次辄数万人；汉与楚相持于荥阳数年，刘邦“军无现粮，萧何转漕关中，给食不乏”，而楚军则患饥馑；刘邦屡失“山东”之地，但萧何为之保持着关中这块巩固的根据地。这三点被称为是“万世之功”①，非诸将所能比拟。刘邦遂拜萧何为右承相，官居百僚之上。萧何这个事例说明，支持战争的胜利需要一个财力人力充足的巩固后方。这个道理在近代战争中也是适用的。清政府的财源虽取之全国各省，但首屈一指的是苏浙地区，其次是广东，然后再数湖广。清军与太平军作战的粮饷的来源主要取给于这数省，而以苏浙居首位。

马克思说：“赋税，这是喂养政府的母奶。”② 下面让我们综合一下江苏的江南五府在清政府粮赋岁入中所占的比重，这将有助于认识太平军进取苏、常的战略意义。

清康熙二十六年（1687 年），全国钱粮总计，“田赋银二千四百四十四万九千七百二十四两，粮四百三十三万一千一百三十一石各有奇……（同年）江南江苏田赋银三百六十八万零一百九十二两，米三十五万九千八百一十石有奇”③。从这个比例中可以看出，苏南五府的田赋银占全国总赋银总额的七分之一强。粮与米

① 司马迁：《史记》，卷 53，《萧相国世家第二十三》。
② 《马克思恩格斯选集》，第 1 卷，470 页。
③ （清康熙）《大清会典》，卷 20，《土田 · 正赋》。

因折算不便，我们且以乾隆三十一年（1766年）的田粮收入作比较：这年全国田粮数为八百三十一万七千七百三十五石，苏南五府的田粮数为二百零八万五千四百五十一石有奇，① 可见后者占全国总征粮额的四分之一。这就可以看出：当太平天国革命之前，苏南地区在清政府粮赋收入中所占比重之大。若再加上浙江的粮赋，则为数更巨。清政府十分懂得苏浙财富之区是它维持政权的命脉，所以不惜巨饷供养向荣、和春江南大营，以求堵着太平军进兵苏浙之路。1860年春江南大营覆灭，上谕又严催曾国藩即刻东下，以保苏常，目的皆在于此。

清军与太平军作战，除湘军的供应取给于湖广外，江南和江北大营、皖南宁国与皖北庐州等处的绿营兵的粮饷军需，或则主要依赖苏浙，或则靠苏浙协饷。1855年和春军攻庐州，便奏请每月由江苏拨银二三万两供饷。他在奏片中说："苏省财赋甲天下，以江南五府计之，漕米丁粮以及捐输抽厘并浒墅、上海两关税，每年不下四五百万，尽足征收。"② 清军江南、江北大营的饷糈，则主要靠苏浙两省的粮赋与厘税。以江南大营为例，1854年向荣把粮台由江西移到苏州，原因就是江西无所取给，他的军队要由苏浙来喂养。向荣大营饷需合计一月最少亦二十万两③，其中由江浙按月解送6万两，江苏则无定数。据咸丰四年十二月初八日（1855年1月25日）向荣奏报说：这年江南大营"计共收银一百四十余万"，计浙江六十余万两，江苏三十余万两。④ 苏浙合计约占江南大营饷银总数的65%。此外，江苏还负担进攻镇江与庐州

① 《清朝文献通考》，卷4，《田赋四》。

② 和春：《请旨催解饷银片》，见《太平天国》，第八册，504页。

③ 向荣：《筹议协拨大饷折》，见《向荣奏稿》，卷5；《太平天国》，第七册，271页。

④ 向荣：《军饷不支请迅饬拨折》，见《向荣奏稿》，卷8；《太平天国》，第八册，406页。

的清军的饷银，江北大营也靠江苏协饷，若再加上浙江对皖南宁国一带清军饷需的供应，则可看出苏浙地区的财力物力是清军（除湘军外）赖以向太平军进攻在经济上主要的一根支柱。

由此可见，在太平军与清军的战争中，苏浙地区无论对哪一方来说，在经济上都具有头等重要的战略价值，这个重要性是客观存在的，问题在于太平天国领导人初时并未予以足够的重视，以致定都天京后决定战略方针时，没有把苏浙地区放在重要的地位上。如果舍北伐而东征，取苏浙而有之，则经济上将可出现以下几个方面的效果：

一是清方因丧失了苏浙地区而失去最大一宗粮赋和厘税收入，国库度支告匮，将陷于捉襟见肘的困境。江南大营也因失去主要的粮饷来源而不战自馁，难以长期支持。

二是太平天国的经济力量将大为增强，它在前期将不仅有江西和皖北桐、庐等地之粮以济军食，而且江南财富之区尽归己有，足食足兵，取得如楚汉相争时汉王拥有关中的优势。清方失苏浙，太平军得苏浙，一得一失之间，双方经济势力就会出现成倍的差距。这对战争的胜负将产生重大影响。

三是建都后如决策东征，则可与上海刘丽川起义相结合，占有和巩固上海这个最大的商埠，取得大宗的关税收入。上海港在开埠后十年间已跃居五口的首位，1855 年度进出口货物总值合银为 29 919 514 两（未计鸦片进口价值），以后逐年上升，到 1863 年度时，进出口货物总值合银为 100 189 564 两①（未计鸦片进口价值），突破了 1 亿两大关。海关的收入也增长数倍，清方得之便用以豢养反动军队向太平军进攻，如后来的淮军和洋枪队便是明证。太平天国得之，则有可用以购置新式枪炮和船舰，后来洪仁

① 据黄苇：《上海开埠初期对外贸易研究》，表一、表二十一统计。

玕的“即取百万买置火轮二十个，沿长江上取”① 的计划，将不致成为画饼。

苏浙地区在经济上的战略地位，我们还可以从太平天国后期看得很清楚。1860 年安庆被围，安徽被清军烧杀破坏，田荒民殣，太平天国上江的财源断绝。正是因为开辟了苏浙地区，所以坚持了四年的时间。在李秀成等人的经营下，苏浙地区连岁丰登，钱粮充足，税收极旺。太平天国数十万大军的衣粮装备和天京城的大量物资需要，皆取给于苏浙。幼主洪天贵在颁给李秀成的诏书中称赞他：“开疆裕国建奇功……又善筹谋库帑充。富庶之区首苏福，陪辅京都军用丰，叔筹缴库首顾国，功尚加功忠更忠。”② 这道诏旨把开辟苏福省看作是“开疆裕国”的特大功勋，指出它使太平天国的“库币充”“军用丰”，高度评价了它的经济意义。当时苏浙各郡县将粮赋与军需物资，船运车载，转输天京。直到 1863 年冬嘉兴已军情紧急之时，从这里驶往天京的运粮船，仍连樯西行不辍。③ 这些船只解运到丹阳西面的宝堰镇起旱，再陆运 90 里而入天京。有诗写道：“簇簇旌旂拥上游，转粮一线仗苏州。”④ 如果没有苏浙的经济支持，天京是不可能坚守到 1864 年夏的。

总的来说，自唐、宋以后江南的经济地位已跃居中原之上。明太祖因据有江南富庶地区，财力充裕，故能完成北征大业。清代江南苏、松、嘉、湖、杭五府“财富甲天下”，清政府从这里征收的粮赋，在全国各省中占第一位。每年供应京师的漕粮，主要

---

① 《洪仁玕自述》，见《太平天国》，第二册，852 页。

② 《幼主诏李秀成》，见《太平天国史料》，106 页。

③ 李鸿章：《复曾沅帅》，见《李鸿章全集·朋僚函稿》，卷 4。

④ 陈庆甲：《金陵纪事诗》，见《太平天国史料丛编简辑》，第六册，404 页。

取之于苏浙。① 太平军若占有苏浙地区，对清政府经济上的打击无疑将是异常沉重的。② 太平天国后期虽然在丢失安庆极不利的情况下，仍然坚持了数年，这是与占有苏浙财富之区分不开的。所以，苏浙地区在经济上的战略地位，无论对清政府或太平天国都是十分重要的。太平天国定都金陵后放弃了唾手可得的苏常不攻，反而冒险北伐，应该说是犯了一个重大的战略错误。

四、从军事上看进兵苏、常的利弊

苏浙地区既然在经济上有重大的战略价值，那么，进兵苏常在军事上的战略价值如何呢？能否有取胜的把握呢？它与舍苏常而北伐相比，利弊又如何呢？

太平军首脑们舍苏常不攻而挥军北伐，是认为北伐比东征更有战略价值。他们以为可以一举攻克北京，或者至少可以拿下天津，“到天津扎营”③，继续派援军北上而推翻清王朝。那时，江南地区便可传檄而定了。可是这种建立在主观主义上的方针，使太平军领导人犯了战略大错误，遭到了太平军军兴以来最大的一次失败。1855 年后，洪、杨吸取了这个教训，转而集中兵力，缩短战线，先解镇江之围，继而打破江南大营，创造了东取苏常的

---

① 从引乾隆三十一年的材料看，苏南五府的田粮额占全国总征粮额的四分之一。又据翁同书奏：京师漕粮“全赖江浙之米”。见《皇清道咸同光奏议》，卷 26，1232 页。可见苏浙地区在清政府收入中所占的比重。

② 据曾国藩奏疏说：“（1860 年后）江浙各郡县地方，沦陷既多，明年新漕势难赶办。”他只好提出由洋商“采办台米、洋米，由海道运至津沽”。参见《复陈洋人助剿及采米运津折》，见《曾国藩全集·奏稿》，卷 2，368 页、370 页。

③ 《李开芳供词》称：“洪逆在广西，便欲到南京。到南京意欲不动，打发我们过黄河，到天津扎营，再告诉他，再发兵来。”参见《清代档案史料丛编》，第五辑，167 页。

有利条件。然而，这时苏南、浙东的群众斗争的烈焰已被扑灭，吴江陆孝忠、青浦周立春等皆已牺牲，上海刘丽川的小刀会起义、宁波洪世贤等的双刀会起义都失败了。苏浙地区的革命形势已远不如三年之前。由此可见，1853 年时放弃东征苏常是错失良机，而贪功北伐，更白白断送了数万精兵。本来可避免的不必要的损失没有避免，而应该取得的胜利却因错过了机会反而没有取得，岂不是大误。

或问：东征苏常难道必然能操胜利的左券？回答当然不能绝对化，但我们可以就几种可能性来加以分析：第一种是席卷苏南，夺得江浙地区；第二种是攻取了一些城市，而清军又进行反攻，双方形成相持的状态；第三种是相同于北伐军的结局，全军覆没。

第三种可能性是不大的。林凤祥、李开芳败亡连镇与冯官屯，除了兵力单薄外，主要在于远离后方，没有得到援应。苏常、上海与南京、镇江之间，最远不过三数日程，而且长江、运河水路便捷，不可能出现被困经年而无进援之路的情况；苏常与上海等城地处平畴，水网纵横，也不可能出现僧格林沁引河淹灌连镇与冯官屯的情况；纵令被困不能守，亦可突围转移。太平军后期战史证明，湘、淮军与洋枪队虽属凶顽，但从未能阻止苏浙各城的太平军突围转移。所以，若非清军在包围中形成绝对优势，第三种可能性在苏浙地区出现是很小的。

第二种可能性是存在的。1853 年秋，刘丽川已克上海等六城，若令林、李移军东征，当然可能夺取更多的郡县如常州、苏州或松江等城。但向荣分兵来救，清政府也将调集各省之兵来争。加上地主团练势力，未尝不可以造成某种胶着的相持状态。但诱使江南大营分兵，这正合太平军的意愿，它有利于巩固天京和早日打破江南大营的战略意图。向荣所患就在于“该逆以旁窜分我兵力，以负固劳我之师，以久据縻我之饷”①。

第一种可能性最大。太平军在前期士气高昂，敢于进取。特别是林、李这支兵是太平军的精锐，他们既然能在华北转战数省，坚守经年，则在苏浙地区更当纵横自如。何况江南水乡太平军有舟楫之利，而无马队紧追之患。若自镇江、扬州进兵苏常，水路沿长江而下，江阴、福山、白茆诸口尽可出入，清方防不胜防。当时清方广东红单船未至，至亦难以阻拦太平军万艘千舸渡江。太平军在南方作战比在北方有利得多，在北方，太平军南人不惯麦黍，“粮料甚难”②，最后以黑豆为食，饥疲水淹而败亡。在南方，特别是江浙粮仓，取粮甚易。而大米正合广西、两湖而来的太平军的脾胃。兵精粮又足，为打胜仗创造了条件，这就大不同于在直隶、山东衣单乏食的情况了。若从群众条件来看，江南地区比之“京畿”地区对太平军有利何啻数倍。列宁指出：“谁的后备多，谁的人力多，谁在人民群众中更能支持得住，谁就能在战争中取得胜利。”③ 农民起义军的后备力量在群众中。苏浙群众在咸丰初年反清斗争的炽烈，已略如前述，周立春、刘丽川、陆孝忠、洪世贤等数万起义群众，便是太平军雄厚的后备力量和强大的支持者。太平军若挥师东进，在苏、松、上海有如此强大的支持者，不惟可以站稳脚跟，开辟这块富庶的根据地，而且兵力也将大为扩充。太平军于壬子二年（1852 年）在湘南由 8000 人扩充到 5 ~6 万人，原因是它进入了群众广泛起义的地方，1861 年李秀成西征，进军到赣、鄂群众起义地区，扩军至 30 万人，也是由于同样的原因。据此可以推断：若在定都天京后决策时采取东征苏常的方案，东征的兵员将会取得滚雪球式的增加。在各县抗粮抗

① 《向荣奏稿》，卷 4；见《太平天国》，第七册。

② 《林凤祥、李开芳等北伐回禀》，见《太平天国文书汇编》，218 页。

③ 列宁：《莫斯科征收党员周的总结和我们的任务》，见《列宁全集》，第 30 卷，56 页。

租农民和小刀会起义群众响应下，扩军之数可能比原有人数增加数倍。东征军将愈战愈强愈扩充，不会是愈打而人愈少，最后出现北伐军那种兵微力薄而被围歼的局面。我们且作个保守的估计，即东征军由2万余人扩充到5万余人①。这个数目与北伐军在豫、晋与直隶扩军的人数相伯仲，在江南地区是很易于达到的。向荣的江南大营多不过2万余人，东征军扩张到5万人，便成为苏浙地区一支强大的、举足轻重的力量，将推动战争局势向有利于太平天国方面发展。江南大营以有限的兵力，既要围南京，又要救苏常，备多力分，陷入两面作战的困境，且粮饷之源被夺，绿营军闹饷哗溃之事，势所难禁。此时太平军以压倒之势东西蹙之，则其覆败当不待1856年夏而可以立见了。

太平军东征苏、常所能遇到的敌人，除了江南大营分出的兵力外，就是当地驻守的清军。这些驻防军的数量有多少？战斗力又如何呢？据道光二十九年（1849年）相关文献记载：苏浙两省绿营兵额是“江苏三万八千一百八……浙江三万七千五百六十五”②。总数虽达7.5万余人，但水师居半数，水陆又皆分散在各地。即以江苏而论，徐州与淮扬等江北各镇驻约万人，两江总督所辖江宁各营已覆灭，江苏巡抚统辖驻苏州三营，福山镇水陆各二营，松江城守一营，其他州县亦有驻防军，总数约有万余。这些绿营兵的营制败坏，军纪荡然，战斗力薄弱。若太平军东征，他们将被各个击破，即便集中应战，在数量和质量上也不能占上风。因此，我们说太平军东征的胜利把握是可靠的。至于地主团练的武装，虽然苏浙地区地主阶级的力量较强，但它毕竟是地方

① 刘丽川克上海时兵力为1.7万人；周立春等起义于嘉定，有众“数千人”；吴江陆孝忠等联合七十二圩，亦有数千人。此已2万余人。若加上常熟、昭文、昆山及其他各县跃然欲动的所谓“不逞之徒”，则为数更多。这些人都是要求加入太平军的。

② 《清史稿》，第137卷，《兵志二·绿营》。

性的，分散的，经不起大军的冲击。而且苏南农民在咸丰年间反抗越来越强烈，地主阶级在太平军压境时，一片风声鹤唳，纷纷迁逃。双方势力的对比，是农民居于优势。

值得研究的问题倒是苏、常与上海地处长江下游，在地理上不得形势，不如荆襄与关中有高屋建瓴之势，往往为旧军事家所不取。曾国藩后来就振振有词地说："自古平江南之贼必居上游之势，建瓴而下乃能成功……若仍从东路入手，内外主客形势全失，必至仍蹈覆辙，终无了期。"① 洪仁玕也说："夫长江者古号为长蛇，湖北为头，安省为中，而江南为尾，今湖北未得，倘安徽有失，则蛇既中折，其尾虽生不久。"② 建都金陵须争安徽与湖北上游之势，方能巩固天京，这是合乎军事地理的。但这并不能否定经略苏浙的战略意义。据有苏浙地区，同样对巩固天京具有重大作用，而且可以利用江南的财力人力，作为进取中原、西征长江上游的张本。即重视江南三吴富庶之区，也重视安庆与武汉等上游要冲之地，这样才是全面看待问题。上引曾国藩奏是在苏、常已被太平军占领，强调从上游进兵，不撤皖围的情况下立论，虽然有一定道理，但显然有浓厚的地理条件决定论的片面性。古代据关陕而有天下，近世则有东南而控制西陲，可见高屋建瓴也不是绝对的。时移势易，经济中心转到江南，如善于利用江南的人力财力物力，是可能成就统一大业的。朱元璋就是定都金陵，拥有吴越之地，再西征与北伐成功的；太平天国后期，因开辟苏浙地区而坚持了数年；上海曾被曾国藩视为用兵的死地，但关税充盈，李鸿章淮军以之作为基地，逆流仰攻苏、常，却取得胜利。总之，地理条件不是绝对的，战争的胜负取决于政治、经济、军

---

① 曾国藩：《通筹全局并办理大概情形折》，见《曾国藩全集·奏稿》，卷11，44页。

② 《洪仁玕自述》，见《太平天国》，第二册，852页。

事各方面因素的总和。所以，东征苏、常虽然在地理形势上不如西征和北伐，但它却可以收早日击破江南大营之效：尽得江南财富之区，为太平军提供雄厚的经济力量和人力，为夺取全国的胜利打下基础，这个战略价值是十分重大的。

兵法云："全军为上，攻城次之。"战争的目的在于保存自己，消灭敌人。冒进北伐便违反了这个原则，而东征苏、常却符合这原则的；北伐丧失了数万精兵，而东征则可扩大太平军的有生力量；北伐的失败使天京北面暴露无遗，东征则可收江浙财富之区而为天京后盾，且可以早日促成江南大营的覆没。江南本是人才荟萃之地，不少人富于反清思想。如1853年间进军苏、常，则江南才士尽归太平天国。以十年时间，岂能不培养出一批忠贞卓越的骨干。拥有人才这是比拥有财富更为宝贵万倍。太平天国克复苏浙的时间过晚，还未能使江南人才为它产生大作用便败亡了，这是很令人惋惜的。

太平天国壁画人物论

20世纪50年代初，太平天国壁画的发现和它精湛的艺术造诣，曾使当时画坛专家们啧啧称赞。但南京、苏州等处壁画中不见人物，而绍兴、金华等处壁画中却多出现人物，因而引出了不同的鉴定和解释，这是令人困扰的。我曾细读过罗先生的调查记和考证，觉得很惬意和倾服。后来从绍兴、金华等地太平天国诸王府发现的人物壁画中感到迷惑不解。如此多年，存疑未释。今年因完成《太平天国大词典》交稿后有些闲暇，有机会进行太平天国壁画的欣赏和研究，也和几位国画家共同探讨，兴味日浓，愈探愈入，愈研愈出，渐有所窥。下面将太平天国对“偶像”的含义，明、清时期吴派与浙派画家画风的异同与太平天国壁画中的人物问题作些考证和论述。我感到，这是一个很有兴趣的问题，特提供出来，与方家同好相切磋。

一、太平天国观念中人与妖、人像与偶像的区别

洪秀全创立拜上帝教，在他的教义中，人与妖是严格对立的。他尊崇上帝，热爱上帝的子女们——“凡间兄弟姐妹”；他反对“阎罗妖”，反对上帝与耶稣之外的一切“邪神”，包括“世间所立一切木石泥团纸画各偶像”。洪秀全在他的名著《原道觉世训》中写道：“天地之中人为贵，万物之中人为灵。人何贵？人何灵？

皇上帝子女也。贵乎不贵，灵乎不灵，木石泥团纸画各偶像物也。人贵于物，灵于物者也，何不自贵而贵于物乎?! 何不自灵而灵于物乎?!"① 这段话在宗教的思维之中闪烁着"人本主义"的火花，说出了人是尊贵的，是有神圣权利的上帝的儿女。因此，拜上帝教尊重人，反对妖邪，也反对代表邪神的一切偶像。这在太平天国重要文献《太平天日》《英杰归真》等书中表现得特别鲜明。这里，给我们提出一个与太平天国壁画有关的问题，即"偶像"包涵些什么？人物画中的人像算不算得上是"偶像"？壁画中如果画人物是否违背拜上帝教的教义而该遭禁止呢？看来答案是否定的。

"偶像"，按汉语词义的界定，是指以土木或金石雕塑制作的人像以供人们敬奉的。洪秀全所说的偶像是指"木石泥团纸画各偶像"，他又说："土、木、石、金、纸、瓦像死妖，该杀约六样"②。这里"纸画""纸像"指的是作为迷信供奉的"偶像"，不是一般的人像和人物画。按照拜上帝教"上帝最恼是邪神"，邪神中"阎罗妖"是最恶的，其他如纸画刻印的关帝、菩萨像、灶君、门神、钟馗像等都在被打破、捣毁之列。据载，洪秀全皈依上帝后，撤去了塾中的孔子木牌位，弃毁了家中灶君、猪牛栏中贴的护佑神祇，③ 但却没有关于他撕毁书画中人物像的传说和记载。这大概是因为人物画不是神祇，也不是偶像，不是供奉起来作迷信的，因而是不属于"邪神""死妖"的范畴内的。说实在的，人物画千人

---

① 洪秀全：《原道觉世训》，见《太平天国印书》（上），21 页；又见《太平天国》，第一册，96～97 页。

② 洪秀全：《禁生妖死妖诏》，见《太平天国史料丛编简辑》，第二册，132 页。

③ 据韩山文《太平天国起义》第六节载："秀全与几个新信徒既不事偶像，又将书塾中之孔子牌位除去，故本年皆失了教席。"见燕京大学印本第 12 页；又据罗孝全《洪秀全革命之真相》中说："我于是将塾中孔子神像除下，并将家中偶像移出，一并弃去。"见《太平天国》，第六册，823 页。

千面，从来没有谁把它作为供奉，而只是作为艺术来欣赏的。人物画与“偶像”的性质和作用有本质的区别，太平天国洪、杨等领导人并非愚陋，岂能连这点区别能力也没有的么！据《天父下凡诏书二》中载：杨秀清与洪秀全在荣光殿上讨论龙有无真龙与妖龙之别。当杨秀清提出区别对待后，天王说道：“清胞所言是也。当前天兄耶稣下降平在山，谕尔兄曰：‘龙是妖。’尔兄又问天兄曰：‘金龙殿之龙是妖否？’天兄曰：‘金龙殿之龙是大宝也，非妖也。’……凡间所称阎罗妖及一概蛇妖迷害人灵，名为龙，实为妖也。”① 这事例说明他们是注意到区别和分辨事物的。又如对待孔孟之言、《四书》《五经》，他们也只是在个别文字上删改其与拜上帝教显然违悖者，而不是妄加毁禁。绘画和壁画中的人物画，既非偶像神祇，也不忤犯上帝，何况画的是上帝的儿女们，是画的渔、樵、耕、读、天兵战妖的生动场面。洪秀全不是口口声声宣称：“人为贵、人为灵”么，最可贵的人和上帝的子女不让画，却只让画走兽翎毛，以至鹅、鸭、兔等物，这不仅于理难通，而且有违于初衷。洪秀全纵或有庸暗不智之时，但以杨秀清之精明练达、虑事周详，又岂能演出这般的笑话来！

南京和苏州的太平天国壁画中不绘人物，当是别有缘故，我们且从中国绘画史发展变化的轨迹中去探寻些消息。

二、太平天国壁画对明、清时期苏、浙两派画家不同画风的继承和发展

自元、明以降，苏南地区苏州、松江等府与金陵的文人画家，他们的山水画追求天然，往往于山水亭台间，阒然无人；浙东画派则擅长人物画，自有元黄公望大师相传下来，至晚清的名画师

① 《天父下凡诏书二》，见《太平天国印书》（下），841 页。

任伯年，山水人物融汇一幅，渔樵耕读画，代有传人。吴派和浙派的画风传统，对太平天国壁画产生了重大影响，可以看出其继承和发展的源流脉络。

为了说明问题，我们有必要对明清之际江南绘画的发展递嬗作个简略的回顾。我怀着渴求与浓郁的兴致阅读过一些中国美术、绘画史，也曾与山水画家傅以新、岩画专家陈兆复教授等共同欣赏太平天国壁画，研讨其历史渊源与嬗变。画家们对绘画史研究的印象是：

“苏、浙一带在明、清两代是山水画发展最为活跃的地区。由于这个地区商品经济的发达，以书画为谋生手段的职业画家、画派和书画商都蔚然而兴。基于商业的利益刺激了画派的门户自立。各画派间相互争雄长，争得了上风的画派便可以领袖群伦，统帅当时的画坛，从而获得优厚的经济收入。

“在明朝前期，浙派最为得势，其首领是杭州钱塘县的戴进，代表人物有吴伟、张路、谢时臣、蒋嵩和朱端等。他们追宗南宋的马远、夏圭的画法，笔势飞动，笔锋爽健，着重渲染，人物点缀生动。戴进以善画被特召入京师画院。吴伟也曾为宫廷作画，授‘锦衣百户’。此派影响远远越出浙江，几成为一代潮流。

“明代中期以后，苏州迅速成为工商业中心，士大夫和诗文名士也荟萃于此。吴门画派便应运而兴，竟盛极一时，被鼓吹为‘文人画正宗’，逐渐取代浙派的地位。沈周、文征明为代表的吴门派和稍晚以董其昌为首领的松江派合称吴派，雄峙明中晚期的画坛。吴派画法源出宋代董源、巨然。其早期代表人物沈周从文人画仿古的趋向中跃脱出来，画面苍秀而抒情，格调自高；但吴派的末流，一味强调仿古和‘士夫气’，泥古不化，陈陈相因，画面无非是山石树木的位移和堆砌，并以‘不食人间烟火’为尚，画面不见人物踪迹，这已变得和开创此派的大师迥异。然吴派传留颇广，队伍甚多，影响遍及长江下游各地和清初画坛。清初以四王为代表的传统派，基本上不离董其昌的藩篱。这种山水画中极少点缀人物，以摹古为能事的纯山水画的风格，也影响到较有生气的‘金陵八家’。‘金陵八家’亦江南画坛一派，是以龚贤为首的画家群体。他们的画面常带有写生的意趣，能表达一些生活感受，但画面也是见景不见人。太平天国堂子街东王府属官衙等处多幅大型壁画，正是出自‘金陵八家’画风熏染下的画师们的创作。其画幅中但有山水，不见人物，这未尝不是受这个历史时代，这个地区风尚影响之所致。”①

为了免于抽象化，下面不妨就一些具体的画幅作些例证。

唐诗中有“空山不见人，但闻人语响”之句。如果把这首诗绘作一幅画，是只能画崇山茂林，残阳暮霭，而不可以出现人物的。但如画一幅处士幽居图，则于山林茅舍间，当不宜缺少一位隐居的儒士或道学高贤。但在清代吴门画风润浸之下，金陵八家中的名笔高岑，他在其所创作的《幽居图》中，于危崖峻岭之下，乔松古木的树荫水边，画房舍两椽。整个画幅面积并不小，但却难以发现幽居的主人，其不重视人物有如此。又如柳堉画的《幽谷飞流》图，于高山流水之下，平台筑有茅亭，亭内与整个画面上均不见人。南京堂子街太平天国壁画中《江天亭立》图上，有江崖上的大方亭和山隈的敞轩及后面的房屋，同样是画面不露人影。这恐非是偶然的巧合，不能不使人联想到画派的继承和影响。堂子街壁画中的《山亭飞瀑》图，若与清前期弘仁的《幽亭飞瀑》图比较对看，可以称得上先后辉映，既有继承，又有新的意境。此两幅画相同处是：瀑布高悬于画幅的右面，画上皆有山亭，亭中皆不绘人物。所不同者，太平天国这幅图于左幅面的山峦之旁，

① 以上所引文，是傅以新先生应作者之请，特地撰写的。他和我长谈过明、清江南各画派的各自特色和演变情况，使我茅塞顿开。友谊切磋，获益匪浅，不胜感谢，特志不忘。

增绘了高耸的层楼和台阁，使观者油然而生“琼楼玉宇，高处不胜寒”之感！整个画面气势浩瀚磅礴，又寓幽远深邃于幅端。可惜画师不知何许人，实不多让于弘仁也！

与吴派形成鲜明对比的，是浙派画家们于山水画外兼长画人物。

南宋迁都杭州，一时名士云从，画家辈出。宋高宗时杭城名画家李嵩，其《货郎图》不仅主题人物逼真，所配的妇女、儿童也极生动，构思奇朽，笔法谨严，表现出很高才分和技艺。元代的黄公望，初居杭州，历览天下名山，晚岁卜居富春江畔。他画富春江山水外，人物也画得传神。明初，浙派画家戴进，长于画人物、神像，其笔法娴练，比拟唐、宋诸名家。又如浙派的吴伟，其画人物出自吴道子，奇逸潇洒动人。至到晚清绍兴山阴出生的大画师任伯年，擅长人物画，而且题材广泛，既有历史故事，又有神话故事和民间传说。① 可见浙派画家“都擅长人物画，而为吴派画家所不及”②。了然于此，我们对太平天国时期绍兴来王府、金华侍王府、杭州归王府等众多府第中的人物和故事画就不难理解。画师们应召为太平天国诸王献技献画，当然会各显其特长。所以绍兴周家台门、李家台门等处壁画中，战争场面、神话故事画得栩栩如生，活灵活现，至今令当代画家和观众叹为观止，为之叫绝！

说起黄公望与富春江，不禁想起毛泽东的诗句：“莫道昆明池水浅，观鱼胜过富春江。”观鱼自然是浅水为佳，但垂钓或渔父撒网，则富春江之鱼肥和风光旖丽，恐怕是吴门画家自叹不如的。浙派善画渔父图，太平天国金华侍王府与杭州归王府的壁画中都

---

① 参阅《中国大百科全书·美术卷2》，“任颐”条，668页。

② 王逊：《中国美术史》，407页；王伯敏：《中国绘画史》第六章至第九章的有关节目。

有令人瞩目的渔夫撒网的画面，这反映了浙派的传统。早在宋徽宗时，贵胄画家王诜有《渔村小雪图》，画初冬雪霁的野村水滨，渔夫们赤脚在水中撒网。岸上山峦白雪皑皑，显出天寒水冷渔民仍不辍操劳的情景。到明朝之初，浙派画师创作了一幅《渔父图》，极其生动真实地再现了江上渔夫们打鱼的各种劳动形象，人物动态具有独到的创造性。太平天国金华侍王府的壁画中，绘有四大幅春、夏、秋、冬捕鱼图，较前人气派更恢宏。每幅各有特色，其技法师承宋、明，而生活内容的表现则更为丰富。他们把富春江和金华兰溪水畔渔夫们劳动和生活的各种情景都纳入了画图中。例如《冬季捕鱼图》幅中，渔舟四五艘，渔夫撑篙临流，放出鸬鹚，水冷江寒，其瑟缩情态，与捕鱼鸬鹚之活泼欢快，恰成对比。江岸绘巨石秃岩，呈凛然一片白，显示出南国的岁末霜天。其技法远绍黄公望《九峰雪霁图》，内容则比前明《渔父图》更加丰富。

由此使我们想到，太平天国壁画中人物的出现与否，是吴派与浙派画风不同欤!? 非干太平天国政令。既不是洪秀全将人像与偶像混为一谈，也不是他不分皂白地一概禁止。

三、从“凯旋颁赏”图看太平天国的服饰

在绍兴李家台门的“香火堂”（厅堂）的东西墙壁上，完整地保存着八幅壁画。其中“丹凤麒麟”“丹凤狮象”等占三幅，战争场面三幅，“八仙高会”一幅，还有一幅值得注意的画是“凯旋颁赏”。这幅画或称之“得胜回朝”，并不切题，故另提此名。这幅画绘在东墙第二幅，颁赏的君王高座华殿上，朝服冠戴的重臣侍立左右。玉阶下帅旗鲜明，受赏的主师全副戎装，凝重而面带喜色，双手伸举趋前，接受两承宣官捧在托盘中的冠帽与印绶。主帅后面数步，尚有五员主将站立，似待受赏抑或观礼耶?! 天空彩

云现瑞，殿外旌旗飘扬，整个画面气氛隆重而喜悦。

我原以为这幅人物画不过是以往故事画而已，但因其画工精美，便多次翻看。细看之下，蓦然有所触动，觉得人物的服饰上有些眼熟。首先是君王衮服前襟的下部绣三山和海浪饰边，其左右两大臣的袍服前襟的下部亦同此图案。这不是典型的太平天国“三山大海”的特有图案么!?研究太平天国史的人都从天王诏旨和太平天国文书、印书上看到过，而在人物壁画的袍服上因未留意而未发现罢了。

考太平天国现存的六份刻印颁行的“天王诏旨”，其边框的下边中间是三山相连，两边是海浪无际，意思是“三山大海”。边框的上边中间为团龙，左右双凤，然后两侧沿边饰八条龙，共为九龙①。其他太平天国刻印颁发的重要文书，其边框的下部也多是饰以“三山大海”的图案，如《忠王李谕上海松江军民》《干王洪等戒浮文巧言谕》② 等文件都是如此。人们见得最多的是太平天国印书的封面边框图案，其下部是“三山大海”，两侧双龙，顶上边是双凤朝阳。③

这些太平天国文书和印书上的下部边饰，与“凯旋颁赏”图中人物袍服下襟的图案完全一致，这就增加了该幅人物画的太平天国气氛。再就天王龙袍前襟的下部饰边来看，也是三山和海浪，与“凯旋颁赏”中主持人毫无二致。又从袍服上尊者绣团龙，将帅绣牡丹的太平天国舆服制度来看，④ 也是符合的。特别是冠戴，绘的是“角帽”和“凉帽”，这恐怕是画师们照着绍兴太平军将帅和官员们的帽子式样摹绘的。

---

① 罗尔纲主编：《太平天国文书》，3～8页，南京，江苏人民出版社，1991。

② 同上书①，26页、29页。

③ 见《太平天国》，第一册，卷首“太平天国官书封面”。

④ 罗尔纲：《太平天国史》，卷31，《礼制·太平天国冠服制度表》。

太平天国的帽子样式，既不同于清朝，也与明制有区别。太平天国的朝冠又称“角帽”，形如圆规纱帽式，或双龙、或双凤衔黄缨，帽后端有角，故名。① 据《太平天日》记载：洪秀全早年大病升天时，入天堂门，“主目不邪视，到天堂光彩射人，迥异尘凡，见无数穿龙袍角帽者咸来见主。”② 太平天国以角帽为朝帽的缘起，大概在这里。另外，“凯旋颁赏”图中两承宣官和侍立君王侧后的参护，戴的是凉帽，其式样与《贼情汇纂》所述略同。这种服饰冠戴上与太平天国礼制规定的一致性，可能是壁画巧匠们在其“粉本”③“得胜回朝”图的基础上，按照太平天国服装样式和图案新绘的。画师们不墨守成规，敏锐地捕捉了新题材、新特点，表现出浙派画家善于描写生活的优良风尚。

如果上面的考证是不错的话，我们要问：为什么选择“凯旋颁赏”这个题材入画呢？难道是太平军在绍兴的将领和官员们得此殊荣，从天京受赏归来，特地敦请画师们绘在厅堂大壁上，以示矜宠的么!？考绍兴的太平天国壁画绘制于1862年至1863年春间，据《越难志》记载：忠王部主将陆顺德因攻克绍兴郡之功，晋封为“来王彩千岁”④。这年8月，因剿平包村功，“绫天义”

---

① 参阅简又文：《太平天国典制通考》(上)，第三篇，《礼仪考四》，《冠服》；《贼情汇纂》，卷6，《伪服饰》中“角帽图”“凉帽图”“龙袍图”等。

② 《太平天日》，见《太平天国史料》，7页。

③ “粉本”：即壁画匠师们原来的模本，按此着于粉壁上，而后涂色成画。

④ 据罗尔纲：《太平天国史》卷8，“后期王爵表”，陆顺德封王的全衔是：“殿前斩恶留善顶天扶朝纲来王彩千岁”。又据同书卷60，陆顺德本传说，他是以克富阳、萧山和破绍兴功和他治理有方，“人民欢悦，绍兴郡地区歌舞升平。以功进封来王”。姚克刚为见天安，据《太平天国史》，卷11，其晋升朝将据王彝寿《越难志》。周文佳于1862年升朝将，后晋封宁王，调守苏州时叛降。《太平天国史》卷87有传。又据陈宝辉：《太平天国诸王传》：周文佳因守绍兴，打死法将达尔第福等功，封宁王。

周文佳晋“忠绫朝将”，“见天安”姚克刚亦晋为朝将，各将领官员皆有升赏。于是绍兴城弹冠相庆，“改建各第，大提工匠民夫……拘画工绘龙虎人物于其壁”。李家台门这幅“凯旋颁赏”图，正是反映这个历史场面。所不知者唯李家台门当时是太平天国哪位朝将或官员的府第耳！

四、几点结语

从以上的诸方面综合来看，人们可以得出如下几点认识：

其一，就太平天国拜上帝教的主旨和洪秀全的认识观念来看，它们认为人们是上帝的子女，“天地之间人为贵”。在“偶像”和人像之间不能画等号，偶像是“邪”是“妖”，在禁止、打倒之例，人像是绘画，是美术品，不是供奉的妖邪。所以太平天国不曾有过禁止绘画人物的条例和诰谕与诏令。

其二，从中国绘画史发展的过程来检阅，明、清时期吴派与浙派画家的画风各异其趣。吴派与其相属金陵八大家的山水画中，渐成为“空山不见人”，亭榭楼馆无烟火气的杳然寂然之态。流风余韵所及，太平天国天京与苏州等处府衙中的壁画中不见人物，是吴派画师们承袭门派家传，并非是太平天国当局有令禁止绘人物。浙派画师自有元黄公望以降，直至晚清任伯年诸大家，都是兼擅山水与人物，而且人物画特为生动逼真。故此，太平天国在绍兴，在金华和杭州的诸王府和馆衙中的壁画，多是山水与人物融于一幅，毫无禁忌。

其三，在浙江绍兴与金华的王府和衙馆的壁画中，不仅多是绘有人物，而且这些绘画于传统笔法和内容之外，增添了太平天国本身的特色，如侍王府壁画中，增绘有太平天国的兵营与望楼，绍兴李家台门的壁画中，其“凯旋颁赏”图，虽然脱胎于以往的“得胜回朝”，但悉心观赏，便可仔细地看出来，图中的君王、大臣和受赏的奏凯归来的将军的袍服和冠戴，迥然不是清朝的服饰，也不同于明朝冠服。经与太平天国规定的“冠服制度”对勘，完全符合如契。这就说明浙东画师们手法不凡，写实逼真，于传统中加进了时代的新内容，注入太平天国的特色。

绍兴李家台门“凯旋颁赏”图这幅壁画中的人物，其“朝帽”“角帽”和服饰上的“三山大海”，是太平天国服饰衣冠的独有特色，发掘出这个“物证”来，可以说是个铁证，它证明了这幅“凯旋颁赏”图是太平天国壁画无疑，也证明了太平天国并没有禁绘人物的谕令。

翁同龢简论

一、翁同龢生平事略

翁同龢（1830—1904年），江苏常熟人。字声甫，号叔平，晚号松禅。大学士翁心存第三子。咸丰六年（1856年），一甲一名（状元）进士。同治元年（1862年），三月充会试同考官，七月充山西乡试正考官。四年（1865年），以右中允奉命弘德殿授读。光绪元年（1875年），八月署刑部右侍郎，十二月奉命以内阁学生在毓庆宫授读。二年（1876年），迁户部右侍郎、充经筵讲官。四年（1878年），晋都察院左都御史，赐紫禁城骑马。五年（1879年），正月迁刑部尚书，四月调工部。七年（1881年）正月，管理国子监事务。八年（1882年），命在军机大臣上行走，仍值毓庆宫讲授。十年（1884年），罢军机，仍在毓庆宫行走。十一年（1885年）冬，调户部尚书。十三年（1887年），因谏阻京师鼓铸制钱，革职留任。寻开复处分。此后仍日侍讲帷，参赞机要。二十年（1894年），以慈禧六旬庆典赏双眼花翎、紫缰。这时日本侵华事亟，命与恭亲王商办军务，再授军机大臣。他以强敌凭陵，力主一战。对战局每况愈下，“焦灼愤懑，如入汤火”，然缺乏力挽狂澜、匡时济变的政治、军事之方略。二十一年（1895年），命在总理各国事务衙门行走。是时中国战败，签订《马关条约》，他愤割地赔款之耻辱，遂倾向维新变法以图强。康有为发起“公车上书”后，他以傅相之尊亲往访谈，反复研究变法事宜。同年夏，北京强学会成立，他予以支持，并留心维新派的政治主张与著述。他反对提倡民权平等学说，也憎恶君主立宪的主张。二十三年（1897 年），以户部尚书协办大学士。他深感国事日非，不变法无以救亡图存，遂辅弼光绪帝筹谋新政，破格求贤，登用维新派人士。二十四年（1898 年）初，他与总理衙门王大臣延康有为问话。次日，将问话的详情奏复光绪帝，密荐康有为才堪大用，并不断与之磋商变法措施。翁同龢为帝党首脑人物，又为维新派所推戴，故后党视若寇仇，必除之而后快。慈禧于是在光绪下诏定国是后四日（6 月 15 日），将翁同龢罢官开缺，命其回籍。戊戌政变后，刚毅劾其曾密保康有为，遂“革职永不叙用，交地方官严加管束”。

翁氏罢归故里后，虽诗书自娱，但“念及时艰，辄复流涕”。爱国忧时，每不能排遣。三十年五月（1904 年 6 月）逝于故里，享年 75 岁。宣统元年（1909 年），吴中士民合词吁请，准开复原官，旋溢“文恭”。

同龢书香门第，登科状元，为同、光两朝帝师，日待讲筵，多有建白。从政四十余年，历官学政、左都御史，先后转任刑部、工部、户部尚书，任户部之职尤长，勤劳茂著，加太子少保、协办大学士。先后两度出任军机大臣，兼总理衙门之任。本传谓其：“立朝数十年，矢诚矢敬，有古大臣风。”洵非虚语。他居官清廉，时以国计民生为念，虽不能挽颓势于既倒，但支持变法维新，力图匡救与振兴，可谓良弼矣！①

① 本节参考《清史稿》列传之《翁同龢传》；《清史列传·翁同龢》；《常昭合志》列传之《翁同龢》等。

二、翁同龢居官廉洁的操守

翁同龢居官40载，置身阁部正堂达20年，位处军机，身兼户部，既是权重当时的显宦，也是掌握钱财肥缺的高官。然而，他却是家计清寒、廉洁自守的一名好官，这在有清一代的封疆大吏和阁部大臣中，是颇为难得的。

在历来的封建官场中，往往是愈为专制皇帝所依畀信赖的大臣，就越是仗势弄权，敛财自肥。特权和黑暗滋长着腐败，宋、元、明如此，清朝的康乾盛世，也概莫能外！康熙年间时，大学士、刑部尚书徐乾学，富倾江南，他家的田产兼跨苏、松两府之地，仅在无锡一县就买田万顷；同时期的另一名汉官高士奇，在家乡湖洲，拥有田产10万亩。至于满族八旗勋贵，跑马圈地，在直隶各州府县恣肆占夺，则更是不可数计。乾隆年间时，御前大臣和坤的田产多达8000顷。其府邸财宝不可胜计，故后被抄家时，民间有“倒了和坤，富了嘉庆”之谣。道光时，英和因罪而田产没官，计有572余顷，琦善亦有256顷之多。① 不可忘记每顷田是100亩，则他们仅田产就在三五万亩之外。至翁同龢之时，潘祖荫家族世代大地主，长洲徐佩瑗也是富甲当地，常熟的庞钟璐等各家都广有田产。论说起来，翁心存、翁同龢父子数人，同门四进士，历仕三朝，根基不可谓不厚，似乎也应财富相埒。然而，翁同龢却保持着清廉的操守。这确乎是擢拔于流俗，令人刮目相看的。

戊戌政变后辛丑年间（1901年），翁同龢松禅老人卜居常熟乡间，因居官之时不置田产，便赁居张姓在“东塔”下的房屋。他

① 请参考拙著：《太平天国经济史》，第一章，6页。

有诗谓："自我归田庐，田庐无可归，赁居方塔下，闭户聊息机。"① 虽然有一种落寞之感，但他清风相伴，明月满怀，却也另有一番情趣。同年，他在另一首七言长诗描写他的乡居生活和心情时，写道：

松禅先生真贱儒，半生出入承明庐。
黄金横带紫绶纡，谓非干禄谁欺乎?!②

这首题为《自嘲》的诗中，开头这四句很抱委曲，说自己出入朝堂半生，金带紫绶结，谁肯相信他不是为了求取利禄呢?！下面接着写道：

忽然被放归里闾，所在编管如囚拘。
家无薄田输官租，又无一椽安厥居。③

他并没有被查抄籍没家产，但"归去来兮"却不如陶潜有"采菊东篱下"的一顷薄田，也愧不如诸葛先生在成都有桑八百株，田十五顷。诗人不会作无病呻吟，他这段诗句正说明他不治家产。他虽然在闾里江乡没有良田广厦，但他的精神财富却足以倾城。他在诗中接下去写道：

先生虽贫乐有余，案有笔研架有书。
……
汝箧名碑好画图，兼有古籍施注苏。

① 《瓶庐诗稿》，卷 7，32 页，《题杨西亭东塔图》。

② 承明庐：汉代未央宫中殿名，为侍臣值宿所居。喻在朝为官。绶，带也；纡，带之结也。

③ 同上书①，24 页，《自嘲》。

这说明贫于物质财富的学者，在精神世界里却往往是富有而自由的。他另有一首述怀的诗颇具代表性，诗云：

不用王侯倒屣迎，不烦奉几事先生；
桃花流水空山里，自有书田自笔耕。①

空谷一样的宽广胸怀，桃花流水一样的盎然生机，这不是庸俗之辈所能领略到的大自然的赐与。它表现了诗人淡泊冲远，有“书田”可供笔耕的自娱自足心情。

翁同龢自光绪十一年（1885 年）冬调任户部尚书，任职期比阎敬铭长得多。户部掌管度支、收纳钱财，在六部中是最称膏腴之地。但翁、阎这两位堂官，却是公认的清官，廉洁自好的。翁在履任后处理一名属吏的贪污案，甚可说明问题。事情是：户部执事书吏史春泉，经手调拨山东河工款 50 万两，索贿 1 万两以中饱私囊。此事被翁同龢发现，并查明定罪。② 这事例一方面说明，户部官吏“遇有出纳款项，需索私费，已成定例”；另一方面，也说明这翁尚书要整肃部曹的贪污受贿，匡正流弊。他有一首诗表明了对酷吏赃官的鄙夷：

古人守一官，患泽不及民；
今人爱官职，惟思富仓囷。③

他的志节与操守，在诗中已有所表述，这也反映出他以身作则，超尘不染。《圣教序》有句话比喻玄奘法师道：“桂生高岭，

---

① 《瓶庐诗稿》，卷 7，11 页，《题王石谷留耕图照》。
② 朱寿朋：《光绪朝东华续录》，卷 80，《甲子·王赓荣奏》。
③ 同上书①，卷 5，12 页，《题勉耘公归耕图》。

云露方得泫其花；莲出渌波，飞尘不能污其叶。”① 翁氏以古圣先贤为榜样，以“修齐治平”为自己的目标。正是因为“所附者高，则微物不能累；所凭者净，则浊类不能沾”②。他的廉洁来自高岭渌波，来自他不断攀登的高尚精神境界。他与那些尸位高官、精神卑下的人相比，是有天渊霄壤之别的。

人们为了生存和生活得美好，便需要不断改善他们的衣食住行等物质生活条件。因此，“物欲”是人们的基本欲求。在商品社会，这种欲求便是爱财。中国有句成语：“君子爱财，取之有道。”这里既承认了人们的物质要求，但却约束自己“非分不取”。所以，廉洁是一种操守，也是一种美德。就翁同龢而言，他是具备了这种操守的。不仅如此，他是个有抱负的政治家，有素养的学者、诗人和书法家，他的精神生活丰富了，旨趣和涵养高远了，物质生活欲求自然就淡化了。可见“养廉”的渠道之一，是要提高官员们精神生活的境界。

三、翁体书法管窥

翁同龢为同治、光绪两朝之帝师，不仅在政治上卓有贡献，道德文章为士林所宗，他的书法也功力深厚，自成一家。翰墨流传，得之者视若瑰宝。后人汇集成册，刊刻石印，今传流者有《翁同龢墨迹》一册、《翁相国尺牍真迹》十二册、《翁松禅手札》十册、《翁文恭公日记》四十册等。

翁同龢治学严谨，书法亦精勤不懈。他对历代碑帖的研究，乐而忘倦，老而弥坚。从他的信札、诗文和日记中，可以看出他

① 唐太宗：《圣教序》，引自《宋拓怀仁集王羲之书圣教序》，15～16页，天津古籍书店影本。

② 同上书①。

对汉隶、魏碑、东晋二王与唐宋诸家的法书，皆涉猎甚广，而且悉心研磨。他不唯对指法和腕臂运力有“中锋回腕”的独到造诣，而且对汉字的结体和间架也深得其中的奥妙。他的字圆润丰满，神韵天然，既雍和平易，又有锋棱与飘逸在其间。我们且看他在丙申年（1896 年）游遗光寺的一首诗中写道：

西山山下遗光寺，残碣荒凉四百年。
偶与山僧谈笔法，中锋回腕意超然。①

遗光寺位于北京城西郊玉泉山附近，诗人在“桃花红遍董司坟”的融融春日，乘兴到西山踏访前明碑碣。② 从他与寺僧纵谈书家笔法与“中锋回腕意超然”之句中，可见他对自己在书法上的得意之处是颇为欣悦的。后来，他在癸卯年（1903 年）三月二十日的日记中写道：“写大字，始悟万法不离回腕纳怀，此外皆歧途。”③ 这个书法中运腕的“回腕纳怀”的方法，他的体会是有独到之功，很可贵的。

清代书法家对汉代隶书颇具特殊爱好，翁同龢正是如此。他诗中称：

君来舣棹西山下，我忆开函宣武南。
更补郑碑残五字，同看孔庙古碑三。④

这首诗写于壬寅年（1902 年）四月，时作者罢职放归故里，

---

① 《瓶庐诗稿》，卷 6，8 页，《游遗光寺》。

② 遗光寺在北京玉泉山下镶红旗旁；董司坟即董司墓，在镶红旗背后的山间。当年我曾植树造林于此，故知其详。

③ 《翁文恭公日记》，第四十册，19 页下，“癸卯年三月二十日”。

④ 同上书①，卷 8，9 页，《题〈史晨前后碑〉》。

有人携《史晨前后碑》请题。诗中第二句注云“此碑在京时屡得观”，可见他服官京师那些年，曾多次去宣武门外的琉璃厂观摩《史晨前后碑》。第三句注云：“后碑阙五字，余以沈均初残本足之。”古碑残碣经历岁月风霜，往往湮漶剥蚀，书家与金石家多为之扼腕叹息。因之，救残补阙不仅是一种雅兴，也是出于对学术与文化崇高的使命感。翁同龢补足《史晨前后碑》所残5个字，足见他晚年虽处境艰难，但其游心书法，乐以忘忧，而且有所补益于古籍，这自然是值得称道的。诗中末句所说“同看孔庙古碑三”，是指曲阜孔庙所存汉隶《史晨前后碑》《乙瑛碑》《礼器碑》。三碑皆汉隶成熟时期的代表作，尤以《史晨前后碑》的风格温纯典雅，用笔遒美峻洁，被评为三汉碑中的最精者。相传初唐欧阳询酷嗜观赏古碑，至伫立碑前三日不返。翁氏虽不能及，其旨趣未尝不如此。他的另一首诗《题明拓乙瑛碑残本》写道：

尚书珍秘奚林本，贾客徒夸鲽研藏；
自笑寒酸老居士，摩挲残墨有余香。①

所谓“奚林本”，是指奚林和尚所藏的宋拓《乙瑛碑》。这在尚无影印技术的时代，能得观宋拓碑，无疑是一种高尚的精神享受。诗人自嘲清寒，无力购置，却抚摩字墨，爱不忍释，其情其景，跃然于纸上。又从“礼器后碑吾未信，曝书亭集本分明”②句中，可以得知他对汉隶三碑的考订与研习是颇为精审的③。

翁同龢对东晋二王、魏碑、龙门石刻以至唐、宋诸家的法书

① 《瓶庐诗稿》，卷6，16页，《题明拓乙瑛碑残本》。

② 同上书①，8页，《题徐颂阁旧拓乙瑛碑》。

③ 在《翁松禅手札》第二集中云：“两汉碑前年郑经南携示，价重不能致。”又在给其甥养浩函中云：“郙阁颂史晨后碑、朱竹垞隶书各一册奉还。”可为旁证。

皆有所钻研和心得。他对《兰亭集序》有诗题咏，对《玉版十三行》曾感慨系之。他对唐人书法虽在颜体上花的功夫独多，而且运笔结体独钟于此，但他也兼习褚遂良的大雁塔《圣教序》，体会到“韩敕分书细如丝，褚公书势远相师”①。初唐四大书法家中薛稷的作品留传得最少，翁氏说：“余藏宋拓薛稷书《信行禅师碑》，人间孤本。”他因廉洁自守，故借观书拓者多而重价收藏者少。能获致薛稷的孤本，这未尝不可以笑傲于当世翰墨方家的了。他的书法有家学的因素，他的父亲翁心存就以书法见长。现藏于北京图书馆的翁心存手稿，字迹遒美，令人心仪。同龢在家学的涵泳下，更加刻苦努力，他自谓：“桃花纸薄双钩苦，二十年来老眼枯。”“双钩”是对法帖描摹的一种方法，是需要耐心和沉静的。他运笔纯熟流畅，韵味醇厚，这和他数十年积累博采众长分不开的。翁体书法对清末的书风影响甚大。据知，南通状元张季直的书法，便是翁体的继承者之一。《常昭合志》评翁同龢书法说：“纵横跌宕，力透纸背，有鲁公风骨。晚年学隶，兼回腕作书，力追静穆。人得片楮，珍若兼金。”②

说翁字颇有颜真卿的风骨，这是恰当的。他的书体笔画丰润，观其横、竖画的粗细比例，撇、捺起讫的肥瘦，虽有差别，不甚鲜明。因之，给人以丰厚有余，清秀不足之感。是否他入于鲁公与东坡之堂奥，对《礼器碑》的细润，褚遂良《圣教序》的瘦劲，都不甚在意耶?!

四、翁同龢与戊戌变法

戊戌变法的人物中，康、梁与光绪帝多为世人所稔知。翁同

① 《瓶庐诗稿》，卷6，1页，《题精拓大雁塔圣教序记》。

② 《常昭合志》，列传，《翁同龢传》。

龢则因其隐然不露，身影迷离，往往难以具体描述。他当了二十年帝师，造就了一个变法改革的皇帝。他引荐登用维新派人士，是戊戌变法的产婆，也是变法主要的筹划者。他的历史地位很值得重新加以评说。

翁同龢读孔孟之书，受忠君爱国教育，在列强凌逼、豆剖瓜分的侵略狂潮中，逐步认识清楚只有改革变法才能救中国，他这种爱国与变法的思想，在诗文中不时有所流露。庚寅年（1890 年）他在《呈荫轩协揆》的诗中有云：

愧我十年频典校，竟随一世与浮沈；
白头幸得从公后，各勉忧时报国心。①

诗中检讨当年在翰苑典校词章，辜负了少壮年华，而今年届花甲，国家忧患日深，自当奋起报国图强。甲午战后，他职任军机，兼理总署，面对列强的要挟，他在日记中写道：“与豺虎对面，不能无郁郁。”② 弱国无外交，他的处境是很困难的。当英、法等强迫修铁路、借款与租借港湾时，他日记中说：“（1896 年 9 月 24 日）饭后访樵野谈英、法事。总之，彼合纵谋我，我为鱼肉耳。忧愤填膺!”③ 这时正是维新派奔走呼号，不断上书请变法之际。他便毅然以变法为己任，在实际中多方维护支持。他很少有公开言论，但他身兼傅相，在上书房中可与光绪皇帝“造膝独对”和密奏，可知许多变法决策和维新人士的起用，虽说是出自上谕，实际上多出自他的手中。

历来有志图大事的人，总是留心结纳贤杰，登进人才的。翁

---

① 《瓶庐诗稿》，卷 5，14 页，《呈荫轩协揆》。
② 《翁文恭公日记》，第 35 册，89 页，“丙申九月二十四日”。
③ 同上书②，117 页，“丙申腊月二十六日”。

诗有句曰："观云知世态，护笋似人才。"① 好一个将人才比作新笋的佳句，此中表白了他对维新派庇护之情。他还借"题画"发抒己意，写道："论事说经皆第一，斯人岂合老江乡?!"② 诗中洋溢着老成宿望者对维新志士的呵护和期待。我们看到他对当时司、道、生员人等多留心考察，评某某有长才，某某品质诚悫等。例如，他记陈炽条谓："（丙申九月十九日）未初归，陈次亮炽来辞行，甚郁郁。此人有志富强，惟持论太高。"③ 实际上，翁很欣赏陈炽，陈是通过翁的关系而出任强学会的正董事长的。又如记彭光誉："候补道彭光誉，曾随樵堃在美国八年，在吉林四年，通洋语……貌丰硕，语嘹亮，可用也。"④ 又说黄遵宪"诗文俱佳"，对其所撰《日本国志》颇为青睐!⑤ 特别值得注意的是他对谭嗣同的评语，他日记中写道："谭嗣同，号复生。行三，敬甫同年子，卅二岁。通洋务，高视阔步，世家子弟中杰出者也。"⑥ 这是1896年春的记载，评价之高真可谓极矣。无怪乎在"百日维新"中，谭嗣同被擢拨为"军机四卿"之首，为变法赴汤蹈火，终以血溅京门而不辞！从这里可以看出翁同龢对人才的慧识和鉴别之精审了。

《马关条约》后，康、梁在北京发起组织强学会。"强学会之性质，实兼学校和政党而一之焉。"强学会初建时，拟定陈炽、沈曾植为正董，沈曾桐、文廷式为副董。此四人都是翁同龢的门生

---

① 《瓶庐诗稿》，卷8，9页，《题归牧图》。

② 同上书①，《题张南皮画扇》。

③ 《翁文恭公日记》，第35册，87页，"丙申九月十九日"。

④ 同上书③，87页，"丙申九月十九日"。

⑤ 同上书③，89页，"丙申九月二十六日"。

⑥ 同上书③，37~38页，按：在翁日记中，记事简练，书法娴熟，罕有改易之字。但戊戌政变后，他为避祸端，将戊戌年日记改抄，其他则如将谭嗣同条中的"杰出"二字，涂改为"桀傲"二字。即抹黑"杰"字的立"人"旁，将"出"字加笔画而成"傲"字。涂改的痕迹显然，不难辨别。

亲信，在朝中已官至章京、侍郎等职，其势蒸蒸，如朝暾之升。他们四人执事于会中，表明了翁同龢“帝党”与维新派在政治上的结合。他们经常“聚议”治国经纬，讨论自强之术，翁同龢虽不莅会，同样是对康、梁的支持。

在德国强租胶州湾，沙俄攫夺旅顺、大连的割地狂潮中，“山河破碎人憔悴”，维新派发起了“保国、保种、保教”的保国会。翁同龢老臣忧国，目睹“一片江山已残缺”，心仪康有为，大力支持保国会，抵制顽固派的攻讦。光绪帝的面谕“会能保国，岂不大善”，虽未必出自翁师傅所授，但具有政党规模的“保国会”，实与“帝党”合二而一，在戊戌变法中风雨同舟了。

翁同龢的改革变法思想确立于1895年与康有为反复研诘之后，这年他拟定十二道变法维新的诏旨，但被西太后所觉察，遂罢其毓庆宫行走，变法受挫中止。现在可考知的出自翁同龢手笔的，便只有《明定国是诏》。这诏旨是他心血铸成，也是他政治主张的代表作。

所谓“明定国是”，即大誓群臣，诏告变法的大纲、方针。而今而后，“一切维新，基于此诏，新政之行，开于此日”。

诏谕中说道：“数年以来，中外臣工，多主变法自强。”然而老臣墨守旧章，众喙哓哓。“试问今日时局如此，若仍以不练之兵，有限之饷，士无实学，工无良师……岂真能制梃以挞坚甲利兵乎！”不仅义正词严，而且声情并茂。接着就宣布明定国是，中外臣工“各宜努力向上，发奋为雄，以圣贤义理之学为根本，又须博采西学之切于时务者实力讲求……专心致志，精益求精，毋徒袭其皮毛，毋竞胜其口说”。后面具体颁布办新学、练新兵等旨意。诏中思想观点与翁同龢向光绪应对时所提的“西法不可不讲，圣贤义理之学尤不可忘”是一致的。《明定国是诏》颁布才四天，翁同龢便被西太后罢斥回籍。他以身翼变法，也以身作人梯，让维新派再攀登一程！

梁启超有谓："于时师傅翁同龢，兼直军机，性行忠纯，学问极博。至甲午败后，知西法不能不用……（于是）专主变法。"①这说得颇恰当。翁同龢于戊戌之际，已近古稀之年，然而他奋袂起草《明定国是诏》，知难而上，追踪历史潮流，敢为天下先，虽遭罢黜，甘之无悔。较之商鞅改制，王荆公变法，其成败利钝，虽条件各不相同，然可敬可歌则是一致的。而今近百年矣！虞山含翠，江水涣涣。② 中国改革的大潮，正遍于神州大地。翁同龢泉下有知，当可含笑安息矣！

① 梁启超：《戊戌政变记》，2页；见《中国近代史资料丛刊（一）·戊戌变法》，250页。

② 翁同龢的家乡，在江苏省常熟市，滨临长江。虞山在常熟城北厢，风景幽美。

三、随想叙往篇

浅谈治学与人生

一个国家，一个社会，若没有许多优秀的知识分子，那将会是十分可悲的。英国卡莱尔曾说："宁可不要一百个印度，也不能没有一个莎士比亚。"法国一个大文豪说："法国若失去500个显官政要，对法国的影响不会太大；但法国若失去了500个科学家、艺术家、诗人、音乐家和作家，法国的历史就会倒退半个世纪。"可以说正是他们的这种态度，才促使了西方的文化昌盛和科学发达。中国历史上对于知识分子是尊重的。但无可否认，历代专制君主轻视知识、虐待知识分子的现象屡见不鲜，尤其是对于有独立见解、不屈从于独夫民贼的忠贞之士，往往严刑相加，必欲置之于死地而后快。20世纪中叶，在荒唐的"文化大革命"期间，践踏知识、摧残知识分子的暴行更是到了登峰造极的地步，由此而造成的人文失落、文化荒芜、国民素质水平下降、自然科学大面积落伍等，其为害之深，在许多领域至今难以弥补和挽回。知识分子，特别是其中的专家、科学家、哲学家和经济学家，他们的学术见地，往往关乎国家和民族的命运和根本利益，尊重他们就是尊重国家和人民的根本利益和存亡续绝问题。没有文化、没有知识的社会，只能是一片荒漠；没有知识分子的人群，就和野蛮时代的人群相去不远了。

经过十年动乱的"文化大革命"之后，"七九河开，八九雁来"，中国终于迎来了改革开放的美好春天。知识分子的价值逐步得到承认，尊重知识、尊重人才成了整个社会共同的呼声，许多不合理的现象也已逐步得到纠正。但随着社会经济的不断发展，一系列新问题又层出不穷，教育与经济关系越来越密切，从而也受到了经济越来越大的冲击，使得本该传授科学知识、提升人的精神、引领人类文明的教育，如今在有的地方却偏离了方向。有的人浮躁短视、急功近利，求学成了混文凭和找工作的前提与工具，人们因此而将治学与社会的责任抛在了脑后，这是社会发展的一种悲哀。高级知识分子是社会的宝贵财富，一旦他们的素质普遍降低，其潜在的危害是十分严重的。因为在大多数国家，正是由他们在思考社会问题，在国家民众处于困境的时候为国家社会寻求出路，所以若不能培养出一大批这样有远见卓识的高级知识分子，我们民族的生命就将被窒息。因此我希望博士生们要以做真博士来勉励和鞭策自己。扩招后博士的数量增多了，但培养博士的任务更艰巨。社会在期待有远见卓识的新一辈，博士生们当以这种社会责任感为己任。抱着这种心态，我将自己的一些治学心得写出来，共四个题目，与诸位共勉。

一、人非天才，勤能补拙

人群中天才是有的，王勃 14 岁写《滕王阁序》，除写出了“落霞与孤鹜齐飞，秋水共长天一色”的千古绝唱外，整篇文章也都文采飞扬，光华闪烁如万斛珠玑，表现了少年作者所具有的灵动神思和异质天赋；傅斯年4 岁背《四书》，9 岁通《五经》，其才华也属天下罕见。他们是上帝的骄子。然而，他们这样的人物却为数甚少，大部分有成就者还是那些长年磋磨砥砺，经过岁月苦寒而最终绽放出鲜艳花朵的人们。我们推重敬仰他们，也因为他们历经艰险而最终成功，其中蕴含人格的力量、坚强的毅力和刻苦的自励，给人以永恒的鼓舞和力量。曾国藩才具平常，但他善于采纳嘉言良谋，广交深纳才智之士，集众长为己有，其一生勤奋，因而在政治、军事上奠定了清末“同治中兴”的基础，成为晚清著名的中兴名臣和一代理学大家。罗尔纲研究太平天国史取得了卓越成就，同样得益于他一生的勤奋和坚定执著。罗老几十年如一日甘坐冷板凳，倾心研究，终于在太平天国领域里竖起了一座众人称羡的丰碑。我自己治学过程中同样得益于勤奋，当刚接受国家《中国历史地图集》东北地区的编绘任务时，这里许多领域都是空白。如明初奴儿干都司的故址何在？这与当时中俄边境争端关系巨大，一种责任感鞭策着我。为了得到确切结论，我踏遍了白山黑水，每日与那些冰冷石碑与枯燥史料打交道，在那些人迹罕至、荆棘丛生的地方寻觅荒城，翻阅了古今中外的大量史料，终于寻得了历史的答案。另外，在太平天国“着佃交粮制”上的考证以及太平天国历史地理等方面研究的成果，也都说明了人的才分与勤奋应该结合起来，勤能补拙。不管一个人天分多高，然一旦缺乏勤奋，便一切都是枉然。

二、哲学理论修养的重要性

理论书籍是开启学术和智慧之门的钥匙，要在治学上有所成就，就要重视理论的研究和学习，要读《费尔巴哈与德国古典哲学的终结》，更宜读《论一元论历史观的发展》。我酷嗜理论著作，曾在中夜拥被起坐读费尔巴哈的著作，也曾在十三陵水库劳动中读普列汉诺夫的《论个人在历史中的作用问题》以及卡莱尔的《英雄与英雄崇拜》，这些书使我受益匪浅。理论的重要性就在于有了它们做基础，我们就能够更深层次地看问题，明辨是非，从而把握事物的关键。当年在《天朝田亩制度》的评价上，提出了不同于范文澜的观点，而范老对于我的观点也表现出了雍容大度，没有具文反驳。之所以能够提出自己的看法并坚定不移，就是因为除了掌握大量史料外，还有着对于马克思主义原理的运用：事物在特定的时间和空间，只具有一种性质或本质。《天朝田亩制度》在当时历史条件下，不可能“一面具有巨大的革命性，另一面在实质上又带有反动性”。因为事物内部主要矛盾和矛盾的主要方面决定事物的性质，则同时具有“革命性”和“反动性”是不能成立的。因此，我们做学问，理论和哲学的修养就必不可少，否则我们就不会看出问题，更谈不到对深层次问题的探讨、把握及最终解决。

三、治学要高标准要求自己，志趣要恢宏远大

拿破仑曾说：“不想当元帅的士兵不是好士兵。”一个人没有宏伟的志向，他的一生必定会一事无成。然而志趣的选择则取决于他的性格并预示着他的成就。《史记》生动记载了当刘邦、项羽看见秦始皇出游时的不同表现，项羽说：“彼可取而代之。”而刘邦则言：“嗟乎，大丈夫当如是也！”二人不同的性格跃然纸上，而就志趣来说二人都迥异于常人，而最终也都取得了不同于常人的业绩。因此，一个人早年树立的志向如何，对他人生的轨迹影响是巨大的。当然我们今天的时代已不同过去了，但人生若无目标，定会碌碌无为，治学情况尤其如此。当编著《太平天国历史地图集》时，便曾与各位同仁共勉：“我们的这部地图集一定要超过英国的《泰晤士图集》和日本的《图说中国史》！”大家情绪高昂，在以后的工作中每个人都以此目标相互砥砺，终于使这部图集在出版之后获得了广泛赞誉，其品位确乎驾于各种图集之上，这正与我们当初立下的标准和志趣息息相关。因此，要想取得超越性的成果，必当有志方能有成。博士生们要想未来成功，也一定要志趣恢宏，只有具备了远见卓识才能让自己登高望远，成就大器。

四、写文章应当真情投入

“笔端常带感情”是人们形容梁启超的话。梁启超是近代著名的政论家和宣传家，他那富于才情的笔调曾启迪了整整一个时代。在那历史的转折点，他以如火的激情，创办了《时务报》和《新民丛报》，因其“笔端常带感情”感动了千千万万的读者，为中国的近代启蒙做出了重大贡献，胡适、鲁迅、毛泽东等人无不受其影响。所以，要真心投入，才能使文章具有真切的感染力。朱自清散文情感真挚，他写的《背影》感人至深，尤其是写到父亲送他上火车后又去为他买柑橘，先穿过铁道，弯腰爬上对面月台，“他肥胖的身子向左微倾，显出努力的样子。这时我看见他的背影，我的泪很快地流下来了”。读者亦不由地深受感动。我写文章时也常常融入自己的真实感情，如在《如何评价杨秀清》一文中，就充满感情地叹息道：“他死年才 30 余岁，不能不令人深为悼惜！”钟文典先生说道：“可哀之叹，我也为之叹惜徘徊！”在《平步留痕》的书中，写到当年在湖北沙洋干校的生活状态时，下笔道：“夜深人静，栖鸟无声，风轻如浴，月泻如水。晒场边几只未长成的小狗，还在追逐嬉戏，劳动了整天的教师们进入梦乡了！”这是一种凄清的美，表达了一种无奈的心态。我在描绘桂林风光时，也注入了自己的真情实感：“桂林与漓江之美，山奇水秀，如画如诗。那独秀峰，雄峙南天；那叠彩山，五色斑斓……那象鼻山和骆驼山，亦真亦幻，巧夺神工；那烟雨漓江，比之苏堤春晓，更添几分诗韵……记得船过杨堤村，两岸翠竹蕉丛，迎风起舞，眼前是澄江如练，左右则碧屿如螺。”我曾多次舟行于漓江、阳朔的江上，真情实感较丰富，写起来胸中无有窒碍，故而能比较通畅地发舒。我觉得只有这样才能引起读者的共鸣，使文中少一些枯燥说教，与人多一份情感交流。

总之，做学问应当执著，真诚地热爱这项事业，才能明白它的意义所在；也只有全身心地真正投入，才有望在学术上做出成绩来。祝博士生们刻苦努力，在学术和将来的事业上取得丰硕的成果！

学风三昧

少年时读《苏曼殊诗文集》，初识“三昧”这个词，朦胧而直觉地感到它意味着“真谛”“要诀”或“精义”。后来方知这是梵文的音译，是唐代佛门高僧玄奘法师在翻译天竺佛经时，创造了这个既谐音又会意的、切贴绝妙的汉文词语。至于“学风”与“文风”，它是指学术界特定历史时期的风尚。风尚无形，但它却有力量。

谈学风，首先应该提倡的是“好学”之风。在东方，机杼声和弦诵之声，创造了汉、唐帝国的璀璨文明。中华民族的儿女，不仅有聪明的才分，而且勤勉好学。人所共知，家世寒微的孔夫子，就是一个“好学敏求”“入太庙、每事问”，读《易》经至韦编三绝的读书人的范例；唐太宗以武功被尊为“天可汗”，但他勤勉好学，深通经世治国之道；欧阳询是初唐四大书法家之首，他锲而不舍的钻研精神，几乎达到沉迷不返的程度。据传，他一次在归途中发现一块字体遒健的古碑，便立在那里观摩欣赏，驻足不行。随从者报知家中，他夫人说道：“快抱床被褥，带把伞去吧，他是不回家了。”果然，欧阳公在那碑前呆了三宿才归家。这事虽未必真如此，但却描绘出了一个求学致知者的可喜的情态。清初以弓马骑射定天下，但这个勃兴于白山黑水的民族，好学成风，人才辈出。他们培育了纳兰性德这样的卓越诗人，也给《红楼梦》作者曹雪芹提供了展露才华的机遇。清朝的十个皇帝，在文化修养上远非明朝君主所能企及。例如，康熙大帝玄烨，不仅是政治家和军事家，而且是博学多才的学问家。他下令编纂《古今图书集成》等大部头的百科全书，他研究水利以治黄河，探讨音乐以资教化。他读书之勤奋和爱好，令人惊讶：大暑天，他让侍讲大学士轮流休息，但自己每天从来不辍学习。

当然，好学求知也是苦差事。被推崇为诗仙的李白，是从老妪将铁杵磨成针的事例中得到下苦功的启发。当代范文澜先生提倡“坐冷板凳”的精神。做学问如钻探石油，3000 米下是油层，如果钻到 2900 米停止，那就是“功亏一篑”了。诗人以“欲穷千里目，更上一层楼”来鼓励奋进者。桃花源式的境界，多半在山重水复疑无路的最后一程。

第二是提倡学术上的独立见解和开拓精神。凡属上乘的著作，多在于它论证了一个开创性的命题，或解破了自然和社会科学中的某个奥秘。教育家培养人才，着重在培养其创造性和独立研究问题的能力，鼓励他的独立见解。先师胡适在自述中写道：“要努力把自己铸造成人，要特立独行。”“特立独行”就有要人不依傍门户，不躺在前人树荫下乘凉的意思。史学家陈寅恪先生，特别强调治学要有“独立之精神，自由之思想”。试想，如果思想囿于某种先入为主之见，或拘泥于固定的框架，不能跳出其藩篱，岂不是死海无波、浊水一潭么！

学术与政治有所不同。当代政治是采取少数服从多数，以得票多少决定取舍。但学术问题的是与非，却不能靠举手表决。哥白尼是地球绕日学说的首创者，在当时，人们蒙昧不能理解，罗马教廷更认为他违背教旨，对他进行残酷的迫害，但他的学说被科学证明是正确的。顾炎武是中国明、清之际的大学者。他的著名论文《论苏、松五府田赋之重》，以充足的资料证明：元、明以来三百多年，江南太湖地区“赋重于天下”。他这个名篇为太平天国在苏、浙实行“减免钱粮”，为李鸿章奏请“减租减赋”提供了有力的根据。像哥白尼和顾炎武等大学者，他们的主张与学说，开始支持者都是少数，但他们却是先知先觉者。所以，在政治上要尊重多数，在科学上却要尊重少数。

学风中的第三个十分重要的问题，无疑应该是树立正直不阿的风骨。学风中的正气，是学者们高贵的品质和高尚的道德情操所形成的。文天祥的“天地有正气，杂然赋流形”，当是指此而言。清代章学诚著《文史通义》，其中说道：“才、学、识，得一不易，兼三尤难。”的确，饱学而有识的人并不多。但以这三个标准来评价人物却不够，还应该有“德”作为准绳。因此，他在该书中，又立“文德”和“史德”两篇，作专题论述。什么是“文德”呢？他提出“临文必敬，论古必恕”的原则，并说“知临文之不可无敬恕，则知文德矣！”换言之，文德是包含在尊重（“敬”）和宽容（“恕”）之中的。然而，当今有些人却自以为天下第一，不懂得尊重别人的成果，也没有养成宽容的美德。这既违悖于中国传统的恕道，更与西方民主主义精神相去万里。关于“史德”，章氏阐释得也很到位。他说道：“能具史识者，必知史德，史德者何？谓著书者之心术也。”心术不好的人撰述的史书，难保不偏私和有违客观的真实。前些时曾拜读一篇论中国史学传统的大作，该文宣扬了中国史学有敬业求真、考证详明、不畏权势等诸多优点。至于有什么弱点和缺点，却未置论，这难免使人憾然。在鲁迅的《狂人日记》中写道：中国二十四史，横看竖看，每行每页都写着“吃人”二字。然而在史官的笔下，统治者多半成了圣君贤相，唱赞歌和粉饰太平之词，从政坛传染到史坛，满篇皆是。所以，看历史单凭两只眼睛是不够的。数年前，在拙著一篇文中写道：“中国的史学传统，有秉笔直书的董狐，也有曲笔阿时的魏收。”董狐的铁骨铮铮，知者较多。至于魏收其人，却有待介绍。原来他是南北朝时北魏的史官，其人贪墨成性，借撰史敛钱。每立一传，索贿数百千两不等。不少人争着给他送钱，求他给其翁其祖写传，好扬名千古。试问这样的史传有何真实性可言呢?

学术要敢于坚持真理。在这方面，已故史学家白寿彝教授给我们做出了榜样。记得在“文化大革命”中，他应邀审看“评法批儒”的预展。在孔子和秦始皇的大画像前，他伫立多时，并逐字逐句审阅了解说词。然后，他对陪同的该馆领导说道：“历史博物馆要将历史的真实告诉人民大众，这是职责。孔子是儒家的老祖宗，他的学说几经流变，在政治上、文化上、思想上和教育等各方面都留下了深刻影响，解说词要全面介绍，好与坏，正确和错误都恰当指出来；秦始皇的解说词中，只说了他的伟大功绩，但对他的过错却没有提，这很不恰当。你们是否改写得全面些为好。”这一席话，在当时极“左”思想的重压下，可谓金声玉振。

中国近代遭受列强的侵略，迫使青年学人弃科举仕途，负笈万里，远涉重洋去向“德先生”和“赛先生”求教。先是容闳率30个“童男童女”去美国，他们中便出现了詹天佑、徐寿和华蘅芳等一批报效祖国的工程大师和学者。清末国势垂危，为爱国救亡，神州大地掀起了巨大的留学浪潮，著名的同盟会员吴玉章兄弟俩，是变卖家产来筹措旅费和学费的。“五四”运动后，又出现新一波留学潮。在英、法首都伦敦、巴黎和德国柏林、汉堡的图书馆和实验室里，便不难看到中国莘莘学子的身影。与留学并行的是，在中国国内已陆续开办新式学堂，如北京大学（京师大学堂）便创设于1898年戊戌维新之际。北大在蔡元培时期形成了“兼容并包、学术自由”的特色。那时，辜鸿铭长袍辫子登台讲伦理，李大钊夹着“布尔什维克的胜利”的讲义阐扬共产主义，胡适则以他的中国哲学史和杜威实验主义吸引学生。有人颇为形象地说：“北京大学虽然门槛高，但进去了却可以自由发展。”在当时确乎如此。北大学风优良还在于它顺乎自然，不扭曲、不压抑个性发展，因而它的成才率高，多有出类拔萃的学者在其间。20

世纪40年代，我是一个初进红楼、来到民主广场的学生，便感觉到一种清新自由的空气。它洗濯我脑子里封建意识的尘埃，使我在人文主义气氛的熏陶下，觉悟到个人的价值，认识到自己的价值，把自己从精神奴隶中解放出来。人的思想解放，将产生巨大的能量。文艺复兴创造了欧洲的文明，便是例证。

诚信如金

诚实是金，意味着真善美；谎言如粪土，意味着腐败和堕落。诚实和守信连缀在一起，便构成“诚信”这个道德范畴的专有名词，它被公认为是做人和处事的规范和准则，从古至今像一棵常青树一样存活在人间；谎言和欺骗也连缀在一起，但它总要遭到社会和公众的谴责，像老鼠一样不敢见天日。

对军事家而言，特别是在战争中，有“兵不厌诈”之说。一切为了战胜敌人，设谋用间，是孙吴兵法所乐道的。但对建国立业而言，开诚布公，取信于民，则不仅是座右铭，而且是成功和不败的基石。

验之古今中外，诚实和守信是创造大业绩的精神财富，或者说是一块闪烁的金牌匾。享誉全美的钢铁大王卡内基，他不采取倾轧同行而是诚恳联合，他的钢铁产品质量上乘，有名的旧金山大桥屹立至今，成为他的丰碑。中国的大庆油田，他们的成功被总结为“三老四严”。“三老”就是：做老实人，说老实话，办老实事；“四严”的本质就在于认真，而绝不是假冒伪劣，对国家和人民进行欺骗。北京的同仁堂，不仅对贫富一视同仁，它的药材更是货真价实。它在长白山有自己的人参园，在吉林开辟了广袤的养鹿苑，所以它的参茸丸不仅有洁白的外壳，而且它的内涵更是丰泽滋润，代表了中华民族医药家一颗诚挚爱人的心。香港的“十大财东”，人们只知其富甲南海，却很少了解他们原是严守信誉的诚笃的东家。如是的实例，读者自可从自己的经历和见闻中，列举出更多更多。

在中国璀璨的古代文明和辉煌的中华文化中，诚信和仁义一样是它的基本支柱。儒家把“仁、义、礼、智、信”并列，被称为道德范畴中的“五伦”。近代之前的二千年岁月，“孝、悌、忠、信”是衡量士人的一个标准尺子。商品经济的涤荡和“五四”新文化运动的冲击，扫掉了许多早就该扫掉的垃圾。但是，诚和信则不可像泼脏水一样被泼掉，诚是内在的美德，信是这种美德外在表现。在《论语》中，孔夫子倡导的是：“言忠信，行笃敬。”这位文化巨人自己也身体力行，他“主忠信，过则勿惮改”。孔门七十二贤中的有子说：“信近于义，言可复也。”即是说“信”和“义”都是具体可见诸于行为和实践的。孔子还有句震古烁今的名言，他指出：“自古皆有死，民无信不立。”先秦时代的诸侯和霸主，有些人是体验过这其中三昧的。

当时出于争霸的政治需要，“诚信”常被诸侯作为招贤纳士、收取民心的一种手段。《史记·燕召公世家》载：燕召王即位于国势倾危之际，想招贤士以图振兴，他筑“黄金台”礼敬师事郭隗，表现了诚信之心，于是乐毅和邹衍等一批军事和政治人才奔赴燕，助燕国强盛起来。秦国敝处西戎，用商鞅变法图强，商鞅在颁布法令之先，曾有一段“徙木立信”的故事，传扬千古，为后世当作典范。秦末群雄并起，发生楚汉之争，刘邦入关中，约法三章，行军秋毫无犯，马上争取到三秦父老百姓的信任。

但是，事物是复杂的。真理与谬误、诚实与谎言，相生相克，同时并存，互为消长，此种社会现象，无论在驿路传烽的古代，还是媒体发达的今世，都不罕见。封建专制统治下，只许皇帝扯谎，不许百姓说假。煌煌明诏，什么“奉天承运”，“拯我黔黎”，都是颠倒乾坤、鱼肉百姓的代名词。晚清的咸丰皇帝，怀疑百官弄虚作假，一次他问某大臣：“卿以为报捷奏章可信者几何？”对曰：“不过十之二三耳！”这就是说70%～80%是谎话。曾国藩被尊为咸丰、同治的中兴名臣，是个正襟危坐的理学家，他在家书中谆谆教导家人子弟：“要早起，不谎语。”这响当当的名句，言简意赅，可圈可点。但在曾国藩所处的那个谎言时代，在官场中，为保住乌纱帽，他也往往是要扯谎的：1864年6月，湘军攻破太平天国的天京城，他在奏报《克复金陵折》中，谎话层出。如天京围城中军民总共只万余，他却奏称有兵民十多万，以此开脱他久攻不克的失职；幼天王逃亡出去了，他奏报称死于乱军中以塞责；等等。这些欺骗招致朝廷的不满，于是有派大臣调查之议。

日记应该是写真或心灵的独白，但同治、光绪年间，无论官吏或士人的日记也往往不真实。李慈铭的《越缦堂日记》里，首先抄上谕，又不惮涂改。他早有准备，期待皇上御览。鲁迅读后说：“我觉得从中看不见李慈铭的心，却时时看到一些做作，仿佛受了欺骗。”① 在有名的《翁同龢日记》中，他为了避祸，将戊戌变法数月的日记毁掉，重新改写。既可怜，又可叹！我曾阅读过他先前接见谭嗣同的日记。翁在日记中评价谭为“杰出者”，政变后却不得不涂改为“桀傲者”。在极权专制雷霆下，写日记也不自由，还有什么诚实存在的余地？撒谎是罪过，但逼人撒谎的体制，才是该“纸船明烛照天烧”的。

据载：晚清的慈禧太后，一次在颐和园中的大戏台看戏，光绪皇帝侍立在旁。慈禧很喜欢一小丑的风趣表演，便宣上来颁赏并赐座。小丑机智地谢道：“皇上还站着呢！奴才哪敢坐？”慈禧这才说：“皇帝也坐下。”在那女皇专制的年月，王公大臣、百官九卿都噤若寒蝉，只有一个小丑敢于出来说真话，这岂不与《皇帝的新衣》童话相似么？大清朝堕落到这个份上，不被推翻才怪呢！

---

① 鲁迅：《三闲集·怎么写》。

前事不忘，后事之师。历史是个可资借鉴的镜子，政治上谎言弥漫，纵容和助长贪污腐败，将会使国家和民族坠入无底深渊。“五四”时期一位先锋人士呼唤道：“要努力把自己铸造成一个人，要特立独行，敢说老实话，敢向恶势力作战。”让我们仔细玩味他这段含义深刻的话，身体力行，为振兴中华做一名坚强的战士。

天赋与勤奋

天赋与勤奋是一个古老而又常新的话题。从古人到今人，大都承认人与人之间在天赋方面会存在一定的差别，但翻检史籍，则不难发现，一个人能否最终有所成就甚至为社会进步做出较大贡献，往往并不纯由天赋，而恰恰与一个人的勤奋努力密切相关。

毋庸否认，古往今来，聪明伶俐的孩子总是招人喜欢，但却未必能成大器，如王安石在《伤仲永》中所说的仲永便是一例；而资质中等的子弟凭着勤奋敏勉，却大多能有所成就和建树；而如果一个人有超常的灵性又加上个人的勤奋，则“才、学、识”可得而兼备。前者往往为古往今来的人所叹息，而后者又好比天马长翅，遨游太空，世所罕有；生活中所遇到的多是才智和天赋不过中等，但在治学治事上锲而不舍、持之以恒的人，他们取得的成就往往让人赞叹不止，而其自强不息的人生态度却更让人欣赏和艳羡。

远的姑且不说，明、清以来，这方面的人物就不胜枚举。如，医学界耳熟能详的医药大师李时珍，他不仅精研药理，更长期深入民间，跋涉深山险壑，采集各种药材，辨识其药性。他参考历代医书800余种，经过27年的艰苦努力才著成传世不朽的《本草纲目》。该书所载药物达1800多种，为中医药一大宝典，并被译为日、法、德、俄等多种文字，泽惠远方。又如，生逢乾隆盛世的曹雪芹能够从盛世辉煌的热闹中一眼看出中国封建社会的落日黄昏，也可谓慧眼卓识。他撰著《红楼梦》一书，通过宝玉、黛玉和一群天真无邪儿女的塑造，呼吁个性解放与冲破礼教网罗，诅咒“利鬼禄蠹”，期待人性回归。如果说这是一部“才子书”，倒不如说它是一部东方社会 18 世纪的百科全书。大观园在何处？红学家们劳神费力去考证，留园、瞻园、狮子林、畅春园与避暑山庄等南北园林都有些似曾相识，却又未尽相同。实际上，这是作者对中国园林艺术的高度概括和再创造。曹雪芹穷于生计，却富于思维。他博学有识，中医脉案药理、京都坊巷掌故，糊顶篷、扎风筝……凡此等等，信手拈来，无不贴切，这是为什么？非唯才情，实乃勤于学敏于探索而后得之矣！又如咸丰、同治年间位居“中兴名臣”之首的曾国藩，论才情禀赋不过中等，但他励志笃行，勤奋不懈。他虚心求教，博采众长，不以平庸而懈其志，颇有“择善而固执之”的风骨。他虽不配称天才的军事家，但他却是一个成功的军事家。而他的成功就在于他善于向高明学习，也善于从失败的经验中学习。再如晚清光绪帝师傅翁同龢，他的诗文和书法享誉海内外，但他的勤奋过人更值得赞叹。他在自叙诗中谓：“桃花纸薄双钩苦，二十年来老眼枯。”所谓“双钩”，是描摹法帖的基本功。这就是说，历经二十载的描摹苦练，他的书法和诗文才最终取得综贯各家的艺术造诣，蔚为大观！

古人如此，今人亦然。如对 20 世纪中国学术发展做出突出贡献的陈寅恪和傅斯年，我们并不否认他们的个人天赋有特殊之处。如，陈寅恪对新、旧《唐书》过目不忘，甚至能记住某传某句出自第几卷第几页；而傅斯年 4 岁即能背《四书》，9 岁通《五经》，如果没有超常的记忆力，恐怕很难做到，但学术界同仁无不认为他们的成功更在于勤奋，因为没有勤奋好学的精神就更不可思议。又如，研究太平天国史的著名大师罗尔纲先生，一生著述逾 500 万言，编辑史料达 2000 余万字。他在《困学记》中坦承自己青少年时体弱多病，但勉力向学。为搜求史料，他不畏艰苦，十年如一日，从南京图书馆70余万册图书中逐册逐卷地通读检阅，真如淘沙沥金，终于找出许多宝贵史料和珍本秘籍。他留下的传世巨著《太平天国史》，前后共耗时30年。罗尔纲先生取得如此辉煌的学术成就要诀无他，一生勤奋再加上持之以恒而已。

俗世如此，释、道亦然。释家的参禅悟道，就特别强调“十年面壁成空相”。由此可见，不但古人所言“勤能补拙”非虚，而且勤奋还能产生灵性，创造奇迹。缘此，愿今天的年轻学子在治学之路上要勇于坐冷凳，练硬功，切莫要猾取巧。善哉！

《太平天国大辞典》的诞生

我本无意编著一部条目浩繁、字数逾百万的《太平天国大辞典》，然而终于“逼上梁山”，并完成了这项目，这是始料所未及的。自《太平天国历史地图集》（以下简称《图集》）出版后，好评如潮，史式同志便想编一部大辞典，因为他擅长太平天国的辞语研究，编此书驾轻就熟。与此同时中国社会科学出版社的陈宝辉编审也看重这个项目，并建议我出任主编。罗尔纲先生也对我说道：“这是桩大事，你得承担起来。”我思量久之，觉得《图集》既已脱稿，倒也可以腾出手来，趁着自己资料熟、人缘好，兴许能完成此事。就这样，又把自己搭进去了，命也夫！

太平天国史研究需要一部详备的大辞典。太平天国史的前辈谢兴尧先生说道：“对于太平天国史初学起来，其语言文字颇有费解。有新创字，为字书所无，有属于地区性方言，有沿于秘密社会的隐语等，均须加以说明，如常见的‘真草’‘反草’‘红粉’‘长龙’等名词，均与普通字义不同。”如无辞典可查，真如坠五里雾中。

我于是鼓起勇气，担当起这项艰巨编著。数年间与朋友们共同努力完成了这项任务。

下面是我为这部辞典撰写的“前言”，比较具体地反映了当时编著的实况，转录如下，以志不忘：

《太平天国大辞典》即将付梓出版了，我感到一种喜悦，这是农夫在金秋收获季节的由衷喜悦！太平天国史在20世纪之初即为孙中山先生所重视，新中国建立以来的40年间，更得到广泛深入的研究。现在是90年代，可以不无欣慰地说：太平天国史研究在人民中国是居于史学中领先的地位。本辞典便是这些研究成果的荟萃，反映了本学科在20世纪的先进水平。

我们在编撰本书之时，约集了全国许多有关专家教授和中青年博士、硕士。数十人共襄盛举，经之营之，七易寒暑。为了提高和保证本书的质量，我们在有关院校、研究机构和企事业单位的支持和资助下，先后在重庆、宝鸡、扬州与北京召开过四次编审和定稿会议，反复研究、仔细推敲。许多词条的编写是三易其稿，数次增删。令人十分感动和钦佩的是：当我们要求知名的专家教授修改或重写某一词条时，他们是那样地虚心和宽宏大量，他们本着学术精益求精、对读者高度负责的精神，将词条精心修改或另撰新篇，按时寄来。当然，这并不意味着本辞书是尽善尽美的，但可以告慰读者的是：我们是尽心虔意地忠实服务的。

例如太平天国人物的词条，我们请钟文典、苏双碧和陈宝辉等主笔或审稿，众所周知他们在研究太平天国人物方面是卓有声誉的。我还清楚地记得，在宝鸡汤池审稿期间，文典教授就他所撰写的洪秀全条向与会者请教，他悉心听取了意见，又漏夜修订增删。现在这个3000字的词条，读者不难看出它既详赡而又精审，是篇“词微而旨远”的佳作。石达开条是苏双碧编审所著30万言《石达开传》的浓缩；《太平天国诸王传》给本辞典许多太平人物提供了素材，陈宝辉编审这许多词条时，言必有据，落笔不虚。清方人物如曾、胡、左、李及好些提镇与团练头目，他们与太平天国兴亡的关系，对起义人民所欠下的罪债，本辞典本着实事求是的原则，不隐恶、不夸张，力求平实。太平天国时期全国各地各族人民起义及其领袖的事迹，本辞典独详于他书，这是中央民族大学与各地方院校专家们的优势所在，如捻军，如小刀会，如壮族李文彩、苗族张秀眉，读起来脍炙人口，栩栩如生。

词语是太平天国史研究中的重头戏，“拦路虎”很多，难以通顺过关。本辞典词语类是由史式、吴良祚两位主撰。史式前已有专书行世，良祚研究词语30年于兹，深得罗尔纲先生称赞。读者可以看到：他们对许多疑难词语的诠释，精辟独到，令人倾服。例如，“天国迩来”一词，不仅数典溯源，探其本义，又引证诏旨，指出洪秀全借此发挥，阐明他要建立“地上天国”，鼓动群众去为建立“小天堂”而献身斗争；又如，“乃埋”“乃奔”两词，专家们莫衷一是，不得其解。本辞典详考粤语客家方言，探明“乃埋”乃是携带、引导、指引之意，“乃奔”是由“乃埋”演变而来，其演变的轨迹脉络，该条中所述甚明。我想读者查阅后当会感到满意和钦佩撰稿人的深入钻研的功力。

战争贯穿了太平天国的全过程，这方面的词条繁富，异彩纷呈。“北伐”是出自张守常的手笔，“西征”则是由杜德风撰稿，虽然每条皆不过千余字，但这两个词条背后却各拥有四五十万言的史料专集。又如龙盛运的“湘军”条，是专著《湘军史稿》的精华所在。太平天国后期战争的条目，大多是南京大学茅家琦、方之光与崔之清等教授提供的，他们另有专著《太平天国通史》，便是本辞书有关词条的蓝本。凡军事、战争类的条目，皆由张一文、舒翼研究员编撰，他们原是《中国大百科全书》军事卷近代部分的编审者，因之对此驾轻就熟，也是读者足可信赖的。

做学问和搞研究的人，常常希望找到一本完美的书目解题和索引，指点迷津。太平天国史的史料零散而论文繁多，颇令人难以找寻。为了解决这一矛盾，我们在编本辞典时，特别对“文物、史料、著作类”要求收集全面、释文简明，指出书中特色。姜秉正教授治太平天国目录学有年，他的《太平天国史著述综目》，享誉海内外。祁龙威教授是知名的太平天国文献学家。我们请祁、姜两位主持本栏，读者一定会很满意的。

本辞典的正文开篇是“总叙类”。中国史书体裁，纪传体的缺陷是“大纲要领，观者茫然”，编年体则有“断料朝报”之讥。罗尔纲先生著《太平天国史》，开篇是“叙论”，自创一新体裁，范文澜誉其为“可以不朽矣”。我们师法罗老之意，首列“总叙类”，凡太平天国重要史事、关系全局的事件等，按时间先后分条立目，扼要阐述，使读者对太平天国能有个全面、概括的认识。我们这个编法，在辞书中是个新尝试，还请批评教正。

使我们十分感念不忘的，是本辞典在编撰的数年间，得到有关院校和单位的支持和资助。南京大学、扬州师范大学、中央民族大学等院校将本辞典列为“七五”期间重点科研项目。重庆师范学院、宝鸡师范学院等校各拨出专项经费支持此书的编著。四川自贡市教委、涪陵市建委拨专项经费，使审稿、定稿会议经费裕如。中国社会科学出版社自本辞书组稿之始，即热忱支持，上述几次编审会议均派负责编审人员参加。本辞书之质量能有所保证，非惟作者之力，更是上述单位有关人士之功！

青年总是最活跃的力量，在编撰本辞典中，他们贡献了自己的青春岁月。国家民委的赵至敏，南京大学的严安林、陈蕴茜等，苏州大学的王国平、张凝，扬州师大的周新国、华国梁，中央民族大学历史系的韩春香、杨胜勇博士等，他们或是撰写了很多词条，或是在几次审稿会议中做了许多工作。在整个编务工作中，杨胜勇出力尤多。他们这批才华出众、富于科学献身精神的青年们，现在已成专家、教授，或是坐镇一方的“诸侯”，我祝愿他们百尺更进，取得更大成果。

书法贵有恒

我喜爱书法，但不是书法家。书法成为我晚年生活的一部分，不时欣赏王右军神笔，体会米襄阳的潇洒，心中有一种澄洁的意境在其间。我无意谈临池学书的心得，但却有一个人所共知的体会，这就是“有恒为成功之本”。

一、缘何学书而不长进

我们家大门上虽高悬“汾阳世第”的匾额，但僻处西蜀山乡，读书人和学者名士，难望江浙地区的项背，书法家就更稀少了。然而，这并不能给我写不好字找借口和开脱。常言说：“反求诸己。”我应该从自身找原因。四川著名的书法家虽不多，但远有眉山苏轼，近有荣县赵熙，他们的书帖翰墨，市肆并不难得。而且我家兄竺群二哥的楷书和隶书，也是名驰远近，我早晚皆可问教于庭，为何没有利用这样的好机会呢?！问题在于缺乏虚心好问，而又急于求成，自然是得不到正果了。

我很感念至宾十叔在我“发蒙”入塾之时，教我如何执笔，如何坐姿要端正。后来他高升到县里教书，二哥也远走西昌，我练字无人指点，写来老是手不应心，更谈不到笔势和笔力。记得我在窗下临帖，写来总不如意，难免扼腕气愤，掷笔浩叹，有些恨自己笨拙了。其实这不在于聪明与否，而是得法与否的问题，只不过缺乏高人点拨而已！另外便是急于求成，不能潜心静意。这自然悟不出禅机，得不到书法的要旨了。我在静宁寺念初中时，有位同乡同学名为朱家琨，写得一手端正劲健的钢笔字，令我十分羡慕。我们周末往往同路返家，途中40里，尽可向他讨教些经验什么的。我不记得是否向这位乡友请教，但记得我的字写得没长进。在乐山念高中时，有一位女同学写得一手娟秀遒美的字，加上她容貌姣好，我们都称赞羡慕。那时男女同学疏于交往，更谈不到敢于去请教了。高中时期，每逢暑假，我常与竺群二哥在一起。谈诗词的时候多，却不曾向他请教过书法，这倒不是虚心与否的问题，而是青年时期兴趣与爱好有所转变，对文学特别投入，对练字就马虎了。进入北京大学后，约在二年级时，我读书比较用功，常在图书馆伏案研读和整理课堂笔记，我所整理的那份中国史笔记，被邓广铭教授看见了，连夸“写得好”。不知他表扬的是笔记作得好，还是那字写得好？不过我自己觉得那时能静心，字迹写得工整一些，也有些笔力了。

毕业后，40年的学术生涯，可以说朝夕与笔砚相处，文章的表述能力不断有所增长，但书法却连自己也不敢恭维。看见人家题词献句，我只有欣赏的份儿。虽非惭愧，但总不是“逸兴遄飞”哩！

二、“十年磨一剑”

1989年秋，著名的《太平天国历史地图集》公开出版发行了，我从肩上卸下重担，感到轻松愉快，时间也颇觉有余裕，可以游心书翰，练练字了。一次，我和符庄二人游览京东的红螺寺，那里翠竹幽重，万竿露滴，群峰起伏，山岚气清。在寺内的殿堂和过厅上，展出了两位书法家和画家的创作。我对他们脱离尘嚣闹市，来到远郊古刹展览，产生了由衷的敬意，便悉心地观赏、领会，其印象至今未能忘。这年的4月1日，我开始了毛笔楷书的练写，从此晨昏磨砚，枕上读帖，无论南北旅游，远适国外，虽不能带《三希堂法帖》同行，每次我总会选几本碑帖随时观赏。我在北京，有时乘公交车去积水潭医院取药，便坐在车上临窗翻看法帖，从汉隶《礼器碑》《曹全碑》到赵孟頫的楷体《洛神赋》等，我每出行总是带上一册，既是学习，也是消遣。在医院住院养病，不可能把笔砚搬去，但书帖是随身之物，我仍在输液的长时间中翻看观赏。就这样，往往触动灵感，有寸进偶得之功！

我多次到广西考查，住过永安州城和桂平金田村，南国竹纸丰富，我正好濡笔练字；到南京和苏州等地，江南名士多，我得机会向其研习笔法；在嘉兴，有位女青年对我说，她即将取道上海，往日本去参加书法展出。我并不怀疑女中多才俊，而是惭愧自己晚来学书，感到后生可喜可畏！

我到温哥华，正好儿子家中有个铜砚盒，没有墨汁，我便用蓝墨水代替，坚持常写常练；到纽约和普林斯顿，我先就带着笔砚和一锭徽墨。住在女婿家中，每天送完外孙上学回来，便在后院茂密的树荫，摆开方桌，铺纸挥毫，从容地写字。这样经常不懈地运腕练写，日久自然就磨出些灵光，悟出些道理来，手腕不听使唤的状况，也大有改善。

高明的人不在于知道自己的长项，而在于知道自己的弱点。我往往缺乏自知之明，不善于检讨自己的缺点。就练书法而言，我当年急切求成，不能潜心静意，就是大忌！经过多少岁月的磨洗，才把书法当成一种涵养和艺术爱好，不悬定目标，而是悠游自在地徜徉于钟、王、米、蔡诸家之间，体会大师们各自的优越。

相传李白幼时，见老叟将一铁杵磨于石上，十分讶异，便问他是何缘故？答曰：要把它磨成针。这故事启示人们：只要功夫深，铁杵磨成针。我家是四川乡下，雨水较多，“檐滴石穿”的效应，是亲眼得见的。语云：不怕慢，只怕站。成功只属于坚持不懈的人。据知，曾国藩初因书法欠佳，只落得“同进士”出身。但他后来在“丁忧守制”的期间，刻苦练书法，果然大有起色。我看过他批改的《李秀成自述》，那书法的遒劲稳健，如松如石一般，让人肃然，不可小视。由此可见，人们的天赋是爹妈给的，但功夫是自己练成的，胜利只属于功夫深的人！

三、“中锋回腕意超然”——翁体书法管窥

1994年，史学界在江苏常熟县，举办了一次纪念翁同龢逝世90周年的学术讨论会。我写了篇《翁同龢简论》，去到他的家乡，瞻仰了他的故园。《文汇报》的施宣园兄把拙文索要去了，将翁氏“居官操守廉洁”那部分刊登出来，以宣传“反腐倡廉”树新风。其实，我自以为写得最有体会的是关于翁氏书法那一节，但当时并未受到青睐！

翁同龢在书法上造诣很深，他的书体敦厚静穆，对晚清和近世影响很深。我特别欣赏他“中锋回腕意超然”这句，认为他一语道破了书法运笔的要窍，把学书法的人领出了迷津！我曾向江南的文友们讨教“中锋回腕”，他们都很谦虚，往往笑而不答。我只好在练写过程中，自己去体会。后来又从翁氏“回腕纳怀”的竖笔写法中，得到些启示，我于是在日记中记下了些点滴心得：

2001年6月29日　晴　星期五（在美国新泽西州舍下）

晨间练书法，在原已掌握“回腕纳怀”的基础上，今又悟出回腕（即俗称“转腕子”）转肘（将手时顺势转向）书写竖笔的运力方法。按此方法，则手腕与肘臂连通一气，达到心手相应，得心应手。消除了笔管不听指挥，笔尖写不出遒劲的力量来，而且使行笔一气呵成，毫无滞碍。

我论述翁氏书法内容，见拙作《翁同龢简论》一文。

1989年，我练书法，并不是从颜体开始，而是选择了欧阳询的

《九成宫醴泉铭》。原因说不很清楚，可能是颜字为众所习见，对我缺乏新鲜感，而欧体气势嶙峋，笔劲如铁。醴泉铭的文字流畅，所叙唐太宗之事绩，也很感人，我便从这本帖开始。接着，又把欧体《皇甫君碑》《化度寺碑》等也都找来，一一临摹。在以后这些年，我对颜、柳诸家逐个探求。褚遂良的字体是扁方形，呈横宽竖短状，我看了并不称赞。可巧，友人孙启佑先生赠给我两大张褚遂良书大雁塔圣教序，这是民国初年的拓本，拓工精准，比明人拓本清晰，而且补出了不少湮漶难辨的字。我不时把它展开或悬挂在大书柜前面观赏，慢慢领略到褚字笔力遒劲，有如钢丝一般的富于弹性。还有薛曜的字，更是瘦劲硬朗，显得灵性跃动。我想：宋徽宗的“瘦金体”书法，当是源于薛、褚两家吧！记得那时我孙子小乐年幼，十分淘气，见我正凝神观看那黑白斑驳的碑拓，感到好奇或怪异，便忽的奔上前去，伸手就戳了个窟窿。我既爱书画，更爱孙子呀，赶紧把他抱走，然后去到裱画店，将这两幅拓本装裱成挂轴，从此随时可展挂观看，然后卷好收藏起来。

老辈教导说：男儿要站如松，坐如钟，意思是要稳重和挺拔。书法也是如此，站不稳、重心不牢是大忌。因此，汉字笔画的起讫，笔力较重，为的是达到稳重的效果。有位书法家以人体作比方，形容字体的形态。他说：人的双手伸开，与两肩各占三分之一的宽度。换言之，人体躯干的宽度，不过长度的三分之一而已，但这就很美，很适合生存的需要。《诗经》中“硕人其颀”，便是以修长为美的标准。我观赏王羲之的书法，他的字体呈长方形，如鹤如松，因而十分受看。当代启功论书法，讲究“黄金分割”，说的正是如此。

当代书法名家很多，沈鹏的潇洒，林散之的磅礴，启功的学者风骨，赵朴初的佛释心怀，无不令人称仰！不知何故，我时在赵老的书法前，静穆地观看。它结体平匀，笔意淳厚，我总想从中学得几分。然而，斯人已去，不可追矣！

母亲和故乡

母亲是生命之源，是人类的创造者。母亲是神圣的。“圣母”一词具有广泛的意义！母爱是最伟大的、最亲切的。诗人歌唱“祖国啊！母亲！”“黄河啊！母亲！”便是对母亲最高的赞颂。人们可能忘记许多许多，但谁也不能忘记自己的母亲。《诗经》中的《蓼莪》篇章，记叙了先民们对母亲的感念之情；归有光的《先妣事略》，深情地怀念他母亲的养育之恩；胡适的自传中，对他母亲抚养之劳瘁，笔端总不能忘；罗尔纲的《生涯六记》中，首先写的便是《母教记第一》。我这里写自己的往事历程，油然闪现在眼前的便是我的母亲。她西归仙逝已五十多年了，但她的形象却依然清晰地出现在我深夜的梦中。我是母亲最小的儿子，她去世时我还是中学生，待工作后有能力赡养她时，她老人家的墓木已拱。“子欲养而亲不在”的悲哀，常使我涕泪沾襟不能自已。

母亲、童年

我母亲是四川省资中县蔡家场人，外祖蔡公，家道小康。母亲曾对我们说起她童年无忧无虑的幸福生活，说起后园茂密的翠竹和竹外古柏、香樟树的郁郁葱葱；她还告诉我们那绕树攀高的藤萝，从树杈上垂下来，她便和女伴们结上两根藤条，作荡秋千的活动。我母亲善良而美丽，她青少年时代还没有女学，她没有机会读书，但她爱听书，如《西游记》《聊斋》的故事，就让舅舅读给她听，她坐着给舅舅扇蒲扇，作为听书的代价。她 18 岁那年和我父亲结婚，从此开始了辛勤劳累的一生。我们家是介于资中和自贡市之间的威远县王坡井，该地是以两口盐井而得名。我祖父善经营，颇有财产。他希望自己的儿子读书入仕，对我父亲期许很高，特地托成都尊经书院的朋友，购置了蜀版的典籍图书，雇骡马数匹，驮载数昼夜到家，设置了专用书房，供我父亲读书。然而，1898 年戊戌变法后不久，科举便停止了，我父亲和许多同龄人一样，只进过孔夫子文庙，而不知道秀才、举人是什么味道。那时的“读书人”，肩不能挑，手不能提，我父亲似乎于诗酒自娱之外，并没有什么长技。祖父逝后，析产分居，这就全仗我母亲操劳子女和筹措家计。

在祖父的遗产中，除了分给各房一份之外，另留下了 20 亩田和 150 亩山场的果园。他立下遗嘱告知宗族亲友：这些田和地是留作办义学的资产，每年将所收租额，作为延聘塾师的束脩和办学经费，任何人不得占用或瓜分。他的立意是让后代儿孙们可以免费上学，可以识文断句，或许培育出个别颖异之材。这个家族义学便办起来了，每年的经费绰有余裕。祖父死后几年，我母亲承租了这些学田、山场果园，立契租期是 10 年。由于她善于经管和辛勤劳作，果园树茂果丰，收获可观，我的哥哥姐姐们年终有了新衣可穿，全家有饱饭可吃。但是这一来可引起了堂叔某的觊觎之心，他串通叔叔们，以家用不敷为由，要剖分祖父留的这份义学田。这时我父亲已不在人世，他们仗着人多势众，便来欺负寡嫂和弱侄。那时我年长的哥哥谋生在外，他们更为猖獗恣肆。我母亲虽是个不识字的女子，可她有理有租契，力陈义学田不可分，她承租的年限还有数载之遥。但在那偏僻的农村，遇上这批见利忘义的横人，不是上门吵架，便是到田间毁庄稼。一次，这个堂叔竟拿起锄头挖开稻田的水口泄流放水，使结实灌浆的谷穗得不到营养而枯萎。我母亲急着去阻挡，他却蛮横地一掌将长嫂打倒在水田里。我至今都不忘这幕不顾亲情、毫无理性的野蛮行径，那种凶狠残暴和愚昧、放肆的恶魔形象，实在让文明时代的人们难以想象。

由于我家力单势孤，终于未能阻止学田被瓜分，山场和果园也按户分开了。这样，我母亲的承租权虽未到期，却无形中被撕毁了。她带着一串未长成的儿女们，白天在田间、山上做农活，还得喂猪烧饭，晚间往往是灯下纺纱织布，给失去父亲的子女们缝衣补裤。这漫长的、含辛茹苦的日子，使母亲早生华发，变得憔悴和苍老了。

父亲是在1925年的秋冬间，染时疫而死去的。1926年正月初四，母亲在中年丧夫的悲伤中生下了我。所以，我是个自幼没看见过父亲的“遗腹子”。我很羡慕别人有父亲。可能母亲看出了这点，便指着供桌上玻璃框里父亲的炭画像说：这就是你爹爹！我记得那幅画像上，父亲天庭丰满、面目白皙，戴着青缎面的“瓜皮帽”，穿着浅灰色的袍子，外罩一件贡缎马褂。这是一幅半身像，虽然看出他身材不高，但很文雅、有涵养和风度。母亲说他爱看书写字，可不爱劳动锻炼。他身体弱，经不起大病。

我是母亲最后一个孩子，因此很长时期没断奶，一直到三岁多。我还能记起幼时的情景：母亲在长夏的午后不休息，转动纺车纺棉纱，我睡醒午觉起来，趁着她抬手纺线之际，一头扎到她怀里嘬奶吃，纺车咿呀声中，母亲的乳香和爱抚，使我忘记失去父亲的落寞。晚间，在如豆的油灯下，我感到最愉快的游戏，便是和小姐姐在母亲的大床上翻跟斗，往往是我翻的次数多。翻累了，便学着做灯影玩，如做小兔摇着耳朵吃草、小鸟展翅飞翩等。玩够了，便倒在枕上，依偎着母亲甜蜜地入了梦乡。

小男孩喜爱活动，白天便和伙伴演打仗或爬山跳涧，那时农村生产力很低，乡下粗茶淡饭（平常人家七天磨顿豆腐算是“小牙祭”，半个月吃一次回锅肉，这叫“大牙祭”），儿童平时肚里油水少，玩累了饿得慌。冬天，有甘蔗遍山、橘子满坡随便采食。春夏间，就得到山涧、河边的林子中去寻找可吃的东西。我记得春天的桑葚很多，树也不高，可爬上去采；无花果结实多，一株树每天熟几个，我便天天去采食；杏果好吃，但树高，而且有主人，不敢问津；夏天的河畔林子里，长着野刺莓，果实红得像玛瑙珠子，我们便设法连枝藤一块儿折取。我有时带着胜利的果实，回到母亲的身边，请她品尝，母亲总是爱怜地一颗颗摘给我吃。

我少年时一次得意之作，便是从宅旁的池塘里，给母亲抓回来许多条鲜鲫鱼，使母亲感到惊奇和高兴。说来颇有趣，事情的原委是这样的：一天，我看见家中的花猫紧跟着前门的大黄狗转，狗嘴上叼着一条鲜鱼，不愿给花猫分享。我感到鱼的来源有些奇怪。过了两天，我看见这狗从旁边荷塘中钻了出来，嘴里又叼着一条不小的鱼。我有些悟过来了，便脱掉鞋，卷起裤腿，弓着腰进到荷叶荫蔽的池塘中。啊呀！原来天旱已久，塘水枯涸，只剩下那些坑洼里还浅浅地有点存水，可怜的鱼儿一个个偏摊着身子躺在浅坑里，奄奄待毙。大黄狗便轻松地将它们叼来作美餐了。我发现了这个秘密，并不告诉别人，独自去找到这几个水坑，把鱼捉回家来献给母亲。当看到母亲的笑脸和听到她的夸奖，我有一种无名的高兴。我又联想到：稻田也干涸了，它的进水坑里是否也会有避难的鱼呢?！我到附近田块去找，果然又有收获。

30年代的旧中国，无论城镇或乡村，大多烟馆林立，赌博风行。母亲常以一些耳闻目睹的例子教育我们：赌博让人倾家荡产，妻离子散；吸鸦片烟更是戕生破家，连祖坟都敢挖！在母亲的管教下，我们家没有一个人涉足烟馆和赌场。我记得家中从来也没摆过赌桌，更没有烟枪和烟盘之类。唯一使母亲感到遗憾的，是我大姐夫这个纨绔子弟，他既打牌又吸鸦片。但是，他敬畏我母亲，每次来我家住三五天，也帮助干点轻活，既不打牌，也不抽烟。鸦片是有瘾的，当他烟瘾发作时，他便将事先准备好带来的烟膏丸子，偷偷吞服。待他烟丸空乏时，他便急着告辞而去了！

那时，香烟刚开始传到内地，在县城的茶馆里和墟场酒肆中，多是吸旱烟和水烟，那“老刀牌”和“哈德门”香烟，是免费品尝不必花钱的。我哥哥抽了这香烟，但不敢在家让妈看见，便把烟头掐灭了放在衣兜里。殊不知母亲给他换衣服时，发现了这烟蒂，但她并不立即训斥，而是经过一番了解落实后，一天将我哥唤到堂屋中，立在先祖和父亲的牌位前，让他承认错误，告诫我哥改过。我们兄弟都不抽烟，这无疑是源于慈母的感召和教诲之故。

秋天，稻子熟了，田头的青蛙吃虫子和稻粒也长肥了，农民晚间便燃着火把去捉青蛙，第二天早上就剥去青蛙皮，炒田鸡腿吃。我看见他们剥青蛙，童心好奇，一天也抓了一只小青蛙来，学着剥它的皮，不巧这给我母亲看见了。她制止说，青蛙也是一条生命呀，你剥他的皮，它不痛吗？它也有妈妈呀，它妈若看见了，能不哭吗？母亲的问话激发了我的同情心，我感动了！从此多了份怜悯之心，知道以残忍为戒。

我少年时，大哥、二哥结婚了，母亲当了婆母后，并不像有的人那样，“婆婆嘴”叨唠不停，她很体谅和爱护儿媳。因之，我两位嫂嫂也很敬爱母亲，罕见有顶嘴绊舌的事儿。那时虽然家计不充裕，但母亲常托人上街买回猪膀蹄，以它炖黄芪、当归等调经活血的中药，让嫂子定时服用。这种关爱之情，两位嫂子是体会得到的，她们表现得也很让母亲满意。记得有次嫂子回娘家探亲去了，家中只剩下我和母亲二人，她把我叫到跟前，以商酌的口吻说道：你嫂子不在家，我们改煮稀饭吧！你去坡上摘个南瓜回来，掺在稀饭里，行吗?！这说明她不愿亏待儿媳，一种克己厚人的襟怀，在家庭关系中也体现出来。

母亲是伟大的！古往今来，永恒如此。西安的大雁塔旁有慈恩寺，是唐高宗李治为纪念他母亲而敕建的。在沈阳南关不远处，也有座慈恩寺，相传是爱新觉罗氏某王爷，为给他母亲供奉香火而建立的。由此看来，中华各族，东起长白山，西迄洱海大理，他们对母亲都感念情深，挚爱不忘！

相传，北宋大文豪、一代宰辅的欧阳修，自京城汴梁扶母亲的灵柩回江西故里安葬，沿途官民设路祭吊唁。许多祭文他没听完便走过了，只有一篇短短20字的祭文，他听得真，记得全。其词曰："昔，孟轲亚圣，母之教也；今，有子如轲，复何憾焉！尚享！"

文章虽短，但主题鲜明，突出了两位伟大的母亲。西方某智者说：一个成功的男人后面，往往有个伟大的女性，如果不是他的妻子，必定是他的母亲。我认为，男人的事业有成功，也有失败，机遇与时势，往往左右其间，但失败的英雄，他的母亲仍然是伟大的！

故乡和故园

四川被称为"天府之国"，那锦江流过的地方，膏腴沃土，绿色的是桑田，黄色的是油菜地。秋天，稻菽掀起千重浪；春天，芙蓉花开十里香。生活在这里的人们，确乎不羡"江南好"，而自傲有峨眉天下秀。我的家并非在这华西坝上，而是远离成都500里，在丘陵起伏的煤铁之乡——威远县。威远是川中重要的矿产资源所在，早在隋、唐时就设县治。明末张献忠，清代李、蓝起义，都曾在这里扎下大本营，铸造枪炮刀剑。这里的天然气很丰富，往往从某些岩缝里冒出来，过路的人便用纸捻从它取火抽烟。这里地下有岩盐，可钻井注水，提取盐卤，用天然气熬煮"锅巴盐"。我们家的河对面平坝上，有两座封存的大土堆，先前就是两口盐井，名叫王坡井（讹称"黄坡井"）。这盐井的主人王达如，既煮盐又铸铁，富甲一方。他捐了个“员外郎”，人称“王员外”。据传是因其财富，官府谋夺他的财产，诬称他勾结太平军兰大顺，将他问罪处死。他的财产被没收了，家属发配边疆，剩下偌大的空宅院，便由我祖父买下来，成了郭氏家宅。

我曾经踏勘过川西大邑县刘文彩的地主庄园，也曾参观山西平遥县的乔家大院。前者是地方军阀暴发户的房舍，缺乏艺术和文化品位；后者布局严谨，工艺水平较高，但给人以局促和缺乏舒展之感。温哥华的布查德花园既精亦巧，费城南边的杜邦花园融注了欧美建筑师的才华和美术家的智慧，它们都是世界级的创作，使我为之赞叹。但我仍然喜爱我的故园，它的美和工艺造诣，是我难以忘怀的！

其实，我祖父买置和扩建的这所宅院，总共为三重三进，大小房屋不及200间，细算敞院和天井不逾20个。它宅内有花园、鱼池，但不很大，比不上苏州的狮子林，更不用攀比留园了，但它是我幼时的乐土，我忘不了它。

这个大宅正面第一进房屋，是两层的楼房，它外墙是双层砖石，砌得很牢固，直贯到檐顶，严丝合缝，连蚁穴也没有，防盗、防水火的作用，兼而有之。大门开在正中央，门顶上面横挂一块长方形的大牌匾，匾上镌隶书镏金的“汾阳世第”四个大字。长辈告诉说，我们家族是唐代汾阳王郭子仪的后代。关于郭子仪如何灵武护驾，他的儿子郭艾如何尚公主、当驸马、打了金枝玉叶的故事，我小时就听说过。然而，不无疑问的是：我们家族是明末清初从湖广麻城孝感乡迁来的，前此如何从晋阳迁到麻城，族谱没记载，说不定我祖先是个泥门白屋的民家，后来发迹了，找到郭汾阳这老英雄认作祖先。这如同洪秀全的家族，将宋代的洪皓认作祖先，颇有相似之处。当然，如果能考证出来，真的是汾阳王一脉相传，我当然是乐意的。

大门的中间是过厅，左右各有房屋若干间，楼上正中是大戏台，被称作“戏楼”，逢年过节或戏班来时，便在此演戏，两庑楼上空敞，供设座观戏之用。大门东边另开了一座门，门上有“大夫第”三字，这是祖父常出入的地方，可通向他的住室和花园。大门西边也开了一座门，是佣工车马出入和担水进柴料的地方。

第二进房屋最为宏敞和宽阔，它正中是个大厅，金碧辉煌的壁画，熠熠生辉的匾联，相互辉映。在这些凌空高悬的巨匾上，镌刻着“光前裕后”“耕读传家”等。还有些是亲朋为祖父致贺赠送的匾联，也挂在厅上。这厅堂可设席 12 桌，加上厅前敞院中摆设桌席，可宴请三四百人。那时人烟稀落，足可招待十里八乡的亲朋和农户了。

这所大宅坐落在丘陵的漫坡上，因此第三进的堂屋，自然高出前厅许多，加之堂前配有一座雕花镂空的石牌楼，更显得嵯峨雄伟。堂上正中供奉着郭氏历代宗亲的神主牌位，透露出封建宗法气味十分浓厚。我那时年幼，体会不到这些，只记得这里是给长辈辞岁、拜年的地方，在堂上磕头领压岁钱，这是我最感兴趣的事！

在整个宅院中，以花园为衬托的一组建筑，应算是最为精雅的：从“大夫第”进门来，过回廊，升台阶，步入一座大客厅，厅中桌椅显得古朴无华，给人以清雅之感。厅的右边是祖父的书房和卧室，后面有楼，是藏书楼。厅的左面是个小餐厅，后面是厨房。大厅前面是个敞轩，对着一个戏台，与大门楼的戏台相通。敞轩两边花木扶疏，兼有些盆景点缀其间。大厅的后面是花园。花园中央是个水池，有拱桥横跨其上，桥的这端种着两棵米兰树，树干有碗口大，甚是难得，每值花开，沁人心脾。小桥对面是座四方形雅阁，它是我父亲读书的地方。两边的花园里，我记得最清晰的是那株斑驳古老的红梅，枝杈残断，但它仍然挣扎着开几朵红花。另有黄腊梅一棵，它茁壮挺拔，高出屋檐，而且不断抽发新枝，花开得串葫芦似的，虽远不及红梅那般高雅，却很大众化，香味浓郁，招人喜欢。

值得特写一笔的，是大宅建筑的石雕和木刻。我十分欣赏敦煌的彩绘，也流连于苏州的壁画、龙门与云冈的石窟，令我感叹，但四川乐山大佛、大足的石刻和自贡市的西秦会馆中的雕刻之精湛，更使我高度评价了巴蜀能工巧匠们的才智和技艺。在川中各地，甚至大路旁的一座牌坊，也堪称是值得保护的历史文物。我忘不了大宅的石壁、石柱和石栏上的精美的雕刻，那栩栩如生的飞燕，蓦然回首的麋鹿，至今犹在目前。每个石柱便是一双动物，如狮虎“双雄会”、双象盘坐、双蝠献寿、蜜蜂双猴等，但没有双龙戏珠，可见是遵守封建体制，一点都不敢僭越。在我的印象里，东京城的渤海国王都和长安城的未央宫，它们的石柱还没有这样的雕刻，在苏州的拙政园和金华的侍王府中，似乎也未曾见过。石雕和木刻之精湛，这许是四川建筑的传统特色。

在大宅的前面是个宽阔的“大敞坝”，北方农村谓之“场院”。它用青石板铺面，既是晾晒禾谷粮食的场子，也是晚间纳凉谈天的好地方。“大敞坝”的两边各有一棵硕大的桂花树，它的树身有两个大人合抱那么粗，说它“亭亭如盖”太委屈它了，它简直像南粤的大榕树一般枝繁叶茂。八月中秋时，它满树花开，黄色的小花聚在一块，像绒球似的依傍在枝掖下，它的香味浓郁甜美，随风远播，闻见它便知是吃月饼的佳节了。桂树的花期只有数天，我们届时便把树下打扫干净，或者在地上铺上布单子，将纷纷摇落的花粒归置在一起，拿回家做桂花糕或酿桂花蜜。在村前和池塘边，也还有几株桂树，可能是我祖父培植的，但远没有这两棵那样的无匹无俦。我曾往新都县的桂湖，访明代状元杨升庵的故里，沿湖桂花树有数十株，但没有发现有上面这样巨大的。若算树龄，它俩该有多少岁呢?！我后来负笈北京求学，但每值中秋还想念起它来。可惜，如此宝贵珍稀的巨树，在 1958 年的大炼钢铁的狂潮中，被斫伐，被化作炼钢的薪炭了。呜呼哀哉！怎么后悔也是难以挽回的了！

大宅的后边是一片竹园，斑竹、毛竹和高耸的兰竹，兼而有之。竹性喜温湿，而后坡高旱，他们长得并不肥壮，倒是竹园之外，后山的椭圆形坡顶上，长着数十棵柏树，据母亲说，这是祖父亲自栽植的。它们不怕旱，根深入岩，针叶繁密，像乌云一样，也像墨绿的一柄大伞，在撑护着这一方土地！祖父晚年的一份心血之作，便是栽种那150亩山场的橘子园了。我幼时橘树已荣发成林，橙黄的柑橘，入冬时压满枝头，它销行远到泸州和乐山等府，达到了祖父所预期的、为办家族学馆筹资的目的。橘林每棵树皆等距离种植，横竖皆成行，高处下望，它像列阵的士兵一样，整齐有序，有条不紊。我应该怎么来评价它呢？我的心情有些复杂，这真是“莫可名状”四个字才能形容的。

《醉翁亭记》说，“环滁皆山也”。在我的故乡，则绕村皆是树，不仅是柏树、橘树、桂树和梨树、桃树，还有梧桐、香樟与麻柳等。香樟树最为雄伟，它高耸入云，赛过广东的“英雄树”。秋天，香樟的阔叶变得非常美丽，飘荡在池边，或随着溪涧流向远方，有一种诗情画意，令人难以忘怀。香樟木又是做衣箱和书柜的名贵材料，南方蛀虫虽多，但它们谁敢去啃樟木箱柜哩！麻柳树的学名是什么，我不曾问过，但它既非杨，也非柳，却喜欢长在河边，许是因此而得名。我少年时常与玩伴们去河中洗澡泅水，累了就躲到麻柳树下，睡完觉再回家。1963年，我曾回过家乡，使我不胜惊讶和惋惜的是，不仅桂花树和香樟树没有了，什么别的树都没有了，那依傍在河岸的麻柳树也消失无踪了。蜀山秃，洪水出，岷江、嘉陵江在怒号，滚滚的浊流，排山动地般地奔泻，于是长江变成了黄河，溃堤、泛滥以至于目前。

静宁寺求学记

我在7周岁那年，和许多学龄儿童一样，开始“发蒙”上学了。那时乡村还没有新式小学，各家的家长便商议出米出钱，延请我的至宾十叔当老师。他是我父亲的亲弟弟，在远近各地算得上知名的“读书人”。记得上学的第一天，母亲备了个提篮，装上香烛和“刀头肉”一块，到学堂去拜孔夫子。十叔把课堂设在我祖父那个客厅里，夏天时便把课桌搬到客厅下面那敞轩中，既风凉又惬意。我记得念过《三字经》，也背诵过“天地玄黄，宇宙洪荒”等。每天也带着砚台，自己研墨学写大字，十叔巡回着教我们如何握管，说：“手心要空，空得能容一个鸡蛋；落笔要横平竖直，不可以拖老鼠尾巴！”这些话已过去六七十年了，我还能记得它。往后约三年，附近的先觉寺办起了公立的小学，我们也成大孩子了，便翻过山坡去那里上学。我十叔被提升到县城的师范学校当小学部的主任，直到退休之年。

我小学毕业后却没有去考中学，而是在家中教我的侄辈，当上了“小先生”，我母亲对我说：你等外甥谷伯炎满12岁了，带着他一块儿上中学吧。我外甥那时才9岁，这样，等他和我一块儿上中学，我已是一个15岁的青年了。不过，这三年中，我在家却读了不少书，不仅会背诵“四书”《诗经》和《古文观止》的好些名篇，唐诗和宋词也成了我的爱好。有时即兴写些长短句，俨然以诗人自居。那时我的历史知识不多，关于南唐和北宋，也不知各在何处，但对南唐后主李煜的作品，却由衷地欣赏和钦佩。“四十年来家国，三千里地山河”，不仅音韵铿锵，朗朗上口，给人的感受更是苍凉萧瑟的。“问君能有几多愁，恰似一江春水向东流”，离愁别恨与欢快的春水本不相干，李煜却以它来表达自己无限愁思的故国情怀。还有他的“离恨恰如春草，更行更远还生”，真是信手拈来，不仅贴切自然，更显他千古独此一人的文采！我曾出玉门，过陇西，体会过“秦时明月汉时关”的荒凉景象，也看见过“大漠孤烟直，长河落日圆”的浩瀚平野。少年时读这些词章和诗句，虽然难有真切的体会，但文学对我的陶冶，却使我终生受益，感到一种人生的精神享受！

1941 年夏季，国立东北中山中学在重庆和威远两地招生，我此前已得知它是一所好学校，便舍弃了读县立中学，而以它作为升学的目标。记得预定的报名那天，正逢倾盆大雨，我带着 12 岁的外甥，打着油纸伞，冒雨赶路奔往县城去。进城得经过威远河桥，洪水滔滔，滚滚浊流已将桥身淹没了，令人徒唤奈何！失望中忽然发现河上游有一艘大木船，在冒险摆渡。我顾不了许多，便挽着外甥谷伯炎，深一脚浅一脚地踹着河边的烂泥，奔向那只渡船而去。船家看见我外甥小小的个儿，惊问道：“小娃儿，这么危险赶啥子去？”他哪里知道，我们确乎是在赶考奔前程呢！进得城来，赶往报名处，看见贴有一个通知，大意是因天降暴雨，报名推迟三天举行。我们虽有些憾然，但也感到这是校方的一番好意。而今回想起这一趟报名的少年英雄式的行程，也不由地有些感佩之心。

考试总共才一天，上午是算数、常识，下午是国文（即语文），国文有词语解释等项，还有一篇作文。我即兴发挥，无所碍滞，写得还算称意。考试的地点既不在静宁寺，也不是自贡市，依稀记起是在威远县的女子中学教室里。每考完一科，我们便绕着那大荷花池转圈，彼此核对答案。应考的人有好几百，据知重庆考区人更多，两个考区共录取两个班，总共不到100名，悬着哩！我心中有一种无名的忧愁，悬心等待发榜日期的到来。那天是一个晴朗的日子，录取名单高高地贴在县衙大门外的砖墙上，我们抵达城里已是近午时分，头上冒着热汗往上看。一会儿，谷伯炎便高兴地喊道："我录取了!"我按照他手所指的位置，果然看见他名列榜的中间。接着，我们又继续找，从前面到末尾，连备取名额都找遍了，也没有我的名字。我感到纳罕和失望，头都抬不起来了！忽然谷伯炎叫道："找到了！在前头嘛!"我原是找过前头的，没有发现，因为我并没有从第一名找，恰好漏掉了榜首的位置。在千多人里拔得第一，我心中欣然以喜，多希望街上的人都来看呀！特别是我们郭家的亲友们！我马上想起了母亲，我得赶快回家报告她！母亲鼓励我读书，这考中了的消息她会高兴的！

静宁寺在威远城迤南三十余里，介于自贡市与威远县之间。寺院坐落在苍翠的山丘之上，山虽不高但很宽阔，因之寺院正面三重殿宇便到山巅了，它的左右两翼却各有三个套院。全寺大小房舍二百余间，而且多是双层楼房，作为一个中学的校舍之用，是绰有余裕的。除了楼房多这一特色之外，静宁寺的标志性建筑，便是屹立在大殿两厢配殿边的两个高阁了。它相当于钟鼓楼的性质，但却是四层正方形的台阁，高翘的飞檐，尖耸的阁顶，特别醒目，比起寺西端那座七级浮屠来，这双阁既高且雄伟，挺拔而出于尘寰，看见它便知是静宁寺的所在了！

我们初中新生被编为两个班，从同学的籍贯可知，约四成是东北人，三成是两湖入川的子弟，另外便是从重庆和本地考来的四川娃了。我和外甥来到静宁寺报到，十分愉快地开始了新的学习生活。但是不久困难就来了，这就是从未接触过的英语课。也许是西南地区卷舌音少，不会打嘟儿，上课念不准音，也记不牢。这门课给我的压力之大，达到了食不甘味、睡不安寝的程度。一次在走往饭厅的路上，我迎面碰见两个四川同学，他们有说有笑，并不像有什么压力。我憬悟了些，一种自信心和顽强性升起来了。我除了专心听课和跟着诵读外，每天早晨爬起床来，便挟着英语书奔往山坡高处的篮球场去念课文。四川冬天的早晨，严霜把场边的衰草冻僵了，我双手捧着开明版的英语课本，绕着球场一边走一边念。耳朵冻红了，嘴唇也冻得不听使唤，但我仍然坚持天天晨念。一学期过去了，总算没掉队，第二学期便对英语产生了较浓的兴味，也喜欢对语法进行分析。一年之后，不仅考试成绩名列前茅，我把课文和文法书也都背诵下来了。有人是天然的对外语有兴趣，我则是在学习过程中才对它产生了兴趣，起点不相同，所幸达到了殊途同归的目的。

在人生的岁月中，最值得怀念的，除了母亲，便该是自己的老师了！夫妻或情侣之爱是属于情爱，没有神圣的意义，也难称得是无私的奉献。然而人们往往由衷地写出“师恩如海”“师恩难忘”，以“人类灵魂的工程师”来表达对老师的赞美和敬仰之情。韩愈的《师说》篇写道：“师者，所以传道授业解惑也。”此处的“授业”“解惑”，指的是传授知识和技能，即“智育”的范畴，而“传道”则属于“德育”，即道德品质的培养和灵魂的铸造。老师以一身而兼二任，这往往是为人父母者难于做到的，也是老师的伟大和崇高之所在。我这里便来敬述静宁寺校中的老师们，岁月与风霜冲刷着我年深的记忆，但师生之情是冲洗不去的。

最难忘的是教我们生物的王老师。他那时正当不惑之年，中等身材，白皙的面孔，步履稳健端庄，表情永远是乐观而愉快，对我们总是慈眉善目的。他每次上课，都是提前两分钟左右走到高阁之下，上课的铃声响完时，他准确地踏入我们在阁旁的教室，从来不迟到半分钟。他不仅敬业精神感人，而且妙语连珠。大家都盼着他来上课，由于他每周只来一次，所以这两节生物课备受重视，课堂秩序特别好。这在少年班级中，平日是不易做到的。

我对化学课饶有兴趣，这与傅老师的启发很有关系。傅先生每次上课堂来，从不拿书和讲义，只是夹着两根白粉笔，当问完“同学们好”之后，便回过头去在黑板上写本次课的纲要和化学方程式，他的板书流利而整洁，我们尽快抄写也跟不上。抄完后，他才讲解。化学本无生动可言，然而傅先生却别具神功，把我们的学习积极性发动起来了，这门课大家的考分都不差。我后来在北大理学院听袁翰青教授讲化学课，我便想：傅先生的课教得那么好，也该是教授了吧，我们惦念他呢！

英语课曾挫伤过我的信心，但它也提高了我的锐志，使我体会到，困难在有志者面前是不存在的。教我英语的赵老师与教化学的傅老师，听说都是清华大学毕业，这便更增加了一层光环。赵老师和善，喜欢学生，这对于失去家乡、远离父母、孤苦伶仃的东北流亡学生是十分珍贵的爱抚。他教课很轻松，但判卷很严格，而且经常测试，莫可预料。譬如在课间，他让大家每人拿出张纸来当考卷，即兴出题，当堂作答交卷。他收回去批阅计分，若多数词字尾漏掉“S”，他也绝不相饶。我们就是在他这样亲切而严格的教导下，取得了好成绩，后来有的同学考上北京大学西方语言学系，这未尝不拜赐于赵老师早年的栽培呢！

我们的史地老师姓宋，他才 30 岁出头，算是最年轻的了。他高大的身材，魁梧的体魄，沉着稳重的举止，给人以一副关东汉子的英雄形象。他教书虽难称上乘，但他爱国的热忱却给我们感染很深。他想去延安，可能没有联系上。那时正是抗战中最艰难的时刻，军用民用汽油奇缺，西北发现了玉门油田，宋老师便弃笔北上，奔玉门开发油井去了！

我的语文老师姓黄。他约近 50 岁，东北辽阳（?）人氏。他赋性耿介，嫉恶如仇，课间往往批评时政，对张少帅被囚禁抱不平。他批改作文很认真，有一次我们全体去自贡盐场参观，回来后黄老师让每人写一篇作文，述感想与见闻。我是第一次看见新式洋楼与偌大的天车和井架，心情颇为兴奋，文思油然勃发。怎么写呢？我想起了《长恨歌》和《琵琶行》的叙事诗体裁，于是以七言长诗来表述这次旅游的状况和感受。那时我是初中二年级。黄老师批阅我这文卷后，并没有发还给我，而是交到校长室去了。过两天，鞠秀羲校长找我谈话。他知道我曾是考生中第一名，也颇欣赏这篇游自贡的长诗，便给了一番鼓励的话。在踏进校长室时，我心中忐忑不安，及至迈出门坎儿，便不由地脚步轻快，意绪昂然了！

鞠校长在学生中口碑甚好，在他任职期间没有发生过学潮和罢课的事件（以前曾多次有罢课学潮）。新中国成立后，有人在河南洛阳见过他。在知识分子过炼狱的那漫长日月里，但愿他一路平安！

活跃的社团生活和雨后春笋般的壁报，构成了静宁寺的一道风景线。社团并非官办，也没有规定的审批手续；壁报和板报有班级出的，也有自由社团出的，例如“火炬社”“春潮社”“《诗刊》社”等。我喜欢诗，曾给《诗刊》社供稿，它的主编是高二班的丁耶。丁耶很热忱地给我介绍拜伦的“十四行”和雪莱的诗，我则对他谈读白居易和宋人长短句的体会。在我心目中，他是一个才子和必将崭露头角的诗人，他不会比徐志摩和新月派诗人差呀！我一直这样想。但是他的运气却不好，多次挨过整肃和批判。我是近年才从他的回忆文章中得知，他已回辽宁故居度晚年了。我那时也和几个同学办了个壁报，水平不咋的，内容也早已忘记了，但它却给了我们发表自己意见的机会和写作锻炼。

静宁寺的学习生活是很有意义的，静宁寺的风光也是很美的。每值春来，绿水生波，杨柳依依，山后面那大片坡地，撒满了豌豆花和蚕豆花，蜜蜂嗡嗡地忙碌着。然而日寇侵凌，国难深重，加之政治腐败、奸商居奇，流亡学生们衣食不周，面有菜色。我们考进学校时，宋氏姐妹从救济总署拨给了一批美制“罗斯福布”，这是海蓝色的双料咔叽布，记得是每人做两套学生服，但却没有做衬衣内裤的料，然而这总算解决了衣不蔽体的问题。吃的问题比穿的更严重，又难以解决好。四川虽然以富庶著称，但川东伏旱多，往往收成少，加之外来人口的骤然增加，米珠薪桂，商人抬价出售，以次充好，更加重了学校办伙食的困难。学生食堂每天三顿饭，早晚每人一钵稠粥，中午是米饭，但往往没吃饱时，饭盆就空了。寺外有小街，街上饭馆卖的米饭又白又香，但学生们都很穷，只好投以羡慕的眼光，咽着口沫而过。青少年们正是长身体的时候，他们需要营养，但饭吃不饱，肉只有半个月一次。每当“打牙祭”那天，厨房师傅大半夜就起来，得宰几只猪，才供得上一顿。回想起这段苦日子，心中不由得有些酸楚，更恨日寇给中国人民制造的苦难。我忘不了日本飞机的大轰炸，那时重庆市每天“跑警报”，狂轰滥炸，炸死的绝大多数是平民和妇幼老弱。记得自贡市挨炸那天，晴空无云，我们眼看着敌机从头上飞过，须臾，爆炸声便自南面动地而来，少年们不免有些紧张害怕，但更多的是仇恨！自贡市仅仅是个盐场，根本不是军事区，天车和井架也不是高射炮和武器，滥炸平民区和非军事目标，这是违反国际公法和违背人道主义原则的。这与日本军国主义制造的南京大屠杀一样，无可辩解，将永远被牢牢钉在历史的耻辱柱之上！

江西土改一年间

我在大学四年级时，参加了轰轰烈烈的土地改革运动。这是1951年秋至1952年春夏间的事，当时，华北、华东和中南地区全面展开土改工作，北大历史系被派到中南区，编制为中南区土改工作团第十二团，工作地点是江西省吉安专区的泰和县。

这是我生平第一次参加教育以外的大型社会政治工作，感到很新鲜、很陌生，也很有意义，收获丰富，受益匪浅！

我们是乘火车沿京汉铁路南下，华北平原的凉秋十月，草色染黄而枣柿累累满树。车过大别山，则迎来满眼新绿。在“晴川历历汉阳树，芳草萋萋鹦鹉洲”的诗情画意中，我们来到了武昌。记得那时是邓子恢任中南局书记，他安排这批教授和大学生下榻省委党校，吃住都很优渥，比我们在北大好多了。但他们还说因厉行艰苦朴素的指示，招待得太简慢了！在武昌约一礼拜，由秘书长杜润生作了次报告。他善于讲演，口若悬河，引证鲁迅著作，不时带出些唐宋诗词，颇得大学生们好感！在学了三天《土改法》和有关政策后，我们师生都兴致勃勃地要去凭吊黄鹤楼。但该楼早在清同治年间已焚毁，故迹无存，连石础地基皆看不见了，令人感到怅惘和扫兴！随后，我们登车到长沙，约有半天的候车时间，大家兴冲冲地赶往岳麓书院观光。沿路橘子红满枝头，耀人眼目。书院给我留下的静穆清幽的印象至今犹在！我们从长沙登车南行到株洲，折而东向，经樟树镇渡河，又东北行300里，便抵达古洪都，今江西省会的南昌城。江西虽是红壤土地，并非富饶之乡，但在唐、宋之际，却是物华天宝、名士荟萃的地方：大文豪欧阳修出自庐陵郡，正是我们要去搞土改的吉安专区；才思敏捷，位列“唐宋八大家”的曾巩，便是世代书香的南丰曾家之子；朱熹开书院于庐山；王阳明也建功立业于赣江之畔。南昌设县始于西汉，隋置洪都，唐沿袭之，所以王勃说“南昌故郡，洪都新府”，这才子对历史地理可称博洽多闻的了！我们在南昌停留一周，学习和观光，瞻仰了八一起义故址，又出章江门，寻觅滕王阁的踪迹。史称：唐滕王元婴都督洪州，建此阁于江诸，故名。王勃探亲过南昌，适逢元婴宴客阁中，欣然与会，并作序文。我们漫步江边，阁已不存而故址石础犹在。“画栋朝飞南浦云，珠帘暮卷西山雨”的瑰丽景色，也不可复见。然而“落霞与孤鹜齐飞，秋水共长天一色”的如诗如画，空灵而忘我的意境，出自一个14岁的洛阳少年之手，却使我等来自京门的大学生感到惭愧不相如。

10月中旬，我们被分派到吉安专区泰和县进行土改，我去的是雁门乡。这一带地区是当年的红军苏区，亦即老革命根据地。20世纪30年代，毛泽东等落脚井冈山，以瑞金为都城，创立了“中华苏维埃共和国”，成为中国有史以来，继“三国”“五胡十六国”之后，又一个国中之国。蒋介石围剿苏区，便以统一中国的“一个中国”论作为号召。这一片红色地区，数年间经过反复的阶级斗争和五次“围剿”反“围剿”，人祸天灾频仍，断壁颓垣，满目萧疏。我们来此时，还可看见在有的祠堂破败的墙上，残存着“打土豪、分田地”“苏维埃共和国万岁”等标语，与国民党的“戡乱救国”“剿灭赤匪”的标语并存着。

关于打击豪强，平均土地，这在历史上，是个古老而常新的课题。西周就有井田制，孟夫子的书中也曾绘制过“五亩之宅，树之以桑”的小农经济的理想蓝图。北魏时搞过均田法，唐代也曾有过限田措施。明太祖出身寒微，深知农民疾苦，所以他建国后在苏浙等地打击富豪，抑制兼并。洪秀全定都金陵后，随即颁布了《天朝田亩制度》，务使“天下处处平均，人人饱暖”。李秀成秉承天王旨意，便在苏南、浙江所属各县，实行田地“以实种作准，业户不得挂名收租”的政策，又颁发“田凭”（土地证）给农户，使苏、浙地区在一定程度上实现了“耕者有其田”。在孙中山的《三民主义》中，“平均地权，节制资本”是他经济政策的核心主轴。由此可见，农民的土地问题，关系国运与民生，历代都提出过，也曾试图解决，但都未能根本解决。我自幼生长在农村，深知农民热爱土地，他们做梦也盼望得到一份属于自己的土地。我的干爹唐二爷，便是一个贫无立锥的佃农。他租种约 25 亩稻田和相当的旱地，每当秋收时，他和 5 个儿子将金灿灿的稻子收上来，除了缴纳租谷，便所剩无几。他家的生计，主要是靠旱地种杂粮、种甘蔗的收入和养猪所卖得的钱。终年辛苦，日子过得十分拮据。一次，我陪他在山坡上棚子里守护庄稼，听见他同另一老汉低声地对话：“听说红军打到川北哪！把田地都分给庄稼人（农民），啥子时候能打到我们这里呢?”言下流露出期盼之情。算来那该是 1935 年红军打进四川、红四方面军在川北闹革命的事。我那年已 9 岁，故而记得很清楚。事实证明，进行土地改革，既可满足人民群众的迫切要求，又符合生产力发展的需要，是件顺天应人的大好事。问题在于采取何种方式和手段去进行土改，才是合理的和最佳的。在 20 世纪 50 年代，土地改革并非中国内地的专利。在日本、东南亚一些国家和台湾地区，也先后间进行了土改，只不过方式和手段不同。大陆是以阶级斗争为纲的斗争土改，后者则是赎买政策的和平土改。

江西在解放初，已进行过清匪反霸和减租退押运动，农民得到一定好处，所以对土改工作队抱欢迎的态度。我和邹衡（当今著名考古学家）、杨诗庚（后为特级教师）等数人，由李区委带队，进驻雁门乡的上阳丘村，在那里召开全乡群众大会，宣布土改工作开始，并警告阶级敌人不得乱说乱动。这上阳丘村是一片平畴，土质虽比不上江浙地区，但无旱涝之忧。自大革命以来十多年，土地平均化，没有形成地主，因之，土改缺乏斗争对象。几经调查罗致，终于找出一个介乎富农和上中农之间的人来。于是，派两个民兵将此人押来，由李区委主持询问，让他交代剥削账，并拘留在一间空屋内，不准回家。孰知次日一早，只见他已用裤带将自己吊死在窗棂上。这一来村民议论纷纷，我们也不好解释，就称他是畏罪自杀。李区委是在东北地区搞过土改的，他说道：大运动中死个把人是常有的，不用怕。可是，不久他就回区里去不再来了。经过这并不成功的“试点”工作后，我们便铺开到各村去，我负责的是雁门和大坑两个村，共四十多户人家。

按照正常的土改程序，工作组入村后，先是“访贫问苦”。在了解贫下中农群众中的苦大仇深的对象之后，第二步便是“扎根串联”。这扎根扎得端正与否，十分重要。若是把乡下的“二流子”或“流氓无产者”当作贫农依靠对象，则群众是难以发动起来，运动便会流于走过场。第三步是组织村农会，然后是工作组协助下的、由农会进行的平分土地的工作。

在我们入村之前，领导要求工作队员下去后要与农民实行“三同”，即“同吃、同住、同劳动”。并介绍说，这是老解放区在土改中发动群众的成功经验。我把它奉为圭臬，照样实行。然而，“同住”在这里却难以贯彻。这倒不是农家房舍小，难以安排，而是对一个初来乍到的陌生人难以认同。所以初时住进仓房或祠堂，久之，相习相亲，才被迎接到农家去；“同劳动”则受到欢迎，既帮助耪地莳田，又在劳动中交心和了解情况。我们虽然感到有些累，但却很乐意。“同吃”，一是表明与群众同甘共苦，二是杜绝干部下乡伙食特殊化。我们是挨家挨户“吃派饭”。上级规定：每天得如数付清饭钱，不能拖欠，乡亲们先是不肯收，久之便不推辞了。我很感激老乡们的厚情接待，那园蔬和瓜果的新鲜味道，常引起美好的回忆。经过一段时间的“三同”后，我对这里的每户人家有了些了解，并结交了以徐荣兴为骨干的几位贫苦农民。这个徐“老表”（即老乡的意思）是雇农出身，帮过工，在山林中烧过炭，卖炭挣的钱养活母亲和妻小。他为人浑厚朴实，作风正派，不夸夸其谈，和我很投缘。我随他去山林中斫“青冈木”，挖窖烧炭，又一同挑往墟场赶集卖。我也帮别的“老表”上山下田劳动，并学会了犁地耙田的基本技术。他们觉得我劳动不是装样子，待人和气没架子，渐渐地和我拉近了距离，谈话也就随便无顾虑了，家长里短的事儿也都告诉了我。在一次单独交谈中，徐荣兴告诉我这里有一户地主姓匡，这匡家原来是在镇上开杂货店并卖布料，后来钱多了，便买田置地，修建起了大瓦房。匡家父子二人，在年前已逃匿在外，没见其回来过，家中只有老婆和儿媳，已被迁住在村边的茅屋去了。我们召开过两次诉苦会和批斗会，我先曾与“徐老表”交代过，不可搞非法斗争。老徐是个忠厚的人，他在给地富分子训话时，告诫他们要低头认罪，老实接受改造，并说明工作队已宣布对地富实行“给出路”的政策，不是扫地出门，是可以按人口照样分得一份田地，今后自食其力，重新做人！农民们知道，地主有些“浮财”在土改前已藏匿在亲戚家或暗自埋在地下，所以每次斗争批判会上都追问。经过晓以利害，这匡家女地主将隐匿在亲戚家的细软和手镯等都让人取回交公了。老徐遂进一步做工作，让她把窖藏指认出来。我事先没有料到这点，当老徐率民兵带这女地主回故宅卧房的床脚下挖掘时，果然挖出两个瓷坛子来，其中一坛装了四百多元银洋，另一坛则装的是面值为“贰佰文”的大铜元。雁门村挖出这么多“浮财”！远近各地都轰动了，而且是合法斗争，没有吊打非刑的现象。徐荣兴也成了农民积极分子的好榜样。我感到庆幸：“这次扎根扎正了！”荐举得人，没有出问题！这些钱，我们上缴了半数给县里，留下的共买了三头水牛，又买了若干匹布料，水牛分给缺耕牛的农民，有三两家共一头牛的，也有农家一户只占一条牛腿的（即只有四分之一的使用权）。布料最受农村妇女的欢迎，她们缝好新衣，快近年节了，穿新衣过新年呀！我所住那家的主妇，缝制好新衣服，试穿着说："郭同志，多谢你们工作队哆！"我当时还不会应答"感谢毛主席"的话，便带有欣赏性地说道："你穿得好看嘛！"分罢浮财后，接下来是进行分田地，这使我感到思想负担很重，因为水稻田的优劣，相差悬殊。䃳上田易受旱，冲田则有源头。冲田在山窝里的受光少，水温低，谷穗不饱满。冲外田则水暖光照充足，收成好。当然，最肥沃是屋下田，因为猪、牛的粪水都从屋下流到田中，不需施肥了。然而，我这个外乡人怎么知道这许多田块的肥瘦优劣？平均分配能做到，但肥瘦搭配均匀却很难呀！弄不好，遭群众抱怨，岂不前功尽弃么！其实，我这思想负担是多余的，徐荣兴和村农会的骨干们，对田地情况了如指掌。他们采取以原佃耕田地为基础，抽肥补瘦，按人平均，很快便将全村土地分配完成了。在分田地时，区里派来了两名技术员，进行指导，分好后，又进行登记造册，交到区县去，最后只差颁发土地证了。

以上系列工作完成后，已接近农历年节，农民们分得了耕牛、田地，心情愉快满意，高高兴兴地备办年货、熬糖、蒸酒、自制点心，以迎接这个幸福年！他们邀请工作队员到家中过年去。但是我们接到上级通知：返回泰和县城去总结工作，意思是这阶段的土地改革工作完成了。我在离开之前，先向各家告别，三个多月与乡民们共度朝夕晨昏，斫柴在一起，犁地在一起，汗珠也淌在一起！无形中一种难以言表的深情把我们联系在一起。临走时他们挥泪相送，我也不由地心中酸楚，滴下泪来。

回到县里，听报告，做总结，挨批的、受表扬的都有。工作团的领导找我说："明天你在大会上发言，介绍你在雁门村的经验。"我本没有思想准备，但也得奉行如仪。具体讲了些什么，现在都已忘记了。但我倒是将“群众是真正的英雄”这个主旨，结合徐荣兴等人的积极作用讲出来了。过完旧历年，本应该回京读书去，但省里接到最高指示，让这些大学教授和学生再下原来的村墟去，“巩固土改成果”。老乡们看见我们又回来了，多少有些惊讶！就这样，我们又和乡亲们“三同”了三个多月。北京知识分子的思想改造斗争开始了，我们才匆匆地赶回京门。

什刹海边读书记

1952年夏，我从北京大学毕业了！在批判资产阶级教育方针的浪潮中，不仅老教授、专家学者要“洗澡”“脱掉裤子割尾巴”，毕业生也要过“鉴定”“服从分配”这两关。没有鲜花、没有欢送，我们离别了北大。这一届毕业生，许多都分配到各省市去充实中学的师资队伍，少数被分到高校作研究生和助教。我接到的是一份推荐信，介绍我到中国人民大学研究生部去继续深造。我喜欢读书，这时怀有浓郁的研究兴趣，便高兴地奔往西直门，到双榆树村人大校本部报到入学。

中国人民大学创立于1950年10月，它是一所区别于北大、清华等欧、美式体制“资产阶级旧大学”的新型大学。它是以苏联莫斯科大学为模式，以工、农、兵学员为培养对象的学校。它的前身可追溯到抗战初期成立于延安的陕北公学，1939年合并鲁迅艺术学院等校，改称“华北联合大学”，后又将晋冀鲁豫边区的北方大学并入，成为“华北大学”。所以，中国人民大学是从陕北公学一步步演进而来，于今已有六十多个春秋了！

我走进人大的第一印象是：校舍是新的，虽然是简陋的；图书馆也是新的，虽然远不能比肩于北大，然而校本部前那两棵苍松，高大挺拔，树龄三百载！这是北大红楼校本部找不到相比的。人大设有本科十余个系，工、商、财贸管理是它的特色，又有四个大型教研室，即马列主义、中国革命史、政治经济学和哲学教研室，这是当时各大学所罕有而独具优势的。它培训出的学员很多，输送到各高等学校成为政治课的主讲教员。人大研究生部的生源并非招考录取，而是推荐来的，其中80%是工农兵干部，20%是青年学生，而大学毕业生更是少数。人大的函授部开风气之先，办得颇有声色，培养了不少专业人才。

我们研究生第一年的课程，主要是理论课和俄语。马列主义课以读原著为主，结合课堂讲授，不时进行讨论。中国革命史主要是学《毛泽东选集》，领会毛泽东思想。政治经济学是苏联专家讲授，重点学习斯大林的新著《社会主义经济问题》。这段时间我读书较用功，啃"马列原著"如《反杜林论》《帝国主义论》《费尔巴哈与德国古典哲学的终结》等十多种，还有《毛泽东选集》和相关文献。我资质虽仅中等，不能过目成诵，但悟解能力颇强，书中要旨掌握得较透彻。但也存在一些怀疑，如对劳动创造价值中，排除了资方的脑力劳动和经营管理的价值等，至于《帝国主义论》中的局限和错误，我只感到它论断绝对化，而没更深层剖解。当然，那时人大师生把"马列原著"奉为"经典著作"，也阻止了我们去发现问题和进行独立思考。这一年的理论学习，使我受益匪浅，特别是培养了自己对哲学的兴趣和爱好。我体尝到辩证法对思维和认识问题的科学意义，对费尔巴哈和黑格尔佩服有加。老实说，在读《反杜林论》中，往往吃不透，我就用铅笔打上问号，反复阅看，反复想，有时深夜醒来也在琢磨。果然，锲而不舍产生了檐滴石穿的效果，难点解破了，心中豁亮了，对哲学理论的兴趣和爱好也增加了。在我的学友中，大多数来自各生产岗位、部队营区和地方各级领导部门。据他们反映，因工作忙碌往往坐不下来读书，久之，也失去了读书学习的习惯和爱好。现在有机会静坐课室了，但心收不拢来。这倒不是窗外有鸿鹄将至，而是往时生动的、火热的场面，往往呈现在书本前面。书是死的，它虽不会动，但却像块石头，啃不烂。理论书不可能像言情小说那样有吸引力，读时颇费劲。我同窗好友中，一位是来自苏北的县委书记，名字是赵艾峰；另一位为来自四川（什邡县）的区委领导，他名字是朴远祥。他们学习有困难，但很刻苦用功，而且肯谦虚下问。我们三人在课后，经常一块讨论，疑难相与析。在春光泻满的草坪上，在夏日炎炎的松树荫里，常有我们三个青年在讨论和学习。这真是难忘的友情岁月啊！

研究生的第二年课程是专业课，我们被分到各有关的教研室，我于是归到城内什刹海畔的中国历史教研室，主任导师是尚钺教授（1902—1982 年）。尚老是一位悲剧型的革命学者，河南罗山县人，1921 年入北京大学英国文学系预科，后到吉林任中学教员，是朝鲜金日成将军的授业老师。1927 年大革命失败后，在白色恐怖下，他毅然加入中国共产党，并矢志为之奋斗终生。他在任满洲省委秘书长期间，多有贡献。抗战期间，执教于云南大学，支持学生进步运动。1946 年后，他先后在山东大学、华北大学和中国人民大学任教，培养了研究生 80 多名，其中多成为新中国的教学科研专家和各级党政骨干。尚老为人坦率而耿介，因之在复杂的人际关系和派别斗争中，他难以适应，难免触雷或被击伤。他给我们讲授《中国历史纲要》，自成一家之言，主张两汉前（包括两汉）是奴隶社会，而魏、晋是封建社会的开始。他在学术界并非“孤独一枝”，还有别的知名史学家也持他这观点。然而尚老不仅在课堂上讲，而且严词批评“西周封建论”的范老。当时，哪有不透风的墙呢！可巧，正当范文澜《中国通史简编》（修订版）发行之际，报刊上发表了王忍之、李文海等批评范著该书的文章。谁都知道他们是尚钺的学生呀！虽说“百家争鸣”无可厚非，然而总会伤感情的哩！此后，尚老的“纲要”一书虽在人大获奖，但不久一场大批判降临到他的头上。尚老虽然不见容于当时京门历史学的主流派，但他在我们青年学生中却有着良好的形象和受到爱戴。他备课非常认真，参考的资料也很丰富，特别是关于魏晋时期门阀、部曲的史料，比我在北京大学专家那里得知的更觉耳目一新！他鼓励我们钻故纸堆，搜求未发现的史料。他特为我们去找北京图书馆的赵万里馆长，给我们开辟了两间研究室，可以调阅书库的资料来进行研究，而不必短期就归还。他又邀请邓拓和侯外庐等著名学者给我们讲专题课，使我们既拓宽了学术视野，又结识了当代的学术方家。邓拓（1912—1966年，福建闽侯人）当时任《人民日报》总编辑，诗人、书法家。他还是明清史专家，他发表的《从万历到乾隆》这篇论文，对中国资本主义萌芽问题起到了一锤定音的作用。他给我们讲他深入西山门头沟煤矿地区调查访问，搜集有关矿业契约、票据和当时物价等资料的经验，给我的感触特别深刻。因为我在北大历史系读本科时，曾去过门头沟，并且下到矿井内四百米深处和工人们座谈。但我作为专业的史学工作者，却没有注意到去采集近在咫尺间的民间史料。我对邓拓产生了钦佩，也勉励自己去做深入的史料发掘工作。侯外庐（1903—1987年，山西平遥人）当时已从西北大学校长任上调来北京，担任中国社会科学院历史所所长。他是个典型的北方汉子，硕人其颀，仪容伟岸，与邓拓的瘦弱身材相比，恰成鲜明的对照。然而，他们两人有个共同的特点，即都喜欢和青年人往还，对我们谆谆诱导，诲人不倦。侯先生给我们讲思想史专题，指出明清之际顾炎武、黄宗羲等反君主专制、启蒙民主主义的思想是有其深刻的时代背景，它和当时的资本主义萌芽有着内在的联系。我很赞同他的观点，认为这在辩证唯物主义的理论上是站得住脚的。我向他表述了自己的认识和体会，侯先生很高兴。可巧侯先生家在东城什方院，我家住大方家胡同，两者不过相隔几条街，我便约好去拜望他。他家是个宽绰的四合院，进门左边的南屋是个大客厅，陈设了些书画、古董和文物，厅中央安置了个大火炉。已是初春三月，但还很冷，他便让家人将炉火生旺，和我谈东欧之行，并将从波兰、东德带回的书画展示给我观赏。这时又来了一个中央美术学院的青年，侯先生的谈兴更浓了。记得我们告辞出来时，街灯已昏黄了。后来我曾将毕业论文送请他审阅，三万多字的长文，他都逐页看过，并作了眉批和修改。这种扶掖后进、无私奉献的精神，成为我教学和对待青年学生的光辉榜样！

进入研究生的第三年度了，选题做毕业论文提到日程上来。我们生活在什刹海边，早上沿着岸边跑步3000米，回到食堂进餐，餐后便奔资料室。我更喜欢去文津街的北京图书馆，那里图书丰富，并藏大量的陈年报刊，这是别处找不到的。更何况环境幽美、安静，每天开馆时间长达12小时，而且它距我们所在的鼓楼雅儿胡同，不过半小时的路程，这只是散步的功夫耳！因此，在搜集论文资料这阶段，我常去北京图书馆，利用它给我们提供的两个研究室，在那里调阅有关的、外边借不到的报刊文献资料。做论文的选题方向，我选择了太平天国史。以前，我在北大时曾看过《贼情汇纂》，感到很有兴趣，这时又出版了罗尔纲的《忠王李秀成自述原稿笺证》（增订本），另外还有一些新资料可供利用，我于是在向戴逸请教后，决定钻研太平天国史。

前在1951年初，为纪念太平天国起义100周年，《人民日报》发表了一篇社论说，太平天国革命之所以归于失败，是因为没有无产阶级领导，而没有无产阶级领导的单纯农民战争，只有失败的命运。这种单纯农民战争论，给太平天国革命性质定下了调子，在史学界奉为金科玉律，我的思路也止步于此，不曾有所逾越。但接触资料深广以后，我逐渐发现了矛盾和问题。首先，是太平天国有着完善的纲领和制度，如《天朝田亩制度》《资政新篇》和各种礼仪典制。它不是农民能提出来的，也不是历代农民战争所有过的。马克思在《法兰西阶级斗争》中曾指出：农民不能代表自己，他们的利益得由别人来代表。那时还没有无产阶级和资产阶级问世，而历代农民又提不出这样明确的纲领和制度，那么，太平天国领导者们反映的是哪个阶层的意识呢？其二，农民是个体小生产者，他们天然地缺乏组织性和纪律性，历代农民起义军的实际表现也证实了这点。然而，太平军恰与之相反，它严明的纪律与完善的组织，称得上是前无古人，有口皆碑的。这从农民的阶级性中找不到诠释，倒有些近代工人先驱者的意味。因此，我憬悟到这个“单纯农民战争”却有些不单纯，不可以用“单纯农民战争”封闭我们的思路，而应深层次地进行探索，方能有所开拓和创新。这时，我反复阅读了恩格斯的名著《德国农民战争》，并以之与太平天国的时代和条件进行比较研究。我发现：16世纪的德国经济，比太平天国所发生、发展的两广和江南地区是相对滞后的，而恩格斯却别具慧眼，从德国农村、城镇中分析出“萌芽无产阶级”这样一批人来。恩格斯又指出：正是这批“萌芽无产者”加入到德国农民战争中来，起了骨干作用，才使这场农民运动提升到历史前所未有的高度。这个分析和论断使我眼界大开，思路顿时豁亮开朗起来。据我所掌握的史料可以判断：明清商品经济的发展，在资本主义早期的工场和作坊中，在航运和陆运的大批伕役中，在矿业生产的工人中，有着大批的“萌芽无产者”。太平天国是不是反映了他们的思想意识呢？答案应该是肯定的。我于是从史料上论述了杨秀清、罗大纲等一批农民军领导人，是属于恩格斯所指的“萌芽无产阶级分子”。他们离乡背井，脱离农村，漂泊江湖，为了保证生存和生活，便组织或加入秘密结社如三合会、天地会、“袍哥”等。这些民间结社，有着较严密的组织和严格的纪律。太平天国军兴于两广、两湖地区，正是天地会发展的地区，洪、杨等人便在秘密会社的帮规条令的基础上，形成了“十款天条”的森严戒律。可以认为：太平军优良的组织纪律，是以“萌芽无产阶级分子”作为阶级基础，他们早已脱离农村，适应了帮会的条令了。

在搜集论文资料这过程中，最值得感谢的是北京图书馆的领导和员工们，他们不仅提供了研究室，每天 12 小时开馆，而且将《剿平粤匪方略》这样卷帙浩繁的线装书，不辞辛苦地搬出送回、出架和上架。它的报刊部的阅览室，有一排敞亮的落地窗，面对着北海，碧波绿树，相映生辉。我往往读得疲乏时，便出到院子里散步，眺望琼岛白塔的宁谧，令人感到心境怡悦恬然！在这里，我读到了好些以往难以借到的珍贵书刊，也培养了“坐冷板凳”的习惯。我爱北京图书馆，更忘不了它在文津街北海边的馆址和那柏林寺陈旧的书库！

经过一个冬夏的努力，我完成了《论萌芽无产阶级在太平天国革命中的作用》这篇研究生毕业论文，并以三年中各科全优的成绩，告别了我的学生岁月。这篇论文虽然还有不少疏漏和不足，但仍得到老一辈专家好些鼓励。邓拓同志审阅后，建议公开发表；黎澍同志当时担任《历史研究》主编，破例予以刊载；罗尔纲先生是我尊敬的太平天国史前辈，他那时在南京工作，我来不及向他当面求教，他看到这篇拙著后，也给予了热情的评语。他写道：“我感到：以青年人掌握马克思主义的理论，又博征群籍，竟能得心应手到了如此地步，殊非寻常所能及！”我十分感激师长们的爱护和栽培。至今已半个世纪过去了，他们都已告别尘寰，西归道山了，他们在天有灵，还能感受到我对他们的怀念么！

凉山彝家搞“四清”

1964年时，“四清”工作在全国各地铺开，我们是开赴民族地区，地点选定在四川省凉山彝族自治州的喜德县。那是10月初橘子霜红之际，我们这“四清工作团”来到凉山彝族自治州的首府西昌城。经过数日的集训和分配工作，我们开拔到喜德县，进入各乡各村寨。我去到的是穆呷寨，距县城十多里，隔着一座山梁。从寨上可清晰地看见县城内的房屋和炊烟，但山陡壑深，道路险仄，翻山越壑之间，便是一小时多。这里的彝家居民，筑土垒石为墙，顶上是木梁和木板盖顶，并不严密合缝，往往可漏见星光。房屋内可划分为三部分，但并不严为间隔：中间是火塘，经常烧着木柴支着锅，既可取暖做饭，也是接待来客的地方；迎门右边厢是主人所居；左边分为二，以栅栏隔开，一半养猪，另一半则是牛或羊。左右两边都搭有木板楼，约五六尺高宽，可存放物品，也可以住人。我便把铺搭在左边的牛棚上，并非牛倌，却与牛相伴而眠了一个冬春。

在我记忆里，大凉山的土豆（马铃薯）最有名，它不仅个头大，味甘美，而且产量高，是彝民的主餐食品。凉山地方山高夜冷，白天的日照很充分，土豆秧和叶在阳光下制造的淀粉，运送到根部储存，这便成为块根形的土豆，又因夜间气温低，植株呈休眠状态，消耗营养少，所以小土豆就越长越大，它的个头只有黑龙江的土豆才可与之相比。苦荞麦是春夏间野外一片美丽的风景，绛红色而透亮的荞子秆上，衬托着繁星似的叶片，满坡满谷都是荞麦花，煞是可爱。荞麦粉有利于降血脂和血糖，是上选的健康食品，难怪彝民少有得心脑血管病的呢！因山坡多，坡坎上长着花椒树，花椒的粒大而味香，凉山的汉源花椒驰名远近，是畅销的土特产品。我们来到彝家，入乡随俗，跟着烧土豆当正餐。山区没有什么蔬菜，冬天是用开水煮些干菜叶，放上点盐和辣椒做成的汤菜，很少见到油腥。这种生活在汉族来说，自然是感到艰苦难过的。领导上为了照顾我们，便每月以集中学习的名义，把我们调回区上，宰只羊或杀头猪以改善伙食，大家吃着锅里的“砣砣肉”，神采飞扬，就像中了头等奖似的。

彝族的服饰很有民族特色，如果说汉族尚黄，彝族则尚黑色。男子身穿黑布滚花边的窄袖上衣，右手边开襟，裤子也是黑色的多褶宽裤脚长裤。妇女装饰雅丽，头戴黑色绣花垂额的帽子，上衣系有围腰和腰带，下穿宽大的筒裙，行走生风，有飘逸之感。凡外出，皆披“察尔瓦”，即披肩，是羊毛绒做成的。我曾亲见其制作，是颇具特色的手工技艺。

彝族社会自汉唐至明清，长期是奴隶制统治。黑彝是奴隶主，白彝是平民，奴隶称“娃子”，家内奴隶称“锅庄娃子”，皆可任主人转卖或赠送，没有人身自由，如同牛马入市买卖一般。为了补充奴隶来源，彝目率众“四出盗马偷牛，绑虏人口”。至20世纪初，自西昌行经冕宁至汉源道上，汉民商旅视为畏途。解放后进行清匪反霸民主改革，奴隶已获得自由，彝族地区的经济呈现欣欣向荣的气象。我所工作的村寨没有奴隶主，黑彝也同平民一样地荷锄铲地，背水自煮饭，没有“锅庄娃子”了。彝族婚丧皆较隆重，我在那里看见了火葬的场面，在点火焚化之际，亲属和乡邻们的哭声充溢在山谷中，十分凄楚！

穆呷寨的村长兼挑生产队长，经清查没有发现什么大的问题，只不过他娶了两个妻子，违反了彝族一夫一妻制，但这不属于

“四清”的范畴，我们就当作不知道罢了。和我相配合来到这寨上工作兼翻译的一名彝族青年干部，名叫甲差果果。他中学文化程度，热爱学习，工作认真，品质淳朴优秀，给我非常好的印象。对比同时的汉族工作队员，他真是铮铮皎皎，高居上游的了！他爱读理论书，常在晚间灯下向我询问求答，我们成了忘年交。我还记得他喜欢喝酒，这是彝家的传统特点，他对我说：“酒就是我们的饭，它是粮食做的，有营养。”彝民有时醉卧街头，但果果饮酒有度，令我赞佩！阳历过大年时，我们调回县上过春节和集训，我们听了好些州里的报告，其中有伍精华的报告，他的理论修养和独立判断能力，让我大为惊讶。彝族中真不乏俊杰之士呀！我曾找他叙谈，更证实了他是潜心致学，非同一般之人。中国少数民族历代皆有才人出，并非只有玄烨与纳兰性德哩！

春节后，我曾调到喜德县城关镇工作了一段时间，还有许多值得记述的事。但限于篇幅，只好删减了，我想写一写自治州首府西昌，它给我印象很深，不能忘却。

我的二哥青年时曾来到西昌，在县里当过“录事”这样的小职员，每年回家总是给母亲提一只“建昌板鸭”回来。建昌是汉武帝时设县，明代设卫所，清代改西昌，是越嶲府治所在，抗战时期是滇川间重镇，现在是航天中心。西昌属亚热带气候，高大的桉树，直冲云霄。这里是一块盆地，土质肥美，军阀割据时期，武装种植鸦片，贻害四方。我们在西昌住了数日，学习总结之余，上街喝茶，出西门往邛海边去观赏。海西是一座高山，绿树苍翠，茂草繁生。传说当年有一老者，赶着羊群翻山去放牧，午间忽听轰然如雷响，大地震颤，把他吓得晕头转向。傍晚回时，越过山梁更让他惊呆了：村子没有了，田地下陷了！一片湖水淹没了他的家乡！据说晴天中午无风，还可以清澈地看见湖底的房舍和人家。

在地壳断裂带，往往有陆沉现象，我在东北吉林就曾见过，但陷得不深，景物依然，并不积水，可以照旧家居农作，只需凿一条道，费跋涉的功夫便了。像邛海这样地陷而成湖，是很富有传奇性的。

云梦泽春秋（上）

——在湖北潜江沙洋干校

在全国各地武斗正酣之际，中苏关系也紧张起来，东北边境发生了珍宝岛武装冲突，机枪大炮打起来了。中蒙边境和伊犁边外，也异象纷呈，大有山雨欲来风满楼之势。北京在建都之时，倚仗着背靠苏联老大哥，有援有恃，而今却正好成为易受攻击的软肋，不可不未雨绸缪。1969 年的战备大疏散开始了。许多军工企业转移到“三线”去了；中直机关将大批干部下放江西，依托井冈山根据地；北京大学、清华大学的教职员工到鄱阳湖畔的鲤鱼洲；文艺界到湖北咸宁；中国科学院的单位多，有去伏牛山南的息县，有去湖北荆州的沙洋镇。我们民族单位则去湖北的潜江县，那是个沟渠纵横的水网区，当局把一个开发好了的劳改农场腾出来，算是照顾或优待我们少数民族干部。

这次南行大迁徙，我家符庄是中学老师，不在下放之列，我有心让她留在北京，照顾儿女上学。她认为局势难料，一家人劳燕分飞，还不如一块儿有照应。她决意带着儿女跟着我们单位到湖北。两个孩子听说要去南方，倒也很高兴，他们还没有离开过北京呢！

已经是 11 月了，萧瑟西风中火车离开了前门站，滚滚南行。车过大别山，绿树苍翠，鸟语花香，别是一番生机活泼的景色。抵达武昌后，这次住进了武汉大学的一幢大楼。陈佳荣同志管生活，出于他的照顾，给我家安排了一间单独的住房，推窗面临东湖，景致很美。我尘封的记忆，忽然闪亮开来。这岂不就是当年我在乐山读书时，教语文的梁老师给我放映过的珞珈山武大校园的风景吗！何曾想到此时会展现在眼前！然而，故人何处？经此“文化大革命”浩劫，梁先生别来无恙乎？因为等候航船，我们在武汉歇了好些天，然后乘江轮逆汉水上行，记不清水上走多久，便登岸潜江码头，又陆行约40里，才抵达我们的终极之旅——沙洋干校。

这里是江汉平原。一望无际的田畴，纵横交织的水网，比之成都和苏松等地，伯仲之间耳，为何名气远不相如呢？可能是因为这里天气太热，雨水太多吧！论历史，这里是春秋时楚国的郢都，南朝梁元帝亦定都于此，唐代是江陵府，清代改为荆州府。潜江是它的辖县，也有悠久的历史。汉高祖刘邦伪游云梦泽，曾经来到这里，也许潜江正是他捉拿韩信的地方哩！

大批人来到这里，吃住和生活都成问题，原来劳改农场人口少，住得也简陋，吃水也不讲究，我们两三百口人，不能去喝渠水，怕得血吸虫病，于是赶紧挖井和买机器钻井。所谓挖井，实际是挖一个大水坑滤水。因为远近没有砖石，没法砌水井。为了挖这个大水井，我们连队挑出了十多名壮劳动力。选好离伙房不甚远的一块洼地开工，平面每边宽可4米，竖着往下挖。其实，这并不是挖井，而是开挖一个干净的水塘。我很荣幸地参加了这个打井队，开始是逢中破土，用丁字镬头凿开坚硬的表层，然后用铁锹挖起土来扔出去，扔土费劲，一人扔不到边，得两人接力，四面都往外扔，只留一个豁口，这就是供出入和汲水的道口。这井挖到两米多时开始渗水了，四周已堆满高高的一圈鲜土。往下挖时，连水带泥，出土很困难，我们便在南北两端各支上一根杉木条，杉木上端以绳系一横杠成为杠杆，一头挂竹篮，另一头以绳用人操纵运转。这样把井中的稀泥吊起，再转120度，落到空地上来。我们这样苦战了数日，水井式的塘便完工了，豁口处以碎砖垫道，在塘边打桩架上木板，便可自由无碍地取水了。

沙洋与武汉在同一纬度上，夏天酷热，来到这里，洗澡是个大问题，连用盆水擦身子也没地方。水井塘挖好后，我们抓紧在西头的沟洫边搭盖了竹楼似的一长排洗澡间，每个人可以自己提一桶净水，舒舒服服地洗澡了。稍后钻井机运来打钻，干校有了自己开凿的一眼机井。接着又安装了水泵和高高的储水箱，以水管通入到厨房和洗澡的竹楼里，大家感到很满意，再也听不到抱怨之声了。至于兴建住房，就不容易了，只好就原有房舍搭成双层通铺，挤着睡。我想起了太平天国起义时，“男归男营，女归女营”，虽夫妇不得同居的条令来。原来洪秀全不单是遵守拜上帝教的戒律，也是出于客观条件的限制啊！为了给我们解决好食住问题，可敬的霍指导员操心费力，花了很大的功夫。他先前是奉命来我校调解派仗，协助建立校“革委会”，现在又率领我们来到干校。他是个忠诚淳朴的解放军军官，体格敦敦实实，待人和和气气，语调是亲切而带有善意。霍指导员多次跑荆州和沙市，求助于地方政府和驻地部队，给干校办来了砖、瓦、水泥和木料，我们才得以盖宿舍，兴建饭厅兼礼堂。记得建宿舍时，男人搬砖砌墙，女人和泥送灰浆，眼前一排排平房盖好了，大家虽累却很高兴。不久大家搬进带有泥土芳香的新屋，不用再双层铺爬上爬下，感到满意多了。霍指导员待知识分子不错，特地给老教授们安排好住房，星期天则放假或轮休，许可大家去“一新街”或“五七厂”等乡镇赶集，买些自己需要的用品和食品。我那时腿脚好，常常给老教授买这买那。干校养了许多猪，每隔些时日便宰猪“打牙祭”。这位杀猪匠很特别，他不要工钱，却要那盆猪血和一副猪肚肠，霍指导员都高兴地答应了他。江汉地有赶着鸭群放养的棚户，干校食堂便大批购买他们的鸭蛋作炒菜，或者用大缸腌咸鸭蛋供早点吃。凡此等等，使我们的干校生活过得也颇有滋味。

前几年，我因病住院，同屋是位农科院的张研究员，他们的干校设在汉中，领队的是个工人宣传队员，特别“左”，不让“打牙祭”，不让赶墟买东西，把他们整得苦透了。我笑话他说：你命运不好，碰上了个恶婆婆。

我们这大批人来到此地，逢周末或赶集，三五成群逛街买东西，附近的村民感到奇怪，他们编了首顺口溜。词曰：“这批‘劳改’真奇妙，妻室儿女都来了！有的穿绸缎，有的戴手表。出工不排队，干活并不少，星期人满街，逢墟买卖好！”

以前的劳改犯住这里，监管很严，哪能随便赶集逛街，哪有穿绸穿缎和出工戴手表的呢！我们来这里后，工资照发，而且高薪阶层不少，逢墟赶集，确实激活了市场经济，也受到当地人的欢迎。

然而，干校的生活也非净土，阶级斗争这根弦也不时拉紧起来，最严重的一阵子是抓“五一六”分子。本来，“五一六”这个词指中共中央的一个重要通知，现在却又变成了某个反党组织的代号，弄得人糊里糊涂，也使人厌烦。抓“五一六”运动来势很猛，许多造反派头头和一些干部都牵涉进去了。我记得讲师黄某，从来不过问政治，这次却被抓成了“五一六”分子。他这人颇能顺应形势，满口应承自己是“五一六”骨干，而且莫须有地、天南海北地交代了大批名单。专案组大获全胜，把他作为宽大的典型，不到一周就把他发放回队了。后来有人问他道：你交代些什么呀？他回答道：“现编呗！反正名单上的人都是查不到的，我可免去了皮肉之苦。”还有一位预科老师王凯，他也被当成“五一六”分子关起来。他性情刚烈，与专案组顶牛大吵。某夜，他一头撞南墙，因流血过多，待次晨被发现时，人已死去了。

在抓“五一六”那阵子，我和宋蜀华兄被派作干校巡夜员，即白天休息，晚间值班巡夜，防火防盗，以策安全。干校北界是河堤，西有沟洫相隔，东与科学院干校为邻，南边是晒场，方圆可6000米。地方虽不算大，保卫的责任却不算小。每晚夜深，我和宋兄总得巡查数遍，看看厨房是否灭火，看看粮囤是否被撬。自王凯自杀后，我们还得巡视被隔离审查的人，防其出意外。每巡查一次回来，便往晒麦场高高的麦秸垛上或蹲或坐，既可小憩，也可瞭望。夜深人静，栖鸟无声，风轻如浴，月泻如水。晒场边几只未长成的小狗，还在追逐嬉戏，劳动了整天的教师们进入梦乡了！我这时心中忽地得到一种灵感：人生坎坷路，苦乐方寸间耳！

云梦泽春秋（下）

——专心致志种棉花

我是从乡下出来的，对农村有一些感情，或者说有一种天然的爱好。要不然，我为什么在四季青公社“下放”时，爱上了蔬菜栽培。来到湖北农村，又热衷于棉花的种植技术。种棉花这种经济作物，技术性很强，弄不好就会减产，直接影响城乡人民的穿衣保暖问题。湖北江汉平原是全国棉花的主要生产基地之一，受到中央有关方面的重视。我们干校的农活，种棉花占了多半。如何使棉花稳产和高产，自然是对干校领导以至每个“五七战士”的重大考验。然而，我们谁也没有种棉花的经验呀！这不是赶鸭子上架吗?!

我们是1969年11月来到湖北潜江县沙洋干校的，安排停当不久，就到春天3月，马上开耕播种棉花了。由于生产的需要，特地聘请了当地一位姓李的植棉能手担任技术员，由他调度指挥我们劳动和操作。我们这个种棉花连队，成立了一个种棉技术小组，成员包括队长、聘来的李技术员和我。我是个门外汉，可能因为有种棉花的热情，被安排来“打下手”。在跟着这位内行人学习一段时间之后，我逐步增长了些种棉花的知识，如下种期定在清明前后几天，在生长期要给棉秆打杈，开花结棉桃时防虫治虫等。不过，由于他家有困难，往往得回家去照应，难免有缺勤或防治病虫害不够及时等疏忽之处。因此棉苗出土率打了折扣，补苗出来时又晚了半个月，长到寸多高，便受“老大哥”的欺负排挤，光照和空间都不够，病恹恹的自然就花少桃也小了。在虫害爆发期，我们侦察判断不及时，打药杀虫已晚了，当年棉花的收成很一般，干校也不再聘请他了。这一年里，我从实践中吸取了许多经验与教训。我感到知识的贫乏，需要尽快学习种棉的理论知识，我在乡间找不到资料，便拜托去武汉的汽车司机或干校去办公务的人，帮我到新华书店去买植棉技术的书。我自己也趁周末到“五七厂”的书店去找书。幸运的是我终于得到了三四本需要的书。这时我萌生了一个梦想，梦想成为一个植棉高产的专家。这辈子将终老在农村，我不甘心碌碌无为，钻研棉花总不会遭批判，总应该出点成绩吧！我深夜展读这几本小册子，悉心领会和思考。其情其景，犹如我当年研究马克思主义理论时的专心和虔诚一样！热情产生想象，我躺在床上，浮想联翩，想象我如何按书中的办法，取得棉花的丰产丰收。那时人在中年，正是不甘寂寞的时候啊！兴趣支持着我，梦想鼓舞着我，使我忘记了自己曾是挨批判的“右派”，也没有想自己在干校还处在“二等公民”的地位。

在种棉过程中，我结交了两个朋友：一个是赵队长，他负责我们连队的生产任务，棉花的收成对他有直接影响，所以他十分支持我的工作。另一个人是当地虹桥公社的党委副书记，他姓梁，原是从荆州专区下放来的，“靠边站”的老干部。他长期工作在棉产区，成了种棉好手。现在仍然亲自下地里去劳动，而且自己种了一块“试验田”。他带我去参观他经营的棉田，我至今还记得那一垄垄的矮秆棉棵，有的已结桃，有的还带着花，植株较密但不拥挤，与我从前在河北大厂见过的高秆棉，成为鲜明的对照。我多次向这位梁书记请教，他也乐意结交我这个北京来的落难的大学教师。

自李技术员被辞后，我们干校种棉的技术工作，便自然地落到我的肩头上。赵队长不时找我商量，我也倾尽微薄的力量，一心扑在棉花栽培上。我掂量着：虽然在棉田里摸索经年，但许多诀窍还未掌握，得小心翼翼，稳扎稳打才是。我设想是否可以在大田棉花播种之前半个月，先在温室播种一两畦棉苗，以此作为试验田。这样，在试验田发现的问题和经验，便可以指导晚半个月的大田棉花。队里通过了我的计划，于是我便采取了下面两个措施：其一是在住地晒麦场旁边，搭成三排拱形的塑料薄膜的棚子，既透光又保温。然后在棚子里将播好种子的“营养钵”并排地、整齐地放进去，再派人看管，让它发芽，出苗生长。其二是在大田棉地一旁，辟出一亩地，待大田播种时，将早半月在“营养钵”里培植的棉苗，移植到这亩地上。土壤气温相同，只是时间差半个月。这早半月的棉棵所发生的一切现象，无疑便可以预报晚半月大田棉花的情况。这样，我可以心中有底，不至于无所措手足。实践证明，这亩“试验田”真的起到了预报和示范的作用，使我们在这年的棉花栽培中，摆脱了被动的局面。

在温室（塑料薄膜棚子）育苗期间，发生了两件趣事，使我尚未忘记：薄膜棚子每天得打开通风换气，但它在晒麦场旁边，是鸡鸭经常光顾的地方，因此我们派老年人轮番看护。一天中午是作家冰心和吴文藻夫妇值班。不知咋的，一只大公鸡带着一群鸡妈妈闯了进来，见了鲜嫩的棉苗，就毫不客气地啄吃。文藻教授两人顾全不了三畦棉苗，终被这鸡群搅害了一番。另一件事是我所经历到的。我从书本中得知，棉苗在低于3℃时会死亡，在高于15℃时才能生长。为了保持苗床的温度，我每晚得在午夜三更时分，起床去苗床查看温度，以便加盖毡草。1971年春，正是清查“五一六分子”紧张之时，干校宵禁很严。有一天半夜，我拿着手电筒去苗床测温度，被巡逻的学生发现后包围上来，差点棍棒相加，待走近一看认出来，相互一笑了之！

鉴于去年播种后棉苗出不齐的教训，我们一方面给种子拌上杀虫剂，使地蚕不敢侵害它，另外，也借用我在北京四季青公社学来的种大白菜撒籽的办法，即在每垄之上，间隔两三寸便布下三粒种，纵使它只出土一半的苗，也可放心地选壮汰弱，定植时六时一棵苗，可选择的概率几乎是百分之百，不愁不取得“苗全苗壮”了！我们还在大田播种时，又在温室塑料棚里播种了两畦“营养钵”的棉苗。因条件优越，它长得比大田棉苗肥壮，用它来给大田缺苗处补栽，顺利地闯过了因缺苗而减产这一关。

接下来是给棉田除草、施肥和打杈。暑天到了，棉棵长势喜人，开始绽放出美丽的花朵，粉红的、纯白的，斗艳争奇，把这江汉平原装扮得锦绣多姿。但这时正是害虫滋生肆虐的时节，棉铃虫和红蜘蛛是棉桃和棉株最可怕的天敌，红蜘蛛附在棉叶背面蚕食叶汁，棉铃虫则钻入新坐座的棉桃中作祟。治虫在这时成了干校上下一致的任务。我从资料中得知棉铃虫爆发的周期和时间，便每天傍晚时分到棉田去侦查虫情，当确定了棉铃虫已经孵化出来，要趁夜爬上棉秆时，我们就全队人马齐上阵。身体壮实的男人，便背上喷雾的药箱，逐行逐棵地喷农药。有的人从渠里挑水，有的人拌药，体弱的女同志便在田埂上提着马灯照亮。因为是傍晚和夜间操作，喷药的人容易错行和漏行，这就得派人提着灯笼站在已喷完农药的棉垄的地头作标兵，南北各得一名。这是一种轻活儿，便让费孝通、吴文藻或别的老教授充任。这样，忙乎到凌晨两点左右收工，百亩棉田全部都喷完杀虫药了。经过几番战斗，棉桃保住了。我们愉快地在周末去墟市赶集，买些自己喜欢的吃食和用品。这些辛勤的日夜，今天回忆起来，犹有一番豪情与留恋！

这里得顺便补叙一下，前此干校给带家属的成员分了一间住房，房前有块向阳的空地，我出于爱好，把它开垦种东西，恰好我培育的“营养钵”棉苗有剩余，便把它搬来，种在窗前这块“自留地”里，早晚都看得见。它们与大田棉花是同时播种的，生长期相同。看见它们便知大田棉棵的状况，这就增加了我的信息量。我也在这块地里种了几棵辣椒，它开花结果很快，7月里我家已摘食青辣椒了，这时棉棵正吐蕊开花呢！

8月初的一天，干校领导找我谈话，通知调我回北京，另有任用。同时调回京的还有费孝通、冰心夫妇和林耀华夫妇共6名。这事在干校成了新闻，下放才一年多就“干校毕业”了，使广大的“五七战士”看到了可喜的前景。但也有人说怪话，主要是不服气把我调回京，因为那些“劳苦功高”的“左派”，才是应该提前毕业的呀！说实在的，我有些舍不得离开这些棉花，它们是我的儿女呢，寄托着我的希望，也凝聚着我的心血。临行，我赶去棉田走了一遭，摘了两支新棉带回京来。这年底，赵队长来信告诉我，我们的大田棉花亩产跨百斤，超过了农业发展纲要80斤的标准。皇天不负苦心人哪！

四、师友隆谊篇

京门求学忆名师

当此科教兴国之际，“尊重知识，尊重人才”逐渐深入人心，在某种程度上成为社会舆论的共识。老师们、专家学者们的精神和物质生活，都毋庸讳言地产生了巨大变化。晴空爽朗，莺飞于天，给人的感受是舒畅的！

此时此刻，我不由得怀念起已逝去的老一辈的教授、专家们，他们多是文法学院传播文、史、哲、经诸专门知识的大学者，但他们的遭遇却远不是愉快的。有人受到冤屈，更有人含恨于九泉，每想到自己受恩深重于先师们，便心潮难平。我终于写出了下面这些篇什，文拙意诚，读者可以从篇里叙述的往事中，看到前辈专家学者的懿范和高风亮节！

孟森教授与吴晗的忘年交，在学林传为佳话，这里只写了他们上北京图书馆的一个片断；马寅初和吴玉章作为教育家，事迹繁多，本文单列举其重视体育的事例；胡适应该如何评论，本文只叙几件具体的事，留待高明；白寿彝先生重史德、翁独健先生贵友谊，是我亲自体验，弥足珍贵！王明与杨献珍为众所周知，但我所记叙的两事，却是他书所未载的珍闻；朱光潜、贺麟与雷海宗等教授，我只是浮光掠影数笔，殊觉惭愧！罗尔纲先生是我业师，已另有详文，故此只叙一二事；傅乐焕教授是我到中央民族学院工作时结识的，谊在师友之间，但我们情感深厚不能忘怀！

孟森教授与吴晗的忘年交谊

20世纪的30年代初期，在文化名城北京北海之西，文津街的东端，一座蓝色琉璃瓦饰顶的、雍容大雅的建筑群落成了。这便是著名的北京图书馆的所在。于是，国家的许多珍本秘籍，诸如元代《经世大典》《明实录》以及清故宫档案和仅存的名人笔记、日记等皆得到了妥善的安居之所，也使京中的教授和学人，获得了个安适的借阅图书和治学的幽雅环境。

此后不久，北京图书馆又不惜重金，购进了朝鲜《李朝实录》。这是关于朝鲜近古史的珍贵资料，为政治和学术界所重视。这时，往北海“遛早”的人们不难发现：几乎是每天8点前后，总有一位七旬老翁，夹着笔记簿，从北京大学沙滩宿舍出门西行。他走过团城，越过白玉栏杆的长桥，往西进入图书馆去。这位老人便是中国著名的明清史专家孟森教授，他是到善本部阅览《李朝实录》的。与此同时，从府右街西面走过来一位二十多岁的青年，迎着初升的朝阳，也转进了这崭新的图书馆，他也是来借览和抄录《李朝实录》的。这青年尚未出茅庐，他是清华园的研究生，浙江省义乌人氏——吴晗。

这一老一少，每天东西相向而来，或是在馆门前台阶上相遇，或是在馆内借书台前碰面，在遇到不解疑问时，年轻的吴晗恭敬地向孟老求教。“奇文共欣赏，疑义相与析。”两人由路人变成了朋友。孟老惊讶地发现：眼前这青年，不仅文史功底很好，英语水平不低，而且热情豪爽，肝胆照人！吴晗对老人执弟子礼，孟老先生更是白发童心，最终说道：我们是忘年交！

这真是可贵的、令人称羡的“忘年交”。中国知识界的师生之谊，往往达到了“忘年交”的境界，孟森与吴晗，胡适与傅斯年皆如此。

我进入北大较晚，没赶上师从孟森先生，但我拜读他的《明元清系通纪》，高山仰止，令人钦佩之至！他博学而识之，往往能见前人之所未见。我至今仍不能忘记他在该书中一句明睿的学术论断：“凤州即开元，（后）金于虚出（阿哈出）所居也。”百年来，许多研究清朝开国史的学者都阅读过这段，也许是出于对历史地理学的陌生，竟误指“开元”为“开原”，把“凤州”当作“奉州”。这个错误，竟把满族始祖发祥地的绥芬河改变为辉发河，结果谬之千里！

吴晗治学勤苦，又承胡适与孟森先生诸前辈的指授，故在学术上的开拓，既广且深。他不仅以《朱元璋传》知名，而且以他的古道热肠、为朋友两肋插刀的男儿气概，为人们推重。他虽然冤屈以死，但浩气长在，志业千秋！

马寅初、吴玉章两校长重视体育

马寅初校长是浙江嵊县人，诞生于1882年，逝世于1982年，松龄鹤寿，是一个难得的超百岁学者。他少时即好学敏求，后入北洋大学，明辨而多思。他留学美国，获得哥伦比亚大学的哲学博士和经济学博士，故有人称他“双料博士”。由于他学识渊博，见解深邃、独到，往往能洞烛先机，作出预见性论断。他的名著《新人口论》，超脱于马尔萨斯的时代局限，为新中国人口素质的提高和计划生育，作出了卓越的理论贡献。他虽然被误解，遭批判，但他本着对科学的良知和热爱中华祖国的赤诚，坚持自己的学说，他终于被证明是正确的。

马老于“五四”时期任北京大学教务长，抗战期间因抨击国民党的贪污腐败，曾被关押于集中营。出狱后执教于重庆大学。他在沙坪坝的讲演，金声玉振，赢得青年大学生和各界人士的激赏。40年代末，他出任浙江大学校长。中华人民共和国成立后，他于 1951 年出任新北大的第一届校长。

我这个题目本不是要谈马老的光辉履历，但却情不自禁地说了许多，因为他给我一种亲切感。我曾在哥伦比亚大学图书馆前拍照，想念起他和胡适都是出入该馆的学者；我也曾寄宿于重庆大学，颇了解重大学生对马老的钦佩和敬爱。他来执掌北大时，已是近七旬之年，可是他精力充沛，有一种爽朗乐观的气度可以感染人。他很爱护和关心学生。记得他一次给我们讲话，从治学为人到身体健康，他都谆谆解答。他说："你们不愿作东亚病夫吧！要作东方的雄鹰和雄狮！要天天锻炼。我赞成你们每天下午都锻炼一小时。"陪同马老的秘书从旁插话道："马老每天早起，洗漱后就去爬景山，从不间断。"我们听了颇受启发，也感到惭愧。因为当年北大的学生，属"夜猫子"居多，晚上"开夜车"，第二天除非有课，很少早起的。虽然早起不容易，但重视锻炼身体，马老给我们树立了榜样。

吴玉章校长（1873—1966 年）是四川荣县人，他是孙中山创立同盟会的重要成员，辛亥革命后又接受马克思主义。在将近花甲之年，他毅然参加红军二万五千里长征，爬雪山、过草地，突破腊子口，他都昂首而前。年岁不饶人呀！除非有坚贞的革命意志和坚强的体魄，是难以战胜困难、抵达陕北的。他不仅是个革命家，而且是个著名的教育家，在延安时出任鲁艺的院长和延安大学的校长。新中国成立后，是第一任中国人民大学校长。

吴校长爱护教师和学生的佳话很多。有一次他到西郊人民大学的青年教师宿舍看视，那时条件比较简陋。吴老立即督促有关部门改善。他说："老师的眼睛怎能不保护？马上给每位老师配一座台灯，换一个写字台，买一把软坐垫的椅子。"这在 50 年代，是近乎豪华和阔绰的了。中国人民大学落实了吴老的指示，这给首都各高等院校作出了表率。

当时，我在人大作研究生，吴老十分关爱我们。记得那是一个深秋的傍晚时分，他老人家到铁狮子胡同一号来给我们讲话，他站在院子里讲。天渐凉，秋风紧，我们年轻人不在乎，他却是七旬开外的人呢！有人给他搬把藤椅来，请吴老坐着讲，他却一直站着讲了近两小时，我们坐在马扎上听。他要求我们锻炼好身体，因为“身体是革命的本钱”。他说：“今晚天气凉了，你们行吗？我是行的。我现在仍穿一条长裤。”这时我们才注意到他穿得比我们还单薄。他这番言传与身教，使我至今不忘。我们几个年轻的研究生，在他的教导下，注意锻炼身体，每天早起晨练，坚持沿着什刹海跑步3000米。现在我们也已年过七旬了，尚称颀健，这皆拜赐于吴老当年的教导和懿范。

胡适先生二三事

胡适先生（1891—1962年）是安徽省绩溪县人，“五四”新文化运动的倡导者，民主与科学的鼓吹者，现代诗人、文史兼擅的学者和教育家，曾任北京大学校长和台湾“中央研究院”院长。

1917年夏，胡适应蔡元培校长的聘请，从纽约回国任北京大学哲学教授，后接任文学院院长。在此期间，有一名曾在北大工作的、旋又赴美留学的青年林语堂，从洛杉矶越洋给北大来信，请求借给他大洋2000元，以济求学和食宿的匮乏。此事给校方出了难题，一是以往尚无此例，二是银洋2000并非小数额，款从何出？谁能保证归还？因之，此事便搁置了。但奇怪的是，不久之后，林语堂却收到北京汇来的2000元，这使他感激之至，念念不能忘。若干年后，林语堂出息了，回到北京大学访问，他找到校方归还借款。但校方会计上“查无此账”。后经访询才得知，是当年胡适教授拿自己几个月薪金攒下的钱，给他寄去的。此事，林语堂终身铭记。他在《八十自述》中，特地叙述了这件事。

胡适爱才，喜欢与青年人交往。当他看过吴晗论西汉经济的文章和《胡应麟年谱》后，便约见吴晗，给予帮助。吴晗报考北大，便有投师拜门的因素。他考试成绩很突出：文史和英语各100分，数学却是零分。按北大规定，考生若有一门零分，就不得录取。胡适很为之惋惜，便鼓励吴晗去考清华。考试结果和考北大一样，双百分和数学零分。不过清华没有硬性规定不取。于是，胡适便热忱地给清华历史系主任蒋廷黻写推荐信，吴晗便成了清华园的学生。吴晗家贫困，学费和食宿费无着，胡适又亲笔写信给清华代校长翁文灏等人，给吴晗谋得一份月薪25元的兼职。谚云：送佛送到西天！善哉！

抗日战争胜利后，胡适出任北京大学校长。那时国民党政府贪污腐败，金融风潮迭起，物价飞涨。北京大学的经费拮据，寅吃卯粮。学生们反饥饿、反内战，时常去胡适居住的东厂胡同请愿，或到他办公的孑民堂东院质问。他虽已年近花甲，但还是亲自接见学生，总是面带笑容地回答问题。记得一次我们为“困难补助金”不够用找他去，他当场便对秘书长郑天挺说道：昨天向故宫博物馆借来的四百现洋还在吗？先给同学发补助金，我再想办法去。回忆在北大读书，伙食虽然不好，但学生都不用向家中催钱，我们叫“吃公费”。这与胡适的争取和筹措是分不开的。

另外，他爱护学生，也保护学生。在反内战、反饥饿等进步学生运动中，国民党的特务和军警机关到处抓人，北京大学坚决拒绝了反动派到校内搜查和抓人。这未尝没有胡适的一份劳绩在其间！

白寿彝先生重史德　翁独健先生贵友谊

在那乾坤颠倒、是非混淆的“文化大革命”十年间，黑风、妖风从“四人帮”的魔窟中频频煽发出来。它开动各种传媒和舆论工具，使许多人失去了正确方向和鉴别能力。更有些缺乏劲骨、希图荣利的人，望风承旨，紧跟着“梁效”的调子起舞。具体的事例之一，便是所谓的“评法批儒”。儒是指古代的孔子和当代的老干部，法是指古代的韩非、商鞅和秦始皇。

在“评法批儒”的高潮中，各单位不得不紧跟形势表态拥护。因此，有关方面在中国历史博物馆举办了一次关于“评法批儒”的展览。预展时，邀请了一些历史学家审看，白寿彝先生便是其中之一。那时言路阻塞、动辄得咎，一些人只得明哲保身，讷讷不敢言。白寿彝先生却不然，他既有睿智，更有铮铮硬骨。那天上午审看展览，白先生很认真，对解说词一一过目（我则重点看民族部分），特别是在孔子和秦始皇的画像和解说词下，停留观看了很久，并当场向陪同的馆领导提出不同看法。接着在座谈时，白先生诚恳地说道：历史博物馆要把真实的历史告诉人民。孔子是儒家老祖宗，他有不好，然而他在教育上、文化上和思想上却给中国留下丰富的遗产；秦始皇的解说词，只说了他的伟大功绩，对他的过错却不置一词，这样不恰当。他焚书坑儒，尽人皆知，还有别的问题，也该指出来。白先生这一席话，真是金玉良言，铿锵有声。不仅馆领导感谢之至，我在旁也受到教育。

中国的史学传统，有秉笔直书的董狐，也有曲笔阿时的魏收，司马迁著《史记》，“究天人之际，通古今之变，成一家之言”，故称“良史”。章学诚在《文史通义》书中，立“史德”篇，主张“善善而恶恶，褒正而嫉邪”。如白寿彝先生者，刚正不阿，给后人留下了史德的范例。

翁独健先生在燕京大学时与地理学家侯仁之是好朋友。“文化大革命”中，“四人帮”组织名为“梁效”的写作班子，想把侯先生拉进去。翁先生有所风闻，便约侯先生到南池子家中相叙。他说道：“四川新发现的大足石刻很有价值，你抓紧去看看；云南气候好，又有元谋人的遗址可考查，你何不一路走走，去看看。”侯先生是个聪明人，回去品味翁先生的话，便心领神会，不日就西行入蜀，躲过了一场劫难。

翁先生是我国著名的元史专家，他不仅才智超群，为人也仗义热心肠。他对侯先生的关照，只不过许多好事的一例而已。

听王明讲婚姻法、杨献珍讲哲学

自从蔡元培在北京大学倡导学术自由、兼容并包以来，它常延请各派专家学者，设坛开讲座，也时有中外政要名人来讲演。我们自愿参加，并非组织安排去听。

记得是在新中国成立初期，当婚姻法公布不久，北大学生会请王明来讲演，内容是婚姻法有关问题。地点在红楼北边的民主广场。那天下午，我去资料室查书，只听得窗外不时爆发阵阵掌声和欢笑声，便被吸引而坐到窗口去听。越听越有味，便弃卷洗耳恭听下去。这在当时的讲座中，是很不容易的了。我扫视偌大的万人广场上，不仅本校许多人听，还有邻近单位来的。对面是灰楼，也有许多人打开窗户听。民主广场东边是一道矮墙，墙外便是北河沿。我看见有的人骑墙坐着听，也有人蹲在墙根听。街上骑自行车的、拉黄包车的，不少人停了下来，在街边伫立凝神地听。王明同志讲了足有三小时多，我们听得很投入。可惜那时没有录音机，若录下这篇生动而深刻的讲演，便可传之久远了。

杨献珍在20世纪50年代曾任中央党校的校长，是著名的马克思主义哲学家，中国人民大学请他给研究生讲有关辩证唯物主义的问题，我怀着敬仰的心情，想一睹丰采，便主动参加听讲。献珍同志讲课深入浅出，能把抽象的哲学概念，以具体生动的形象表达出来。我记得他讲“无的放矢”的含义，便以比喻的方式说道：“用机关枪扫射垂杨柳，劈里啪啦扫一通，柳树叶掉落满地，什么也没有打着。”全场听罢顿时活跃，对其含义也心领神会了。后来有一长段时间，学术批判之风甚烈，好些哲学家和史学家成为被批判的靶子，献珍同志鼎鼎大名，更不能例外。我已远离门墙，不知他境遇如何，但空怀怅惘耳！

“学问如海 士林所宗”的雷海宗先生

雷海宗先生并不是我的业师和指导教师。他执教于清华，北大历史系聘请他作兼任教授，主讲中世纪世界史。我是慕名趋前听课者之一。他的课深深地吸引我，打动了我。受惠之深，感戴难忘。我可能忘掉苍山洱海，也可能忘掉烟雨漓江，但我至今已届七十之年，总不能忘雷海宗先生讲课的丰富内容和他循循善诱、妙趣横生的学者幽默风度！

记得当年夏令时节听课，往往疲倦发困。有的先生站在讲坛上，捡起一个小粉笔头，扔向打瞌睡的学生。雷先生则不然，他往往妙语连珠，课堂顿时活跃。我后来在大学当老师，备课和讲课，常想着雷先生的风范，使课堂内容严肃与轻松兼而有之，有张有弛，悠游涵泳。这样便提高了学生们的兴趣和专业爱好。

西欧的中世纪，被称为“黑暗时代”。当长安的唐代文明光华璀璨之际，欧洲却沉睡着。这近千年的寂寞历史，雷先生却讲得生动而引人入胜。例如他讲罗马教廷与诸侯王国的矛盾斗争：约在11世纪晚期，德意志王国亨利四世鼓动诸侯，要废除教皇格里高利七世。教皇震怒，驱车北上，要宣布开除德王教籍的“出门令”。这一招在基督教一统的欧洲，无异对他判处死刑。雷先生描绘教皇与德王仆仆风尘，赶路前奔。一个要置亨利于死地，一个赶紧南下阿尔卑斯山去求饶，两方仪仗相遇于山南麓的教堂。亨利四世长立教堂前雪地上，请求饶恕，教皇则闭门不纳。一天，两天……直到第五天。教皇违不过众意，这才赦了他。十年之后，亨利羽翼丰满，一举灭了教皇……这脍炙人口的故事，我至今仍记得。雷先生讲意大利文艺复兴和人文主义的勃起，对北大学子的启迪很深。他让我们认识到：人不是皇权和教权的奴隶。人是独立的，属于自己的。文艺复兴就是思想解放，欧洲的近代文明，便奠基于此，从这里开始。

雷先生的这些教诲，使我们终生受益匪浅。

朱光潜、朱庆永与贺麟三教授的谦逊

朱光潜先生的《给青年的十二封信》，在我们中学时代，是与冰心的《繁星》《寄小读者》同样受到推崇和喜爱的。抗战八年时，光潜先生与武汉大学一块儿迁到四川乐山县，与乌尤寺旁的临江大佛隔岸而居。我那时在乐山念武大附属高中，对朱教授十分敬仰。也许因为自己是农村出身的孩子，却不曾想到可以去闯府拜谒他。稍后，胡适出任北京大学校长，便聘请朱先生任北大西语系的教授。我于 1948 年考入北大，虽专业是历史学，但有兴趣于外语，于是选修了朱光潜先生的“英诗赏析”这门课，每周可以聆听教言，增进了阅读和欣赏的能力。

光潜先生个子不高，身体显得有些单薄，但精神却很好。他上课从不晚到，讲授内容丰富，态度很认真，特别是对本系学生要求很严格。对外系学生则不常提问，使我只感到亲切而不感到压力。一次，课间休息时，我特地向朱先生问好，他听出我川西的口音，便亲切地说：“四川是好地方，乐山更好。乐山兼有山、水、平原之胜，我很怀念在那里的岁月。”北大迁到燕园以后，我曾回母校见到过光潜先生。但经过历次思想批判和对他美学的批判后，老教授显得颜色憔悴，意绪萧然。后来他逝世了，我也未能去吊唁。而今思之，不禁怆然憾然！

朱庆永先生原是辅仁大学的教授，1951 年院系调整，合并来北大。他仪容伟岸，广额方颐，但面带微笑，使人有亲敬之感。那时，教授罕有访问学生宿舍，但庆永先生却在下午无课时，深入到东华门东北侧的三院宿舍来看我们，他娓娓而谈，既不嫌宿舍杂乱，也没有教授的架子。我曾去过不少教授之家，但教授到学生宿舍探视，这却是我第一次亲历。

贺麟先生是北大哲学系的教授，是中国通晓黑格尔辩证法的老专家。他虽然在当时学问和地位都很显赫，但为人却十分谦逊。记得一次见他接电话：他从座位站起来，很礼貌地敬问道："您是哪一位?"对方通报姓名后，说要找他。他于是谦逊地回答道："我姓贺，有什么事需要我去办么?"当听完对方的叙述，结束谈话时，他仍然站着，等对方挂断电话后，他这才放下听筒。孔子说："临事必敬。"我知之而未详，是贺先生的风范启迪了我，使我懂得了这句话的真谛。

金毓黻与罗尔纲先生佳惠学林的高尚风格

记得是在20世纪的60年代中，我因研究东北边疆问题，曾多次考察白山黑水，并访书于长春、大连和辽宁的图书馆。在寂寞辛劳的查阅访求中，偶然获得了《鸭绿江行部志》的手抄本。这使我不禁欣喜若狂，因为这是金毓黻先生生前多年求之不曾得到的呀！

金毓黻先生是我在北大时的老师。他曾执教于东北大学，在日寇侵凌，国家危亡之际，他撰著《东北通史》，以笔作刀枪，抒发爱国抗日的胸怀！继而，他又编纂卷帙浩繁的《辽海丛书》，哺育了广大的东北学人。该丛书收录了许多珍本秘籍，其中便有金代官员王寂撰写的《辽东行部志》。金先生知道，王寂还撰有另一书，便是《鸭绿江行部志》，但抄本无多，仅知有一部，在北京某朱先生之手，于是多次恳请为之付梓并致酬，但终未得实现。我有感于先师的遗愿，便将自己新获得的抄本，给辽宁的图书馆另抄一份，并告有关人士。因之，新版的《辽海丛书》便完成了金先生未遂的心愿。这是值得欣慰的！

罗尔纲先生与金先生南北辉映，堪称学界双璧。他们两人除了潜心著作，还编纂大宗资料，泽远流长。罗先生在50年代，长期埋头在南京图书馆，搜求太平天国史料。他将十年“坐冷板凳”所获的珍贵史料，编辑整理出来，陆续出版，供广大研究者使用。他又考虑到当时出版周期太长，于是从1200万字资料中精选出100万字，先期出版，这便是20世纪60年代初问世的《太平天国史料丛编简辑》。这六册“简辑”像春雨一样，浇沃了中青年太平天国史研究者，使他们茂然茁长，卓然出群。太平天国学在中国历史科学中，专家成阵，独领风骚，罗尔纲先生功莫大焉！

我至今还清晰地记得：在《太平天国史料丛编简辑》中有一份《皖樵纪实》的珍本。罗先生曾告诉我，这是他当年访得的孤本，是罗师母帮助他，于夜间儿女安睡后，在青灯如豆的暗淡光线下，一字一句辛苦地逐页抄出来的。罗老很感激夫人襄助深情，也深爱这份珍贵的抄本，但他却割爱捐献出来了。这种无私的高贵的学术情操，真堪垂诸久远！

怀念傅乐焕先生

傅乐焕教授是中央民族学院历史系的奠基人和主要创始者之一。他培养了许多少数民族的大学生，并在东北民族史和辽、金史的研究方面，作出了卓越的贡献。他是史坛上一颗耀眼的明星，他的著名专著《辽代四时捺钵考》《宋人使辽语录行程考》等书，内涵丰厚、见地不凡、探微索隐，发前人之所未发，使学术界为之倾服。

傅先生是中国古文化之乡的山东人氏，他出生在大运河畔的聊城地方。世代书香的傅家，据称曾以出才子而名播远近。然而乐焕先生自幼并不以才名，他好读书却讷讷不多言，写文章和书法都有可观，却谦逊而不愿示人。他考大学时，既考上了清华的物理系，又考上了北大的历史系。当他正为选择学理科抑是学文科而踌躇不决时，乃叔傅斯年给他拿了个主意："你还是学文科吧!"

傅乐焕读北大，师承孟森教授，与张政烺、邓广铭、杨尚奎是同班同学。他们四人交谊深厚，毕业后虽各自东西，但往往约会于京华。记得1956年夏，傅先生因杨尚奎教授来京开会，特设家宴将几个老同窗都聚到民族学院来相会，那时我年轻，傅先生特地向我介绍他的这三位朋友。其实张、邓两教授是我的授业老师，只杨尚奎先生远在山东大学，这是第一次相见。

傅先生于1947年由英国文化委员会赞助，留学伦敦大学，获得博士学位。新中国成立后，他和冰心、吴文藻先生一样，怀着拳拳报国的赤子心，万里波涛，返回祖国效命。他先在中国科学院考古研究所任研究员，1952年调来中央民族学院研究部，任民族史室主任，他参加筹办民院的历史系，1956年历史系成立，他协助翁独健先生担任历史系的副主任，主持民族史教学。

1958年，傅先生参加并主持了《满族简史》的编著工作。他的学术作风严谨淳朴，力求纠正当时浮夸不实之风对史志撰写的袭击，使该书避免浮华，趋于工稳。他在撰作此书的五年间，多次深入东北满族聚居区，或考查，或进行专题讨论，使该书质量日臻完善。举凡满族自古肃慎、隋唐时勿吉、渤海至明代女真人之间的发展过程，以及满族的形成与向封建制的发展，清代康、雍、乾三世对中国统一多民族国家所作出的重大贡献等，都作出了可贵的科学的贡献。

傅先生喜欢访书。他发现了丁守存的《从军日记》，填补了太平军北伐史一段重要空缺。他将此稿本公之于学术界，佳惠士林，堪称是名家风范!

冰心、罗尔纲的高寿妙谛

冰心老人诞生于1900年10月5日，她曾对我们说："我是本世纪的同龄人。"那年正是八国联军打破北京城，因之，冰心是伴随着祖国的苦难来到这个新世纪的。她仙逝于1999年，看到了新中国改革开放的新成果。昔人称"生于忧患，死于安乐"，况且她老人家百岁期颐，九九高寿，真可谓人瑞矣！

冰心是吴文藻教授的夫人。吴先生是中国社会学的大师、首倡者，先后任教于燕京大学和中央民族学院。由于这缘故，冰心便家住民族学院的教授楼，使我们时沐春晖，聆听教言。长时间里，她给人留下了慈祥宽厚、和蔼可亲的深刻印象。她总是以微笑面对人生，以宽容对待事物。她不仅把慈心献给"小读者"，还把释家和儒家的恕道，运用于人世矛盾斗争生活之中。在那荒唐的十年"文化大革命"时，冰心老人已年近古稀，被令人恐怖的高音喇叭传唤去挨批斗，她安详地站在文物室前的台阶上，无怨也无忧。11月初，北京田间收大白菜，她一边帮着码菜，一边接受农民社员的"大批判"……她曾经沧海，渡东瀛，访印度，过重洋，远游欧美。她心地宽舒，总把眼前的劫难看作是人生中的插曲。所谓"仁者不忧，仁者寿"，在冰心老人这里得到了可喜的应验。

冰心与文藻教授于1969年冬，下放到湖北沙洋的"五七干校"。她虽然年事已高，但仍然和我们一样，日出而作，日入而息。我这时方知道：她也抽点香烟、喝点小酒。她每天饭后一支烟，一共三支，不多也不少。晚间，她和文藻教授各饮一杯红葡萄酒。香烟以怡情，红酒可促进血液循环。难能可贵的是，她对饮食生活如此有度有节，这是常人所不及的。

罗尔纲先生比冰心小一岁，出生于1901年1月29日，他逝世于 1997 年 5 月 25 日。在中国历代史学家中，是享寿既高，著述超过 500 万字的罕见的学者。

许多人都不曾想到，罗先生自幼至长宿病缠身，时常受着死亡阴影的威慑。他说：“讲起来令人见笑，我害怕看见棺材。在我那怯弱多病的身心里，常常怀着对死亡的恐怖。”一次，在和罗先生叙谈中，他说胡适针对他这种心态，开导说：“你是见过张菊生（元济）先生的，他青年时候也很多病，因善于保养，所以活到现在 70 多岁了，身体还很好……有生命自信的人，才会健康的。”经此启发，罗先生时以张元济老为榜样，树立起对健康的信心。他那时在上海的中国公学读书，每天早起锻炼，从吴淞口沿江堤临风跑步，跑累了就驻步远眺帆影波光。江声呼号，使精神为之振奋，身心皆受益而增强了。

罗先生禀性恬淡，不慕荣利。他一生最大的嗜好便是读书和撰著，他的乐趣和享受即在这里，他解脱尘世烦恼的秘诀也在这里。当“文化大革命”大批判如火如荼之际，他挨完批斗，回家取下“牛鬼蛇神”的黑牌子，便一头钻进书房里，这里有他的自由王国，这里是他的乐园！

罗先生的生活很俭朴，衣着无华，一身蓝布中山装，未见穿过西服。他饮食很简单。古贤人“饭蔬食，饮水，曲肱而枕之，乐亦在其中矣”，罗先生便是身体力行者。据我所知，罗先生食品中称得上贵重的，只有香菇。因为香菇煮汤做菜，对于治疗他便秘颇起作用。他日常的食谱总离不开玉米粥、白薯、红枣和青菜。这都是百姓之家的盘餐，他一辈子就享受这点，但他待客很丰厚，我每次去拜望，总受到殷沃的款待。

当代历史地理学大师

——谭其骧

我在北京大学读书时，听过顾颉刚先生讲课，知道他曾主办过《禹贡》杂志。稍后，谭其骧担任了该刊的编辑，继承了顾老的衣钵，并任教于著名的浙江大学。1951 年，高等院校调整时，谭先生调到了上海复旦大学，并担任了历史地理研究室主任。《中国历史地图集》编委会（俗称“杨图委员会”）成立时，被推举任主编。我认识谭先生是在60年代初，当承担《杨图》东北地区的编绘任务之时。在我的印象里，他虽是江南水乡的嘉兴人氏，但却硕人其颀，宽肩厚臂，如同山东汉子一般敦实。他赋性爽朗，给人以心胸开阔之感。他的服装入时，穿西服很合体，与罗先生的青布鞋、中山服恰成鲜明对照。

当今有的人任主编，是挂名不办事，但谭先生全心实意扑在工作上，一丝不苟。记得一次是在北京和平里某招待所开审稿会，他拿着一份两页纸的文字找到我，气冲冲地说道：“你看看！你们写些什么呀！这能算考证说明书吗?!”我一时摸不着头脑，只好答应道：“您别着急，我不知道这是什么，让我看看好吗?”原来这是一位某公写的关于辽金时东北图幅的说明书，的确太敷衍和单薄了。我只好赔小心，赶快拿回来，并代此人重作考证，这才完成任务。从这里可以看到谭先生治学为人的执著和认真，也给我后来主编书刊作出范例和榜样！另一次也是在审稿中，他对云南图幅某问题提出意见，惹得方国瑜大为光火，与他大吵起来。两个名教授，唇枪舌剑，辩论不休，我们晚辈只有劝解的份！如换在一个世故的人，不把事当真，就吵不起来了。

60年代的“文化大革命”之前，当《中国历史地图集》的编绘工作告一段落之时。当局出于慰劳之意，邀请我们到承德的避暑山庄小憩，谭先生很高兴，便带着我们乘坐汽车，过滦河，登古北口而去。果然一出塞外便清凉得多，当晚便住进了“烟波致爽”殿。这是当年乾隆皇帝的居所，也是咸丰逃难和慈禧住过的地方。当局招待得很殷渥，我们除了观光“外八庙”，颇觉闲暇。午后柳荫敲棋，晚来长轩品酒，在这幽雅的皇家园林里，舒心地过了几天潇洒的生活。有次我陪同谭先生散步于“万壑松风”的林间小径上，他问道：“你在民族学院工作，觉得清朝的民族政策怎样?”我没有准备，便随口应道：比起元、明两朝来，我看是比较成功的。满洲格格嫁去蒙古王公，以婚姻和血缘作纽带，维系了两大民族的世代友好。您看这“须弥福寿”寺和“札萨伦布”寺的宏伟，可看出清朝最高当局对西藏的重视和关心。谭先生颔首称是，却又补充说：对准噶尔与大、小金川用兵，似有未尽恰当之处！我对这些没有研究，便把话题岔开去了。谭先生在学术上颇有自信。一次，我同他从中国历史博物馆开会后走到天安门广场东边，他指着对面人民大会堂的西南边说道：当时建大会堂也不曾多征求意见，瞧那边厢正建筑在永定河的故道河床上，保不准出问题哩！的确，原永定河在辽宋之际是流经那块地方，河床下淤积的泥沙，经不起高大建筑的重压，是会下沉而产生偏斜的，雷峰塔和虎丘塔便是例子。好在现在技术进步，这些都可以补救了。学术自信使谭先生敢于坚持。在历史疆域版图和边界走向等重大问题上，他以史料和图籍为依据，绝不屈从于妄说。例如在讨论东北和滇、桂等省的涉外边界时，有人提出来，可按现在的边界来绘制，谭先生疾言正色地制止，说道：“这绝对不可！

要对得起祖宗和人民！”他那种严正的态度，使人敬畏！

在史无前例的“横扫一切牛鬼蛇神”、摧残知识分子和革命干部的黑色日月中，谭先生这样的沪上大学者，遭到了张春桥和复旦造反头目的无情纠斗，他们唆使那些参加《杨图》工作的“左派”分子，召开批判斗争谭先生大会，这对年逾花甲，一腔心血为毛主席编绘读史地图的他来说，是难以释怀和感到愤懑的。更令他难堪的是经他亲自培养的一名研究生，竟在批判会上扇老师的耳光，以示和他决裂并划清界限。就是这个姓 zhou 的后生，在多次谭先生来京开《杨图》的会时，他都要陪同来进行监督。记得已是70年代了，我们同谭先生在北京和平里开会审图，其间有假期。谭先生便约我和南京大学的考古教授蒋赞初，要一块儿去大同的云冈石窟参观。这对一个历史地理学者来说，本是合理的要求，谁都应该支持的。然而，就在临行前的傍晚，这位幼稚可怜而又可憎的 zhou“左派”，找到我说：他（指谭先生）是个有问题的人，你们别约他同去。我听罢心中愤懑，既然倡始人不能去，我等还去干啥呢？作罢！谭先生固然抑郁于怀，但他从没有对此人抱怨过半句，足见其宽容量广。倒是谭师母咽不下这口气，一天散会后，她特意要送我出门，当在楼道转拐处，她停下来小声对我说道：“就是他（指 zhou）出手打谭先生的，我们还得忍着。”这种有苦不能诉的哀愤，使我着实同情这对老夫妻而感到“文化大革命”对人性的扭曲。

自从七九春风来，千树万树梨花开！谭先生在浩劫之后，不仅游览了云冈石窟和悬空寺，也到过洛阳龙门和陇西的敦煌莫高窟，不久又驱车出玉门，到祖国最雄奇瑰丽的天山，看到了叶尔羌河与浩瀚无际大戈壁沙漠。最使他欣慰的是会见了支边来农垦兵团的儿子，当初别时未长成，而今已是堂堂仪表的壮小伙子了！

一次，谭先生来京参加全国人民代表大会，住在京西宾馆，距我家已不远。那时我的住房条件初有改善，可以设桌置酒饮馔了，便约请他来舍下小酌。他愉快地答应了。这是个明媚的春天，校园的丁香花和黄刺梅迎风吐蕊，十分喜人。陪同他来的是他得意的大弟子邹逸麟教授。席间作陪的有专家王剑英和地图出版社的龙宗英总编、江孝谦兄等人。当我们送谭先生出来，大家自然地请他走在前面，诸人皆慢半拍在其左右或随行在后面。谭先生这时忽有感慨地说道：岁月不饶人哪！当年我和赵万里等人陪顾颉刚先生，总是请先生走前面，而今我也被你们推到前面来了！

后来，谭先生因心脑血管病跌跤而偏瘫，几经疗治，勉强可起步行走，但毕生劳瘁，遂沉疴难治，1992 年 8 月 28 日，终于撒手人寰，离我们而去了！那时我远在他方，未能亲临奠唁，而今临笔默哀，心中犹不胜眷恋！

如椽巨笔写春秋

——追思罗尔纲先生

罗尔纲先生被人们敬称为“罗老”，今年（2005 年）元月 29 日是他诞辰 105 周年。他是蜚声海内外的太平天国史专家，也是晚清兵制史研究、金石学、文博学和校勘学兼长并擅的知名学者。他的论著达 30 余种，约计逾 500 万言，堪称是著作等身、贡献卓越的了。

罗老治学的突出特色之一，是他勤奋不懈、锲而不舍、坚持到底的精神。当年，他为了发掘太平天国史料，曾花了十年的时间，寒暑无间地将南京图书馆 70 多万册文史藏书逐次翻阅，使许多被蛛网尘封的、极有价值的太平天国史料，得以重见光明；罗老作《李秀成自述原稿注》，先后四十载，他自己也慨叹说：“从青春注释到白了头”；他撰写成了 150 万言的巨著《太平天国史》，经历了 60 个春秋。他在 20 世纪 30 年代就出版了《太平天国史纲》，被费正清誉为“最好的一部概论性著作”。但他仍不懈地研求，终于攀上最高峰，在新中国成立 40 周年之际，完成巨著《太平天国史》，奉献出自己的硕果！有恒为成功之本，这是从罗尔纲先生身上得到的启示。

孔子要求“博学而识之”。所谓识，即真知灼见和对事物的独立见解。这点罗老是当之无愧的：在 50 年代，许多学者都认为确有天德王洪大全其人，且与洪秀全并称“万岁”，罗老力驳此说，详证其非，最终史料证明他是正确的；当《天朝田亩制度》的原刊本发现后，论者多以为太平天国实行了平分土地的一系列规定，罗老却冷静地考证资料，得出不同结论，即太平天国治辖区前期只实行了轻徭薄赋，后期采取了“着佃交粮”的政策，并未分田分地给农民；太平天国是何种政治体制，诸家众说纷纭，罗老指出它实行的是“军师负责制”，而且这个“军师负责制是太平天国的光辉创造”；罗老从30年代即开始天地会与《水浒传》原本的研究，阐明了天地会是反清复明的秘密结社，它创立于清中叶嘉庆年间。1934年，《大公报》发表了罗尔纲撰写的、长达万余字的论文《水浒传与天地会》，40年代发现“水浒”一词的源起，70年代末写成《水浒真义考》，其后又锐意研求，证明《水浒传》的70回本成书于元、明之间，是宣扬梁山泊与宋王朝对立、主张建立新政权这一主题思想，而100回本则是明朝宣德、正统年间后人所加的。他这篇论文突破了乃师胡适否定70回本的旧说，作出了新的学术贡献。

在八年抗战的艰苦岁月中，罗尔纲怀着书生报国的忠悃，不顾日寇飞机的狂轰滥炸，在防空洞暗淡的灯光下，坚持撰写《晚清兵志》（共六部）以及《湘军兵志》《绿营兵志》等专著。书中叙述了曾、胡以来练兵治军的经验和得失，以资抗战时期振军兴旅、战胜敌人的参考。他爱国救亡的拳拳赤子之心，皆融注在那浓墨染遍的篇章里。

培养人才、奖掖后进，使罗老成为太平天国学术研究的一代宗师。50年代，罗尔纲受聘为南京大学教授。当今南大的名学者中，便有他的高徒。60年代他返京任研究员，仍倾注心力于培养人才。他对中青年学人的文章，不仅详为指点，而且针对文章需要，将他珍藏的未刊史料割爱相赠，这在学术界是难能可贵的。罗老不仅自己孜孜不懈于研究，更热忱地提携后学，引导他们走进历史科学的殿堂。太平天国史研究之所以花繁叶茂，郁郁葱葱，这与罗老的心血浇灌是分不开的！

我和罗老相识相知40余年，许多往事历历如在目前。我读罗老的论著，还是在北大历史系就学之初，读时对他考证的深邃精密，十分雅佩心仪。后来我在中国人民大学作研究生，撰写关于太平天国史的论文，这便较全面和系统地学习了罗老的著述。那时罗老工作在南京，我在燕下就读，南北千里之遥，尚无缘拜识。

我第一次和罗老相见，是在1956年6月的一天。记得当时正是吹响向科学进军号的时节，中国近代史所在东厂胡同召开了个小型会议，在座十余人，是范文澜主持会议，发言酣畅淋漓的有侯外庐先生和荣孟源先生。座间有一位穿蓝布中山装、简朴无华、半百之年的学者，这便是罗尔纲先生。他没有发言。那时我是晚辈，谨陪末座，洗耳恭听我已感到惬意了！

60年代初，我奉命承担《中国历史地图集》辽海和东北边疆的考证与编绘任务，工作十分繁巨。但我仍不能忘情于太平天国史。每挑灯夜读，涉猎有关史料，发现了一些问题。1962年春，我写成《太平军克南京人数考》一文，文中列举了几种我搜求到的、有可信价值的史料，订正了《贼情汇纂》一书中所述：太平军克南京时有百万人之众的夸张说法。此稿寄请罗老教正，原未曾奢望得到青睐，殊不久就收到罗老详长的复信，奖掖有加。他不仅复信，而且寄赠我两件珍贵史料，更足以证明我在文章中所论断：太平军克南京时，水陆各军与随军老幼妇孺，总不超过20万人或稍多。珍贵史料对史学家而言是无价之宝，罗老为支持后学，便毫不吝惜地慷慨赠珠，这种无私的高尚品质，是足以垂范于永远的！罗老并非厚爱于某一人，对青年学人都热忱相助。例如：广西桂林博物馆有位梁姓的青年馆员，寄了篇文章给罗老请教。罗老便认真为之审阅修改，复信表扬其优点，指出其不足。这已很够尽心的了，更为难能可贵的是，罗老还特地捡出有关资料，复印了30余页，亲自装订好给梁君寄去，并在扉页上又写了两行使用资料应注意的问题。如此热忱并如此细心，真可谓古道热肠，诲人不倦了！

1978年春，我应《历史研究》之约，写了《如何评价杨秀清》一文，认为太平天国的政治观念、宗教观念和政治体制中，存在着“五主并立”“八位万岁”的理论和实践，从而论证杨秀清称主、称万岁并不悖于太平天国的制度。又申论杨秀清称万岁后，天王仍是天王，安然无恙，并没有出现杨秀清篡天王的宝位和杀害洪秀全的事。倒是韦昌辉冥夜进京，突然地杀害了杨秀清。我这论点与罗老以往论点是相反的。编辑部将文章送请罗老审阅，罗老虚怀若谷，采纳了拙文中关于太平天国“五主”“八位万岁”的论述，他亲笔来函相约到他府上详谈。他老人家拿出他新著《太平天国史》中的“杨秀清传”来，很高兴地对我说道：“我先前已把杨秀清传放到后面的‘逆臣’中去了，现在恢复他的地位，仍放到前头。”我看见是编排在洪秀全、冯云山下面，即人物传第三的位置上。这种采择微言的宽怀广量，使我感动不已并引为楷模。又如关于洪宣娇的问题，以往的史传中都记载为：她是洪秀全的胞妹，金田团营时来广西紫荆山，嫁与萧朝贵，人称“天妹”“西王娘”。罗尔纲著《太平天国史稿》中有她的传。前些年，钟文典教授研究《天父天兄圣旨》，结合有关第一手资料，考证出来：洪宣娇实为杨云娇，乃杨秀清的妹妹，洪秀全既然宣称东王杨秀清是上帝的第四个儿子，是自己的胞弟，那么杨云娇理所当然地就成了天王的胞妹，萧朝贵便成了“贵妹夫”。罗老十分赞赏钟教授的考订，亲自撰文作介绍和补证。在罗老的巨著《太平天国史》中，毅然删去了“洪宣娇传”。这样虚心和从善如流，例子还有很多。

党的十一届三中全会以来，学术界呈现一派生机。1981年春，我在罗老的鼓励和指导下撰著《太平天国经济史》。老人家不仅支持我前往江南太平天国曾经攻克的郡县进行实地考察，而且写信给有关博物馆和文化局的领导人，请他们给予借阅资料的方便。这些领导人见到罗老的亲笔信，便慷慨而热忱地惠予方便，使我一路绿灯，获益匪浅。记得有一次我到江苏访书，临行前，罗老派人送给我几份他手抄的各图书馆珍藏的太平天国未刊文献目录给我，以便寻求检索。我在《太平天国经济史》书中，的确引用了不少未曾刊布过的珍本秘籍，使篇幅光华生辉。局外人有所不知，这都是罗老的赐予！

80 年代中，为祝贺罗老从事学术研究 60 周年，我筹措了一笔钱，发起编著刊行一种纪念论文集。海内外许多知名学者，都纷纷热情撰写文章，纪念论文集很迅速而顺利地出版发行了，书名是《罗尔纲与太平天国史》。罗老为人十分谦虚，当他 80 岁华诞时，他所在的研究单位和我们这些学生辈，多次要给他庆寿，他都婉谢并坚持不让。“恭敬不如从命”，大家只得一切从简。这次我们编著《罗尔纲与太平天国史》，是自发举办的。该书出版时，已是罗老 87 岁高龄，出版社赶在他生日那天，用航空从成都运来的文集作为献礼，罗老欣悦地接受了。并自己订购了 100 册，以赠各方至好亲朋。对此，我们感到很高兴！

这年的夏天，我随几位朋友去六郎庄垂钓，一次是在中秋节前日，我忽发妙想，要钓几尾鲜鱼给罗老贺节。我和自己的研究生约好，让他们在家等待，我和别人去垂钓。从午到晚，我钓的多是小鱼，不成敬意，幸好别人让给我两尾各二斤多的大鲤鱼拿回来，于是将鲜鱼送到罗老家，罗老兴致很高，设酒买烤鸭招待这两名研究生，他们受宠若惊，晚间返校便兴奋地告诉别的同学：“我们亲眼见到太史研究的祖师爷了！”

罗老毕生勤于研究和撰著，累计达 500 余万言。古人云：学富五车，著作等身，罗老当之无愧。他的代表名著是 150 万言的《太平天国史》。此书前后花了 30 年的心血，五易其稿才交给出版社。书成付梓时，罗老已是耄耋之年，我们有两个心愿，希望能在他老人家九十寿诞时，此书作为寿庆献礼。那时出版周期很长，谁也没有把握。我思虑久之，便求助于当年的一位同窗王忍之同志，他正主管宣传和出版工作。忍之同志虽不研究太平天国，但对罗老十分敬爱和尊仰，便很热心地请出版局与中华书局协商，以“特急件”编审出版。于是从编辑部到印刷厂，环环扣紧，1991 年元月，在罗老九十大寿时，终于见到了这部四巨帙、精装华美的传世之作《太平天国史》了！

罗老的毕生精力化为著作，他虽然神清志爽，思维明晰，但体气渐渐衰竭。1992 年患了血小板急剧减少症，后经协和医院精心诊治康复了。五年后的体检中，发现癌变已扩散，终于在 1997 年 5 月 25 日离我们而西去！

许多罗老的朋友和晚辈，撰文撰联以表悼念。我平日写文章较敏捷，但我哀悼罗老的挽联则反复推敲，联长仅孙髯翁大观楼长联之半，却花了一周的时间。文拙心诚，谨志哀思。戴逸、钟文典看了此联，也有同感，便以我们三人的名义晋献。

额题：

道德文章第一流

上联：

金田起义何日？“着佃交粮”何时？军师制、伪降考，探微索隐，阐发幽绩。卓见永垂翰苑，晚生同悼太平天国学一代宗哲。

下联：

洪门创始奚年？水浒真义奚在？金石门、考据学，旁征远引，雅博宏通。巨著长留人间，八方缅怀中国近代史传世名家。

联语中提出的问句，都是学术界长期得不到答案，但经罗老奋力探求，精心考证，取得了成果和得到科学结论的。我们都推崇罗老是太平天国这门学科的一代宗师，故上联初时是以“太平天国学一代宗师”作结，但这与下联的“中国近代史传世名家”的音韵平仄不合。我为此联先后求教了京中多位学者、诗文家，最后选用“宗哲”二字，这词既崇隆又谐韵，我们都感到满意。黎澍同志生前曾表彰说：“罗尔纲先生是中国近代史所真正的专家。”因此，我在下联的初稿时用“真正专家”作结，后几经冶炼，敲定为“传世名家”，这样似更觉贴切温润些。

罗老撒手人寰西逝快10年了，青山常在，绿水悠悠，哲人虽殒，但他的著作长存，将泽惠千秋。

傅乐焕先生传略

傅乐焕（1913 年 9 月 23 日—1965 年 5 月）教授是当代中国著名的辽、金史专家，东北民族史、东北历史地理卓有贡献的学者。汉族，山东省聊城人。自幼沉静好学，不多言。早年在济南读书，成绩优异。后因其叔傅斯年之召来北京，于 1932 年分别考取清华大学物理系、北京大学历史系，就读于北大，1936 年毕业。不久，任职“中央研究院”历史语言研究所，长期致力于辽、金、元史，特别是辽史的研究。他的《宋人使辽语录行程考》，采辑繁富，列表精审，考证出了自幽州到辽国中京、上京等处的路线和具体馆驿的地址所在，对辽代北部地区交通道路了如指掌。抗战爆发后，他在条件极为艰苦的四川李庄乡间，勤奋不辍地坚持研究工作，并在 1942 年发表了《辽代四时捺钵考》（5 篇）。“捺钵”，契丹语，即辽帝出行时的“行营”、行帐。在此著作中，他以辽帝春水、秋山等行迹为主线，对有关地名进行了全面考察。其引证浩博，功力深邃与见解之明睿，使中外学者为之叹服！由此荣获“杨铨奖金”。此著不仅对了解大辽疆域和地理极有参考价值，而且对辽代政治、风俗习尚也有精辟叙列。1947 年，由英国文化委员会资助，他到英国伦敦大学东方学院继续深造，在该院撰著完成《捺钵与斡鲁朵》一书的写作，获得史学博士学位。

新中国开国大典的礼炮声，激动着英伦游子傅乐焕的归心。他不顾其叔父要其去台湾之命，毅然万里登轮，冲波破浪，于

1950年12月返回北京，并热情地投入工作。他先在中国科学院考古研究所任研究员，继调至中央民族学院任研究部北方民族室主任。1956年，他积极参与创建历史系，任该系副主任。

民族问题是国家大政之一。傅先生于1953年至1954年间，参加了国家的民族调查和识别工作，他深入到黑龙江齐齐哈尔、兴安岭地区，考察达斡尔等族的历史和现状，并写出论文《关于达斡尔族的民族成份识别问题》。论文详细考查了达斡尔族的历史来源和与蒙古族的关系，然后就语言、地域、经济生活和社会文化心理状态等四方面进行识别，从而科学地得出结论说："达斡尔应该被承认是一个单一民族"，"承认达斡尔是一个单一民族对他们的发展前途是有利的"。很明显，这种科学考察和论断，对国家施行民族区域自治，决定民族政策和方针起到了重要作用。

1954年，当国家开始大规模工业建设，国务院要求迅速查明全国地震带、地震的区域和有关历史材料。傅先生虽然不是地质地理学家，但他却热情地参加了由李四光领衔的关于中国地震资料的搜集整理。他是《中国地震资料年表》一书历史部分的负责人，同时又是具体工作者。他勤恳地、孜孜不懈地在各大图书馆中查阅、发掘资料，凡正史、别记、方志、私家记载，莫不广为觅求，考其可信而辑录。寒来暑往，经过两年的辛苦，此书于1956年出版。书中分别全国各政区，将地震资料按年月日时，列表以详。既便检索，更是繁简分明，"洪纤靡失"①。书中资料对国家重点工业企业和工厂的选址和布局，起到了很好的作用。后来，此书荣获国家科学大奖，表明了对傅先生等专家的劳绩的表彰和肯定。

1958年，傅先生参加并主持了《满族简史》的编著工作。这是当时全国人大常委主持下的民族史志调查工作之一。他学术作

---

①《史通》语。

风淳朴严谨，本着事实求是的精神，纠正浮夸风在该书撰写中的侵害。他曾先后五年间，四次深入东北满族地区，或考察、或进行专题讨论，足迹从盛京到白山黑水间。因之，此书中对满族自肃慎、靺鞨至明代女真人之间的历史发展过程，对努尔哈赤后金政权建立的诸多问题，对满族形成与向封建制的发展，清代前期对统一多民族国家所作出的重大贡献等等史实，所作出的论述，在科学性和政策性上，都是堪称上乘的。

1959年，傅先生参加了著名的《中国历史地图集》的编委工作，并负责该图集东北地区各图幅的资料考订和制图。他自受命以来，荐选人员，开展研究，把当年尚属冷门的历史地理学科搞得生机勃勃。例如明代东北数百个卫所的地址的所在，经他和同组学者的辛勤考证，多得到落实。特别是中外专家前此皆不能解决的奴儿干都司城址，是经傅先生指导下在黑龙江下游特林地方找到了城址。这在学术和政治上同样具有重要意义；又如唐代东北安东都护府的所辖各州城；渤海王国的辖境州府故城和疆界等，他都与有关学者精心考证，成果远迈前贤，计至1965年的六年中，完成了两汉至隋唐，明代与后金等图幅的编绘与资料考证书的编印。由于成果突出，曾多次受到书面表彰。这部大著蜚声国际，后来获得中国图书特等奖。虽然荣誉的获得是国内众多学者共襄盛举，但傅先生开创之功，是人们所铭记不能忘的。

此外，他还参加了二十四史的点校工作，在《金史》的点校上，付出心血。另如《中国历史小丛书》等的编审工作，他都一丝不苟地投入自己的精力。

综观傅先生治学与科研，他是个诚实而勤恳，智慧而富于创新的才识兼优的学者；他把国家交给他的科研任务当作他的事业，热忱地、执着不懈地奋力完成，几乎每个项目都取得卓越的成果，他这种无私奉献的精神，在老一辈学者中，堪称铮铮皎皎的范例。

他任职中央民族学院历史系副主任的十年间，特别注意对青年教师的培养，自任导师，帮助他们制订教学研究规划，言传身教，以期其成。现在他们多已成专家教授，傅先生春风化雨，泽惠匪浅！

华冠滇黔的尤中先生

柳亚子先生曾赋诗称道龚自珍，说他是“三百年来第一流”，意思是说就龚定庵的学术成就和贡献而言，他是自清以来可与戴东原、姚姬传、王国维等大师级人物相伯仲的文学家和思想家。300年后的今天，在我们当代的学者群中，有些人以这样和那样的原因声名显赫。然而云霞虽好，只不过早晚一瞬间。若求真正踏实的修炼功夫，经得起考验的成果，其著作贡献堪称第一流的，却有待于评说。

尤中教授著作等身。他是饮誉中外的《中国历史地图集》这部名著的重要作者之一。他所撰著的西南民族史，西南边疆历史地理与西南地区考古与文物等诸方面的论著，是继承前辈的优秀精华而有较突出的进展和创新。据我所知，尤中先生的历史地理研究成果，深得谭其骧主编的夸赞与青睐，每有滇缅间的问题，便找尤中咨询。同仁们也经常向他讨教，他的回答常使人倾服其雅博渊深。我不能忘记滇池，同样也不能忘记尤中！

胡适之先生曾对青年说过：“为学须如金字塔，要能宽厚要能高。”金字塔的顶尖是很高的，这高是建立在既宽且厚的基础之上的。大凡著名学问家莫不在基本功方面扎实用劲，艰苦努力。人们阅读尤中先生的著作，不能不钦佩他掌握资料的丰富。许多史料是他从不被重视的“故纸堆”中首先发掘出来的。在当年的云南大学图书馆，有一个年青教师经常去到参考阅览室。久之，他把这里的有关历史和民族的书读干净了。这时，书库的管理员有感于他治学的勤奋，也许嫌麻烦老是给他取书和上架还书，便特别通融让他进书库去选读自己需要的书。获得这特许机会的不是别人，正是笃学心诚的尤中。此后，他花了数年的课后里间，寒冬溽暑也不辞劳苦地入库看书。云大藏书甚富，特别是有关西南地区的方志、谱牒、碑拓、文物等为海内各馆藏所不及。另外，还有一批特藏，是第二次世界大战后从印度支那半岛某市收罗来的要籍。对于一个好学敏求的青年学者来说，这无疑是丰盛的美宴佳肴，这使得尤中乐而忘返，脑海里储藏的知识越来越充足和丰富起来。他读库里的书，并不因其浩瀚而无所适从。他沉静地逐架逐卷地检阅，采取蚂蚁啃骨头的笨办法，搬来一个小板凳坐着阅读。他曾经不无得意地告诉我：除了“经”部之外，他都阅览遍了，而且边阅边摘记，重要者又借回摘录。闰余成岁，积年而丰，他变富了！在那知识不值钱的年月里，他成了西南边陲佼佼的知识富有者。写到这里，油然想起罗尔纲先生治太平天国史，收集史料就是采用这种方法。罗老当年把颐和路南京图书馆的70多万卷线装书，逐架逐卷，摸底查阅，从中搜集出千万字的太平天国史料；还有史学界所景仰的孟森教授，他为抄读《李朝实录》，每天从北大宿舍徒步到北京图书馆去阅览，七十老叟勤勉如此。这种乐而忘返的精神，鼓励着他们攀上了学术的高峰。尤中先生难道是罗、孟二老的私淑弟子耶!?

从事学术研究，理科重视试验，文科重视考察。司马迁《史记》之生动具体，得助于他的饱览山川。他曾经南浮江淮，西溯云梦；又曾扈从武帝谒孔庙、登泰山；又游历幽、燕，适大梁，踏访孟尝君所封之薛邑。自来学者皆以此为榜样。吴晗先生主管《中国历史地图集》的编绘事宜，他曾热情地鼓励我和尤中等人到地方上去考察。我去到东北的阿城金代上京和牡丹江的渤海王城等处，获益匪浅。在此先后间，尤中等人在云南当局的支持下，也对云南边疆的历史地理作了深入详细的考察。据参与其事的朱先生说：他们在横断山脉、高黎贡山内外，澜沧江、怒江的东西河谷，背负行囊，跋涉踏勘。虽然有一辆小车，但许多地方是车辙不能至，只有徒步才能登的。他们艰苦调查研究数月，发现了很多古迹遗存，有的印证了历史，有的则纠正厘定了以往资料的伪误。尤中先生将这些考察的收获编入《中国历史地图集》，校订了清代的历史疆界，使边界走向和位置更为精确可靠。这成果的意义和客观价值自然是不言而喻的。

评价一个人物，不仅在于他的事功和学识，十分重要的还在于他的品德是否端正和高尚。民国时期有个《花随人圣庵摭忆》的出名作者黄某，确乎文才不凡，但缺乏劲骨。结果随汪精卫当了汉奸，十分令人浩叹！我和尤中谈起过这桩史事，他也与拙见相同。我感到他是个富于正义感、淳厚朴实的学者。他不矫情伪饰，给人以真纯的印象。记得那是60年代之初，阶级斗争的弦越来越绷紧的时候，他和我有一次学术会上见面了。那时我已被打入另册，正以戴罪之身，心怀惕息，见人则垂立，莫敢正视。别人也多不敢理我，以免“立场不稳”之嫌。尤中却与此不同。他出于自然地和我交谈，表现了人与人之间一种纯真无伪的关系。30多年过去了，我总忘不了这段情结。这件事在今天看来是很平常的，但在当年却是难能可贵的友谊。现在我们都年逾花甲，虽然岁月蹉跎，但在夹缝中也争取做了些事业。我祝愿尤中教授身体健康，为祖国人民作出更大的贡献。

平湖渊广　月白风轻

——贺宋蜀华教授八旬华诞

不久，即将是宋兄蜀华教授八旬华诞之庆，我油然想起《洛神赋》中的“荣耀秋菊，华茂春松”之句来。春松不老，宋兄正逢中国知识界难得的、改革开放的春天！真是可庆可贺！

一、淡泊天成

“蜀江水碧蜀山青。”宋兄出生在天府之国的华阳县锦官城中，少年时，华西坝的绿野平畴，开阔了他的胸襟；奔流不息的岷江，激发了他的锐志；桂湖的清幽雅洁、青城山的深邃空灵，赋给他超脱之思；承相祠堂“淡泊以明志”的格言，给他启示了人生的旨趣。山川的灵秀与先贤的懿行，使他的品质得到不断的提升、趋于超然。

宋兄是中国民族人类学的大专家，他调查研究的足迹，遍于禹贡九州。早年留学悉尼，后又供职于联合国，往来于纽约与瑞士之间，在当代学者中可谓见多识广的了。然而，他为人淳朴、不伐不矜。一次，我询问他关于阿尔卑斯山间行驶的无轮而带抓钩的火车，又一次和他聊起往年游历莱蒙湖的情景，他总是平静地、淡淡地叙述自己感受，其心态之淳朴，近乎天然。老子说：“大方无隅，大音稀声。”宋兄当年访道观上清宫，或已悟解其中真谛耶！

与淡泊互为表里的，便是蜀华兄廉洁的操守。他主管中央民族大学的教学科研经费多年，从不花在自己身上。他热忱支持教师们的科研项目，拨给充裕的经费。本校很多在国内外获奖的成果，无不融铸着他的关爱在其中。作为博士生导师，他立项的课题费，先后数十万，却没有自己花过，博士生们说：宋先生把钱分给我们支配，他自己却不用。年逾古稀的人了，他外出考查或开会，还坚持和青年们乘“大巴”，而不肯坐有空调的小轿车。他这种风范，使我想起了清代的翁同龢来。翁氏身为光绪帝师，却家无恒产，晚年归乡，“桃花流水空山里，自有书田自笔耕”。这种冲淡的襟怀，明月清风的心境，宋兄是可以和前贤并称媲美的。

在古代，常用“学富五车”来赞美知识分子和学者，后人发觉这并不全面和恰当。章学诚于是提出“才、学、识”三项标准。而“识”在三者中最为不易，因为“识”是独立见解，是真知灼见，是超越于前人的创新。宋兄对民族学的贡献就在于：他既继承和吸收了中外前贤的可贵成果，又超迈而得出创造性的新结论。西方民族学率多取材于澳、非或拉美较后进、无自己文字记载的民族进行研究，往往只注重横向的比较研究，而忽视纵向的历史考查和根源。有些研究者便陷入了西方的窠臼而不能自拔。蜀华兄得助于他中国文学与历史学的功底深厚，明确认识到：研究中国各民族不仅要作横向比较研究，更应该做历史的追索和考证，纵横结合而定位。这便是他创新得出的“纵横坐标论”。换言之，这是结合中国历史实际、具有中国特色的民族学体系！他还提出：研究中华民族的多元文化，必须与各族生态环境的研究结合起来。中国地跨寒、温、热三带之间，南北各族生态环境迥异，习俗性情多姿多样。宋兄强调结合生态环境，这无疑是“具体地分析具体问题”的典型范例！

二、“文化大革命”岁月

所谓的“文化大革命”，在人们的脑海里是一场不祥的梦魇，是灰暗而窒息的岁月。风雨如晦，豺豹横行。它让人想起上天不仁的唐山大地震，也让人忆起武斗浮尸的漓江。中原感到陆沉的危机，强邻却在四周崛起！在那时，工厂停止了冒烟，铁路耽误了正点，“罢课闹革命”的学生，浪费了宝贵的年华，教授和专家们被打成“牛鬼蛇神”，指责为“知识越多越反动”，人命危浅，国运如丝！蜀华兄当时正值不惑之年，他细心地观察着，沉静地思考着。扑朔迷离的局势，波谲云诡的政坛斗争，早已超出了学者们的思维范畴。因之，许多人只好站到旁边，无可奈何地当起“逍遥派”来，宋兄便是其中的一个。

中国传统文化是以儒家为主体，儒、释、道兼融并济。因之，中国传统知识分子总有“先天下之忧而忧”的情结，但也不乏退隐山林、“遗世而独立”的思想。特别是游学欧、美归来的知识分子，对祖国经济的落后和政治体制之封建烙印，深感反差太大，往往满腔报国之心，形之于直言极谏。然而，1957 年的“反右”斗争和继之而来的“反右倾”，将党内党外知识界的精英，大批打入另册，放到千里冰封的北大荒。接着，“万马齐喑究可哀”局面持续了好长一段时间。后来在上方宝剑的指使下，出于当轴诸神的政治需要，“文化大革命”之初的“大鸣、大放、大字报”，又如点燃的圣火一样，从北京传播到海角天涯！这时，作为“逍遥派”的宋兄，便和我结伴同往各处观看大字报，从燕园到清华园，从西郊到东郊。至今回想起那段辰光，历历犹在目前。

在北京，骑自行车作信天游，堪称一乐事。然而，当我们骑车过太平湖，便闻知作家老舍怀抱遗著，投水自尽时，蜀华兄不禁为之叹息，徘徊久之；一次骑车过北海旁，忽见一群“红卫兵”

拖着一名中年男子，要将他扔到深水中去，那人拼命抱着白玉栏杆挣扎。我们都想去劝阻，但慑于对“红卫兵小将革命行动”的畏惮，只好侧目而视，敢怒不敢言！到“学部”（今中国社会科学院）看大字报，常常有些新闻，我们便不怕路远，骑车穿城往返数十里。记得回程经过西单，不仅汗流浃背，而且腹内空空，于是就进入“峨眉酒家”，它的成都“担担面”和“宫保鸡丁”便是我们最喜欢的餐肴。每次付账，我总被宋兄争先。他说他年长，自然年长为先，这样慷慨解囊，也不知多少次。

宋兄处世稳重，不轻于表态，不孟浪行事。记得在“文化大革命”中，我校某个造反派头头，率人冲中央统战部，抢夺机要室的档案。那里保存着港、澳、台和海外人士的材料，关系非轻。宋兄对此，明确表态，指出这是严重违纪违法行为，他严肃的凛然态度，令人钦仰他学者的风骨。

“文化大革命”的岁月是大字报泛滥的时期，大字报成了阴谋家的魔杖，也成了攻讦人隐私的法宝，虽然它也是弱势无告者喊冤求助的状纸，但毕竟是无力的。我忽地遐想大字报的源起在何时？是明代江陵与苏州织工的“揭贴”么?！清代广州三元里的抗英军“说帖”，无疑是正义的风景线。20 世纪 50 年代以来，有人因大字报而招祸，也有人因大字报而荣升，但畏惮之心总是挥之不去，这也难怪宋兄爱看大字报而很少动笔去写。有一段时间当局亟力号召写大字报，各单位还定出数量指标，最高时，每人每天须写 50 张。宋兄眼看躲不过去，也只得硬着头皮写几张，给人的印象是应付差事而已。他不得不给我写一张，内容说的是：要我交代为何留一位解放军亲戚在我家住了两天。我读后会心地一笑，真是成全我也！

三、干校春秋

1969年初冬，蜀华兄和我等大批教师职工，来到湖北潜江县的沙洋干校。他和我同编在一个连里，我们日出而作，日入而息，共同劳动了两个冬春之久。干校生涯给我们留下了鲜明而丰富的回忆。绿油油的棉田，金黄色的麦浪，伙伴们锄地时的笑语喧哗，“打牙祭”加餐时的狼吞虎咽……凡此等等，组成了干校单纯而又辛劳的生活。我们几乎以干校为家，至今仍未忘那一方热土一方人！

这里是古代的云梦泽，属江汉平原的西区。那一望葱郁无边的平畴，仿佛是成都平原的再现。所不同的是：它不种水稻和油菜而是盛产棉花和烤烟。我们连队便是以种棉为主要任务。棉田很规整，长约千米，宽可三百米许。给棉棵施肥或打杈，往返一趟，差不多得半天。若是耪棉花地，则半天也到不了地头。宋兄是笔耕的能手，对锄耕则是初学，如孔子所说：“吾不如老圃。”不过，宋兄并不气馁，他劳作认真，善于学农技，久之便熟练了。棉田的重活之一，要算喷洒农药。由于红蜘蛛等害虫是在夜间活动，所以喷农药便选择在晚饭后开工。宋兄和我等属于壮劳力，责无旁贷地是背农药箱喷洒。那时冰心、文藻夫妇和杨成志、费孝通等年事高的老教授，也踊跃参加。他们受到的照顾，是站在棉田行间的地头，手提一盏马灯当路标，指示喷药的人，别在黑暗中走错了行。农药箱灌满时有五十来磅，背着它且行且洒，周而复始，累到半夜收工时，筋骨都快散架了。宋兄虽自来没干过这种活，但他无怨无悔，从未听见他发过一句牢骚话。

有一段不短的时间，宋兄和我两人被派去值夜班，这是被视为“组织信任”的保卫干校的任务。干校北界是河堤，西有沟洫相隔，东与科学院干校为邻，南边是晒场，方圆约可6000米。地方虽不算大，但责任却不小。每晚夜深，宋兄和我总得巡查数遍，每巡一次回来，便往晒场高高的麦秆垛上小憩，既可瞭望，也很舒坦。月光如水，栖鸟无声，晒场边几只未长成的小狗，不知疲乏的在嬉戏，劳动了整天的教师们进入梦乡了！我们值夜班的，白天当睡觉，但宋兄在三夏大忙时，往往牺牲自己的睡觉时间，奔去大田抢收抢运。书生旨趣，学者襟怀，此情此景，岂不愧煞那些以阶级斗争为纲的“左派”么！

干校的热闹生活之一，便是在公休和节假日去“一星街”或“五七厂”赶集。老乡们很愿意卖熟食肉蛋等品给我们，因为干校的人不大讲价钱，出手较大方。宋兄为人宽厚，买东西宁可多给钱，从不压价。老乡们编了首顺口溜：“这批劳改真奇妙，妻室儿女都来了，有的穿绸缎，有的戴手表。”原来这里是个劳改农场，难怪农民们看到这些“新劳改”，感到纳罕不解。宋兄和我等都是全家来到干校，赶街往往是全家相携同往，这确乎是平凡生活的一种幸福！

人生天地间，禀赋各相殊。有人像长白山飞瀑，有人像钱塘江怒潮，有人像峋嶙的峰峦，有人像入云的高树。宋兄这些都不像，他像一个宽容的平湖，天光云影，美妍丑陋，它皆照映于湖心，它只不过波涛不明显而已！

“才如江海命如丝”

——怀悼裴家麟学友

才华是一个美丽的字眼，才华与诚挚却往往并不联系在一起，这是令人惋惜的。我有这么一位朋友，他既水晶一样透明和圣德一样的诚挚，而且又才华横溢。在他艰难的有限岁月中，他在学术界作出了卓著的贡献。很多年份，他不能发光，被置身于砖石瓦木的行列中。但如诗人所说的，“天生丽质难自弃”，从 1979 年那个温暖的春天以来，他焕发了生命的光辉，他的才华展开了翅膀，在中国文学的研究中开拓了许多，收获了许多！他便是裴家麟！

一、观赏昙花

记得是 20 世纪 80 年代中的一个春夏之交的日子，院子里的红石榴绽开了笑脸，有几位朋友相约在我家小聚。我家女主人觉得有高朋光临是种荣幸，她总要煎炒点时鲜蔬菜，购些现成盘肴，备点小酒，以享嘉宾。餐后，一些人围坐厅中打桥牌，一些人聊天，只有家麟兄独自燃了支香烟，踱到作为书斋那间屋内坐下来。这屋中正好摆放着一盆含苞欲放的昙花，他便一边抽烟一边凝视着和等着看花的开放。

我喜欢养花，栽植昙花也历有年头了，从幼株到长成开花，得四五年。记得60年代，有一次北京大学的昙花要开了，还特地张贴通知，请师生们到小礼堂去观赏，其隆重如此！这天，家中有好花开，我自然是很高兴，便特地陪着家麟兄观看，我们边看边聊，共同消遣着这可贵的友谊辰光。

他告诉我，他的《李白十论》快出版了，还在撰著《文学原理》与《看不透的人生》等书，庞大的《李白资料汇编》也正紧张地进行中。他颇为感叹地说道：“我们的青春和壮岁被蹉跎与耽误过去了！而今只好一天等于两天用，把失去的时间抢回来。”我知道，他就是这样做的。他每天都工作到凌晨一两点钟。紧张的笔耕，连星期天和节假日都不稍歇。十几年间，数十篇论文在国际、国内公开发表了，几百万字的编著，使他著作等身，但他却在透支自己的生命。

我们又把话题回到昙花，因为夜渐深，有两朵已张开笑颊，吐露出浓郁的芳香！它的花瓣洁白无瑕，花形端庄遒美，虽不似郁金香的挺拔，却比康乃馨多姿。杜鹃花红遍天涯，但没有人说它有香味。昙花虽其寿不永，生命很短暂，但它在绽放到凋谢的不及一夜的时间里，却尽情地倾吐芬芳。它的香味，不仅洋溢在室内，而且穿牖透户，远播到楼屋外和廊道上，使过往的邻里们都得到分外的享受。昙花给人一种启示：“人生如朝露”。从宇宙的长河来看，百年与一个晚间实质上差不多。家麟同志的言谈使我体会到：他是十分欣赏昙花珍惜自己的一夜花期，让自己在这有限时空中毫不虚度。

家麟同志虽然离我们而去了，虽然他的声音和容貌渐渺渐远，但他留下的著作和芳香，却润泽着人间，鲜活在学者们的心灵里。

二、天　问

1933年8月，天府之国的成都华阳县城郊，出生了个聪明俊秀的孩子，父亲给他起了个满怀希望的名字，这便是“家麟”。家生麒麟，这岂不是祥瑞和喜庆。华西坝民殷物阜，人杰地灵，是哺养过司马相如、杨雄等文士的故乡；百花坛和桂湖风光旖旎，是诗人李白和杜甫流连从游之地。家麟出生在这方沃土上，无怪乎会受到良好的熏陶，得到优越的文学灌溉。他在中学时期喜爱写作，在刊物上发表文章和创作。1950 年夏，他以一个 17 岁的小青年，便考取了著名的北京大学，1954 年又以优异的成绩毕业留校任教。在名师如云的学坛中，家麟和乐黛云等 12 名青年助教，风华正茂，在中国文学的花园里竞相开垦着。他们的生命正是春天，正是茁长和开花的时节，他们正需要呵护和扶持！

还是诗人先知晓，“文章憎命达，魑魅喜人过”。转瞬间，1957 年到了！不知是神仙洞的风还是黑龙潭的风？也分不清是玄色的风还是赤色的风？风与风绞在一起，是妖风还是清风？许多知识分子被网罗进去了。终被定性为“敌我矛盾按人民内部矛盾处理”，裴家麟和中文系的另外 10 名金童玉女都被划为“右派”，只有那一名不问天下事的漏了网。

又是一年过去了。北京西郊的未名湖畔，桃花依然一样红，万泉河边的青草，依然如往年一样的碧绿，但这里却见不到家麟同志的身影了。他是个赤诚耿直的人，有些近乎狷介。他难以接受对他的定性，是他被“出局”还是他自己出走，已经说不清了。总之，他从此离开了北大，离开了未名湖畔依依的垂柳。那些年份正宣扬“做一个螺丝钉”的精神，“驯服工具论”也方兴未艾，家麟的性格不仅对此转不过弯来，在他明晰的认识中，这些论点也是不能苟同的。他不能遁入空门，但他得维持生活。他只好去做小工，去拉车送货。他终于干上了泥瓦工。这是个又脏又累的苦活，他不只是干下去了，而且以他的才分和智慧巧思，干得很出色，成了挑大梁的八级工师傅。有人提出了疑问，国家用人民和纳税人的小米和金钱办大学，好不容易千里挑一培养出来的大学专业人才，在缺乏科学技术的农工各行当之中，应该是何等的宝贵，为什么却扣上莫须有的无端罪名和种种帽子，让他们重温封建专制时代“九儒十丐”的梦？当时东亚各邻近国家和地区，正掀起向美国和欧洲留学的热潮。数年后，这些人才便成为亚洲“四小龙”与日本经济、文化和政治迅速发展的张本。对比神州大陆，在“知识越多越反动”的浊浪卷刮下，绝大多数学人和知识青年，赶紧背上铺盖卷，下到农村和边疆的北大荒去，去“接受工农再教育”。家麟兄此时已“不在组织内”，连这份殊遇也没有摊上，他还依靠砌砖打讨生活。他是搞文学的，劳累之余也翻翻旧籍，当读到《滕王阁序》中“屈贾谊于长沙，非无圣主；窜梁鸿于海曲，岂乏明时？所赖君子安贫，达人知命”时，读着读着，愤然弃卷骂道：“王勃小儿何知，胆敢教训起人来，挨别人整，还要低头认命，岂有此理呢！”他骂得好，揭得很敏锐。一个16岁的童子，入世未深，却学会“颂圣”和逢迎，甘心屈辱和“知命”，这难道不是民族莫大的悲剧！

三、使命与生命

人生天地间，百年何所事？回答这个问题，便是人生观。我和家麟兄都很爱读李白的诗，特别是他在《将进酒》中的名句：“五花马，千金裘，呼儿将出换美酒，与尔同销万古愁。”那种狂放不羁，那份潇洒自适，千古何有第二人！在青年时代，我们都追慕这位“谪仙人”，想把自己扮演得轻松愉快些。然而，中国又是儒家思想特别昌盛，从小读孔、孟的书，儿童入塾进学堂，对“仁者爱人”“天将降大任于斯人也……”和“先天下之忧而忧，后天下之乐而乐”等经典性语句，大多耳熟能详，受到濡染和影响。屈原和贾生为什么活得那般沉重和凄苦？还不是因为背上了个忠君和社稷的十字架。人是结为群体才能活着，只有老虎才能独啸山林，不需要群体。因之人得有群体意识，即人的伦理道德规范。但是，人却又不能忘掉了自己，不能没有个人和个人利益。离开了个人利益去侈谈集体利益，岂不是矫情和执其一端，而且有违儒家哲学的中庸之道。家麟和我这一代人，对儒家思想和奉献精神多是情有独钟的，虽然对黄老之学和释家禅理也或时有所涉猎，但这并非主旋律，也是周围大环境所难以认同的。

家麟兄的时代责任心和历史使命感是很诚挚的。这反映在他教书、治学和处世之中。他先后给大学生和研究生开设了十多门课程，深夜备课，撰写教材到三更而不休。他发表的论文不仅数量逾百篇，而且见解独到，令人耳目一新，倾服其才识过人。他担任学科和学校的职务职称评审委员，从来都是认真审阅论文和著作，掌握标准，毫不马虎。我与他几度担任评委，在接触中体会到他的纯正和严格。例如，他坚持申请正教授职称者，必须要有公开出版的学术专著，不可例外。然而，确有位先生长期在教学中效果佳，受到学生的欢迎，但可惜没出版过专著。在有关领导的关心下，他先后三次申请正教授职称，但三次皆未获通过，这中间自然有裴教授不支持的一票，有人因此怪罪他苛刻。他的性格就是这样的执着，不稍变通。

在使命与生命之间，如何布局与平衡。这是说时容易做时难，高明者也会失于掌握，往往发生偏颇的，俗云顾此失彼。为了找补回失去的岁月，家麟同志不断急行军式的赶路，简单的物质生活，匮缺的营养，长期的劳累，使他的体质和元气遭到了严重的损害。他喜欢喝酒，也习惯于写作、备课时抽香烟。烟酒可以怡情，可以舒解疲乏，然而烟伤肺而酒伤肝，它们是慢性的致癌因素，这两者都对家麟兄的身体造成威胁。

就当代的医疗条件和人的平均寿年增高来说，家麟同志如果放慢些工作进度，如按照“劳逸结合”，他是可以益寿延年的。有人清晰地指出：要以健康的身体和长寿去创造成果，别以拼生命的本钱去换取成果。这对我们富有使命感的专家学者来说，也许是一帖很对症的辅剂良方！

太平天国史研究的一座丰碑

——评罗尔纲著《太平天国史》

罗尔纲先生是海内外著名的社会科学家，尤其是在太平天国史研究方面，不仅成果丰硕，而且还培育了众多后学，堪称一代宗师。罗先生自1932年开始研究太平天国史至今年正好是60周年，中华书局出版他的《太平天国史》一书，是对他从事太平天国研究60周年的最好祝贺。

罗著《太平天国史》，历经近40载，增删达四五遍，终成150万言的巨著。此书体大思精，包罗宏富，识见高远，是太平天国史研究历程上的一座丰碑，必将为后世所珍重留传。全书用罗先生自己创立的“综合体”撰写，分为“序论”“纪年”“表”“志”“传”等五个部分，既继承了中国史学的优良传统，又有所创新。

自20世纪初汉公著《太平天国战史》，孙中山为之作序以来，太平天国史的研究蔚然而兴，许多专家学者为此作出了贡献。罗先生这部《太平天国史》是集大成者。

一、突破旧史藩篱，创建新史体例

太平天国的始末虽不过二十余年，但它“开创新朝”，典制俱备，设官置守，雄峙江南数省，军旅逾百万，纳税呈贡之民以亿计，是一个与清政府南北并立的政权。欲科学地完整地反映这个政权兴亡历史过程，采用什么样的体裁和体例最合适呢？这是罗先生长期考虑、不断探索的。他终于通过艰苦的努力，突破了旧史书的体例，创立出别开生面的新体裁。用罗先生自己的话来说，就是一种“综合体史书”。换言之，它综合了中国历代史书各体之优长，摒弃与弥补了它们的缺陷和弱点，推陈出新，另建新猷。

中国史书体裁丰富多姿，凡正史与别史门类十数种，其中以纪传、编年、纪事本末与政书四种体裁居主导地位。自司马迁开纪传体史例，2000 年来历代王朝修正史便采用这种体裁，纪传体在史书中独占鳌头，并非在于某些统治者的偏爱，而是它本身的素质。纪传体的优点可以概括为三个方面：第一，它的纪、传、表、志的体系，分类鲜明，涵盖广袤，使大小史事各有所归，不会流离失所。第二，它将史事分门别类，安排得妥帖周密。刘知几称赞说：“显隐必该，洪纤靡失”，指的便是这点。第三，检索寻求方便，大大超过别的史书。如欲寻某人事迹，则求诸于列传；欲考核政、经、财、军，则有专志可寻。这就是它“事有适从，而寻求便易”的实用性优点。但是，纪传体又有其重大的弱点，即它是以人系事，而不是以事系人，对重大历史事件的来龙去脉，没有综合叙述，因而“大纲要领，观者茫然”。与此相联系的便是记事支离，重复互见。例如贞观中，兴军辽东征高丽，既见于太宗本纪、江夏王道宗传、李勣传，又叙于契必何力、薛仁贵等众多诸将传，使读者难窥全豹。

罗先生涵泳前史，在 50 年代初出版的《太平天国史稿》，采用的便是纪传体。他敏锐地觉察到它的问题所在，积极思有所更张。他反复思忖：毛病不就是出在叙事分散上面么，“分”的反面便是合，要纠正纪传体的弊病，就必须用综合概括的体裁。于是他便着手将他长期研究而贯通于胸臆，对太平天国史事的见解，写成一篇称为“叙论”的篇章。叙论对太平天国的时代背景、革命运动的分期、革命运动的性质和成就、失败的原因及对中国近代史的影响等，作综合的描叙。罗先生命名“叙论”两字，是经过仔细推敲的。“叙”的含义：一是记述和谈论，即《国语》所谓“纪言以叙之”。二是评议次第，《周礼》称“行其秩叙”，即“诠叙”之意。罗先生这个篇章，既有史事记述，又有评议论说。故起名为“叙论”。这是突破旧藩篱走出的可喜的第一步。但罗先生素性谦冲，他“怕会犯画蛇添足的错误”，便藏之箧笥，直到1957年中华书局要再版《太平天国史稿》时，才鼓起勇气以“叙论”的名义加在该书的前面。这是罗先生对纪传体第一次突破，也是一个创造。当时史学权威范文澜读了刊出的“叙论”后，高度评价道：“可以不朽矣！”这就是《太平天国史》“第一部分”的初稿。当然，那时还只是个雏形，远不如今天的丰满完善。

1958年夏，罗先生正式开始了《太平天国史》的撰著。历代正史是以君为史纲，以王侯将相为历史的主人。罗先生的新史观是：“人民群众创造历史。”他感到从体裁到内涵都必须进一步对纪传体做大的改变。他反复以思，想趟出一条新路。这时他的老友梁方仲途经南京，深夜造访，他便谈到这问题。梁先生对话中说：“问题从洪秀全来，解铃还须系铃人，就要从洪秀全去下手解决问题。”的确，罗先生《史稿》是有“本纪”的，怎么改呢？他送走梁教授后，漫步庭前，星光暗淡，花影迷离，不能给他任何启发。忽然，普列汉诺夫《论一元论历史观的发展问题》一书的观点在他脑海中闪亮，他果断地决定：“将洪秀全、洪天贵的事迹移入列传，把本纪取消。”这不是诗人的灵感，而是凿井九仞而爆发的喷泉。思路大开了，接下来的问题是取消了本纪，原本纪编年系事的作用如何表现呢？他采取编年史的经验，另立新篇，专记国家大事，称为“纪年”。这就是《太平天国史》书中的第二部分。这是罗先生对纪传体的第二次改变。对此，他不无欣慰地说：“这次改变，可说是对纪传体的性质作了根本性的改变。”其后，在撰著《纪年》的实践中，他发现编年史始自《春秋》的写法，按日记事，不相联属，毫无组织，是一种初级形态的简编，故王荆公批评《春秋》是一堆“断烂朝报”，既难记忆，也分不清主次。这时，罗先生得心应手地改用纲目体，将年月岁时发生的史事，综合为几大项，以大字提要做纲，小字叙事为目，纲举目张，对史事进行有组织的叙述，使大事易明，小者有归。这是罗先生对纪传体的第三次突破和改变。

有了这三次重大的、性质上的改变，罗先生《太平天国史》的体裁便以崭新的姿态出现于史坛：它用“序论”概括全书，作为第一编，使读者对太平天国史的全貌有个简明扼要的认识和理解；用“纪年”经纬国家大事，纲目分明，轻重有别；用“表”以容纳和驾驭复杂纷繁的史事，化芜乱为简洁，使百端各归其位，读者无论巨细，皆可检表而明了；用“志”以记典章制度，叙述各种专史。历代的“食货志”“河渠志”“沟洫志”“礼乐志”“天文志”“律历志”等，有着极宝贵的价值。在罗著《太平天国史》中，志的部分共20种，卷帙浩大，功力尤深；用“传”记人物。历史是人们以其活动谱写成的，传记是史书重要组成部分。罗著《太平天国史》继承了前史立传的优良传统，而且上起天王洪秀全、东王杨秀清，下至乡官钟志成、胡万智，各地各族起义人物如刘丽川、杜文秀，洋兄弟如罗孝全、呤唎等，许多小人物，只要事有可传，皆予载入，体现了太平天国史的人民性和新史观。

这里可以看出，《太平天国史》是以“序论”“纪年”“表”“志”“传”五部分组成，各部分有自己不同于其他部分的体裁，各自承担着不同的专职；它们之间又是互相联系、互为补充而结合成为一个整体。它是博采前代史籍纪传、编年、纪事本末、政书各体之长，去其封建糟粕，而形成的一种“综合体”。我们对罗先生这种善于继承前人，且锐意突破和创新的精神，感到由衷的钦佩。他开创了一种新体裁和史书体例，是值得祝贺和欢迎的。

二、铜铸的殿堂玄武岩奠基

罗著《太平天国史》的手稿、清样和精装本，我有幸拜读过几次，每次都留给我丰富、扎实、坚固不拔的印象。他这部书，采撷宏富、考证精详。于重大史事，博采诸家，排比论列。细微处他独具慧眼，能看出破绽而辨伪。晦暗处，他钩沉索隐，因得新证而复显。有人以“字字珠玑”来形容一篇好文章，对于史学著作来说，倒不在于文字华丽，而是要求严谨准确，切合历史的客观实际。读罗先生此书，深感他语必有据，字字不虚。我这里以“铜铸的殿堂玄武岩奠基”来比方这部著作的坚实，是有所感受的。我曾凭吊过滇池东边的“金殿”，也曾踏查过牡丹江畔的渤海王城。前者是纯铜铸的殿堂，后者是以坚固的玄武岩作础石。多少人物和锦绣都湮灭了，而这铜殿和础石依然在！阿房宫毁于项羽，天王府焚于湘军。然而，《史记》却历劫千载而犹存。我想《太平天国史》以其坚实，也将会传世不朽。

清同、光年间李滨撰《中兴别记》，采录官私材料200余种，国学大师俞樾为之作序，称其“采辑繁富，叙次详细”“真近代一大著作，必传无疑”。200余种史料固然不少，但要与罗先生拥有史料之富厚相比，实乃小家碧玉，不足以登堂奥。罗著中引证史料上千种，他对文物考古材料、方志与谱牒资料之熟悉，简又文也自叹不及。可以慎重地说，罗先生是国际国内拥有太平天国史料最多的学者。他这部书是在浩博的史料基础上写成的。从1950年至1959年，他花了整整10年间的时间，亲自深入南京图书馆的大库里去，从70多万册的旧籍中发掘出1200万字的太平天国史料，使许多蛛网尘封的珍本秘籍，得以重见光明，并成为罗著此书的础石与柱椽。他对文物史迹的搜求与考察，同样兴致勃勃，孜孜以求。南京堂子街某王府的“望楼”壁画，金华侍王府的石雕和彩绘，绩溪曹氏支祠的壁画特点等，经他考查和研究，均融铸在此书的“艺术”卷中。他不是画家，他请教于山水画名家傅抱石，并采其论说，载入艺术卷中；他不是书法家，他虚心请教于丁云青先生，并将“永”字八法运用于李秀成笔迹的鉴定，然后胸有成竹地写成此书“李秀成”传。罗先生对咸、同年间各族起义十分重视，专为列传，并常与我谈及。一次他问起壮族吴凌云的故里在何处？另一次他问起李文彩率部入贵州后活动的史料。为了弄清杜文秀长女杜凤扬的年龄，他特地来电话让我向中央民族学院借《民族文化》某期，因为该期载有重要史料，这些都使他的民族人物传丰赡而信实可靠，远胜于旁的书。萧朝贵在太平天国前期五王中史料最少，各书皆寥寥不多语，但罗先生将新发现的《天兄圣旨》精心研读，把其中有关史料纳入他新撰的萧朝贵传中，洋洋 1.6 万言。洪大全其人其事是太平天国史中一大公案，罗先生考证数万言，终不给立传。他立《焦亮》传，着笔精炼，力避繁芜，可见他在《太平天国史》书中十分节约篇幅，惜墨如金。

中国的史学传统，有秉笔直书的董狐，也有曲笔阿时的魏收。司马光著《资治通鉴》，事必考信，时必考确，故称为良史而为后世师法。历史书不少是伪书，或是真伪参半的书，写成信史难，因而信史可贵。罗先生的《太平天国史》则是一部难能可贵的信史。他对史料严格审查，对史事记载进行内证外证，排比对勘，直到水落石出，然后写入书中。在考证史料和史事上，罗先生继承了乾嘉学派的优长，有独到的功夫。例如，洪大全称天德王，与洪秀全并称万岁之事，赛尚阿奏与《方略》皆有之，而且俞大纲还找出了《洪大全供状》，后来傅乐焕又发现丁守存的《从军日记》中详记其事。谁敢怀疑呢？当代著名的三位史家郭廷以、简又文与荣孟源先生还从《天堂路通碑》上有“恩王洪大全”之名，相信确有其事。但罗先生不信，他先后写了四篇考证，揭穿了上面这些史料或是当事人捏造的伪证，或是出自《江南春梦庵笔记》这部伪书。最后雾散云开，洪大全不过是湘南天地会某山堂首领焦亮而已。因此，在罗著中立《焦亮》传而无洪大全之名。这是信史，但得来何等的不易！洪宣娇是太平天国历史剧中脍炙人口的风流女性，许多书都称她是天王妹、“西王娘”。但罗著中却无她的传，因为他在《重考洪宣娇从何而来》文中已考明天王并无亲妹嫁给萧朝贵，此西王娘乃杨宣娇，是洪秀全到紫荆山后认为义妹，故又姓洪。假如罗先生不去详考而立传，将来后人发现出问题来，岂不是瑕疵。又如杜文秀是否叛降的问题，曾经纷纷扬扬争论一时，罗先生在定稿杜传之前，认真审核中外史料，写出考证发表，又吸收田汝康教授的研究成果，这才修订成本书中的《杜文秀传》。罗先生辨伪考信，不仅在人物上，更大量是在史事上。如太平军的军纪问题，清王朝诬蔑其“杀人放火，奸淫掳掠”，至今也还有学者认为：是太平军破坏了长江流域和苏、浙富庶地区的生产力。罗先生对此进行了慎重的考证，他以自己辛勤的劳动，收集到大量的第一手珍贵史料，特别是太平军后期在苏、浙、皖地区的活动，由当地人写的日记、笔记、乡镇志乘的史料，令人信服地证明了太平军的纪律严明。他在《太平天国史》第二十九卷《兵志》“军律”一节中，秉笔写道：“太平天国军队不但有完善的组织，而且有严明的纪律。”又如第二十三卷是《天朝田亩制度》，这一卷曾数易其稿，多次增删。他早年曾发表过《太平天国的理想国》专册，解放初又写了《天朝田亩制度的实施问题》，后在《太平天国文物图释》的“序言”和“田凭”的释文中多所论列，直到80年代又吸收拙著《太平天国经济制度》某些可采处，然后才修订成这卷既扎实而又有独立新见解的田亩土地志。罗先生在人物传第十六《李秀成》这篇中，更是付出了别人所不能付出的代价和艰辛，他为此挨过大批判而不悔，他前后49年注释《李秀成自述》，“从青年注到白了头”。他是以20余万字的注文和长篇《李秀成伪降考》为基柱写成此传的。这是他的智慧和心血的结晶。

《太平天国史》现已在学者翘首渴望中出版了。读者如果打开来看，一定会惊叹书中引证的庞博，考证的精赅。他在正传的后面，紧接着是“本传考证”若干条，取《资治通鉴》的“考异”，但读起来更隽永喜人。大的且不提，具体时和事的考证就很见功力。例如，洪秀全传考证五条，包括生辰年月，逝世的确切日期和病因；冯云山传考辨冯云山是否在蓑衣渡被江忠源炮击而亡；杨秀清传、韦昌辉传各考出其出生之年，这是以往诸书中所不能指实的；萧朝贵的身世和籍贯，胡以晃、罗大纲是病死抑战死？死在何年何月？作为传记来说，不可忽略，罗先生都刻意考求，得到落实。如，林凤祥九军的人数是多少？吉文元战死于何处？书中都得出了正确答案。其他如“天京事变”中是何人告密？天京失陷时太平军守城的兵力是多少？问题很具体，但很重要，以往得不到答案，罗先生皆一一考明而得到解决。这许多具体考证和史料，编织在各篇的章节里，宛如翠增明珠，闪现出耀眼的光辉。

三、卓越独到的学术创见

罗先生不仅是一个勤奋的学者，而且是一个有独立见解、富于开拓与创造的大家。他早年出版《太平天国史纲》，就独具慧眼，指出：“太平天国的性质是贫农的革命。”费正清先生在近著《剑桥晚清史》中评价道：“罗尔纲的《太平天国史纲》现在仍然是最好的一部概括性著作。”然而这还是罗先生50年前的旧作，若与《太平天国史》相比，那不过是只雏鹰。真正的“最好的一部”现在出版了。我这里仅就管见所及，先写数点，以期抛砖引玉。

（一）真知灼见举例

在《太平天国史》这部融注了罗先生大半生心血的巨著中，精彩纷呈。我只能略为举例，难免挂漏之嫌。

洪秀全是个悲剧性的农民革命领袖，罗先生给他写传，本着实事求是的精神，既充分肯定他的历史业绩，也认真剖析他失败缘由与个人责任。太平天国的失败，除了客观原因，洪秀全主观上犯的错误是严重的。罗先生在传中以三节的篇幅作重点分析，其中如政治上的破坏军师负责制，任用私人，逼走石达开，滥封列王到“散漫不可制”；军事上庸拙而好自用，目光短浅地只顾保天京，而毫无长远制敌的战略眼光，最后固执地不采“让城别走”决策，真是“自惹而亡”。传中对洪秀全的性情特点与宫廷生活，在考证史实的基础上明确指出：“他摆的是帝王的架子，实际过的却是农家勤俭的生活。”这方面他可以比拟汉文帝而毫不逊色。有人认为他后宫有“八十八个王娘”，又兴修天朝宫殿，岂非荒淫无道。然而天朝礼制规定的后妃等88名，在历代后宫中是最少的。洪秀全在宫中“过着清规戒条的生活，说他‘荒淫’完全是诬蔑”。罗先生这个见解，是从研究洪秀全自幼以至成年性格品质的形成，证以500首《天父诗》而升华出来的。

关于韦昌辉的功与罪，罗先生写道：韦氏在天京事变中血腥大屠杀，“这样大规模地消灭太平天国革命骨干，是清朝统治者在战场上无法做得到的，而今竟由韦昌辉的一双血手来达到了”。这真是一针见血的针砭。无论向荣、和春与曾国藩等清军，何曾对太平天国打过如此的大胜仗，何至于一役杀害两万多人，而且许多是太平天国的精华！古人以“为亲者痛，为仇者快”来表述，罗先生以朴实沉痛的笔法，把韦昌辉的罪行本质刻画出来了。

又如在《妇女传》中，抓着个人特色，写得栩栩如生：苏三娘是“灵山女儿好身手，路人争看苏三娘”的妖娆女将；上海小刀会的周秀英是使千军辟易，“与古希腊亚马孙女将一样地勇猛和果敢”。还有一位“广东大妹”，她深入敌中行谍，机警灵变。她成功地给被困连镇的北伐军送情报，令人想见她穿州过府经敌卡哨，视清军如玩偶的胆识与机灵！

在20卷的各种专门“志”中，几乎都冠有“总说”在卷首，这些“总说”提要钩玄，概括性地写出了罗先生的精辟见解。例如，“上帝教”篇的总说中，有专目“论上帝教与当时传入中国的基督教有本质的不同”，指出基督教的天国在于来世，上帝教的天国则在人间。它从“天国迩来”的《圣经》句字中引申为“天上有天国，人间也有天国”，鼓舞人们去创建人间“小天堂”；基督教提倡忍受，上帝教主张“斩邪留正”，杀尽妖魔。革命反抗与忍辱屈从，两者间有本质的区别。在“兵”志篇中第九节的“总说”中指出：太平军的攻战与防守多有创造，清方都惊叹“诚善用兵者！”“久历戎行者不独未见，并所未闻”。太平军的指挥部门，它的战略指导思想“是争取战争的主动性，与掌握战争的灵活性。”篇中引述许多实战事例，都证明了这点。

罗先生在掌握大量而充分的第一手资料的基础上，经过慎密严谨的考证，得出自己独立的学术创见。他的许多见解，超迈前人，反映了太平天国史研究的新水平。下面本文就罗先生关于太平天国军师负责制、《天朝田亩制度》的实施问题与《李秀成伪降考》等作些评介。

（二）“军师负责制是太平天国的光辉创造”

真理往往是平凡的，平凡的真理往往不易为人们发现。世人皆知太平天国有军师，但只有罗尔纲先生论证了太平天国的政体是军师负责制。简又文先生在他的名著《太平天国典制通考》的“天号考”篇中，曾提到“太平天国体制实为天王与五王‘共有、共治、共享’性质”，“实开亘古以来未有怪异政体”。至于这个政体是什么，他却未得解决。1978年，罗先生写成《太平天国政体考》。这年冬，经进一步研究，写成《太平天国政体考》，刊于《太平天国史丛考甲集》。其后又两度增删改写，定名为“太平天国的军师负责制”。他研究出来，太平天国的政体是以“天王为国家元首，临朝而不理政，以军师为政府首脑，执掌实权，既包含有农民民主的内容，又沿袭了封建主义的旧体制”。在此书的“政体”志中，罗先生用比较研究法，将太平天国的政体与中国历代封建专制政体对比：从君位崇隆，尊严至上看，两者是一样的，这是“太平天国政体中封建主义的组成部分”。“但是，天王却没有执掌实权”。这是两者不一样的。书中指出：一是太平天国的正式文告、檄文都用左辅正军师杨秀清、右弼又正军师萧朝贵的名义颁布，他们在文告中自称“本军师”，代表国家昭告天下，没有用天王的名义颁布文告。二是中国历代由皇帝降诏处理国家政务，称为“上谕”。太平天国并无“上谕”，而是由军师发出“诰谕”，颁行天下。天王虽偶发出“诏旨”，皆超脱于政务。三是太平天国的朝内官，供职于“天朝宫殿”即天王府的官员共1600余人，都是天王侍从仪卫的官，没有一员是管理行政的。反之，军师府则设有六部尚书，分掌国家一切行政事务。如东王府，每天收到的“禀奏”与发出的“诰谕”，川流不息，这便证明军师是执掌国家政务与军事大权的。四是太平天国虽设有六官丞相，但“丞相”只是一种官阶，并不掌管国家政事。

使人很感兴趣并得到启迪的是书中对太平天国军师负责的历史渊源的探讨。罗先生远溯秦汉，近追元明，看出中国在政体上长期有专制与反专制的斗争，这就是君权与相权之争。在农民阶级是要求平等与平均，反对暴君专制。元末明初，罗贯中著《三国演义》与《水浒传》，以刘备、晁盖称“主”，以诸葛亮、吴用为军师。清代天地会兴起，相传拜朱洪英为主，拜陈近南为军师。主为盟首，军师掌令。这是农民对政治体制的预期和构想。太平天国从《水浒》与《三国演义》中吸取营养，把这种预期的构想变成为政治现实。它们之间的源流递嬗，经罗先生悉心研究，便昭然如绘了。

关于太平天国军师负责制的性质，罗先生立专节进行考查。他从大量史事中归纳出来："太平天国的军师负责制确实是具有一定的民主性。可以说它是初步实现了我国农民阶级所世世代代追求的农民民主的理想的。""它把农民民主主义和君主制独特地结合在一起。它不同于我国自秦迄清所行的君主专制，也不同于西方的内阁制（君主立宪制），而是具有它的独特的性质。"有的专家对此感到迷惑不解。其实这也难怪，因为它把小说家言变为了现实，别人感到有些生疏。然而，小说家如罗贯中，他却是一个"有志图王"，对未来的中国怀着预期和向往。他把自己的政治抱负寓寄于小说之中，却未曾料到500年后竟有洪杨金田起义，按照他所描绘的模式学起步来。这一步，是从构想到实践，是可贵的前进，哪怕它在封建与民主两边偏偏倒倒，走得不尽如人意。

惨痛的天京事变之后，太平天国军师制被破坏了。洪秀全说"主是朕做，军师也是朕做"。太平天国的败亡，政体破坏是个重要的原因。

（三）不断深化和完善《天朝田亩制度》的论点

"太平天国癸好三年（1853年）二月，建都天京。这年十一月，即颁布中国历史上第一个农民革命的纲领——《天朝田亩制度》。《天朝田亩制度》的颁布，标志着太平天国革命从反满的民族革命大步跃进入了反封建的社会革命。"

上引这段话，是《太平天国史》中"志第二·天朝田亩制度"的卷首语。这一篇共101页，计6万言，是全书中分量最重的篇章，也是运用材料丰赡、论证精彩的名篇。我们知道，《天朝田亩制度》这个纲领，内容包括广泛，其中心则是颁布了分田法，阐明了对土地的方针政策。在“《天朝田亩制度》的实施问题”这一部分中，罗先生证明“照旧交粮纳税”政策是在甲寅四年（1854年）“秋收前，六月间上奏的”。天王迅即批准，八月，即在安徽各郡县施行。这项政策“准许地主照旧向佃农收租，缴纳国家田赋，在未实行《天朝田亩制度》进行土地改革之前，还承认地主合法的存在”。这些话对“照旧交粮纳税”政策颁行时间说得很准确，对它实施的状况也说得很清楚。他又详细探讨了实行这政策的原因，然后指出：“近年来讨论《天朝田亩制度》，有说杨秀清把革命纲领《天朝田亩制度》改为保护地主收租，干叛徒的勾当。又有说太平天国革命本是农民政权的，后来改行‘照旧交粮纳税’，向封建政权转化等等。这都是因为不知道太平天国何时采取‘照旧交粮纳税’的措施，不知道为什么要采取这种措施。今天加以考明，这就有利于对这些问题的了解。”换言之，准许地主的存在和收租，是为着太平天国的财政收入充裕，政治形势的稳定等总体战略利益。这政策是天王与诸王一致通过的，不是某个人倒向地主方面，当了阶级的叛徒。紧接着下面又另起一目：“太平天国在对待农民的方针政策上的立场”，以鲜明的对比材料，令人信服地证明太平天国的各级领导在粮赋税收上偏袒农民方面，重征地主富绅，它的政策方针是站在农民的立场上的。

当然，太平天国辖区的土地关系是复杂的，太平天国的土地和田赋政策也不是简单和一成不变的，它适应着阶级斗争、力量对比的变化而有变化与发展。但总的来看是站在农民利益方面居多，这从“着佃交粮”制的实施和向农民颁发“田凭”便可以得到证明。对这个问题，罗先生特地另立了一个目，题为：“太平天国从‘照旧交粮纳税’经过‘着佃交粮’到耕者有其田的土地政策。”文章中奉献出他宝贵的独有史料，作出了精辟的论断。对“着佃交粮”制他的论断是：“当时苏、浙地区的斗争是很激烈的，情况是十分复杂的，还存在着各种不同形式的保护地主收租的事实。所以，‘着佃交粮’与地主收租是并行的。但是，不但佃农不肯交租的地区和地主不敢收租的地区，以及逃亡地主的田地，都是实行‘着佃交粮’，就是反革命分子控制的地区，佃农只要有可能反抗，就不肯交租……因此，从整个情况（不是一时一地，而是太平天国统治苏、浙全部期间和全部地区）总的来看，‘着佃交粮’是普遍的，而地主收租是局部的。”我曾先后拜读罗先生这方面的多种论文和著作，深知罗先生这个崭新论断是得来不易的。他曾为太平天国地区复杂的土地问题苦恼过，甚至在医院的病榻上辗转以思，中夜无眠。他也曾与我促膝长谈，对他上面这些论点的获得，感到惬意。

关于向农民颁发田凭，罗先生写道：“它（太平天国）根据具体的情况，顺应农民的愿望，先行‘着佃交粮’政策，一反我国千余年田赋制度的常规，变地主交粮为佃农交粮。其后，随着形势的发展，进一步颁发田凭，宣布凡佃农‘领凭后，租田概作自产’，把土地所有权从地主转移到佃农手中，使行‘着佃交粮’广大地区的佃农得到了自己所耕的田，太平天国没有颁布耕者有其田政策，而在它所施行的土地政策的结果，事实上竟成为耕者有其田了。”罗先生对他这个研究成果是十分珍爱的，他在稍后的《谈治学》文章中又写道：“随着形势的发展，太平天国在土地政策上，向前采取进一步的措施，顺应农民要求土地的愿望，于壬戌十二年（1862）春，向农民颁发太平天国的新土地证——田凭，以保护农民对耕种的土地所有权，把封建土地所有制改变为农民所有制，收到了‘耕者有其田’的效果，为资本主义的发展开辟了道路。”

（四）孤怀宏识，为李秀成辩诬

李秀成是个名驰中外、妇孺皆知的太平天国人物。梁启超誉之为大政治家，百年后的“文化大革命”前夕被大张旗鼓批判为“叛徒”。

如何评价李秀成，是《太平天国史》和罗尔纲先生的学术水准的一个重大试金石。这里，罗先生本着纯洁的学术道德和坚持真理的精神，重新发表了《李秀成伪降考》，又将自己研究结论和材料写入本书卷七五的《李秀成》传中。他毫不犹豫地写道："李秀成实系伪降，并非叛徒。""他通过《自述》，并在写《自述》后八天的夜里，那一次和曾国藩会谈的时候，劝曾国藩反清为帝。秀成把曾国藩看作《三国演义》里的钟会，要用姜维的假投降计去引诱曾国藩，以图恢复太平天国。"他又在后边的"本传考证"中引述曾国藩的曾外孙女俞大缜教授提供的重要口碑材料，证明李秀成确系伪降。

罗先生为主张李秀成伪降说，挨过大批判，吃过大苦头，但他不悔。他写道："我遭到了大批判，我只检讨中资产阶级客观主义的毒，而没有说我对李秀成的伪降的考证错了。"罗先生这个治学严谨，态度极为谦虚的人，为什么如此坚定不移呢？这是他对李秀成研究透彻了。在这问题上，他达到的学术高度和深度，远非常人所能企及。论证问题要求掌握全面而充足的材料，没有调查研究，就没有发言权。那些写李秀成"叛徒"文章的人，既没有掌握充足的材料，又缺乏实事求是的态度，这就难怪他们不能望见罗先生的项背了。李秀成是忠臣还是叛徒？他的品德素质是什么样？罗先生研究了几十年，在写《伪降考》与《李秀成》传的长时间中，曾经反复仔细地思考过。他考证了二十多条重要史料，最后确定李秀成是"铁胆忠心"的品格。特别是从李秀成拒绝李世贤的出走建议，毅然回京保天王力守危城的事；从天京城破，他保护幼主，"临难让马，舍命救主"的事；从他明知幼主已脱险，却回答曾国藩说，"十六岁幼童，定然死矣"，以麻痹敌人，免被追捕的事；从他对湖州和江南太平军以后的战略计划，绝不泄密等等来判断，这不是叛徒和卖主求荣的人所能做到的，这里反映李秀成对太平天国的忠贞。因此，罗先生提出了伪降说。他又从李秀成个人性格的特点和素养方面进行分析。他深刻地指出：李秀成是"外柔内刚"的性格和富于智取的深谋远略。赤金是最纯的，但它可化作绕指之柔；管仲为古今之良相，但不死于公子纠；李自成称降于车厢峡，故能颠覆明廷做"大顺"皇帝。曹雪芹不值"武死战，文死谏"，司马迁主张"勇者不必死节"。愚忠愚孝并不难，深谋复国才是真不易。罗先生研究李秀成数十年，他告诉我们李秀成是"外柔内刚""外圆内方"的性格。从李秀成在1862年冬消灭苏南枪船匪群，逮捕法办苏州恶霸大地主徐少蘧这两桩大举动来看，他便是外面示柔，不动声色，里面却蕴藏着迅雷猛虎般的刚强手腕。李秀成这性格是怎样形成的呢?罗先生又进一步从他青少年时所处的环境与所受的教育，作出了令人信服以的分析。我也曾拜读过不少关于李秀成的论著，但还没有一篇像罗著这样从个人性格与性格形成的环境和所受教育去进行剖析。独立研究与创见之可贵，于此可见！罗先生指出：李秀成是个富于谋略的帅才，"是一个出类拔萃、足智多谋、专用智取的杰出军事家"。曾国藩说他"狡诈百端"，李鸿章与李秀成搏战多年，他论李秀成则谓："深佩其狡猾""诡谲多谋""最多狡谋。"他们吃过李秀成的亏，这些话是据切身的体会而言的。李秀成深知"兵者，诡道也"，"兵不厌诈"。他外柔内刚的性格，使他在国破被囚时，"只有用软计暗中跟敌人搏斗，他的伪降，正是他的软计"。李秀成半生戎马，血战多年，生死早已置之度外，罗先生认为他的"收齐章程"是出于计谋，不是出于怕死，这是符合李秀成的军事素养的。可惜，许多论者并不了解李秀成，只好简单地认定李秀成是对敌投降了。章学诚曾告诫说："不知古人之世，不可妄论古人文辞也；知其世矣，不知古人之身处，亦不可遽论其文也！"罗先生之论《李秀成自述》与写本书《李秀成》传，不同于别人之处，就在于他实事求是地联系李秀成当时具体处境、条件而后立论。所谓"知人论世"，正是罗尔纲先生的高明独到之处。

四、成功的奥秘及其他

罗尔纲先生的著作等身，达30余种，700万言，《太平天国史》是他的精心代表作。他在学术上的贡献，海内外共同钦仰。我们曾在庆祝他从事学术研究60周年时，出版了《罗尔纲与太平天国史》，称颂他“道德文章第一流”。许多青年学者很想知道罗先生的治学之道，我读完《太平天国史》也体会到。罗先生的成功秘诀至少有以下几点：

第一，坚毅不拔的耐心，甘坐冷板凳的精神。《太平天国史》开始于1944年，经营之长达40多年，终成此大著。胡适曾称道罗先生治学“不苟且”，罗先生在总结他治学经验时也说道：“我研究太平天国史，首先是作辨伪考信的工作。做这种工作，必须耐心、小心、一丝不苟，必须打破砂锅纹（问）到底。这些习惯，应该说是我一生工作的基本功。”

第二，锲而不舍、精益求精。罗先生从1932年开始研究太平天国史，虽然中间穿插着别的任务，但他始终坚持不舍，而且坚持亲自找材料、写文章，终成大业。罗先生的《洪大全考》写了4遍，《太平天国军师负责制》花了4年，小至于《铁公鸡考》，也是一再补充改写。他始终在辛勤的耕耘采撷，所以他不断获得新材料，取得新成果。他在学术上精益求精、不断开拓的精神，使他不断登上高峰，有如朝山者登峨眉，终于达到“金顶”之上。

第三，虚怀若谷，采纳百家。在《太平天国史》的各篇章中，特别是注释里，罗先生提到许多人的文章和著作，自己很谦虚地说，某个观点或结论采自某人。细心的读者不妨统计，此书引证到的当代人名，至少在50名以上，其中好些是中青年。这使我想起：蜜蜂采百花而酿成蜜，大海纳百川而成其深。有个朋友说：罗先生虽因年迈而足不出户，但他的信息很广而且很新。的确，从此书的引注中，有的甚至是最近的新撰的未刊论文。所以，我们说罗先生这部大著，反映了20世纪80年代太平天国研究的新水平，也是被征引的学者们的光荣和骄傲。

第四，松龄鹤寿传信史。史家不同于诗人或音乐家，他的成功需要长期去钻研史料。我们很惋惜苏曼殊和龚自珍年寿不永，他们皆不过50之年便凋逝了。罗先生的健康和高寿是我们史坛的庆幸。《太平天国史》是他晚期的成功之作。书中绝大部分是他年届花甲之后撰写的。许多重要的传记和专志，是他八十高龄后定稿的。如前面所述，《太平天国的军师负责制》《天朝田亩制度的实施》等章节，传记中如杨秀清、萧朝贵、杜文秀、李文彩等传，皆定稿于80年代，采用了最新发现的史料和研究成果。

《太平天国史》所贡献于中国史学界是巨大的，然而学海无涯，难以穷尽。《汉书》称良史，赵翼谓："是书亦尚有未尽善者。"顾炎武撰《日知录》，博雅宏通。他请教几位友人，被纠正者百数十处，故古人有著书难之叹。罗先生为人虚心量广，我这里也提出些不同意见：

罗先生在书中多处谈到太平天国定都和北伐的问题。书中肯定洪秀全欲立都于河南是正确的主张，因而否定定都南京的意义和作用。这个问题在定都南京10年的历史实践中本已作出了大部分解答。"河南水小无粮，敌困不能救解"。绝不可能像虎踞龙蟠的天京城那样长期固守。太平天国旨准颁行的《建天京于金陵论》，是集思广益的论证，洪秀全此后不再提立都河南之事。看来他们的意见是趋于一致了。从来立都皆有两个重大的考虑：经济与防御。古代长安位居三秦，洛阳为中州富庶之区，前者有函峭之固，后者却无险可守。近代中国，经济中心在南方，南京是可选立都之地。近年好多篇论文讨论太平天国建都问题，汇为专集。罗先生似采择未及耶?

关于北伐问题，罗先生的态度很慎重的。然而却把孤军北伐败亡的责任全归之杨秀清，说杨秀清“在建都和北伐问题上，犯下了两大错误”。杨秀清任军师之重，对北伐决策和失败责无旁贷。然而，天王洪秀全就没有责任么？洪秀全要立都河南，对清廷要“灭此朝食”的劲头，他在军事上是热衷于北伐的。论者认为北伐决策，与其说是杨秀清的主张，毋宁说是杨秀清向天王军事路线妥协的产物。

关于天京事变问题，罗先生归罪于杨秀清和韦昌辉者最多。说：“杨秀清以臣迫君称万岁，就是大逆不道篡位。”我们曾经指出过：杨秀清称万岁后，并未废天王，更未弑天王，说他有“篡弑的罪名”，看来是措词过重了。罗先生是承认杨秀清称“主”，但严守洪秀全君位不可动摇的正统观。对这点，钟文典教授在《太平天国人物》中曾提出：以杨秀清之经国才能，中国古有禅让，天王何必一定要传幼主而不荐东王以自代?！这是从另一个观点提问题，尚祈罗先生思之。天京事变是太平天国成败的转折点。作为最高元首的天王，洪秀全不能未雨绸缪，防患于未然，又不能制止事态的扩大，他岂止是应负领导责任耶?！汪士铎指斥他“自毁长城”，并不过分。洪与杨、韦诸人有近10年之交谊，作为最高领导，纵不能化解诸人矛盾，也应能驾驭诸王。洪秀全两皆不能做到，其去刘邦与朱洪武岂不远矣哉！

罗先生早年肄业于中国文学系，后又攻读中国古代史，他的文笔雅练畅达，读之耐人回味无穷。然而，他撰写《太平天国史》时，正值十年“文化大革命”之际，因之在此著作中蒙上了时代的影子。书中有些并不贴切的理论词句，也有一些以示立场鲜明的话语，读起来与罗先生一贯文风不协调。在定稿时罗先生来不及一一芟除，责任编辑也轻轻漏过了。其实这也无妨，让后人读了知道点当时的痕迹，也知道点著书之难。

介绍钟文典《太平天国人物》

去年，罗尔纲先生向我推荐《太平天国人物》，称许为难得的好书。我先后读了两遍，爱不释手。这本书是钟文典同志积30年间的调查研究，搜集整理了近400种资料，精心撰著而成的。全书30万言。仅就作者所花费的时间和精力，就足以说明写成一部好书并非容易。此书内容博洽，立论精审独到，引证详赡丰富，显示出可贵的特色。

历来写历史人物评传，难于做到立论平允，叙事客观如实。例如对洪秀全，或则“神化”，或则贬抑。文典同志有鉴于此，本着实事求是的精神，进行科学的分析论断。他指出：在黑暗的封建长夜中，洪秀全经历了曲折的道路，追求着“夜退而日升”的光明世界。这个农民的儿子，毅然发动起义，坚定地“向清朝为代表的地主阶级猛攻，也打击了外国资本主义侵略者”，始终不渝，“建树了不可磨灭的功勋”。这里作者紧紧地把握了洪秀全20年革命历史的主流，给予了高度评价，但是，著者又清晰地看到：由于洪秀全生活在“新旧嬗替”的时代，他的思想具有先进与落后的双重性，他掀起了伟大的革命，但却不能正确地领导革命。“他在政治上崇尚‘皇权’，在思想上执迷‘神权’，在家庭中鼓吹‘夫权’。”而且，在定都南京后，在那激烈复杂的阶级大搏斗中，却脱离群众，脱离实际，“用天王府的宫墙、宫规把自己和群众，和火热的斗争生活进一步隔离起来”，因此在重大问题的处理和后期战略决策上犯了错误。作者慨然指出："刘邦、朱元璋深谋远虑，励精图治，国祚延绵数百载，而洪秀全则系'开国'与'丧国'于一身，真是马上得之，马上失之！"这种针砭之言，是有独到见解的。

对于冯云山，著者笔饱墨酣，充分叙述他长期不辞艰苦，深入发动组织群众的卓越精神，谋立创国中的丰功伟绩和他恢宏谦让的气度。但同时又指出，冯云山在意识形态中有不可忽视的封建思想，"由他主持撰写的《太平礼制》等文献，充分说明了这个问题"；他对洪秀全的误失"迁就有余，诤谏不足"；对敌斗争中也不如杨秀清之敏锐与机智。

对杨秀清，著者以丰富的史料，隽颖的见解，分析了杨秀清大权独揽的历史原因和"逼封万岁"的由来。认为历史学界往往指责杨秀清篡权，"相反，却很少看到有人指出洪秀全搞世袭，搞家天下为非的"。这问题很发人深省。文典同志鲜明的提出来："洪秀全在实际的才能上既然不及杨秀清，自己又深居简出，厌于政事，为什么还要步历代封建君王的后尘，硬要树一个年幼无知的洪天贵福为幼主，而不学传说中的尧舜禅让，把大位让与有治军经国才能的杨秀清呢？"这问题在封建意识浓厚的时代，历史学家是难于提出的，但在人民的时代提出来，却有积极的教育意义。

对韦昌辉的评述，近年的论文各执一端。著者则本着实事求是的精神写道："总其一生，为太平天国的创建添砖加瓦，他以功臣始，在太平天国事业胜利发展时破坏革命，他以罪人终。"言简意赅，深得平允如实的妙谛！

精湛的论断，不可能从头脑里凭空产生，而是在掌握史料丰富、考证精审无误的基础上得出的。《太平天国人物》不仅网罗已刊行的文献史料，更可贵的是著者长期坚持调查搜访。他在 30 年间，8 次访问金田村，6 次深入紫荆山区，足迹遍于粤西。凡属碑记稿本、文物遗存、山川地理皆所有留心，获得大量的第一手资料。他的著作引证之富，远过于前人。例如关于胡以晃的家世，往时皆语焉不详，经作者多次深入平南罗文村胡氏老家调查，访得《胡氏族谱》三种，并得到关于胡家田产资财的大量资料。因此，在撰写胡以晃传时，所言皆确凿可信，叙事生动而具体。又如发掘出蒙得恩族兄蒙德扬变卖田屋的契纸，对证明《蒙时雍家书》的真伪具有重要的价值。又如书中考证洪宣娇即杨云娇，她是杨秀清的妹妹，洪秀全认之为义妹，作者举出 8 条可信的证据，现在这个论断已得到确认。

当然，书中尚有待斟酌与修正之处，如对李秀成的论述，不宜局限于功过问题，似应从他的军事思想、政治与经济方针上进行深入探求；又如论太平军东取南京时不应放弃武汉、安庆等城，论洪、杨拒绝与上海小刀会合作等事，不够确切，还可再加以研究，书中缺洪仁玕传，也是美中之不足。

科学的爱国主义的信史

——戚其章著《甲午战争史》评介

在世界历史上曾经创造过灿烂的文化，文治武功皆彪炳于海内外的中国，到了近代，却变成为被侵略挨打的落后大国。近百年中，中国遭到列强许多次武装入侵，但奇耻大辱莫过于甲午战争所订《马关条约》和1931年“九一八”事变后东北四省的沦陷。我们的先哲曾有“明耻教战”的古训，当今党和国家领导更提倡国情教育和爱国主义教育。适在此时，戚其章的专著《甲午战争史》由人民出版社印制发行了，这是很有意义的。其章同志研究甲午中日之战凡30余载，论著达200万言，这本书是他花甲之年的精心代表作。晚清李滨撰《中兴别记》，国学大师俞樾给予高度评价，谓其：“搜罗之富，编纂之精，真近代一大著作，必传无疑。”他这评语我觉得借用于《甲午战争史》是毫不为过的。我比较两书，李著采录官私材料200余种，戚著则倍称之，而且外文史料、稿本与口碑材料为前者所无；李著编年体，纲目难明，有“断烂朝报”之嫌，戚著则既按时序又兼顾事情本末，免于散乱；李著寓论于史，是其所长，戚著则叙事全面深入，更显识见宏通。

总的来看，《甲午战争史》史料渊富，考订精严，书中史识不凡，多独到之笔。作者把自己的智慧与心血都浇灌进了书里，这是他奉献给读者最宝贵而真挚的贡品。

一、勤奋如蜂　采撷繁富

评价一本史学著作，它对史料占有是否全面和精审，是根本性的重要条件，戚其章的《甲午战争史》虽非字字珠玑，但它的主体给人以坚定与精美之感。作者从20世纪50年代中便钻研甲午战争史，他广泛而深入地搜集史料，辛勤地发掘探求，至今30多载而兴致不减。从本书中读者可以看到，他首先尽可能地全面掌握已经出版的资料，如，中国近代史资料丛刊中的《中日战争》七大册，《清光绪朝中日交涉史料》，盛宣怀档案中关于甲午战争的材料，《中国海关与中日战争》，《近代史资料》中有关部分，《清末海军史料》及《蹇蹇录》等。这些史料对僻居威海一隅的人来说，得来已属不易，但他并不以此为满足，争取机会到北京搜求以上诸书所未载的珍本秘籍，如故宫明清部藏原批谕旨、总理衙门的《朝鲜档》，还有东北地区存的盛京等三将军衙门存档及山东巡抚衙门存档。这就充实了许多史事的环节，使一些隐而不露的真相重新显现。关于日本方面的资料，书中也广为采择，诸如《日本外交文书》《日清战争实记》《二十七、八年在韩苦心录》等重要资料的掌握，使得事件双方的情况皆了然而不片面。

在搜集资料上，作者有个宝贵的经验，即“无论何时都不能存有收集到顶的思想”。他很了解：现存史料与当年的历史相比，远远是不足的。因此，只有不断搜求，才能较为近真的恢复历史原貌。作者于50年代在荣成发现《清末海军见闻录》的稿本，1978年冬在庐江发现了劫后幸存的《丁氏族谱》。经过其章同志的锐意穷搜，在本书中还引用了他近年发现的日方记载：如在大连发现的日谍向野坚一的回忆录油印稿，此稿是其人在内部的谈话记录，因不需遮掩隐饰，故他坦率地道出旅顺大屠杀是日本军事当局下命令干的。这个重要材料与本书中所引录的中西方记载相互印证，便把日本军方野蛮罪行暴露得无可辩解。还有日本著名间谍宗方小太郎的日记手稿的发现和引用，则对日本偷袭中国海军和监视北洋舰队动向提供了详细的材料。这些稿本手迹是既珍贵而又得来非易。它们在书中宛如颗颗明珠，使篇页灿烂生辉。

中国史学有个优秀的传统，这是司马迁撰著《史记》中采取的亲自调查访问的方法。戚其章撰著本书之前和过程中，正是师法太史公不畏风霜险阻，跋涉咨访、踏勘历史遗迹。他曾利用一切机会走出去调查。50 年代，他先后三年走遍了威海、荣成间沿海的山山水水，考察故战场遗址，访问当年战事的参加者和目击者。在本书中，无论写威海战役和辽东、旅大之战，于时间、地点、经过，率皆历历如绘，如数家珍，这表明作者不仅史料稔熟，而且是地形地物皆了如指掌之故。为了深入研究和撰写本书，其章同志曾“三访福建，两赴安徽”去搜集北洋海军将领及“丁军门”的材料。他不仅访求出《丁氏家谱》，还得到了《庐江文献初编·丁汝昌传》和采访到大量的口碑。

二、辨伪考信　务实求真

一部历史名著之传世不朽，固然在于它占有丰富的史料，然而史料有真伪与精粗之分，有的作者对材料考核辨析不严谨，误将假材料或伪书当作真品来引用，便成致命伤。司马光撰《资治通鉴》，对史料考核精审，小处如事件发生的日期和具体地点也不稍有含糊，所以我们引用它感到放心。戚其章师法《通鉴考异》之辨伪考信，在《甲午战争史》中，凡所叙史事，笔下谨慎，他的结论或句点背后，往往是拥有详细的考证与释文的。这从书中的诠释与他所发表的《中日甲午战争史论丛》《北洋舰队》等书中便可得到可信的证明。

关于辨伪与考信，下面举几桩书中的事例：

其一，甲午之战是日本进行的侵略战争，但日本军国主义者却硬要嫁祸于被侵略的中国，把甲午七月二十五日丰岛海战说成是中国兵舰首先开炮。日本海军司令部受命编写的《二十七、八年海战史》说："七时五十二分，济远首先向我发炮，旗舰吉野立即应战，以左舷炮向济远轰击。"《日清战争实记》中也把日本写成为受害者被迫应战。以往中国研究甲午之战的著作中不加考辨引用这个材料，因而陷入了难以解脱的矛盾中。戚其章同志则不然，他引用新发现的《济远航海日记》这份原始资料，该日记记道："7时45分，倭三航同时放真弹子，轰击我船，我船即刻还击。"乍一看，中日双方所记载的开炮时间相差不过7分钟，但日本战史却偷天换日，把济远应战还击时间说成是首先发炮进攻的时间，把7分钟之前吉野发炮偷击有意抹掉，其用心良苦也！其章同志这一有力的考证辩诬，不仅使本书生色，也使日本军国主义分子为之夺气！

其二，在黄海海战中北洋舰队接敌时所采取的阵形与战斗中队形的变化，这是需要考实的问题。排阵是否得当，变化是否得宜，这不仅关系到刘步蟾的评价，也关系到北洋海军的训练素质。早年我在论黄海大战的文章中，虽然给予了充分的注意，而且绘成图式，试求深探。然而受当时资料所限，未能如愿。我期望读到有关学者的专文，这个渴望终于在本书中得到满足。作者指出：北洋舰队的应敌阵势，是由犄角鱼贯小队阵改为犄角雁行小队阵。他提出：在实战中变阵有一个过程，故北洋舰队实际上是以"人"字阵接敌的；刘步蟾并没有擅自改变阵形，泰莱对刘的指控是无中生有的。当然，对黄海战役北洋海军的阵形问题，军事家们见仁见智，抑或不尽相同，但本书中深入探索的精神是值得嘉尚的。

其三，北洋舰队最后在威海迫降，是丁汝昌签署降表抑或是丁自杀后别人所签？丁汝昌死后，署理北洋大臣王文韶复奏查明其死事情形，根据主降的经办官员牛昶昞禀呈，谓1895年2月12

日下午，丁汝昌先降后自尽，近年也还有人据此论定丁汝昌。在本书中，作者据庐江发现的陈诗撰《丁汝昌传》和《丁氏宗谱》所载：汝昌“卒于光绪二十一年正月十八日辰时初”，泰莱《在中国牵线》中也记：“十二日清早，丁提督自杀身亡”。正是十八日即公历2月12日，“辰时初”是“清早”，而不是当日下午牛昶昞等送出投降书后。书中还考证了日方资料，考证清楚丁汝昌在知刘步蟾殉国后，于2月12日凌晨自杀“以全报国大义”。这样的考证并非小技，它具有史学价值，不仅为丁汝昌昭雪，更在于申张大义凛然的民族气节。

此外，对有许多具体史料记载的纰误，戚其章均一一予以订正。总之，本书中叙事论史，崇尚实事求是，严考证，不虚夸，这是优良的治学风范。

三、不囿成说 开拓创新

前面所说，是《甲午战争史》书中搜集史料和考证鉴定方面的博雅专精，但这还未足代表作者治学的特色。孔子论治学，主张“博学而识之”，刘知几在《史通》中提出“才、学、识”三尺度，诸葛亮在舌战群儒中强调“识”比“才”与“学”更难能可贵。戚其章研究甲午战史，给人以深刻的印象是，他不囿于成说，善于发现问题，富于研究精神，多能得出新的学术成果。下面便是几个重要的例子：

其一，关于刘步蟾的评价问题。刘步蟾是定远舰管带、北洋水师总兵，是中国近代第一批留学英国研究海军的优秀将领。然而，他却被洋员泰莱恶意中伤，有的史家误信泰莱记载，把他写成黄海大战中贪生怕死的懦怯典型。在《文史哲》1957年第6期上，我曾以“刘步蟾是否改变议定的阵形”为标题，对当时的成说表示异议。在那时候，“权威”难碰，知音难觅。后来我才知道戚其章同志也正在研究，但因人事沧桑，彼此犹未相见。据他自述说，50 年代他在威海访问定远老炮手和收集到有关资料后，就决心要重新评价刘步蟾，作为他研究北洋海军的重要突破口。60 年代初他写好论文投寄出去，但不久就被退回来了，编者复信说：文章写得有理有据，但不宜发表。这篇文章历尽波折，伴随着它的主人度过了 20 年，直到党的十一届三中全会的春天来临时方得发表。其章同志十分珍惜而又感慨地说：“虽然为研究刘步蟾而耗费了我一生中最好的年华，但我并不感到后悔。”的确，这是一篇铿锵有声的好文章。他写进本书中时更加笔调浓郁，凝练感人。从对刘步蟾的评述中，可以看出本书作者的史学造诣之深弘旨远。

其二，用具体分析、辩证方法去研究甲午战史。其章同志很注意这方面的修养，他遵循马克思主义辩证方法，对具体问题作具体分析。在本书中没有枯燥的议论，而是寓论于史。恩格斯曾强调：“我们要求把历史的内容还给历史。”本书作者要求自己尽可能按历史的真实面目去描述，力求全面反映历史的真相。甲午战争的结果是清方大败，但作者指出：在战争过程的具体环节中，日军并不是所向无敌，清军也不是不堪一击，有时也打过胜仗，有的仗是败中有胜。在有些战事中即使是打败了，但广大的爱国将士誓死抗敌的精神却是可歌可泣的。广大爱国将士凡是有功或英烈，虽败亦荣，书中皆专列其事绩。

这种具体分析、辩证观点，闪耀着马克思主义史学的光辉。

其三，科学的论史，寓爱国主义教育于客观事实的讲述之中。其章同志曾多次撰文，探讨史与论的关系。在本书中，他将国情教育与爱国主义教育融于客观事实的辅叙之中，既自然又深刻，这是值得学习的。他对爱国将领和士兵事迹的传述，足以振奋人心，提高民族的自尊自信。书中对日军之残暴和绝无人性的野蛮大屠杀，如旅顺大屠杀，引用的是日本间谍的内部讲话和西方人士的目睹见闻，这些史料和证据将日本侵略者永远钉在历史的被告席上，也激励中国人民奋发图强。

甲午之战中国以泱泱大邦败于东瀛岛国，这是近代中国最大的国耻。本书中对清方致败之由进行了多方面的探索，以资后来者鉴戒。作者指出：在和与战的决策上，清政府领导集团内部互相牵制，而日方则上下一心，协力以谋我。两相对照轩轾立见。在战争前的七月上旬，聂士成建议“撤队内渡”，这是积极的战略退却，但李鸿章不敢担当，不予采纳。既已宣战，却不积极筹谋破敌。如，海军只图“保船致敌”，丧失战机。济远之护航牙山，丁汝昌本建议大队继往，若能成行，不惟可避免高升号被击沉，而且可以众击寡，围歼吉野、浪速等三舰，但李鸿章不准。所以后来张謇劾李鸿章“非特败战，并且败和”，盖有以也。又如，简任将帅不当，以逃跑将军叶志超统率前敌，岂能不败事。又如，卫汝贵在平壤之战中，战功卓著，虽有约束部兵不严扰民之过，但功大于过，过不至死，却被判处极刑。赏罚之不明，岂不使壮士扼腕?

甲午战争大败的奇耻大辱与民族危机，惊醒了中国人民，数年后便有戊戌变法与义和团救国运动，15 年后辛亥革命终于推翻了腐朽的清王朝。《甲午战争史》从许多具体事实的叙述中告诉人们，一个腐败的、顽固守旧落伍大国，它是要被打败的。许多爱国将士和人民的生命、鲜血和巨大的财富与大片领土，都被这腐败的王朝葬送了。只有革命和改革才能救中国，这就是人们得到的启示。

书中也有显得不足之处。由于注重具体事件和战争的研究，在宏观的总体上概括不够。罗尔纲在新近巨著《太平天国史》中，第一卷便是《叙论》，把太平天国的始末与成败等大事缘由，概括在这一篇中，给读者以提纲挈领，开宗明义之感。这是值得取法的。另外，本书对清朝统治集团内部的矛盾、斗争及决策过程着墨不多，这方面还可以增补发掘。

唐增烈《冯云山新传》序

一、由衷的喜悦与惊奇

展读唐增烈君的《冯云山新传》使我感到惊奇和由衷的喜悦。惊奇的是在近些年商业大潮中，好些人趋之若鹜，有人“下海搏鲸”，也有好些人滩头拾贝，虽不能“发”，但心向往之！唐君人在中年，却一片禅心，专注于高校的教学与科研，撰写专著，而且取得了令人青睐和击节赞赏的可喜成果，这不能不使我讶然惊异。我感到由衷欣喜的是：史学研究历来是老而弥坚，而唐君未老，却不仅史才史识有过人之处，在史料的搜集和史事的考证功夫上，也身手不凡，大有直追前贤，跨越文化断层的气魄！

记得黄宗羲曾说过“工商皆本”的名言，我十分佩服他在300年前便有如此孤怀宏识。近代，郑观应等提倡“商战”，江南荣氏以“工业救国”为民族企业争光。这些都十分正确和必要。然而，天下百业，各有分工。工商在当代是很复杂而精深的专业，绝非轻易。大专院校和科研人员若弃本业而言商，在中国教育并不发达，高级研究人员尚少的情况下，下海虽可屠龙或拾贝，个人也许可发财，但究竟算大账还是吃亏的。唐君有睿见于此，他在从商如潮这数年间，却能砥柱中流，坚守在高校的讲堂和科研的陋室，写成了十余万字的专著，现在即将出版，这岂能不让人感到欢喜踊跃么！

由此使我想起了太平天国史研究的一代宗师和泰斗罗尔纲先生。罗先生研究太平天国史经历了许多劫难，从抗战时期敌机的狂轰滥炸到“文化大革命”中的批斗无休，他都绝不放弃科学研究，这种执着不改和坚持无悔的精神是值得发扬的。数年前，我曾在《人民日报》发表的一篇文章里写下了下面的一段话，大意是说：当今青年人有一种开创的锐气，但却缺乏孜孜不倦，在寂寞中艰苦奋斗的乐观豁达精神。罗尔纲先生却具有孔夫子读《易经》至韦编三绝、乐以忘忧的心情。罗先生在抗战时敌机狂炸昆明，他躲在防空洞暗淡的缕光之下，仍不辍撰写和阅读；在“文化大革命”炼狱般的生活中，他年近七旬，挨完批斗回家来，刚取下黑牌子，便投进了书的海洋中。他忘掉了窗外“横扫一切”的喧嚣，像蜜蜂一样在历史科学的花园里翱翔。罗先生的《太平天国史》便是在这种泰山崩于前而色不变的精神支持下完成的。这种精神是值得继承和发扬的。我读唐增烈的《冯云山新传》，便觉得他是显现了罗先生这种精神。商业大潮是比“文化大革命”大潮更有吸引力的大潮，唐君不为所动，而耽迷于史料搜寻和考证分析，并乐而忘返，有所探获。这不能不说是难能可贵的！

二、冯云山的业绩是脍炙人口的精神营养

太平天国革命是中国近代人民以自己的鲜血去争取自由和幸福的光辉篇章，冯云山则是这场农民大起义的赫赫元勋。如果说洪秀全赋予了太平天国以思想和信仰，则冯云山就赋予了太平天国以组织和机体。冯云山是拜上帝会的真正创造者、组织者。他在桂平监狱中演算出《太平新历》，是太平天国“谋立创国”的第一人。他抛妻别子，深入山区百姓数年，不畏艰难险阻、困难挫折，甘之如饴，终于取得传奇式的巨大成功。这在古今创业者名

人中，也是独具典型意义的，他有一首抒怀的诗，诗为：

穿山透地不辞劳，到底方知出处高；
溪涧焉能留得住，终归大海作波涛。

作为诗作，虽然技艺平平，但它所抒发的政治抱负，却是浩淼泱泱，远非刘邦《大风歌》所能企及，也胜过洪秀全《吟剑》等诗的空疏。冯云山是个志在天下，而又踏实笃行，既恢宏而又谦冲的经国之才。他的历史业绩是很值得研究，值得写出供当代青年学习和借鉴。我想无论从政、从商、开创工业企业，冯云山的历史风范，都将给人以有益的启迪。这是华夏可贵的历史遗产，值得发掘和继承。只可惜以前因资料有所不足，研究有所不深而未能如愿，现在唐增烈这本专著，充分利用了近年发现的珍贵资料，参以亲身的调查研究，写成了一册可读性强，史料翔实，文从理顺，考证也精辟独到的新著，这是读者所期望，令人高兴的事。

三、书中独到之笔的管窥

作为一部专著，它既应该总结和吸收前人对此专题的研究成果，更应该比前人有所开拓和创新。换言之，即突破以往旧藩篱，而有更广更深的新境界。然而，求学者并不难，但求博学而又有卓识者却不可多得。我曾拜读过一些关于冯云山的论文和传记，但能符合“博学而识之”这尺度的却未可多得。唐著《冯云山新传》读后，给以清新之感，使人思路如登五原，如临高阁，视野为之开阔，胸臆顿出于云泥！下面便是一些管窥蠡测，写下来就教于方家。

众所周知，要说出拜上帝会是冯云山所创立的，这并非学术上的突破，也并不困难，但要说出冯云山是如何创立拜上帝会，他是如何艰苦卓绝、含辛茹苦地深入到穷乡岩穴之间，数年如一日地宣传发动和组织那些散漫无知的农民，并从中培养选拔出杨秀清、石达开这样一批领导人，这却是要花大力气，决非轻易的。唐增烈此书却正好填补了这个空缺，他以详赡的史实，细心的推考，探明了“拜上帝会是冯云山在1846年下半年到1847年上半年于紫荆山区建立的”。他书中以感人的事实，向当代青年展示了创业者的可贵气质和风骨，并以其深刻的脚印教人们如何面对困难，走向成功之路。

冯云山既然是拜上帝会的缔造者，他奉洪秀全为教主和太平天国的领袖，自己并没有谋取首席地位之心，这是学者们都理解的尊重的。但是在东乡登极和永安封王中，冯云山在太平天国领导人的排列中，却由第二位变到第四位，其中原因何在？这是个很有探讨价值和很有意义的问题。唐著《冯云山新传》在这里展现了他不同寻常的才能和功力，既浓墨重彩，又精雕细刻，把视野展得宽阔，把问题观察得鞭辟入里。他指出：冯云山地位的变化，有着复杂的发展过程，其中既有客观的因素，又有冯云山大公无私的谦让精神；冯云山和洪秀全地位的互易，作者认为主要是冯云山谦让的结果。他在金田起义前后，地位逐渐逊于杨、萧，这是客观发展之所致。其中变化的轨迹，作者经过悉心地审读新发现的《天父天兄圣旨》，参以众多第一手资料，钩沉索隐，终于使幽而复显，晦而复明。书中令人信服的论断：在1850年秋天以前，冯云山地位仍居第二，但1850年9月5日以后，杨、萧通过天父天兄下凡，迅速将地位排列到冯云山之上。杨、萧为何地位如此上升，书中又作了深入细致的探索和考证。这是冯云山个人历史和太平天国史中的重大关键，自然是值得花费笔墨和功夫的。过去史家和简又文先生，曾致力于此的研究，惜乎难以深入。唐著书中不仅探明了其中变化的原委，甚至连变化的具体时间和月日都一一载明，这是取法宋人修通鉴的严谨，也受罗尔纲先生考究精微的陶冶之所致。读罢作者的这一章，我感到是一种学术上的精神享受，十分愉悦。我曾经流连于敦煌莫高窟，欣赏赞叹北魏至隋唐壁画之精美，也曾造访过伊阙龙门，瞻仰观摩奉先石寺夺造化之神工。著作文章虽然与绘画、雕塑有所不同，但它给人们心灵的滋养却有相同的效益。读唐著《冯云山新传》使我深深体会到这点。

李秀成在他的自述中，曾一往真情的怀念冯云山，诚挚地说："谋立创国者皆南王之谋也。"南王是如何谋立创国，他未及详说，今人论文也行云流水，往往一掠而过。唐著中却以两章的篇幅来叙述他"运筹帷幄，谋立创国"和他"立法建制，创立新政"的伟业。经过这一番深刻的发掘和复原，冯云山作为开国良相的硕划宏谋和奇策殊勋，便跃然纸上。这是唐著中又一重点，写的是很丰满的。

作为人物传，主人公的生卒年往往是令人头痛的，冯云山的生年便碰到了说不清、道不明的麻烦。太平天国的官书失载，清方档案中扑朔迷离，今人的说法悬殊，莫衷一是。记得十年前我曾应约写了篇《从太平天国诸王的年龄看人才问题》，文中着重考证了三个"生辰八字"不明的首义诸王，冯云山是其一。这篇文章我未曾寄送给唐君，因人事变迁，未能联系故也。今读唐著，他对冯云山的生年月日也刻意考求，其考证方法和思路之隽永，使我雅佩心仪。我们的考证结果是一致的，即冯云山出生于1815年，与洪秀全年小一岁，比其弟冯亚戊年长三岁。使我感到惊异的是，唐君这一代中年人，在60年代中期的大学生涯中，并未接受过乾嘉考据学的训练，然而他勤于自学，善于吸收先贤们治史方法，因此在实际的写作中便无师自通了。

对冯云山思想和制定礼制、建立政治体制中的浓厚封建性，对当时历史局限给他的负面影响，书中恰如分寸的给予应有的篇幅。这是著书人超脱于历史，以当今时代的高度，去审视百余年前先进人物的落后面。这对青年们无疑是有教育意义的。

五、海外掠影篇

春花如锦的温哥华

我于（1993 年）3 月下旬来到温哥华，农历正是春寒料峭、乍暖还寒时节。然而，令人感到新鲜而又微觉惊诧的是，这儿的公园里已是春花烂漫，街道旁边的樱花如雪，在轻风摇曳下，洒满了绿茵如画的草地。

我所居住的瑞琪蒙（Richmond；列治文）区，更是家家庭院，比户花开。这里的气候温和，空气清新而润泽，夏季不超过 32℃，隆冬也罕见冰雪。故温哥华港是北美西北一大不冻港，往来船舶如织。

每当晨间与傍晚我散步于街区花坛时，便留心观察和欣赏各家主人栽种培养的花和树，比较普遍的，正在盛开的一是郁金香，一是紫玉兰。郁金香在纽约州要晚至五月才开花，而这里却嫣红鹅黄，竞相怒放。紫玉兰在北京较少见（记得是颐和园中慈禧所居住的殿旁植有一株），而在西子湖的小瀛洲上却有十余株，开花较北京早月余，与温哥华恰相同。还有一种地里栽植的水仙花，黄的、白的争着开放，与京门春节时供奉在书案上的盆盂水仙相比，虽不如那般清雅高贵，但它入群合俗，显得落落大方。百合花也在这时吐蕊开花，它被花店列为盆花，每盆售价高达 10 加元。贵阳名花杜鹃、春城昆明的红山茶，也许是入乡随俗，都在此地的 3 月天盛开，杏花、李花、海棠花、小桃红、迎春花等木本花，间杂错落，出现在人家扁柏围成的墙头。此情此景，不由地想起了南朝文士的名句："暮春三月，江南草长，杂花生树，群莺乱飞。"这里虽是春光明媚，但却不是江南。一种游子的故国之思，漾然于胸臆之际！

温哥华属加拿大的 B. C. 省（British Columbia），位于弗雷泽河（Fraser）口的两岸。奇怪的是它既没有尼罗河谷的腴肥，也没有珠江三角洲的土层富厚。它唯一的特点是"占天时"，即气候条件良好。论纬度，它居于北纬 50°，相当于中国的满洲里、黑河一线，比纽约和北京高出 8°～10°。然而当纽约被暴风雪袭击，汽车没法开行之时，它却是"红杏枝头春意闹"，这岂非天公有意眷怜此薄土也哉！为此，我特地请教于本地的学者，也参阅了些有关资料，原来是双重的原因导致而成：一是从赤道北上的暖流，沿墨西哥和加利福尼亚州西海岸而北，行径路线正是温哥华海湾；一是温哥华北面不远，便山峰突起，层峦叠嶂，严严实实地挡住了北极刮来的寒流。在东北方向，有名的落基山脉苍莽逶迤，像一座屏风似的立着，那得朔风穿越。这好比天府之国的成都平原，远处有秦岭，近则有岷山和巴山的护卫。我想起北京湾在远古生成之际，为什么让北面的燕山山脉长得那样的体质单薄，而且腰身上有好几处断裂缺口，如喜峰口、古北口、南口和张家口等等，这就使得雄伟的天坛和崇隆的太和殿，也不幸地蒙上朔方的黄土尘埃了！北京的民谚有云："七九河开，八九又冻上了。"这说明寒流袭击不得不使北京的春迟。然而，春天总是要来的，颐和园内的紫玉兰也是会开花的呢！

冬天和北风不喜欢鲜花，鲜花当然也不喜欢北风和冬天，这是温哥华给我的启示。我想世界上不能没有鲜花，没有鲜花的世界岂不是沙漠；人世间不能没有爱，如果人间没有了亲情、爱情与友情，那人间的心灵里将会是一片沙漠。有谁愿生活在沙漠里呢?！谁又不喜欢别人送给他鲜花和居住在温哥华式的花城呢！

维多利亚海滨庭院的遐思

以前我就听说维多利亚是个适合老年人居住的好地方。这次亲身游历，才真的相信众人的选择和判断是不诬的，是合乎他们的利益和意愿的。据统计：在世界各地的城市中，65 岁以上的老人所占城市人口的比例，以维多利亚最高。换言之，维多利亚是世界上老年人最多的城市，也是世界上最好的休养胜地之一。这其中的原因何在呢？

这里的气候温和，冬暖夏凉，最低不至冰冻，最高不过 32℃，没有酷暑严寒之虞，这自然是个人所乐居的所在。维多利亚地处太平洋东北岸暖流所经的地方，它位于加拿大的温哥华岛的南端，它有着曲折有致的海岸线和许多伸缩自如的海湾。岸边崖壁峥嵘，岸上的平地间有丘有阜，形成了良好的建造房舍的条件。中国哲人有云："智者乐水，仁者乐山。"此地则兼有山与水之胜，更何况山间丛林乔木，发人幽思；水中清澈，可以濯缨洗面；极目远望，太平洋波澜壮阔，浩淼无边！世界上远方的烽火与人寰间的尘嚣，似乎都已消失和远离此岸，而交通的发达又使这个边陲城市百货充盈，一切设施都现代化了。所以它成了人们最佳选择的地方。

自从 19 世纪后期维多利亚女王时代以来，就有些不喜欢雾都伦敦的英国名媛贵胄来此定居，继之而来的既有倦于商旅生涯的富贾，也有桃李满江乡的教授和学者，还有些是以勤劳致富的普通公民和致仕退隐的政坛人物，他们虽然来自不同的阶层和不同的职业，但他们都欣赏这一方净土，愿意来这里颐养天年，安享人生的黄昏时刻。

滨海地区是最佳的地段，沿着湛蓝的海湾，依山临水修建了一幢幢两层的楼房，楼房的式样，各具特色，没有一个庭院房舍是相同的，它反映了房主人旨趣不同和建筑师们各自的匠心独运和巧思。同是二层楼房，有的则曲径通幽，有的则轩明屋亮，有的以横廊分隔内外，有的突出它宽大雍容的双层高的大客厅。家家的房前宅后都是草坪和庭院，花木扶疏，绕以矮柏，但没有一家是砌了围墙的。庭院中的花木，各不相同。有高贵的银杉，展示它闪亮如银针似的密叶；有灌木丛似的枫树，从春到秋都披着绛红色的衣衫；紫玉兰颖然出众，它的花于紫红中透出洁白，给人超尘出俗之感；绕径繁开的是姹紫嫣红的郁金香，争奇斗艳的是各样品种的杜鹃花。杜鹃花属木本，这里的人家似乎特别偏爱，培养得枝肥叶茂，花朵也特别大，盛开之际，整棵树变成了个美丽的大花球，绚丽压群芳，惹人观看。一天，M 开着车沿着海滨的公路缓缓行驶，他一边介绍，我一边观看，忽见一户庭前被白色的繁花拥簇着房屋，我刚要举照相机，车虽慢却已驰过去了。我叹了一声："可惜失之交臂！"M 闻知，笑笑说："这岂不容易之至！"即把车转回来，我们仔细欣赏一番，并拍了满意的照片。这家主人栽培的是一簇白杜鹃。

我们客居在滨海的友人家。院落相邻，时有海鸥飞来作客会友；自由的松鼠，也往往扬着蓬松的尾巴，在庭前觅食；一群无主的小鸭，由鸭妈妈带领着横过街心，向海边而去，过路的轿车也爱怜地给它们让路。晚间，我住在二楼上，海风习习，不时抚拍着窗棂。因思东坡居士未曾到美洲，他的"乱石穿空，惊涛拍岸，卷起千堆雪"之句，当然不是描写这里，也不像是写大江赤壁，应是假借了海宁观潮或东海观涛的情景。中国海南省的"天涯海角”，有椰林茂盛的海滩，美国佛罗里达州也有金色的海岸和别墅，但是无端袭来的飓风，却使人常怀恐惧之感，相比之下，维多利亚海湾则称得上是宁静的。有人相告：这里的海滨没有狂涛巨浪，虽不说波平如镜，但每值满月上升于中天，临窗眺望，海天无际，露滴有声。人间能有如此宁谧的环境，岂止仅让诗人流连忘返耶!?

环境的优劣，固然有它重要的自然因素，但人为的因素也很重要。维多利亚之美，自然环境固然好，但也得之于人们自己的创造。它各出于巧的建筑风格，绚丽多姿的庭院花卉，这是靠人们的劳动和智力去取得的。我们都为中国建筑和园林、庭院设计之美而引为自豪，但却需要学习和借鉴国外的优长。我觉得国外的庭院不砌围墙，这是值得效法的!

记得本世纪（20 世纪）早期的一位留学生曾经写道：在 20 年代的美国西部，“贝克利（Berkeley）城住宅区，街道宽大整洁，家家房屋式样都不同，门口都有草地，种树木和花卉，而且大家都不砌围墙。有些花正在开放，所以在人行道上望过去，整个街道就像一个大园林一样，显得异常美丽。”他已经注意到外国“不砌围墙”的特色。与之相反，中国的庭院是砌围墙的，这恐怕不只是怕强盗，很大程度上是怕平民百姓。紫禁城不仅有很厚的墙，而且有深池隔绝。于是，各王公府第的庭院、官僚缙绅的花园，都砌上围墙，相沿不改了。新中国成立后，北京的城墙拆除了，但各府第的垣墙依旧，公园也如此。只有一个公园，即当年吴晗先生主持开放的紫竹院，拆去了围墙，与宽阔的街道融为一体了。

我忽地遐想：如果把维多利亚的许多庭院，都给圈上围墙，其景观又如何呢!?

名闻遐迩的布查德花园

正如在中国旅游的书里都要重点介绍颐和园与西湖一样，凡是描写加拿大风光的书，都不会忘记为布查德花园（The Butchart Gardens）留下篇幅，刊出它景色诱人的“低谷园”（Sunken Garden）的绚丽照片。一个私人花园而赢得举世知名，每年吸引观众达50万人次或更多，这按欧、美人口密度值来说，恐怕是超纪录的！如此名闻遐迩，雅俗共赏，其奥妙何在呢？

从维多利亚市沿17号公路北行约20公里，折而往西，路旁苍松翠柏簇拥着起伏的丘陵，林边竖立着保护麋鹿的标识。种花的园圃点缀在山间，有人正在剪采鲜花，准备入市。树木与花草之上，抹了一道道晨光的斑斓。薄雾依稀，山岚气清。蜿蜒起伏的公路和路旁标识牌上红玫瑰的鲜艳园徽，导引着游人来到这慕名向往的布查德花园。

园在绿树环绕的丛林深处，广袤5200多公亩（近800亩），是个经营了三代人，从1904年至今90载，形成规模完善的、东西方合璧的大花园。它包括低谷园、玫瑰花园、日本园、意大利园等4个主要花园，还有罗斯喷泉、音乐坪、焰火观赏坪、游泳池、水榭流泉和花坛、温室展览厅等许多景点。这些景点令人流连忘返和时思再来。

在入园口处显得有些喧阗，许多欧亚各国的远来客人，忙着从17种文本的介绍图册中选择一份自己相识的导游图，也有人临门拍照，以资纪念。入园不远花木扶疏中，有精舍数间，色调淡雅和谐。再进便是光鲜照人的花卉温室。温室四周都是透明的大玻璃，阳光自穹顶而入，室中展览着各种珍贵的、不知名的、五洲各国引种来这里的奇花异卉。这是个四季花常开的永不凋谢的花坞，它赋予游人的是个满意的第一印象。由此往右，拾级而登一个林荫蔽日的小山岗，转出岗来便是著名的低谷园。

低谷园在平地50英尺之下的洼地中。凭栏俯瞰，谷中山水掩映，花树参差。有微型的平畴和杂石镶砌成的各式花坛。流水自岩穴而出，汇为葫芦形的浅池。一桥跨池的两岸，繁花似锦，竞相开放。这里冬温春来早，郁金香兼有欧、美的各色品种，绕径花开，供人鉴赏！牡丹正在吐芽，杜鹃却争相怒放，她枝肥花大，红的红如一堆火球，白的有似满树银花。四月春意正浓，花坛中栽培的诸种花卉，各自任意地吐露芬芳。魁梧的杉树耸立在崖壁之上，婀娜的垂柳斜倚着断涧。还有一座人工叠成的小山和两个较低的丘阜，错落地散居在谷中，使园景明暗相间，显出多种层次。小山在谷心，一面是苔藓覆盖的天然巨石，一面则是砌石而成。山不高而葱笼毓秀，有石阶和栏杆，可循而登。许多老年的游侣也相互扶持，登临山上的平台，一览谷中的全景。说来让人惊奇，这座美不胜收、群芳吐艳的低谷园，原来却是布查德先生所办水泥厂采挖石灰之后，废弃无用的荒谷。心如锦绣的布查德夫人，她看中了这块地方，于是便着手将谷中残留下来的乱石收拾起来，叠成那座小山和那些各式各样的花坛，又亲自手栽常青藤和碧萝之类，把峋嶙秃露的崖壁遮蔽起来，变荒芜为一片生机！经过她多年的辛勤和智慧，终于化腐朽为神奇，创造了如此巧夺天工的花园景色！

从低谷园出口不过50步，便是一个地势更为低洼水潭。水色湛蓝，莫测高深。这也是原采石厂的遗迹，斑驳的岩壁有意不加修葺，以便与前面青藤覆盖的园壁形成明显差异，使人们可以意识到当年布查德夫人所面临的挑战的艰巨。1964年，为庆祝这花园的60周年，便在潭中建设了现代化的罗斯喷泉。这喷泉虽不是中国的趵突泉，却胜似趵突泉。它周围是水柱形成的一个白色的花环，花环之中有三股喷薄而出、高可数十米的水柱和许多与它配合、忽高忽低的泉水柱。这些泉水柱摇曳变幻，与三股主水柱交织成各种美妙的图案。许多游人驻足观看，交口称赞。记得大明湖中新设有一个喷泉，可凌空喷上200米，但不及此泉之互相呼应，变化有致。中国有名的自贡市元宵灯会，以其音乐喷泉和灯火交织，在北京北海赢得观众并在新加坡载誉归来。罗斯喷泉并不以音乐控制，但所编织的图案却如此丰富，想或是电脑控制耶！

布查德夫人不仅是个锦心妙手、独具巧思的才女，她还具有广博的襟怀和宽阔的眼界。她和她的家人开辟了东方色彩的日本园，采取了佛罗伦萨风格的意大利园，又突出了英伦本土的玫瑰园，广为引种世界各地的名花异卉，使她这座花园的花木品种达5000种之多。江山代有才人出！18世纪的中国大观园里，出了个中国帅才王熙凤，200年后的北美维多利亚，产生了布查德夫人这样的园艺“首相”，先后交相辉映，历史真可谓无独有偶呢！

日本园不知何年建成，它位于全园的东北部，占地面积颇大。入口处是一座传统神社的、朱红漆木的牌坊。几株硕干枝繁的古树，荫蔽着逶迤的小径。泉水叮咚，绕从脚边流过，给人以幽静清凉之感。倾斜的花圃，栽植着从东瀛引进的樱花。有缩微的日本房舍，有继承大唐、渤海的佛龛和石灯座，还有小型的一座朱鹊桥，架在盈盈的两个小池间，人在桥上，两岸花木衬托，极为美观，仕女们在此拍照，不啻是凌波仙子画中游！

从日本园出口经过星池，便是意大利花园。园中央是个长十字形的大花床，四边配置了8个对称的花坛，这里展示了来自水乡米兰和古罗马帝国传统的高贵花卉品种。与意大利花园并列相邻的便是玫瑰花园。乳白色的篱墙和整齐的花架上，都已各自有主的分属于来自英伦或其他各地的著名玫瑰花。4月，它们刚刚从沉睡中醒来，新枝叶还没有展露，观赏者只有期待于盛夏和晚秋了！

盛夏时节这里不仅以繁花迎接观众，它还在音乐坪举办音乐欣赏会。每年的7至9月中旬，每值周末的夜晚，还在音乐坪北面的湖中岛上，燃放焰火，湖边宽广的草坪上坐满了远近赶来的观众和远从海外来此观光的嘉宾。

布查德花园确乎是一个名符其实的、成功的名园，它以私人的财力和智慧创造出如此卓著的园林艺术，岂不令人赞佩和钦仰！然而在我的脑海里总还觉得它似有所欠缺和不足。它的低谷园中平顶的小山上，似乎缺一座小亭；罗斯喷泉的对岸为何不建一个观景的敞轩？玫瑰园虽好，但皆在露天之下，若绕以回廊，岂不更可使观者流连欣赏！日本园亦精亦巧，但缺乏宏敞与开阔。我忽地思路清晰：它缺乏一个中国园！中国是东方艺术的中心，园林艺术的瑰宝集萃于华夏。可叹的是近世国势衰替，横遭侵辱，布查德夫人建园的过程中，但闻知中国落后而被战败的一面。如果布查德夫人曾亲临苏杭一游，参观过颐和园的景色，想必会有所颖悟而有所增益于他们的花园。

尼亚加拉大瀑布的联想

在北美的自然景观中，最为瑰丽雄奇、令人跌宕胸臆而不能忘怀的恐怕不能不说是美、加边界上的尼亚加拉大瀑布和落基山中的大峡谷了！特别是这大瀑布，位于纽约州的西端布法罗市(Buffalo)，当伊利湖与安大略湖之间，是个交通便捷的旅游胜地！我在大陆时早就向往亲临观赏，今年（1995年）仲夏算是如愿以偿，尽兴而归了！

我们这个家庭旅行团，包括老两口、女儿、女婿和外孙5人，乘了辆较宽绰的空调车，从纽约出发，沿高速公路西北行，全程800公里，约计下午3时抵达。以往，家人都不只一次到过大瀑布，只有我是初度往访，倍觉新鲜。一路上平畴碧树，耕作的田野和葱郁的森林交相出现。过康乃尔大学境时，有名的五指湖蜿蜒如带，或明或暗，不断映入眼帘。野花烂漫，芳草萋萋，公路宽平如镜。极目远眺，蓝天白云与地平线相接，使人遐思，心旷而神怡。我在想：大瀑布会是怎么样？它与我以往观赏过的瀑布又如何？我曾经亲临贵州黄果树瀑布，穿行于它腹部的“水帘洞”，享受了当年孙大圣的福祉；也曾登黄山，仰观三叠泉，体会“飞流直下三千丈”的逸兴豪情；在奉化，雪窦山前有千丈泉，其底汇为潭，所谓“桃花潭水深千尺”，是耶？非耶?！在牡丹江的镜泊湖出口，岩层跌陷，落差悬绝而成大瀑布，蔚为壮观；在韩国庆州的南山，古刹佛殿不远，亦有瀑布垂空，白练如屏，更增清雅出尘景象；还有温哥华东面的崇山原始森林中，亦发现一瀑布，访者络绎，攀藤拊葛而登，别饶奇趣……这些各式各色的瀑布，都给我留下了美好的回忆。尼亚加拉大瀑布被称为世界之最，享誉环球，我不远万里来到此“朝圣”，会得到什么灵感呢！

车行一路顺畅，抵达的时间颇早，穿行市中，心想百多年前这里尚是边陲野地，现在却华屋客舍毗连、俨然一新兴城市。市中心是迎宾馆和会议大楼，建筑虽不甚高，但设施现代化。沿着江畔排列着一幢幢的旅馆，迎面朝着大瀑布，以便推窗眺望美景。尼亚加拉江水自伊利湖由南而北流来，到这里忽然水面拓宽，江中耸立数岛，其最大之岛名“山羊岛”，把江流分割为二。其右旁有三小岛，名“三姐妹岛”，岛上风景殊佳，有桥与岸上相连，游人如织。这些大、小岛北面顺流方向才十数步，陡然地陷为谷，河床就要断裂下塌，水流突然失去平衡，惊骇咆哮，滚滚而下，争相跌落谷底，遂形成此落差达50米，极为浩大壮丽的大瀑布。此瀑布分为两部分，以“山羊岛”为界：岛右边的瀑布，是一字横呈的大水帘，像一匹织锦似的垂挂而下，它全部坐落在美国疆界之内，属纽约州所领辖；岛左边的瀑布，面积宽阔约呈一个巨大的“U”字形，三面喷泻而下。有趣味的是：这个被人认为是加拿大属境的大瀑布，其实有一半仍归美国，因为两国疆界是以这边主航道中心线为界，于是加国的安大略省只分得左边“U”字形瀑布的一半，所以美国成了尼亚加拉大瀑布多一半的主人。

观赏大瀑布，以加拿大那边视角最佳，可以沿河凭栏，基本上是隔岸眺望，既可以缓缓开着汽车巡礼，也可以漫步街边自由地观看。美国这一边观瀑，就略逊一筹。它开辟了个“观景公园”，是在大瀑布的右侧面。半面斜坡上围栏设座，花木扶疏，绿草如茵，环境布置得尽善尽美，但观瀑只能看到一字水帘，而“U”字瀑布却被山羊岛遮掩过半，未免有些憾然。我女婿看到我们未尽兴便说道：“上观景台去！”于是便引导我们到邻近临河构建的瞭望高塔。它是以升降电梯为中心，再延伸出一个可观景的露台。登台俯瞰，大瀑布全景尽收眼底！那一字水帘，在阳光下分外耀眼，那“U”形瀑布，三面奔泻，如玉山倾颓，如银河落地，珠喷玉溅，景象万千！那声音隐隐动地而来，在此露台上谛听，感到这是大地生命的吼声。它既非地震的声音使人恐怖，也非战场炮火声的凶残；它有若惊雷，但连续不断，有如钟磬，但更觉宏伟；松涛比之太弱，海涛比之难以持久。它是日夜长啸，山鸣谷应的大自然的强音。《庄子·齐物论》有云：“汝闻地籁而未闻天籁夫！”此是“地籁”也矣。我们在此拍了好些照片，也从长焦望远镜里观看到瀑布的加倍影像，然后乘电梯下到江岸码头，买票趁游船从江面上仰观大瀑布的景象。

8月是乘船游览的最佳季节，江对岸加国码头上，游客都买好票，穿着黄颜色的防水衣，排着长龙在候船。江这岸我们却拜老天所赐，恰好船位宽松，我们每个人穿上发给的天蓝色防水衣，登上船中。船入江心向大瀑布驶去，渐行渐近到水帘瀑布前，大家纷纷举照相机摄影留念。须臾，船抵瀑布正面，景象壮丽感人。然而浪花飞溅，露珠迸洒，令人莫敢仰视。船员提醒大家收藏好相机，免遭水湿，然而身上脸上如浴如淋。有对西方青年男女，率性不要雨衣，也脱去上衣，享受阳光与雾水的沐浴。忽然，有人欢呼道：“彩虹呵！快看！”一道美丽的七色彩虹桥，在斜阳照射下，高高地架设在水中央，我们船从桥头穿入桥心，很快便又离它而去。正在留恋之际，眼前又呈现一座新的彩虹，使我们喜出望外，感到福分不浅！（因为阴天不会有彩虹，晴天也得下午斜阳下才会呈现，至于七彩双桥，这是难得的“善缘”了！）船在平稳中行驶数分钟，便逐渐接近“U”形大瀑布，看得十分真切。抬头仰望三个方向的水瀑形成一个半圆弧，如潮如涌，滚滚垂空而下，比之“银河落九天”毫无逊色！轰鸣声响彻河谷，如千军赴阵，万马奔腾，其势雄浑莫名。黄河壶口瀑布，可谓壮阔，而水势稍逊；镜泊湖瀑布有其湍沛，却无其浩博；黄果树瀑布享誉九州，恐亦难与匹俦。我们正在观赏赞叹，游船忽地又往前驶深入到瀑布中心的潭内。这时水花四溅，雾霰凌空，一片迷茫，顿不知置身何所。只听吼鸣声激荡，莫辨何方。心中怛惕，莫知船在此危潭啸谷中如何得脱?！然而舵师镇静自如，掌舵如盘，驾重若轻。不一会船即转棹出潭，若无其事的回航。这时我才拜服掌舵师的娴习水性、航线和经验之丰富。当我们在谈论方才的历险体验时，一艘加国的游船扬旗而过，欢笑之声盈耳，他们尚不知将有惊险场面在前呢！

下船登岸，天色渐晚。我们找了家中国饭店用餐，虽在异国边疆，风味不殊，颇称满意。回到旅馆，沐浴休息。夜渐阑，人未寐，皓月临窗，花气氤氲。远处瀑布之声随风入耳，使我想起为数年前峨眉山中之夜：禅院寂寥，松鹤无语，一种清虚入静、超脱出尘的感受油然而生。继而浮想三国周郎赤壁，那曹孟德把酒临江，横槊赋诗，挥斥之间，气吞三吴，何其不可一世！岂曾料折戟沉戈，艨艟灰飞烟灭，所谓旷代人杰，亦不过逞其窃国之私欲，驱士卒血流成河之屠夫耳！此际我置身于美、加两国之间，这是一个宁谧和平的边界，是个二百年无硝烟的边界。旅游人至此，尽可无虑刀兵，人间天上两相忘，怡情适性与大自然融合。惜乎世界各洲并非如此，岂不可哀！

北美的绿草

一、芳草萋萋北美洲

海峡那边的一位作家，她喜欢大海，写了一篇优美的散文《一定到海边去》。我却喜欢绿，我爱绿色的草原和新绿的河边。我总忘不了天山山麓那环形如带、翡翠般的绿洲，在耀眼的沙漠照映下，青青的茂草与雪白的羊群相衬托，给人以分外的美感；还有那洱海苍山之间，一片平畴之上，铺满了绿油油的田禾；那松花江畔肥沃的三江平原上，深绿色的大豆叶编织成的纱帐。海是蓝的，显示出浩淼与渊深；草是绿的，它意味着生机和宁谧。

来到北美，除了森林，便是绿草给我最深刻的印象。温哥华市中斯坦尼公园（Stanley Park）的如茵绿地，渥太华国会山庄下的绿草河岸，纽约中央公园湖边的萋萋芳草，华盛顿白宫前宽阔的南草坪，这些都成为有名的胜景。其他凡是市区人家，公路两侧，行道树边，便是绿草坪，绝难发现有裸露的土地。在我住宅的前面，是一片开阔的大草坪，边上是高与人齐的翠柏屏障。马路那面，又是绿树接连着人家庭院的绿草坪。这里的家庭宅院，几乎每家都有两块草坪，或者前后院各一，或者分布在两边。你如有暇，可以细心观察出，庭院花木兴旺多是女主人的精心培养，而草坪的维护、浇水和修剪，则主要仰仗男士了。窗下有个绿草坪，给人以清新、柔谧和恬静的感觉，它吸收了街边侵染过来的尘嚣，它散发出本身的特有的芳香气息，它绿油油的盎然的生机，又给疲乏的主人以鼓励和启示，似乎在告诉人们："天行健，君子自强不息"。公园中的大草坪，它给人以舒畅、开阔的感觉。在那广袤的草坪上，情侣们迎着和煦的阳光，踏着轻软的步伐，或者爱抚地躺在绿草上，谈着娓娓絮絮的情话；还有年轻的母亲，手携着姗姗学步的幼儿，让孩子开始踏出人生道路的第一步。绿草呵！你是人生道中最轻松、最没有坎坷的路！

大地是绿草的母亲，绿草是大地最知恩和深情的儿女！只要是长着绿草的土地，任从狂风骤雨，大地也会抗击水土流失。雨点敲击在小草的背上、腰上，它弹性地承受下来了。它把雨水顺利地传送到草根上，吸收了或者储蓄在身旁的土壤里，既保护了土层不遭冲刷，也缓解了洪水的灾害。你看见石缝中渗出的山泉么！那是经过绿草过滤的，所以才得那般清冽纯净。每值旱季，是绿草挡着了阳光直接烤灼大地，它缓缓地释放出水蒸气，使得空气湿润。到了晚间，绿草又向空气收回水蒸气，凝结为露珠，一批一批地输送到草根去。露滴有声！这只有耳聪的诗人才能听出来！有一位当代中年画家，画了一幅"三北防护林"的景色：在莽莽苍苍的北部边疆，画面上是一条茁长的林带。画端的题词是"树梢百重泉"。有些青年不解其中意，我作了点解释，回来后想给它配成对联。但在北京时并没有对上。寻寻觅觅，来到此邦，终于找出对来，即："草根千眼井，树梢百重泉。"不知恰当与否?!

中国是个诗和画传统悠久国家。古人诗画中总是少不了对绿草的吟咏和着笔。例如，《诗经》中有："蒹葭苍苍，白露未霜"；"蓼蓼者莪，非莪其蔚"。韵味之美，令人反复低吟。唐人诗中有"池塘生春草，空梁落燕泥"的名句。田园诗人王维诗中的"春草年年绿，王孙归不归"更是即景怀人；李煜后主的"离恨恰如春草，更行更远还生"。虽有无穷的亡国哀怨，但却透露了"春风又绿江南岸”的景色。至于绝代女词家李清照的“知否知否，应是绿肥红瘦”，更把暮春时节，草长莺飞的情景烘托出来了。近代诗文中吟咏绿草的却不多，朱自清的散文《绿》，主要是描写栖霞山的绿梅潭，只有两笔说到绿草。中国的树林和绿草破坏得太过分了，以至诗文中看不到树和草，不得不只好歌颂“黄土地”。这未免令人忧虑和感到悲哀吧！我只读到一首很好的白话诗歌，名称是《小草》，现转录在下面，以示珍爱：

没有花香，没有树高，
我是一棵无人知道的小草。
从不寂寞，从不骄傲，
我的朋友遍及天涯海角。
春风啊！春风啊！把我吹绿，
阳光啊！阳光啊！把我照耀，
山川啊！河流啊！把我灌溉，
大地啊！母亲啊！把我紧紧的拥抱！

这是一首嘹亮而热情的歌，对小草的品貌和风格有轻快的描写，但对小草的奉献却语有未足。如果把收尾一句更易两字，作：“大地啊！母亲啊！我把您紧紧的拥抱。”这就成对大地的反哺和回报。这似乎更切贴些。

我忽地憬悟到，对绿草是否珍爱，是文明与文盲的分野。文盲多，荒原多；文明多，草坪多。环顾地球七大洲，概莫能外。人们啊！对大自然的破坏是要受到惩罚的，将遗患给后代子孙。让我们像爱护自己的眼珠一样去爱护树林和绿地吧！

二、绿草的培植和护理

我自幼生长在“天府之国”的四川，只知道田间农作物需要栽培和管理，至于绿草嘛，那是不需要栽培管理的。“天涯何处无芳草”，在那山涧崖边，在古道两旁，在空旷的坟场，绿草总是无处不在，它给人繁荣茂密的景象和生机勃勃的感受。在美国——同样在欧洲，除了天然生长的绿草外，都市中的宅院，足球场、高尔夫球场、公园等等地方的绿地，却是人工培植的，而且花上很大的功夫和需要一定的财力。

首先是平整土地。特别是那些要求很高的英式地板球场、高尔夫球场，先得把不平的岩石挖铲掉，将排水和供水管道按要求铺设好，以便霖雨时节免于水涝，也便于旱季打开水管喷洒。土地平整过后，便运来营养性的肥土，铺上一层，然后便是铺草皮了。在北京，比较普遍采用的是将苗床运来的草苗，按一定株距栽植在土层中，让它繁衍开来而成绿地。这方法是较为经济，但需较长的时间才能形成草坪。温哥华等地则是将培植好的草皮，按 30 厘米稍多的宽度，切割成 2 米左右长度，连根带土铲起来，卷成筒状，用车辆运到需要处。一个庭院中若是需半亩草坪，则马上可以像铺地毯似的，转瞬间即可铺上，浇上水，不出几天，便是一片如茵的绿草地。至于大面积的草坪，显然这方法难以适应。在纽约和华盛顿，现在采用了一种撒籽播种的方式。即在春秋适宜生长的时节，将需要植草的地面，松土施底肥，然后均匀地播撒草籽，用耙掺和压平，喷洒浇水。十日半月之后，便是一片绿茸茸的新苗破土而出了。

草地的养护是值得重视的。一般是适时浇洒，这里的人家都备有家用小型喷水器，各式各样，喷出扇面形、圆形的水帘来，煞是美观而合乎需要。另外是需要在夏季打一次除虫剂，杀灭为害的虫类；如果土质肥份缺少了，则适时施些肥料，促使它茁壮生长。在北京，我多年来看见公共草坪屡次栽种，种完就算完成任务了，既不适时浇水，也不施肥，任其自生自长，加之杂草蓬蒿的欺凌，入秋草坪变成了名符其实的“百草园”，狐兔尽可栖身，游人则难以驻足了。对杂草，在家庭院子中，可以在闲暇时亲手芟除，轻松的劳动兼有修身养性之功。如若面积大和杂草多，则可购买除莠剂，按配方施用，效果很佳。

草坪须定时修剪，这也如同人们需要定时理发似的。我很欣赏一片片绿绒毯似的平平软软的草坪，这草坪是定时修剪而成的。一般是在生长期间每隔10天或一周剪一次，每次约剪去三分之一的高度，不可过多，否则有碍草的发育健康。如果不事修剪，那将会出现“强凌弱，众暴寡”，杂草滋蔓、小草萎缩的状况。那将不是草坪而是乱草坡了。如果谁家院中出现这种景象，邮递员可以拒绝送信，理由是：“院中太脏乱了，没处下脚！”

人们对草坪的重视和剪修草坪的需要，促使剪草机械的创新和改善。我见识了各式各样、小巧的家用剪草机和庞大的用于绿茵广场的剪草机。家用剪草机的形态各异，竞出于巧。有的像理发的电推子的功能，但装有个收集剪下草的箱袋；有的是轮式平推着前进，有的则是手提或背负式，可以用来将畦边和路牙边的草修剪得整齐美观，它起着剃头刀修刮鬓角和胡须的作用。大型剪草机就和大田拖拉机体态相似，只是加装上了剪草的机械，开动起来隆隆然，剪的平面较宽，功效也迅速。还有一种像长臂猿似的剪草机，是在主机的一边装上个长臂，剪子装在臂端的手掌上。驾驶员开动着它，可以把长臂伸到沟边或斜坡去剪平那里的草。这样，无论平地、斜坡或沟渠边的草，都可以修饰得楚楚有致。

绿草保护了人们的生命环境，人们为了保护绿草，调动了自己的智慧和科技力量，相互保障，相得益彰。

千岛湖掠影

世界上的大小湖泊，旅行家恐难以计数，然而堪称千岛湖的，据我所知道仅只有两个，这便是中国浙江省淳安县境的千岛湖和美国纽约州北境的千岛湖了。

我是从友人钟鉴教授的描绘中受到感染，终于去了淳安千岛湖。湖在新安江水库中，正是由杭州经富春江上溯到淳安，北去黄山的最佳旅游线上。那是4月下旬一个雨后初晴的日子，我们抵达湖滨的松城饭店，在接待人员的热情指引下，我特地挑选了6层一间朝向湖面的客房，窗外有阳台，站在阳台上凭栏远望，水光潋滟，碧波千顷，令人心旷神怡。那隐隐的远山如黛，近处翠屿如螺，仿佛人在画中，真有美不胜收之感！晚餐我点了红烧鲥鱼，两种蔬菜，烹调味道和服务都很好，使我对这饭店留下了美好的印象。第二天，登上游船，在湖上巡礼。有猴岛，是养猴供观赏的。有蛇岛，是蛇类乐园。船继续前行，远近岛屿层出，姿态各异，风景万千，岛上松柏浓翳，或修竹长垂，或杂花与茂草相间。湖水清澈微蓝，洁净得纤尘不染，它来自浙西和皖南的山中流泉，西子湖和北京北海，自况皆有所不如。湖中岛屿虽大小相殊，形态变化。但皆朴质天然，没有人工雕饰，这可能是它最可贵的特色！

北美的千岛湖在安大略湖的东端，为加拿大和美国所分享。从纽约出发，沿高速公路正北行，约7小时的车程。游船在亚利山大港湾接送游客。船舱宽绰舒适，窗明椅净。在船舱的顶层，围栏设座，可供任便观览。我们登船后选了个临窗的茶座，一面餐饮，一面观赏。据介绍，这千岛湖中的岛屿，大者方圆近10公里，小者不容席或仅够海鸥栖止。它有岩岛，也有珊瑚岛，名曰千岛湖，实际上总数几近万个，令人听了为之惊讶！

这是一个晴朗的夏日，蔚蓝色的湖面，波光粼粼。东西弥望，看不到边际，南北较之稍窄，可以辨识出北岸的加国枫叶国旗。湖心有一艘标识鲜明的大轮船，这便是美、加水域的分界。游船鼓轮击水，扬波前行。湖面大、小岛屿，有如明亮的星辰，奔来眼底。岛的形态变化多姿，除了树木山石各显其异外，每座岛上的园林别墅的构建样式，也各随其主人旨趣不同，建筑得各具特色。远来的客人百看不厌，又感到目不暇接，有时尽顾了看南面，却忘记了北面。我于是走到船头方向，以其收左右兼顾之效。这些岛屿错落点缀在美丽的湖面上，有如身披罗绮或浅淡梳妆的凌波仙子，有的妩媚天然，有的清秀飘逸。

岛上的房屋，习惯称作"Cottage"，本是青藤茅舍小屋，为贫民渔樵所居止。但百余年间经济发展的结果，茅屋变成了别墅，有的改建为新式楼宇，回廊曲折，连接水榭、船坞。有的则外貌依旧，特意保留古朴风格，而室内设备则十分现代化。有的在花木掩映中，显露出落地窗式的客厅和书室，令人猜想主人可能是教授或是作家?！游船西行，但见一桥横空，跨越湖面，虽不及金门桥的壮伟，但却胜似曼哈顿跨江桥。桥上车辆飞驶，美、加之间往来如织。游船至此，转棹返航，驶至中途称为"心岛"前停靠，登岛参观"博罗提山庄"。

这座山庄在湖中十分耀眼，四层楼的哥特式石结构建筑，尖顶高耸，倒影刺破湖心。加上它临水的两座楼，形成统一的格调，显得庄重而和谐。然而，这是一座未完成的宏阔的别墅，它包含着真挚的爱情故事：别墅创建人乔治·C·博罗提，原是个普鲁士贫民的儿子，1860 年移民美国，由于他卓越的才能、毅力和富于创见，在他妻子罗依丝的帮助下，创业成功，成为纽约华尔道夫大饭店和许多大公司的主人，富甲美东。他为了感激贫贱相依、患难与共的贤惠的妻子，便积极营建这华宅以资纪念。来自意大利的雕塑，中国的织锦绣帷，英国的上等家具……络绎于途。三百多人的建筑工匠，不辍地修建着。不幸的是，这时罗依丝突然仙逝，悲哀的博罗提令工程戛然而止。现在游人参观到的便是这空荡荡的、哀婉的石建筑。

在归途中，我心有所思，颇为尊仰博罗提之纯情。我想起，唐人阮籍悼亡词和苏轼《江城子》的“十年生死两茫茫，不思量，自难忘。千里孤坟，无处话凄凉”之句来，博罗提并非诗人，但是他留下的空寂的山庄，却是一首可与东坡学士媲美的诗！

白宫和国会山庄

各国的王都和帝宫，都崇隆尊宠，以其气势和华贵，令瞻仰者心灵受到一种无形的压抑。我曾两度造访白宫和国会山庄，却给人以宽舒之感！

许多人都把华盛顿那座穹顶高耸、庄严宏伟的白色罗马式建筑称作白宫，其实这是个误会，这里是美国的国会大厦，真正的白宫却在它两里外规模稍小的平顶式白楼中。

美国初时的政治中心在费城。1789 年，乔治·华盛顿就任美国第一任总统，议员们请他挑选一个建都的地点。华盛顿看中了美丽宽阔的波多马克河，决定在这河中游一块兼山水平原之胜的地段，建立国家的首都。于是河北岸的马里兰州，河南岸的弗吉尼亚州各捐献出一块土地，构成了这方圆十多英里的华府哥伦比亚特区。

天才的都市建筑师法国人郎方先生被礼聘前来作整体规划。他选择了市中一个高岗来建造国会。那时一切都属草创，国会最先建造的是一座两层楼的长方形建筑，中央大厅圆形拱顶，先后花了 70 年才装修完成，圆顶上站着一个高达 19.5 英尺的大理石自由神像。各国来宾和观光者都不胜赞叹大厅的气魄恢宏，采光明亮，给人以自由和舒畅的愉快。圆形大厅的壁上，镶的是 12 幅美国历史图卷的大型油画，使人们勿忘记过去。国会大厦的左翼是 1857 年续建的，供众议院使用；右翼则建于 1859 年，为参议院所在。两院的大会议厅，在二楼设有参观席，可以旁听，但不可以发言。据说有一位公民在楼上旁听辩论时，竟忘情地参加发言，于是值勤人员立即把他请走了。

国会大门前是个漫坡式的广场，迎门处建了个方台，历届总统的就职宣誓典礼便在这里举行，各国使节和嘉宾便坐在两旁观礼。典礼完成后总统、副总统人等便沿国会山下的宾州大道或骑马或乘敞篷车回到白宫去，沿途接受路旁千万百姓的欢呼。只有卡特总统为极力表现他的平民化，是携伴着夫人，步行回到白宫的。

人们也许想不到绿草如茵、花木繁茂的白宫双橡园和南草坪，原本是波多马克河湾中的一片沼泽不毛之地，而今它却化腐朽为神奇，成了举世知名的所在！华盛顿经过8年艰苦的独立战争，终于击败了英国贵族的殖民军，在这里创立了三权分立的民主共和国；林肯总统在这里说过一句名言："邪恶必亡，博爱必存。"他还说过："我们这个国家将得到新生的自由，一个民有、民治、民享的政府，将永存于地球之上。"他把鲜血洒在这片土地上，换来南北的统一，也滋润了种族的平等之花！威尔逊总统在这里筹划了"国际联盟"组织；罗斯福总统在这里构筑了当代联合国的组织。美国虽然也出现过孤立主义的总统，但在地球上交往越来越繁密的当代，它的总统的决策和措施，对大洋任何一边的邻居，都产生着直接或间接的影响。

白宫的原总统居住区和接待外宾区，现在开放供参观。每天早上8点钟，来宾们便可以到附近的接待处去申领参观券，然后按券上约定的钟点入内参观。白宫是双层平顶楼。"第三等级"创建的政府，并不需要嵯峨的帝王之势。参观者入内并不把它与法国路易王朝的凡尔赛比豪华，倒是觉得当年总统的餐厅、图书室和外宾接待厅等使人感到亲切而不是疏远。

华盛顿不仅是政治中心，更是旅游胜地，来自各国各地的客人，除了参观白宫、国会大厦和登上华盛顿纪念塔一览全市外，还有林肯纪念堂、杰弗逊纪念堂、肯尼迪艺术中心和各种博物馆可供免费参观，甚至印制美钞的联邦印钞厂，也任人鱼贯入内，鉴赏钞票印制的全过程。这在许多别的国家，是“敬谢不敏，请勿入内”的。

我十分欣赏华盛顿浩淼湛蓝的江水。它依傍在都市一旁，那些洁净的湖面，由它来灌溉；那些汩汩的喷泉，由它来滋养。河的两岸形成一连串的花园，使华府有“花园城市”之称。在使馆集中的麻省大道上，各国使节都把自己国内的名花异卉，移植来布置庭院，这更使得华府艳夺群芳。荷兰的郁金香、日本的樱花、英国的玫瑰、菲律宾的天堂鸟花，还有中国的福贵牡丹、红黄腊梅、荷花、菊花等更是鲜艳多姿。人们常感到政治风云险恶诡谲，华府聚集各国各地的政客，他们的心情自然是很不轻松，恐怕就难以超脱，像平民游客来此观光的赏心怡情了！

纽约大都会艺术博物馆

纽约是世界经济贸易的中心，同时也是美洲的旅游胜地，它享有盛誉的自由女神和各种博物馆，是人们不能忘怀的。

虽然我并非艺术家，但我却愿意尽先来介绍纽约的大都会艺术博物馆。因为它给人们以美的享受。它是巴黎罗浮宫之外，藏品最丰富的、最为宏大的博物馆了。

博物馆坐落在曼哈顿中央公园的东侧，迎面便是繁华的纽约市第五大道，车水马龙，使它成了出尘嚣而不染的闹市佳人！高耸的廊柱、洁白如瀑的喷泉，导引人们进入到这艺术殿堂。这是一座对文物艺术展品提供了充分保护的、恒温恒湿、全空调、全封闭式的现代化的博物馆。供展出是第一、第二两层楼：一楼中厅深可六重，陈列自中世纪以来，欧洲的各国典型居室设备、器物和雕塑。右翼的前厅是埃及馆，后厅则是美国馆；左翼前厅是希腊、罗马馆，中厅则有非洲、大洋洲馆；二楼中厅为欧洲绘画馆，右翼前厅是中国馆、东南亚馆，中厅是日本馆，后厅是美国绘画。左翼前厅仍是希腊、罗马馆，中厅是 19 世纪欧洲绘画和雕塑，后厅则是当代艺术馆。

美国开国仅200 余年，是一个移民融合组建的共同体，历史文物和艺术品当然难以和欧、亚文明古国相比。正因为这样，我们发现美国人特爱好和珍视文物古迹和艺术，在各州各地，公家或私人建的博物馆远较他国为多。美国因它财力富厚，不惜重赀购求各国的艺术瑰宝，或者花上大笔资金，借展他国的稀世之珍。如古埃及法老时代的文物、中国故宫博物院所藏的历代珍品等（当然往往难尽如愿）。例如博物馆的东方部中国馆，它收藏了多种殷、周的青铜古器物，秦俑、汉陶视同拱璧似的置于览柜内。最近为迎接台北故宫“中华瑰宝”来纽约展出，特地花了数月的时间，重新组装和布置展厅。

博物馆中藏品最丰富、展出面积最大的是欧、美绘画——油画和古典式雕塑与工艺美术。在宽敞明亮的每个展厅、展室中，精美的艺术创作，吸引人凝神屏息，专致而投入地伫立观赏。人们缓缓地移动着，也有人在喜爱的名画或雕塑前不忍离去，便在迎面的条几上坐下来，悉心品味和欣赏。绘画的题材繁富：从历史到日常生活；从大自然到人们的劳动创造；从远古的神话描绘到中世纪的宗教题材，琳琅满目，美不胜收，沁人心脾，令人情移。艺术的感染力和洗濯人心灵的美育作用，在这里得到充分的体验。

艺术的魅力使人长久不能忘。我写这短文时，距最近的一次去大都会博物馆，已春秋互易了。但那些名画却仍然在脑海中出现，闪亮着不退色：一幅原始初民的渔猎图，顿显出古朴洪荒和祖先们茁壮顽强；在“柏卓斯（Begous）村庆丰收”中，画面上落日衔山，暮霭初起，数对青年，翩翩起舞，村民们或依栏而立，或并坐轻谈。儿童欢逐，黄犬追随……多么的丰富和生动！自然风景画，撷取颇独到，意境也超乎寻常。如有幅画面是断桥、古树、峻岭衬托出凄迷、秋色、黄昏。中、西艺术表现手法虽各异，但与“枯藤、老树、昏鸦，古道、西风、瘦马”，所达到境界何尝有不同！宗教题材的绘画篇幅不少，可贵在于不仅吸收和继承前人的匠心，而是有某些独到之笔。历史题材的绘画中，名作很多。如美国独立战争时期，描绘华盛顿在风雪寒冬，被困于“铸铁谷”（Valley Forge），艰苦卓绝、不屈不挠的情景。还有一幅则是华盛顿挥军渡河，胜利前进的场面。这两幅历史画面，给人的启迪和精神教育之丰富，这恐怕是远远超过任何教科书的。

在展出的世界名画中，有 18 世纪晚期法国画家 C. 维乃提（Vernet）的"古罗马将军 A. 包卡斯（Amilius Poucus）凯旋图"。图呈横幅，高可 1.30 米、长约 5 米，设色鲜明，画工精湛，引人瞩目。画面左端是凯旋门，迎门是长街，街中胜利归来的军兵们推着战利品前行，街两边是欢迎的罗马市民。画面中右部分是驷马高车上坐着戎装握剑，身着猩红披风的 A. 包卡斯将军，市民争睹，形象栩栩如生。至此，本可搁笔止画，但维乃提却情有独钟于战败者。他在画幅右端，以显著的空间，用深沉的笔触，来画被献俘的波斯王族：神色仓惶、敝衣旧履的国王，举步踯躅。王妃蒙尘，玉容消瘦。她左右跟随着未长成的王子和公主，更增加了凄凉和酸楚！人世间的荣耀和羞辱、欢乐与痛苦、贪婪与攘夺等诸种象，尽涵溢在此画图中！画面深远处是竞技场、宫殿，它的型制提醒人们：这是古罗马！

19 世纪艺术馆中，展出的杰作也很多，特别是"暴风雨"一幅，其表现角度并不是突出雷鸣电闪、山摇地撼的恐怖景象，虽然画家也以天空的昏暗浓云作了烘托。画面的主要位置表现一对相恋的青年男女，他俩在暴风雨来临时，相携相挽，头上共同顶着一块风帆似的防雨布，肩并肩地，迈开矫健的脚步，表情坚毅勇敢地向前奔走。女的身披透体轻纱，既飘曳又显露出青春的美，男的胸敞腿健、大力而有神。那种爱情凝聚起来的力量和信心，通过画家巧妙之笔，充分地显现出来。

绘画固然最富有吸引力，但馆藏近万件的各种雕塑工艺品，也使人驻足流连。雕刻制品大者如人像、石坊，微缩者如牙雕、如篆刻。每个展室中都陈列着一些相应的雕塑艺术品，而最为集中的是在希腊、罗马馆中。这里观众颇多，经常有艺术院校的青年在此临摹，那种虔心致志的神情令人生羡！我也很钦佩：古希腊、古罗马的雕刻艺术品能保存至今，而且为美国所收藏如此丰富，真得感谢博物馆的专家和执事先生们。

埃及的金字塔是不可能搬来展出的，但埃及馆却展出了局部的法老地宫和那雄峙在大漠上的神殿！印度和尼泊尔的佛教文化，那浓墨重彩的壁画，远涉太平洋，依然原样的镶嵌在展厅中。日本馆的建筑艺术，使人想见唐代长安的文明，中国馆的青铜文化、山水人物绘画和雕塑品，都表现了华夏文化的风貌！……

郁郁乎！洋洋乎！盛矣美矣！大都会艺术博物馆！

佛罗里达的迪斯尼乐园

中国古老的长城与美国新颖的迪斯尼世界在旅游客的心目中，都怀着极大的神奇和渴望！万里长城是宏伟的象征，迪斯尼则是集现代化的知识性、娱乐性和艺术性为一体的“世界乐园”！在美国，迪斯尼乐园有二：一设在西部的洛杉矶，一设在东部佛罗里达州的奥兰多市郊区。我们从纽约出发，沿着宽平的高速公路南驶，晓行夜宿两天抵达奥兰多市，特地来这里观光久闻盛名的迪斯尼乐园。在这里，我们流连游览了四天五夜。人们常以“目不暇接，美不胜收”来形容，我们则有“流连忘返”，别时“不胜依依”之感！

“迪斯尼世界”通常被称为“迪斯尼乐园”，它其实是一个总称，包括七个性质不尽相同的各种园。中国的圆明园为东方历史之最，只不过包括三园，贾府的大观园堪称园林府第之极品，但比之迪斯尼，亦不过春柳荷塘中之一片叶而矣！我初时并不相信，游览数日之后，方始欣然信服！

第一天，我们全家来到“爱普科特园”（Epcot）。这是一个展示地球上人类发展轨迹和五洲各国特色的“世界博览会”。11 月中的佛罗里达，天气融融如春，迎门的花树如屏，顿增喜气！各色人种的游客络绎而来，入园后纷纷在银色的巨型地球馆前摄影留念。地球馆从地球形成、生命的产生、人类如何在洪荒中开辟草莱、渔猎农耕、印刷术的发明，机械、电器、原子能和电脑的发展变化。总之，从野蛮到文明，从当今到未来，皆简要而有趣地给观众作出生动的介绍。从地球馆往右，便是状若海星形的海洋馆。这是活生生的水族世界，人在“海”中甬道上行进，鲸、鲨、蟹、贝出没左右，因有玻璃护墙的间隔，故虽有惊而无险。出“海”再向前行，便是大陆馆，七大洲的陆地形成，各洲的特殊风物景观，纷纷呈现在眼前。机动船载着我们，舒适地漫游着。最使人感兴趣的是生物工程和作物新式栽培。我们看到“沙漠”中茁长的棉花和落花生；卵石下营养液缓缓流动，其上是无土栽培的黄瓜或农作物，花开花落，果实累累！轻音乐稍停时，便有科学家和园艺师向您解说他们为人类未来所取得的最新科研成果。大陆馆之左面有两个引人瞩目的新型建筑，这便是新科技馆和新构想馆。它们以21世纪未来人类生活为主题，展示下一世纪对高科技的充分利用，如何改善人类的生活素质。在馆的后部分，游人可以根据自己对未来的憧憬，按动选择电钮，画面便会显示理想的未来生活环境。新构想馆的模型生动逼真，彩色缤纷，歌曲悠扬动听，深受小朋友的欢迎！

再往前行，穿过一座敞轩，走出两幢白色帐幕式的商场，景色豁然开朗，一片广阔的蔚蓝的湖面，波光粼粼，呈现眼底。环湖翠绿丛中，耸立着各式建筑物。这些建筑物是六大洲好些国家来此兴修的具有本国特色的殿宇堂馆。人们很难遍游世界各国，而这里却荟萃了各国精华之所在，让旅游者大饱眼福和口福。这不由人不感谢和佩服瓦尔特·迪斯尼先生的创意和设计了！我不曾到过巴黎，但却在这里登上了埃菲尔铁塔和品尝到了法国名产威士忌酒；在中国的故宫、天坛祈年殿前，西方游客驻足赞赏，而中国餐馆更是座无虚席；日本馆相对地冷清，但它表演的大鼓，却赢得了阵阵掌声；英国馆展示的是唐宁街首相官邸，那楼虽不高，却显得雍容大雅，楼外斜阳点染的小花园，配以琳珑精巧的雕像，激发我们赶快摄影留念；到美国馆时，适逢“自由之声”

演唱节目时间，楼厅里男女歌手十数人，引吭放歌，声情并茂。须臾，楼上走廊上应和的歌声响起，琴声与歌声交融，使人心境为之陶然。馆外是卖烤火鸡腿和美国甜玉米，虽与馆内有雅俗之分，却也很受顾客的欢迎！加拿大馆前印第安人的“图腾”浮雕，独具特色。馆内有全天幕式大电影厅，介绍渥太华的国会山庄，中部金色的麦田和大粮仓，班湖名胜风光和维多利亚著名的布查德花园等；墨西哥馆的金字塔式的建筑，北欧瑞典馆的海滨人家，非洲摩洛哥馆的红褐色门墙上，镶饰着一串串打造精美的银、铜圆盘，等等，都给人留下难忘的印象！总之，一日游，太匆匆，夜幕低垂，人们却流连不忍遽去。

次日，我们来到神奇王国一游。入园登台阶，来到巡游的火车站前，洁净明亮的小火车，载着我们穿过森林、湖泊、绿地、山峦，来到米老鼠的家乡。在这里儿童们接受米老鼠、唐老鸭的祝福、拍照和参与各种游艺。然后各随所好，乘坐各种交通工具，如轮船、汽车、有轨电车、空中缆车或骏马轿车等到园中各处去。我最喜爱是神奇的灰姑娘城堡，那哥特式的崇高的尖顶，似乎要刺破蓝天，那屋宇的色调和整个设计，给人以亦真亦幻，崇隆而缥渺的感受。许多人争着在此拍照，音乐家、美术家也不忘在此献艺和举行画展；有世界歌舞馆，荟萃了各国各族的优美歌舞，由蜡像似的机动小人载歌载舞，北美风情舞、俄罗斯土风舞、朝鲜长鼓舞、中国新疆维吾尔歌舞等等。我们人在舟中，随着流水前进观看岸上或岗上的歌舞。乐声悠扬，歌声嘹亮，极视听之娱，赏心畅怀，不禁叹服游艺师设想和制作之神妙！在园的西南区，是大片湖光山色的碧绿世界。这里了无尘嚣，清泉绿树中有一棵硕大无朋的巨树，树的枝干上，搭建着三层房舍，有宽梯逐层而登。观众鱼贯而上，循行而下，感到是一种新奇和美的享受，据介绍：这是瑞士阿尔卑斯山麓的一家结庐在大树上的民居。真难得呢！为何无独有偶，竟然在佛罗里达的迪斯尼乐园生长着这样的树！晚间9时，有大型的游行晚会。华灯如昼、彩车缓缓前行，车上的舞娘身披闪光耀眼衣衫，从容献艺。所谓霓裳羽衣曲，恐亦未必能超逾于此。接着是湖上的焰火表演。直到深夜12时，我们方驱车返回。

迪斯尼的其他各园，亦各有其特色。来此游览的人们虽花费不赀，但都满意地说："值得！值得!!"满载着高兴和愉快离去。

巴黎与凡尔赛宫

法兰西在我的脑海里，是个美丽的名字。法国将并不美丽的英、法百年战争也冠以“玫瑰战争”这样富有诗意的称呼，怎能使人不对它好感呢！我们是在斜阳偏西时分飞入法国领空的，我期盼地从机窗下望，但想象中的绿野平畴，在现实中并不那般好看。刚收完马铃薯翻耕后的土地，黄一块绿一块的夹杂在葡萄园之间，显得颇不相衬。这可比不上江南与苏杭呢！我不由得这样想。

飞机降落在巴黎北郊的戴高乐机场，热情的导游便迎领我们登上一辆宽大的轿车，开往预订的中国酒店。9月下旬的西欧，天朗气清，阳光明媚。早餐后，登车开往市中的埃菲尔铁塔和凯旋门参观。这是巴黎的标志性建筑，有如天坛和天安门是北京的标志一样。该塔高可300余米，重量约7000吨，共分三层，基层很宽绰，摆设了许多展品，第二层在115米高度，第三层在塔的上端，设有电梯载客升降。我们登上第二层，循着回廊环行一周，偌大的巴黎花城尽收眼底：南面是塞纳河，清冽的河水，缓缓向西流去。河心那翠绿的岛上耸立着的大建筑，便是那富有迷幻色彩的巴黎圣母院；北面是开阔的协和广场和著名的香榭丽舍大街，繁华的商肆也都开设在这一带。据知，这庞大的铁塔在兴建之初，曾引起了不小的争议：埃菲尔家富于货财，但身为第三等级，被贵族们藐视，他要在市中建此高塔，遭到贵族群的坚决抵制。法王路易十四折中其间，答应他私家出资建塔，但百年内不得收取登楼门票费。按此协议，百年过去了，埃菲尔铁塔名驰宇内，各洲来的观光客，无不竞相列队买票，登楼一览。埃菲尔的孙辈们，终于享受了乃祖的遗泽！

凯旋门是巴黎的著名景点，在此拍照留念是游人必不可少的。我们特地开车到这里，选角度、找距离，摄取了几张满意的照片。这座门虽然高不过三层楼，但米黄色的墙体，整个显得敦实厚重。它共有三门三拱，中门高阔，可供队伍通行。三个门之间，衬以罗马式的大圆柱。圆柱上方，屹立着持剑武士各一，十分威猛。在顶端的平台上（即中门的正中央），摆放着昂首欲驰的骏马四匹，使这座凯旋门透出了活力。我油然想起了唐太宗的“昭陵六骏”来，这四匹大马是拿破仑从古罗马凯旋门上搬来的，难道它们会是当年恺撒大帝南征北战、荣立功勋的坐骑么?！终拿破仑之世，这凯旋门未曾竣工，倒是他侄子继承遗愿，才完成了我们今天看到的型制。巴黎人很喜爱这座建筑，后来又修建了座“小凯旋门”，称作“雄狮门”，是一道拱门，也很精美。现在正在兴建一座大凯旋门，我们也特地去看了。它横跨大街，介于两幢大建筑物之间，将它们连接起来，其气派够宏伟的！这是纪念反法西斯战争的胜利呢？还是纪念他们的戴高乐将军?！

罗浮宫在凯旋门之东，塞纳河北岸。它的主体建筑为四层，呈大“凹”字形，第一、二层是生活区，现开辟作展览区，展出品琳琅满目，美不胜收。在这里，我们有幸观看了维纳斯雕像的真品，还有达·芬奇创作的《蒙娜丽莎》的原件，也镶嵌在墙上的镜框中。导游介绍说：达·芬奇并不得意于他的故乡，但他名扬欧洲，得到法王路易十四的赞赏，两人成了莫逆之交。法王敦请他来巴黎安度晚年，他有感于路易的友谊高厚，便带去这幅传世名作赠送了罗浮宫。在罗浮宫外广场上，近些年建成了一座水晶玻璃似的透明金字塔，它的位置恰好是正宫门与两翼东西宫门之间的中心点上，人们往往怀疑这个非今非古的物品摆错了地方，与整体环境欠协调。我为此请教了一位资深的建筑学家，他告诉我说：这是贝聿铭大师的驰名杰作。这金字塔是罗浮宫新的出入口，从塔下的三个通道，可以等距离地进出宫内，参观者可以省去长段绕道行走。罗浮宫的“凹”结构，东西绕行两层间，可有三四公里，确乎够累的！我们从塔下穿行过往，既便捷，而且光照鲜亮，给人以轻松舒适之感！

在朝暾初起，红霞抹上林梢的早上，我们满怀兴致地赶往巴黎西南郊外的凡尔赛宫参观。它始建于17世纪中叶，路易十四时大肆扩建，建成为西方古典式园林宫院的代表作。它与中国的圆明园大致同时兴建，堪称欧、亚双璧！主设计师勒沃在原来的主建筑物“三合院”正门朝东的基础上，以它为主轴向两翼展开。中厅是堂皇的大理石镶砌的楼厅，显得阔绰雅洁。两翼的殿宇大壁上，多是著名画师创作的壁画，令人目不暇接。我喜爱观赏绘画，缓行而前或伫立静观，可谓眼福不浅了！宫廷前院很宽阔，其外是扇形的演兵场，现在成为观光客们的停车场，有三条放射形的大道出入，交通十分便利。宫廷的后苑，曲水池塘，喷泉如雪。林荫两旁的道边，陈列了白玉石的各种雕像。更远可望见苍翠的青山，白云在山间飘动！这里不是热河泉和承德的避暑山庄，但它们似乎有许多相像之处。

滑铁卢和风车村

晴天里逛罢巴黎，细雨中我们驰往比利时的布鲁塞尔。同行的军事史专家张一文兄，知道拿破仑滑铁卢战役的古战场就在布鲁塞尔东南20余公里，便建议去凭吊看望。大家一致赞同，便把车开到那里。那地方并非崇山险谷，也没有深池大河，而是平原芜芜，仅有一些散乱的白杨树和杂树而已！迎面是一座庞大的土丘，相似于西安附近的秦始皇陵那般大小，丘顶上有坛，坛上有雄狮雕像一尊，南向作怒吼状。这座大丘，据知是滑铁卢战役数万死者骸骨合葬的“万人冢”。史载：1815年6月16日，以威灵顿公爵率领的英、普诸国第七次反法同盟军，与拿破仑会战于滑铁卢，同盟军6.7万人，严阵固守，抗击法军7.4万人的凶猛进攻。拿破仑想采用各个击破的方式，先击败布吕歇尔统率的普军，并分兵追击。但在主战场上，法军遭到顽强抵抗，不得不一再将后备力量投入战斗，鏖战到18日下午，突然，布吕歇尔率普军绕出于法军侧翼进攻，法军强弩之末，已无预备队应战，遂全线崩溃。这次战役，法军死伤3万余人，拿破仑从此被放逐到大西洋的圣赫伦岛，度过他晚年寂寞的囚徒岁月。天下本无事，就是刘邦、项羽和拿破仑这般所谓的英雄，利用人民群众的民族主义情绪，穷兵黩武，以达到他们骑到百姓头上称王称霸的目的。我眼前看到的“万人冢”，他们是千家万户的爹娘养育二十载的骨肉儿女！“可怜无定河边骨，犹是深闺梦里人！”多少年轻的少妇，在盼望夫婿归来！但他们却长眠异国，不知魂归何处呢?！拿破仑把大批法兰西儿女，埋葬在莫斯科城下的冰雪里，又把万多优秀青年曝尸于滑铁卢，这样的英雄人物，人民如何担当得起呢！“一将功成万骨枯！”还是诗人看得深刻，说得透彻！

苍天有泪！从滑铁卢出来，雨便下个不停，它为“万人冢”内无辜惨死的生灵哀泣。我们到市郊的原子能博物馆时，雨更是滴答不休。人们冒雨撑着伞，拍摄原子球的放大模型，以资纪念。夜色苍茫中，游客们穿街过巷，寻路去瞻仰那个为保卫这城市，撒泡尿浇灭了炸药导火索的“小尿童”。那雕像在一个小胡同内不显眼的地方，古色古香的没有什么藻饰。我买了尊铜质的雕铸小尿童像，回国后放在书橱玻璃柜内，挺可爱的！

荷兰与比利时，是西欧与大西洋临海而居的两个国家，自来航海业发达，人民颇富于开拓与创造性。荷兰对中国的小学生很具有吸引力，她的风车村和大花斑白的奶牛，是许多孩提幼儿所熟悉的。我们进入荷兰，但见青绿无边的平畴之上，悠闲的乳牛在啃食着嫩草，小牛犊穿梭似的在它母亲身边奔跑！荷兰的郁金香，以其花色品种之繁华艳丽，享誉寰宇，但它是五月盛开，我们秋末来此，它已休眠入睡了。

荷兰地势低于海平面，当地居民筑堤围堰，创造了大风车，驱出堤内积水，遂成为沟渠纵横的千里沃野。我们来到著名的风车村，颇有异趣的是：村口迎门的有一、两位摄影师，他主动地给游客们拍照，并不索要价钱。待你游完出村时，便看见自己尺幅肖像陈列在橱窗了，你可以买着带回去，我于是买了一幅留作纪念。村中风光旖旎，景致如画。我们选取了好些景点拍照，感到很惬意。村内不少商店出售各式大小和微型的风车与木屐，供人选购。游客们多愿意买来作为礼品，回国后赠送亲友，符庄也买了数套，自己留下一套，挂在门壁上，取其有“避邪”（壁鞋）之意。

小国风光

我们游览了中欧几个小国，他们国家虽小，但在世界上名声却很响亮，瑞士的独特风景和它的精密机械制造享誉全球；卢森堡的古桥、大峡谷，吸引了远方的来客；列支敦士登，人口不及三万，是个巴掌大的公国，但地居要津，却也有些名气！

对瑞士，我是久慕盛名，也曾向常驻洛桑的宋蜀华兄问起莱蒙湖畔的风景和那爬雪山的小火车。此次亲自来到这里，自然是喜从中来，格外兴奋。瑞士地处阿尔卑斯山北坡，境内山峦起伏，群峰林立，一般皆在海拔3000米上下，北部较平缓，湖泊相连，绿树青山，加之气候温和，是世界上与温哥华媲美的、宜人居家的地方。我们来到被称为“世界金融之都”名城苏黎世，的确看到各国著名银行都选址在这里。因为瑞士是国际公认的永久中立国，不易被他国侵占，银行设在这里，有如进了保险箱。这个政治条件使银行很放心，也促成它变为世界金融中心的地位。苏黎世的湖光山色，着实让人赞赏，我们沿湖漫步，空气清新，眼前碧水蓝天，使人心旷神怡！更行更远，来到一处瀑布旁边，这瀑布颇相似于四川九寨沟的飞瀑。白练千匹，自山间飘然而下，其响声清越，不像壶口瀑布那样地轰鸣。傍晚，我们来到一座大雄狮的雕像前，狮身被箭射中，两边喷泉如雪，下面是水潭。据传这雄狮是被该城一名神箭手射中。这射手被当地官员嫉恨，责他不该射杀雄狮，并把射手的儿子叫来，让这孩子头上顶一个苹果，站在远处，命父亲去射儿子头上的苹果，如若射不中，便得受罚。射手一箭便将苹果射穿，而未伤稚子毫发。但他腰间还备了另一支箭。官员问道：你这根箭干什么用？答曰：如果第一根箭我把儿子射死了，这第二根箭就射死你！

瑞士是个自然资源贫乏的内陆山区小国，但它的人民智慧勤敏，靠他们水晶般的头脑和精巧的双手，制造出精密准确的钟表，享誉全球，创造了丰厚的国民收入。同伴们都满怀兴致地去观光那几家知名表店，选购自己中意品牌。我给女儿买了块“天梭”，符庄也给儿媳买了一块。除了钟表，还有各式多功能刀，也畅销宇内。特别值得一提的是，有一种瓜果去皮刀，它是以废弃的钟表发条作材料，配上刀柄，用它刮削黄瓜、丝瓜等长条形的瓜果，十分利索轻快，受到家庭主妇的夸赞和青睐。

列支敦士登公国位于瑞士与奥地利之间，莱茵河的东岸。地方虽仅有160平方公里，方圆不过80里之间，但它的大公爵却是昔日奥匈帝国的合法继承人之一，是候选的君主王储。后来共和国成立，列国的大公光芒锐减，现在仅虚有其名而矣！我们来到列国的首府瓦杜兹，但见市容光鲜，风景美丽。这里的邮票制作印刷，最为精美，销往世界各地，是集邮爱好者收藏的珍品。邮票销售的收入几近国民生产总值的四分之一，可见其份额之大。我们参观了展览出的各式各样的邮票，真是五光十色，让人目不暇接。其工艺美术之精，无不使人赞叹！

卢森堡也是一个大公国，地势北高南低，森林占全国面积的三分之一。看见它那苍山含翠、古木森森的景色，我为华夏中原只剩下黄土而愧怍！卢森堡的钢铁很发达，二战后实行工业“多样化”政策，所以百业兴隆，平衡发展。我们参观了著名的“大峡谷”，这是因地层断裂而成的一道天堑。其上有桥，联通两岸，桥的式样和结构，与我国河北赵县的“赵州桥”姐妹般的相似，但不知二者谁年长一些！

晴朗萨尔茨堡　风雪阿尔卑斯山

晨间，我们从瑞士出发，迎着朝阳，一路东行。车窗外，绿树与山花夺目，空气也很清新。路南远处是崇高绵亘的阿尔卑斯山脉，路北是蜿蜒曲折或明或暗的梅茵河，它虽然是欧洲最长大河——多瑙河的一支大流，但在这上源部分却还是温驯而细弱的。山坡上偶有农家，然而草场却多于耕地，收获的巨大干草捆远比粮囤大得多！我们的汽车沿着崇山边公路而行，同伴们和导游协商好了，到适当地点便停下车来，愿意登山远眺的人，便乘缆车登山，愿意乘船的人，可买舟欣赏梅茵河风景。大家正兴致勃勃地作安排时，天公突然变脸。转瞬间，山腰间彤云密布，车窗上雨点滴落有声，再前行便雨雪交加，远处茫茫一片，山影模糊，莫辨东西。导游叹息道：真对不起诸位，今天看来登山无望了，下次欢迎大家再来吧！我们只好继续前行，中午时分，抵达萨尔茨堡。

这个萨尔茨堡与其他中世纪欧洲的城堡不同，也与罗马的圣马力诺城堡相殊，它并不建在山巅，而是建在美丽的山腰上。其原因很简单，因为它的腹背皆是绝壁悬崖，莫可攀登，只有侧面的“华山一条路”。只需守严了路口，便可高枕无忧！我站在山下的桥头观望，那庞大的石堡建筑群，虽比不上拉萨的布达拉宫，却也相去不远矣！那左侧远处山脊上，设有关门，可供出入。比之剑阁天险，函崤孔道，不过具体而微。

萨尔茨堡之有名，还因为它是古典派音乐家和作曲家莫扎特的故乡。莫扎特于18世纪50年代出生在这里，他的父亲是一位宫廷乐师。天才的莫扎特，3岁时便显露音乐的禀赋，4岁跟父亲学习钢琴，5岁开始作曲，6岁习小提琴，8岁便创作了一批奏鸣曲和交响曲，从此不断创作。他在欧洲各地作旅行演出之时，虚心学习和吸收各派优长，又结识了著名作曲家J.C.巴赫、G.B.马蒂尼等人，向他们学习作曲技术，这使年轻的莫扎特成长为旷世的大音乐家。据传，当莫扎特考上当地一所著名的音乐学堂时，校长便在大庭上宣布：今天是莫扎特同学的开学仪式，同时也是他的毕业典礼，我们既欢迎他，也同时欢送他，因为他的成绩早已超过于我们的毕业生了！

古人云：圣人并不得意于他的故乡。孔丘是这样，莫扎特也是这样。他在萨尔茨堡受到当地贵族的歧视和主教的压迫。乐师社会地位的低下，使血气方刚的莫扎特奋起反抗，他离开了家乡，并在维也纳和捷克各名城获得成功。他的创作成果充实了音乐的各个领域，反映了18世纪后期德、奥知识阶层反对封建专制主义，追求自由、光明、人权尊严的要求。他虽然英年早逝，但他给人类留下了一份宝贵的音乐遗产。

我欣赏绘画和美术，但对音乐却十分陌生和外行。虽然如此，自少年时便钦佩巴赫和莫扎特。在欧洲之行以前，有朋友就建议我到维也纳时，勿忘去到国家歌剧院听莫扎特的交响乐或歌剧表演。我确乎想买座完成这个夙愿，也神往于每年元旦时那音乐厅的盛大演出，更对金碧辉煌的歌剧院和乐坛前摆设的鲜艳夺目的玫瑰，感到新颖和喜爱。

维也纳的歌剧院、音乐厅，每有重大演出都提前许多日子发售预购票，以便各地各国的客人前来，所以我们临时过路的观光客，只有叹缘悭福薄的了！据知，去歌剧院观剧的人，男宾得衣冠楚楚，穿着燕尾服等贵族式的服装，女士们则盛妆华饰，各展风姿。我们这旅行团中，虽然人物不少，级别也不低，但穿着却都很朴素，只有一位中年男士是西装革履，勉强可称得上绅士。我颇不解，欧洲文艺复兴已数百年，奥匈帝国早已亡故了，为何贵族气息还阴魂不散，进歌剧院、音乐厅得如此讲究衣冠?!反观北美的花旗国，就没有这些陋习和讲究，白宫可以任平民参观，肯尼迪音乐厅也没有任何限制。我不由得想起《茜茜公主》这电影来，难怪奥地利的青年一代，要起来造封建体制的反!

文艺复兴的故乡

——意大利城邦

虽然对维也纳的音乐会失之交臂，但进入意大利却得到补偿。这里是欧洲文艺复兴的故乡，人文胜景，美不胜收。而且，它是古罗马帝国都城所在，古迹遗存，十分丰富，更有新发掘的庞贝城，使各国学者都渴望先睹为快。

我们穿越阿尔卑斯山，进入波河流域的意大利东北平原。这里气候温和，土地肥沃，负山临海，水上交通发达。自罗马帝国分裂后，兴起了各自独立的城邦。这种列国并驰的竞争格局，形成竞赛和变法图强，学术与文化艺术也得到自由发展的空间。人文主义兴起，个人自由、人格独立，成为新兴的资产阶级的时代要求。中世纪的禁锢被打破了！在恢复和“复兴”古希腊、罗马时代古典文化的呼声中，新时代的文化艺术冉冉升起了！意大利的城邦便成了新文化的依托，许多光辉的历史人物产生在这里，许多历史故事也发生在这里。我怀着浓郁的兴趣踏上这块土地，首先抵达的是威尼斯。

威尼斯市是在离开大陆 4 公里的大岛上，它由 118 个岛屿组合而成，各岛之间水网交错，以舟楫和 400 座桥梁联系起来。我们来到这里，不断地上船下船，穿行在洁净的河水和小桥之间。前此在荷兰首都阿姆斯特丹，知道它是百河千桥，但因忙着去风车村，没顾得乘舟游览。这回踏上威尼斯，我们便首先买船作水上参观。

这里的游船相似于小型的龙舟，连驾船者可载6人，很适合在水网街渠间划行往返。水色清洌，显得十分干净。据知，这里的市民很爱护自己的环境，因而使这水乡每年接待数百万人次的旅客，却保持着优质水道和新鲜的空气。

威尼斯是个工商业繁荣的大码头，它的船只穿行于地中海和阿拉伯的港湾，把东方的丝绸、香料、瓷器和珠宝等贵重商品贩运到西欧，它是东西交通的枢纽所在。“威尼斯商人”在莎翁的笔下，虽不尽如人意，但从历史发展的进程来看，他们却功不可没。我们来到这里，但见船舶交错，真有“万艘千舸竞渡河”之感！

从游船上出来，便步行穿过宽阔的广场，来到古色古香的总督府，这是一座巍峨的大青石建筑物，它旁边也是厚重的石屋，窗户很小，而且以铁栅栏严密地围着。据介绍说，这是关押海盗和犯人的监狱。再前行便是圣马可大教堂，我停立观看，那雕塑在正堂墙壁上的圣徒像和人物，其情态之生动，令人心仪。

离开威尼斯西南行，一路古迹景点不少，我们特地去瞻仰了著名的比萨斜塔，塔身倾斜，好像有些站不稳似的，在它前面是座端庄屹立的大教堂，二者相衬，反差特别鲜明。塔是一种文明，是一种文化，它是名山胜地的眼睛，是一道风景线！不知为什么，比萨斜塔给我一种舒畅，一种满足感。似乎我此次欧游是冲它而来的。我不由得联想起巴黎的铁塔，山西应县的木塔，吉林农安的砖塔，杭州的六和塔和颓圮的雷峰塔来。有了它们才使山色生辉，才更增添灵性和轩昂之感！我们趁着明媚的阳光，在斜塔前拍了些珍贵的照片。虽说是地球如村，但人生能得几次来这里呢？

参观比萨之前，先到佛罗伦萨。如果说威尼斯是欧洲资本主义的温床，那么，佛罗伦萨则该是人文主义和近代文化艺术的策源地。这里当意大利南北交通的要冲，车辆辐辏，人物荟萃，公元前些年就建立城邦，是座文化艺术古城。在人们的记忆里，它是著名诗人但丁的故乡，是艺术大师米开朗琪罗的诞生地，画坛巨匠达·芬奇，也是在这个文化氛围中培养长成的。我记得中学时代做十四行诗等长短句，便是模仿自但丁和雪莱的诗。但丁的长诗《晨曲》，传译各国，它为封建的没落奏挽歌，也为资本的兴起谱晨曲，恩格斯称他是“中世纪的最后一位诗人，同时又是新时代的最初一位诗人”，说得是很贴切的。我曾藏有一册达·芬奇的画集，他的许多人物素描和蒙娜丽莎名画，我便是从该集中初次得见的。这册画集我赠送给了青年画家吕明，祝愿她在大师的作品中获得滋养。

米开朗琪罗是文艺复兴时期的多面手，他不仅是画家，而且是卓越的雕刻家、建筑师和诗人。他创作的《大卫》雕像和绘制在罗马西斯廷教堂的《最后的审判》等壁画，享誉至今不衰！我们来到他的纪念博物馆前，秋花碧树间，一尊尊人物雕像，环列在左右，我和夫人符庄选择在最喜爱的雕像前，拍下了值得珍贵的照片。

在古罗马的城头

少年时，正是抗日救国的八年艰苦抗战中，“胜利的旗帜飘扬在古罗马的城头”，是抗日歌曲中最高昂而鼓舞人心的一句。我知道罗马古城，便从这时开始。后来，雷海宗教授给我们讲世界史，罗马的恺撒大帝会见埃及女王的盛大场面，使我对罗马更增添了念想。

还未进入市区，我便被一条残断犹存的旧水渠所吸引。它的源头，据说来自北边的阿尔卑斯山麓。它是智慧的古罗马工程师们精心设计，是万千奴隶们用血汗修筑而成的。这道大渠是古罗马人的生命之水，外地人并不知晓，罗马是个夏季干旱的地带，缺水是对雄心勃勃的罗马皇帝和元老院贵人们的欺侮，于是便有了这大水渠的兴建。它使我想起了秦始皇修建的万里长城和隋炀帝开凿的大运河来。东西方两个伟大的民族，给人类历史留下了这许多可贵的文物古迹！

我们来到庞大的竞技场，它是一幢椭圆形的大建筑，可容纳5万多观众。“角斗”是竞技比赛，抑是人们好斗，我不便去评价。但眼前这建筑却是很伟大。高高的四层，浑然一体。它的外壁不是光秃秃的墙，而是设计成许多穹庐式的圆形大拱门，一个接着一个，一层上又叠一层，第四层可能是造型的需要，变为有墙有窗，使整体显得稳重美观。因为它是精工打造的石建筑，所以历劫2000年，至今犹残而不毁。残，是一种缺陷，但对文物古迹，残也是一种美！西湖的断桥，比萨的斜塔，新疆大漠上折臂的胡杨，洱海苍山间的“残阳如血”能不是美么！罗马竞技场给人的美感，也许就包含了它的残缺在内。

罗马的建筑艺术，庄严壮丽，雄伟而美奂。它开创了新篇章，传世泽惠于后代，而且远播全球，成为各国建筑业的宗师和模范。华盛顿的“白宫”大穹顶，何尝不是仿自圣彼得大教堂；北京人民大会堂前的大型廊柱，与罗马万神殿的巨大廊柱，千载之后传承辉映。艺术无国界，美好的罗马建筑艺术，使我这外行人也不由地折服赞叹！作为中国人，我为天坛和故宫而感到骄傲，但我也认识到，虚心吸纳罗马的建筑精华，对我们是更为重要的。我不禁在那殿堂前观看多时，细数那廊柱究竟是多少，虽数完记着了，但日久却又忘怀了！

罗马产生了不少震古烁今的英雄人物，对英雄的敬仰和崇拜，往往反映到罗马的建筑与雕塑中来。先贤庙，潘提翁神庙，恺撒祠，加里波第纪念碑和他的骑马铜像等，其中恺撒大帝是最为人们熟知的。拿破仑一生以恺撒为榜样，但比之恺撒的功业，差之远矣！我对照了一下意大利和中国的历史，恺撒出生略晚于汉武帝半个世纪。汉武帝刘彻，东平渤海、高句丽，北逐匈奴，扫清大漠，南驾楼船收交趾、日南郡，西联滇邛与大理，置华夏于磐石之安。他的业绩，并世无俦，放在世界史上看，只有恺撒大帝与他相伯仲了！恺撒北击高卢（今法国、比利时等境），越海踏入不列颠岛国，东征希腊，囊括巴尔干，南入埃及，拥立新女王，继而西经北非，横海入西班牙而还。他被尊尚为“祖国之父”的荣衔，在文治方面也有突出的贡献。当我进入恺撒的享堂，便联想到比他年长的汉武帝和晚他 500 年的唐太宗。江山代有才人出，信不诬也！

罗马的旧城区，古迹比比皆是，有人说它是一座露天博物馆，并非过誉。我和夫人符庄并肩踏上了“西班牙台阶”。默数阶梯，超过沈阳东陵的“108 蹬”，但却少于南京中山陵的 300 多个台阶。它很宽阔，给人以舒展之感。

我们还观看了市中一处汩汩喷泉，它虽不如济南趵突泉的奇特，但却清凉洁净。你若坐在它旁边，听水声叮咚，似乎喧闹中有一种宁静。

在罗马，食住与观光都十分称心。我本想去庞贝城，但因离得太远未能成行，这是唯一的遗憾！

著述要目

一、著　作

1. 专著

［1］《渤海国历史地理》，4.8 万字，中国科学院《杨图》编委会 1963 年刊印。

［2］《两汉、魏、晋时期东北历史地理》，13 万字，中国科学院《杨图》编委会 1964 年刊印。

［3］《隋唐时期东北历史地理》，5.4 万字，中国科学院《杨图》编委会 1964 年刊印。

［4］《太平天国经济制度》，24 万字，中国社会科学出版社 1984 年版。

［5］《太平天国经济史》，35 万字，广西人民出版社 1991 年版。

［6］《山海集》，45 万字，中国地图出版社 1996 年版。

［7］《平步留痕》，25 万字，［美］纽约瑞通出版公司 2005 年版。

［8］《罗尔纲》，15 万字，金城出版社 2008 年版。

［9］《天国洪杨——太平天国史讲义》，35 万字，中央民族大学出版社 2009 年版。

2. 合著

［1］《金、元时期东北历史地理》，8.7 万字，中央民族学院研究部 1975 年 8 月刊印。

［2］《中国近代史》，30 万字，中华书局 1977 年版。

［3］《中国历史地图集》，中国地图出版社 1983 年版。

［4］《中国历史地图集释文汇编》（东北卷），40 万字，中央民族学院出版社 1988 年版。

［5］《东北地区民族、历史地理文献目录》，20 万字，中央民族学院研究部刊印。

3. 编著

［1］《太平天国史论文选》，110 万字，三联书店 1981 年版。

［2］《太平天国史研究通讯（1980—1982）》，主编 30 万字，北京太平天国历史研究会 1982 年印发。

［3］《罗尔纲与太平天国史》，42 万字，四川省社会科学出版社 1987 年版。

［4］《太平天国历史地图集》，主编 80 万字，中国地图出版社 1989 年版。

［5］《太平天国大辞典》，主编 120 万字，中国社会科学出版社 1995 年版。

二、论　文

［1］《太平天国革命前夕商品货币经济的发展》，载《历史教学》1955 年第 7 期。

［2］《论新兴市民等级在太平天国革命中的作用》，载《历史研究》1956 年第 3 期。

［3］《略论太平天国革命性质》，载《教学与研究》1957 年第

1 期。

［4］《论黄海大战与中国北洋海军》，载《文史哲》1957 年第 6 期。

［5］《太平天国“内讧”杂考》，载《光明日报》1963 年 9 月 16 日。

［6］《太平军克南京时人数考》，载《文史哲》1963 年第 6 期。

［7］《历史的见证——明代努儿干永宁寺碑文考释》，载《历史研究》1971 年第 1 期（复刊号）。

［8］《明代努尔干永宁寺碑碑文校释》，载《考古学报》1975 年第 2 期。

［9］《1860 年前中国对黑龙江北、乌苏里江以东地区的开发》，载《文物》1976 年第 4 期。

［10］《慈禧与辛酉政变——1861 年“北京政变”探微》，载《中央民族学院学报》1977 年第 2 期。

［11］《幼东王考》，载《历史知识》1978 年第 2 期。

［12］《辽代通州与安州城考》，载《社会科学战线》1978 年第 3 期。

［13］《如何评价杨秀清——太平天国“五主”“八位万岁”与“天京事变”的考察》，载《历史研究》1978 年第 6 期。

［14］《明代建州卫新探》，载《北方论丛》1979 年第 3 期。

［15］《李秀成的评价问题》，载《文史哲》1979 年第 4 期。

［16］《元代辽阳行省驿道考》，载《北方论丛》1980 年第 2 期。

［17］《明代“海西东水陆城站”今地考》，载《北方论丛》1980 年第 4 期。

［18］《太平天国的土地制度》，载《历史知识》1980 年第 6 期。

［19］《从太平天国领导人的年龄看我国的人才问题》，载《学术月刊》1980 年第 6 期。

［20］《太平天国的土地政策》，载《历史知识》1981 年第 1 期。

[21]《“太平玉玺”考释》，载《历史档案》（创刊号）1981年2月。

[22]《“天朝田亩制度”的经济背景及其性质》，载《历史研究》1981年第3期。

[23]《率宾府、恤品路和开原城》，载《历史地理》1982年第2期。

[24]《太平天国对地主阶级的沉重打击》，载《东岳论丛》1982年第2期。

[25]《太平天国“着佃交粮”制考略》，载《近代史研究》1982年第3期。

[26]《常熟发现的太平天国官印考释》，载《太平天国史研究通讯》1982年第3期。

[27]《是封建性糟粕，还是民主性的精华》，载《太平天国史新探》江苏人民出版社1982年版。

[28]《1864年天京太平军人数考》，载《太平天国史研究通讯》1982年第18期。

[29]《太平天国开辟苏福省的意义与李秀成在苏福省所作的贡献》，载《苏州大学学报》1983年第2期。

[30]《太平天国安庆保卫战考证》，载《太平天国史研究通讯》1983年第3期。

[31]《太平天国苏福省的土地政策》，载《太平天国史学术论文集》。

[32]《建都金陵与东征苏常论》，载《太平天国建都天京130周年纪念论文集》。

[33]《丰硕的成果——〈太平天国历史人物论集〉评价》，载《人民日报》1985年6月14日。

[34]《介绍〈太平天国人物〉》，载《人民日报》1986年3月21日。

［35］《罗尔纲与太平天国史》，载《人民日报》1987 年 5 月 29 日。

［36］《论洪秀全的历史业绩和误失》，载《社会科学报》1991 年 2 月 7 日。

［37］《白山黑水翠薇录》，载《北方论丛》1991 年第 3 期。

［38］《罗尔纲先生的治学风范》，载《社会科学战线》1991 年第 4 期。

［39］《太平天国史研究的一座丰碑》，载《历史研究》1992 年第 4 期。

［40］《翁同龢简论》，1994 年在“翁同龢逝世 90 周年学术”讨论会上交流发表。

［41］《太平天国壁画人物论》，载《历史研究》1996 年第 6 期。

［42］《中日甲午战争刍议》，载《甲午战争 100 周年纪念论文集》。

［43］《甲午战争中中方失败原因的战略分析》，载《甲午战争 100 周年纪念论文集》。

［44］《历史地理半生缘》，载《文史知识》1996 年第 9 期。

［45］《曾国藩平议》，载《北京日报》1997 年 12 月 3 日。

［46］《辉煌与黯淡同在》，载《学术论坛》2001 年第 1 期。

［47］《如椽巨笔写春秋》，载《光明日报》2001 年 2 月 20 日。

［48］《天赋与勤奋》，载《光明日报》2002 年 8 月 13 日。

后记

今天诸君捧在手上的这部墨香四溢的著作是献给我们敬爱的郭毅生先生90寿辰的一份贺礼。

郭毅生先生是海内外知名的研究中国近代史和东北历史地理的学者，数十年笔耕不辍，诲人不倦，著作宏富，桃李芬芳，历尽沧桑而追求真理的执着信念不改，届耄耋之年仍不避繁难领衔《清史考异》的编撰工作，其赤胆仁心，日月可鉴。

给先生这样德高望重的大学问家的文集作后记实属莫大的荣耀。我有幸跟随先生学习工作多年，他对前辈的崇敬谦恭，对同侪的欣赏扶助，对后学的教诲奖掖，小事中见大境界，细微处显真功夫，对我影响至深。本人虽没有什么长进，深恨有负于先生的关爱，然先生一直以来对我偏爱有加，而今又将这份特别的荣耀有意专门留给了我，使我既诚惶诚恐，又倍感荣幸。

记得在去年春天与先生和师母的一次聚会上，诸弟子议及为先生90华诞祝寿事宜，都想借此良机表达对先生的无限感激之情，席间亦有编撰出版一本庆祝文集的提议，但我们都认识到任何语言和礼物，哪怕是倾尽所有亦不能报其万一，于是不约而同地想到为先生出一本著作选集。大家都有同感，先生不仅给我们以饱含情谊的言传身教，而且将他的担当、他的思想、他的情怀都用心融注在了自己的著作里，他的著作不单是他数十年精研深究的成果，同时也是他责任和情感的载体，更是他心血凝炼的结晶。

将他的著述精选成集出版，不但可以作为祝贺先生寿辰的最好礼物，而且可俾后学研习借鉴，应当更有意义。

选编出版先生这部文集历时一年有余，今天得以如期献上这份寿礼，是多方合力玉成的结果。赵至敏师兄对文集的出版倾力操持，从总体的策划、篇目的选定、文章的扫描录入、样稿的校订、照片的挑选编排及与各方面的沟通协调，事无巨细都尽心竭力，并及时向先生请示汇报，同时撰写了文集的前言，重新厘定了先生的年谱，还带领我和石慧玺、郭继武两位师弟认真完成了文稿的校对工作。

中央民族大学历史文化学院对先生文集出版和90寿辰庆祝活动高度重视，将文集的出版纳入学院学术成果出版计划，落实出版经费，苍铭院长多次亲自协调文集出版及先生90寿辰庆祝活动相关事宜，用情尽责，使我们的心愿得以顺利达成。

当我们决定将先生的文集托付民族出版社出版时，社领导给予热忱支持，汉文编辑室主任欧光明师兄爽然应承，钟美珠师姐主动提出担任责任编辑，两位学长以无比崇敬的态度对待先生文集的编辑出版工作，多次就相关细节一一与我们谦诚商讨，务求文集精美典雅。

总之，先生文集得以出版非惟门生之力，而是得到了各方的真诚襄助，于此一并表示衷心感谢。

本文集选自先生此前公开出版发表的论著，所选作品除对原文中的核校错漏进行订正外，未作其他发动，谨此说明。

2015年9月12日　学生　杨胜勇　敬上

图书在版编目（CIP）数据

郭毅生著作选集／郭毅生著．—北京：民族出版社，2015.9

ISBN 978－7－105－14018－3

Ⅰ．①郭… Ⅱ．①郭… Ⅲ．①社会科学－文集 Ⅳ．①C53

中国版本图书馆 CIP 数据核字（2015）第 227272 号

郭毅生著作选集

责任编辑：欧光明　钟美珠
封面设计：金　晔
出版发行：民族出版社
地　　址：北京市和平里北街 14 号　邮编：100013
电　　话：010－58130030（汉文二室）
　　　　　010－64224782（发行部）
网　　址：http：//www. mzpub. com
印　　刷：三河市华东印刷有限公司
经　　销：各地新华书店经销
版　　次：2015 年 9 月第 1 版　2015 年 9 月北京第 1 次印刷
开　　本：787 毫米 ×1092 毫米　1/16
字　　数：480 千字
印　　张：36.75
定　　价：110.00 元
ISBN 978－7－105－14018－3/C·376（汉 301）

图书在版编目（CIP）数据

[illegible]

社，2015.9

ISBN 978-7-105-14018-3

Ⅰ. ①[illegible] Ⅱ. ①[illegible] Ⅲ. ①社会科学—文集 Ⅳ. [illegible]

中国版本图书馆CIP数据核字（2015）第227772号

[illegible]